国家出版基金项目
NATIONAL PUBLICATION FOUNDATION

当代中国社会道德理论与实践研究丛书

主编 吴付来

陌生人社会伦理问题研究

程立涛 著

The Study on the Ethical Problems of Stranger Society

中国人民大学出版社
·北京·

总　序

加强思想道德建设，凝聚道德力量，是中国特色社会主义文化建设和精神文明建设的重要内容与中心环节，是建设社会主义核心价值体系的必然要求。正如习近平总书记所指出的："国无德不兴，人无德不立。必须加强全社会的思想道德建设，激发人们形成善良的道德意愿、道德情感，培育正确的道德判断和道德责任，提高道德实践能力尤其是自觉践行能力，引导人们向往和追求讲道德、尊道德、守道德的生活，形成向上的力量、向善的力量。只要中华民族一代接着一代追求美好崇高的道德境界，我们的民族就永远充满希望。"

我们党和国家历来重视道德建设。特别是改革开放以来，我们党先后通过了《关于社会主义精神文明建设指导方针的决议》、《关于加强社会主义精神文明建设若干重要问题的决议》以及《公民道德建设实施纲要》。习近平总书记在多次讲话、多篇文章中都强调加强道德建设的重要性，党的十九大报告也对道德建设做出了全面的论述和部署："加强思想道德建设。人民有信仰，国家有力量，民族有希望。要提高人民思想觉悟、道德水准、文明素养，提高全社会文明程度。广泛开展理想信念教育，深化中国特色社会主义和中国梦宣传教育，弘扬民族精神和时代精神，加强爱国主义、集体主义、社会主义教育，引导人们树立正确的历史观、民族观、国家观、文化观。深入实施公民道德建设工程，推进社会公德、职业道德、家庭美德、个人品德建设，激励人们向上向善、孝老爱亲，忠于祖国、忠于人民。"道德的力量是国家发展、社会和谐、人民幸福的重要因素，思想道德建设解决的是整个中华民族的精神支柱和精神动力问题。

实现中华民族伟大复兴的中国梦，需要道德建设的保驾护航。当前中国的发展既面临机遇，也面临挑战。然而，在多元文化的冲击下，人们的道德观念和行为准则正在不断发生变化，原先的道德基础受到严重冲击。在此情况下，道德建设需要全体国民集体参与，需要全体国民成为道德的守护者、监督者和表率。只有全面地了解、反映当代中国社会道德的现状以及遇到的新问题，并结合相关理论提出解决对策，才能真正提高全体国民的道德素质，才能不断改善社会和国家的道德环境，才能实现中华民族伟大复兴的中国梦。

道德建设是一个实践问题，更是一个理论问题。面对世界范围内各种思想文化交流、交融、交锋的新形势，加快建设社会主义文化强国、增强文化软实力、提高我国在国际上的话语权，迫切需要哲学社会科学更好地发挥作用。伦理学作为与人类道德发展密切相关的哲学分支学科，需要跟上时代进步的步伐，从理论上解决实践提出的问题。

为此，在加强社会主义道德建设的宏观背景下，为推动社会主义道德建设，弘扬社会主义核心价值观，实现中华民族伟大复兴的中国梦，推动伦理学的研究和发展，我们策划了“当代中国社会道德理论与实践研究丛书”。这套丛书是一套开放的丛书，首批出版 10 卷，集中研究当代中国社会最关切的伦理道德的理论与实践问题，对市场经济条件下陌生人之间的伦理、日常生活伦理、公务员道德建设、信息伦理和网络社会伦理、消费伦理、福利伦理、分配正义以及规范性和道德推理问题进行系统的研究与探讨。丛书的主要内容集中于以下几个方面：

首先，建立社会主义市场经济体制是我国经济体制的根本性创新，是全面建设小康社会的重要途径，市场经济条件下陌生人之间的关系有哪些规律，人们日常生活伦理有哪些特点等，这套丛书首先对这些问题进行了研究和探讨。

其次，政德建设是当代中国最具先导性的道德建设领域之一，对全社会的道德建设具有重要的引领作用，这套丛书不仅对公务员道德状况进行了研究概述，而且对中国特色政德建设的一般规律、重要问题进行了探究。

再次，当今时代，信息伦理和网络社会伦理的公德问题日益突出，这套丛书对数字化生存的道德空间、网络道德建设问题表达了重要关切，进行了深入探讨。

又次，消费、福利、分配是经济伦理的重要内容，随着我国建设小康社会进程加快，人们物质生活水平逐步提高，收入分配差距日渐拉大，经济领域中的消费、福利、分配问题日益成为伦理学研究和关注的对象。因此，这套丛书对这三个问题进行了系统的研究。

最后，社会道德建设归根结底离不开道德规范的有效性和道德行为选择的理性化，这套丛书专门从伦理学基本原理研究角度选择了这两个与道德建设密切相关并具有一定学理深度的理论问题进行研究，探讨了规范性和道德推理问题。

这套丛书得到了中国人民大学伦理学与道德建设研究中心的学术支持，得到了国家出版基金的资助，中国人民大学出版社学术出版中心的编辑为丛书的出版付出了艰辛的努力，在此一并致谢。书中难免存在疏漏，恳请学界同仁批评指正。期待这套丛书作者和编者的辛勤努力能够得到广大读者的理解与回应，产生良好的社会影响。

吴付来

2018 年 9 月 15 日

目　录

导　论……………………………………………………………………………… 1
陌生人社会的来临及伦理困境…………………………………………… 1
传统"五伦"的现实境遇与检讨…………………………………………… 6
关于陌生人伦理问题的研究现状 …………………………………………… 15
本书的结构、主要内容和研究方法 ……………………………………… 17

第一章　人际关系的新变化与陌生人伦理问题 …………………………… 22
现代性话语中的陌生人 …………………………………………………… 22
陌生关系生成的意义 ……………………………………………………… 29
熟识关系与陌生关系 ……………………………………………………… 35
陌生关系的伦理性 ………………………………………………………… 44

第二章　传统欺生文化与陌生人的道德需要问题 ………………………… 51
欺生文化的由来与危害 …………………………………………………… 51
熟人圈子及其道德压力 …………………………………………………… 60
陌生人的利益诉求与道德需要 …………………………………………… 68
呼之欲出的陌生人伦理 …………………………………………………… 73

第三章　人情味与公德心的冲突问题 ……………………………………… 79
人情味与地域性道德生活 ………………………………………………… 80

公德心的来源与现代意义 …………………………………………… 90
人情味与公德心的冲突 ……………………………………………… 95
现代公民与公德心的培育…………………………………………… 102

第四章　道德事件的逆向激励与做好事的风险问题………………… 113
道德逆向激励发生的场景…………………………………………… 114
从众心理与道德之脆弱性…………………………………………… 128
“做好事有风险”意味着什么 ……………………………………… 134
走出逆向激励误区的对策…………………………………………… 138

第五章　道德英雄主义传统与“冷漠的旁观者”问题……………… 145
回溯道德英雄主义传统……………………………………………… 146
“冷漠的旁观者”之由来 …………………………………………… 152
现代性与道德感的嬗变……………………………………………… 159
复归道德英雄主义的新尝试………………………………………… 170

第六章　陌生人社会的道德风险问题………………………………… 180
道德风险的内涵与类型……………………………………………… 181
陌生人与道德风险的关联…………………………………………… 189
道德风险的种种危害………………………………………………… 194
道德风险的防范与治理……………………………………………… 203

第七章　责任缺失与责任伦理建设问题……………………………… 213
伦理视域中的责任概念……………………………………………… 214
责任缺失的缘由分析………………………………………………… 223
责任缺失与责任担当………………………………………………… 229
重建责任伦理的现实路径…………………………………………… 236

第八章　诚信危机与陌生人之间的信任问题………………………… 249
诚信、失信与诚信危机……………………………………………… 250

熟人与陌生人：两种不同的信任模式…… 258
陌生人之间的信任的社会价值…… 268
构建陌生人之间的信任的路径分析…… 279

第九章　现代都市与对陌生人的道德关切问题…… 289
都市舞台上的陌生人…… 290
道德底线：不伤害陌生人…… 302
身份认同、伦理关怀与价值共识…… 313
陌生人网络的伦理功能…… 317

参考文献…… 325
后　记…… 331

导　论

陌生人社会的来临及伦理困境

近年来，“陌生人社会”逐渐成为一个流行的专业术语而受到学术界的持续关注[①]。在中国文化语境下，费孝通最先使用“陌生人的社会”之类的术语，从社会学视角阐发对当代中国社会结构转型的理解和把握。在《乡土中国》一书中，他说：“现代社会是个陌生人组成的社会，各人不知道各人的底细。”[②] 在他看来，匿名性、流动性和人们彼此之间的相互疏离无疑是这种社会结构的最突出的特征。不过，目前学术界尚未就什么是陌生人社会达成共识，即人们关于陌生人社会的研究尚缺乏严格意义上的理论界定。也就是说，这个概念目前是作为一个不证自明（或无须证明）的学术术语而被使用的，因而就必定包含着某种理论假设的成分。然而，这并不影响人们用它来描述自己对当下中国的社会结构和社会状况的理解与认同，因为每个人都已经深切地感受到陌生人社会的来临及其对自己

① 白天亮．中国已进入“陌生人社会”，该如何重构社会信任［N］．人民日报，2011-09-22（06）．

② 费孝通．乡土中国　生育制度［M］．北京：北京大学出版社，1998：10．

日常生活的深刻影响。

在学术研究过程中，“问题”往往形成于比较，深化与成熟于缜密的思考、提炼和理论上的升华。费孝通对陌生人社会的关注和研究，无疑与其对乡土中国（或乡土社会）的田野调查和深入研究分不开。费孝通曾说：“从基层上看去，中国社会是乡土性的。”① 这种“乡土性”的社会与由此生长出来的上层社会是迥然不同的。然而，不容否认的是，“乡土”恰恰是中国传统社会的原生态，是中国传统社会文化之“根”。一个人不管后来沦落到何方，不管自己的事业取得多么辉煌的成就，这个“根”是他终生不会忘记的，它是一种从心理和情感上无法割舍的、看不见摸不着的东西，是一种集体记忆和历史传统的深刻烙印。因此，对于所有的中国人来说，“乡土”具有某种原生态的本真性意义，是中华民族子孙在梦中经常回归的地方。一般而言，乡土社会主要以血缘、地缘或情缘为纽带，村落共同体的规模相对比较狭小，人们交往的对象多属于固定不变的熟人圈子，彼此对对方有着较多的了解，即所谓知根知底，因此，人们彼此之间的信任度往往是很高的，单纯质朴的人情味异常浓厚，社会整体结构封闭而且稳定。也许正是基于这种认知，费孝通把乡土中国称作熟人社会。如果说“熟人社会”可以作为一个严谨的学术概念来使用的话，那么作为与它相对应的概念，“陌生人社会”一词就取得了合法性的学术地位。

在我国历史上，由熟人社会向陌生人社会的转型经历了一个漫长的过程。按照学术界的普遍看法，大约自 1840 年开始，中国社会便进入了近代化时期。这也意味着 1840 年可以被看作中国陌生人社会的历史起点和逻辑起点。在迄今为止 170 余年的宏大时间跨度中，演绎着一幕幕波澜壮阔的历史悲喜剧，这既是中华民族的一部血泪史、屈辱史，也是中华民族的一部自强不息的奋斗史、发展史。无论思想文化还是社会生活，都发生了全方位的、根本性的历史变革。中国先进的知识分子以民族大义和历史责任为担当，在上下求索救国救民的真理的过程中，对中国社会结构的现代转型有着多视角、全方位的深入思考，其中，无论关于传统文化的现代性转化，还是推进伦理革命的发生，以及公德和私德等问题的提出，实质

① 费孝通．乡土中国 生育制度［M］．北京：北京大学出版社，1998：6.

上都触及了中国社会结构的公共转型这个根本性问题。不过，在当时特定的历史境遇下，他们都不可能明确地提出“陌生人社会”的概念，也无法展开对相关理论和实践问题的研究。

出于一个社会学家所特有的职业敏感、深厚的学术积淀和对历史规律超前把握的敏锐眼光，费孝通观察到我国陌生人社会来临的客观现实。在1947年出版的《乡土中国》一书中，费孝通首次使用“熟人社会”和“陌生人的社会”等学术术语，在进行了充分而详尽的田野调查和理论分析的基础上，明确阐释了中国社会的结构性转型等重要问题。这是一种对社会变迁的整体性研究，与之前各种碎片化的研究成果完全不同。追踪陌生人社会起源的历史进程，人们不难发现，现代工业文明的发展和市场经济的逐步推进，无疑是其形成和发展的最直接的动因。在我国近代化的历史上，这个动因的表现很不明确甚至难以被普通人把握。不过，在一个宏大的时空视域内看问题，或者类似于走马观花或蜻蜓点水式的考察，所得到的也只能是一些只言片语式的、点滴零碎的经验资料，无法帮助人们全面深刻地把握中国社会变革的真实内涵。与其这样，倒不如立足生活实践的具体层面，深入我国社会基层的最深处，着眼于乡土性的变迁和演绎来得更为实在。在这个意义上，费孝通以一个普通中国百姓的身份，深入乡土中国的最前沿，选择在江南和西南的广大农村进行深入细致的田野调查，在此基础上获得了大量真实可靠的第一手资料，然后经过严格的逻辑归纳和理论升华，得出了许多具有普遍性和规律性的结论。在当今大变革的时代，这种社会学的田野调查研究方法更值得人们珍视、仿效，并在研究当代中国社会改革的实践中不断加以完善和持续推进。

与近乎凝固、封闭而保守的熟人社会相比，陌生人社会无疑是开放的、流动的、包容性极强的，因而是全新的历史景观。对于中国百姓而言，它必定是一个崭新的、富有生命力的事物，是在自己甜蜜的梦乡里从来没有想到过的全新的社会结构。生活是一所极好的学校，它是个人成长的摇篮和进步的阶梯。如今，普通百姓对陌生人社会的切身感受，必定来自他们自己的生活方式的巨大变迁，来自他们从伴随着袅袅炊烟、简陋古朴的农家小院，乔迁进入鳞次栉比的高楼大厦；从世代耕耘和收获中漫步走过的田野小径，到徘徊在车水马龙的都市林荫大道；从温情似水的农家社区，走进满眼都是陌生人的繁华喧闹的大都市。在不断对外开放的背景下，异域文化和生活方式的持续性输入及其影响的不断加深，导致人们的观念和行为发生了全新的变革。德国社会学家埃利亚斯（Norbert Elias）曾说："随着人与人之间相互联系和相互依赖形式的改变，人的行为和本能情势也会在'文明'的意义上发生改变。"① 当然，这其中必定包含着伦理道德的改变。越来越多的人离开自己生于斯长于斯的故土，来到一个完全陌生的城市，去开创自己的宏图伟业，实现孕育已久的远大理想和抱负；或者离开生养自己的祖国，去异国他乡务工或求学。不同的部门之间、地区之间乃至不同的国家之间的人员交流不断增多，出国旅游乃至到国外定居已经不再是什么新鲜事。社会的流动性异乎寻常地得到强化。尤其是现代工业文明和市场经济的发展，导致陌生人持续不断地涌入"我们"的生活，与陌生人打交道已经成为人们生活的基本条件。"我们"完全生活在一个崭新的陌生人社会里。诚如柏拉克（C. E. Black）在《现代化的动力》一书中所描写的场景："公寓中的两邻居可能如同陌路，办公室或工厂的同仁经常更换，吃不认识的人送来的食物，与陌生人在餐厅内共餐，娱乐欣赏均是由无生命的电视或收音机播放的，或者在戏院中与陌生人共同欣赏……"② 对于所有的中国人来说，也许这一切都来得过于突然，自己还未来得及认真体验和细细品味，转瞬间历史已经走过了一百多年。

陌生人社会的来临，为当代中国社会展示了全新的生活场景和伦理视野，也导致了许许多多没有遇到过（或预料到）的新问题、新挑战、新困惑。例如，在走出习惯已久的熟人社会之后，我们应当如何面对数不清的陌生人？应该用怎样的伦理经验与陌生人展开交往？如何创造一个人人和谐幸福的新社会？我们以往所秉持的伦理规范和处世准则，能否简单地推广到陌生人身上？当匿名的陌生人身处险境的时候，自己能否挺身而出、舍身相救？在喧闹的现代化大都市里，居民之间如何能够和睦相处？以往

---

① 诺贝特·埃利亚斯．文明的进程：第2卷［M］．袁志英，译．北京：生活·读书·新知三联书店，1999：30．

② 韦政通．中国文化与现代生活［M］．北京：中国人民大学出版社，2005：144．

长久生活经验的归纳和提炼，借圣人之口表达出来以增加“五伦”的神秘性和崇高性，以此使“五伦”得到具有合法性的基础和百姓的由衷尊崇、坚定信仰。不过，“五伦”出现于相对落后的小农经济时代，自身的血缘色彩和自然属性极为明显，这是研究“五伦”时必须注意的问题。

传统“五伦”扎根于小农经济社会，重视地缘、血缘亲情和邻里关系，总体上属于梁启超所谓的“私德”范畴。现代社会的基础是工业文明和市场经济，人际交往的范围已经完全超越了传统意义上的血缘和地缘的约束，因此，规范人际交往的“五伦”道德规范已经无法适应现代社会的需要，或者说它只是在局部范围内有应用价值。鉴于此，1981 年 3 月 15 日，我国台湾学者李国鼎在一次学术演讲中率先提出了“第六伦”的观点，将其作为工业文明时期的道德准绳，在台湾学术界引起了巨大反响。紧接着，他在《经济发展与伦理建设——第六伦的倡立与国家现代化》一文中，对“第六伦”的构想做出了完整全面的阐述①。那么，何谓“第六伦”？李国鼎认为，“第六伦就是个人与社会大众的关系，也就是从前所说的群己关系”②。按照李国鼎的理解，在华人世界里，之所以要倡导“第六伦”，是因为“尽管我们是一个文明古国，礼仪之邦，一向重视伦理，然而我们对于个人与陌生社会大众之间的关系，则缺乏适当的规范”③。很明显，李国鼎深感传统“五伦”已经不能满足经济和社会发展的需要，故而为了弥补其不足而倡导设立新的道德规范。在某种意义上，我们认为它是近代梁启超公德思想的延伸。在这里，“第六伦”之“伦”的概念，已经不能被简单地视为包含辈分、等级、差别之类的传统内涵，而是一种新型的人际关系，这种关系不同于传统社会基于血缘或地缘而形成的人与人之间的联系，它是人们在经济、政治和文化等社会公共生活领域的交往过程中形成的一种从未有过的新型关系。也就是说，李国鼎提出的“第六伦”应当是指个人与陌生人之间的关系，是对以往“五伦”规范的补充和完善，或者说是“五伦”的现代延伸和新的发展。

---

① 韦政通. 伦理思想的突破［M］. 北京：中国人民大学出版社，2005：181.

② 同①182.

③ 同①182.

不过，对于台湾学术界广泛探讨的“第六伦”问题，钱穆提出了自己颇为独到的看法。在他看来：“今国人又谓五伦皆属私德，当增设第六伦以应现时代之需。遂有主立群己一伦者。”① 按照当时的理解，“五伦”乃是一私人对一私人的关系，而“第六伦”则是群己关系，它极大地拓展了“五伦”的约束范围。但是在钱穆看来，不能将群己关系——个人与陌生的他人的关系——称为“第六伦”，因为“五伦乃私对私，群己乃公对私，不得成一伦”②。这个观点无疑是有道理的。因为“伦”带有鲜明的血缘亲情烙印。现代社会已经逐步走出了乡土社会的狭小生活圈，进入了所谓大众交往的新时代。面对一个素不相识的陌生人，你不能或者无法跟他讲“伦”，因为你们彼此之间并不存在“伦”——辈分、等级的现实，所拥有的只是不同的陌生人之间的平等相待、相互尊重的某种伙伴关系。因此，适应现代社会生活的新伦理，注定不能沿袭传统思维模式下的“伦”，即我们不能简单地称之为“第六伦”，而应当创造出适应新时代需要的新概念。从人际关系的变迁来看，现代社会的“群”对“己”、“公”对“私”，无法简单套用以往的“伦”的概念，它是一种新型的人际关系。这种关系也许用“陌生人伦理”来指称更为恰当。

“第六伦”的提出以及台湾学术界对“第六伦”问题的热烈讨论，既是当今时代发展的客观需要，也是台湾学术界对推进中国传统伦理文化发展做出的巨大贡献。除此之外，学者们围绕如何构建新型的群己关系，如何对待陌生的他人以及如何进行“第六伦”建设等问题进行了非常有意义的研究。多数学者认同“第六伦”的提法，认为它是适应时代需要的新伦理建设的曙光，它唤起了民众对自己的伦理生活和伦理秩序的关注，引导更多的人关注自己身边的伦理关系，关注社会公共生活中的伦理道德问题，关注陌生人的存在及其道德意义，加强对身边的每一个人尤其是青少年的新伦理教育。他们相信，建设新伦理的任务是我们每个人义不容辞的使命。林毓生曾说：“人性最大的光辉是：我们有天生的道德资质，以及

---

① 钱穆. 晚学盲言［M］. 桂林：广西师范大学出版社，2004：222-223.
② 同①223.

在思想上经由反省而能自我改进的理知能力。"① 积极推进当代社会的伦理革命，已经成为越来越多的社会大众的道德自觉，当这种道德自觉成为某种价值共识的时候，社会伦理变革的时机就将趋于成熟。

在几千年的中国历史上，儒家文化中的"五伦"一直是规范和调节人们伦理行为的基本道德规范。"五伦"由于几乎涵盖了家庭和社会所有的人伦关系，即君臣关系、父子关系、夫妇关系、兄弟关系和朋友关系，所以具有广泛和普遍的使用价值，在中国人的道德生活和人际交往中发挥着无可替代的作用。历史足以证明，在我国传统社会，"五伦"规范与社会生活有着较高的契合度，历经社会风雨的反复洗刷和磨炼，已经成为一种成熟而稳固的历史价值系统。这个系统的内部要素和基本结构已经完全定型，所以，无论社会如何变迁，"五伦"规范在实际生活中始终恒久地发挥着自己的作用。因此，我们对于"五伦"规范的道德价值应当给予充分的肯定和重视，它是迄今为止我们能够信赖的最重要的道德价值系统。不仅如此，在长久的生活实践和人际交往过程中，"五伦"的基本要素逐渐渗透，融入人们生活的每个角落、人们的心灵深处，成为风俗习惯和社会文化的组成部分，作为一种无法磨灭的伦理传统和文化精神元素，内在地支配和主导着人们的社会生活。正如贺麟所说："五伦观念是几千年来支配了我们中国人的道德生活的最有力量的传统观念之一。它是我们礼教的核心，它是维系中华民族的群体的纲纪。"②

在关于"五伦"问题的伦理讨论中，人们大多忽视了一个社会学的基本问题——人与自身角色的关系。在现实生活中，每个人都有不同的角色（身份、面具等），并且这种角色是逃脱不掉的客观存在，是维系社会正常运转的基本前提。"角色是有关的行为模式之总和，必须在适当的场合表现出来。凡与该角色无关的行为必须严加禁止。"③ 由此不难发现，角色本身蕴含鲜明的伦理道德取向，甚至有人为此提出角色伦理的说法。在

---

① 林毓生．中国传统的创造性转化［M］．北京：生活·读书·新知三联书店，1988：42.

② 贺麟．文化与人生［M］．北京：商务印书馆，1988：51.

③ 诺兰，等．伦理学与现实生活［M］．姚新中，等译．北京：华夏出版社，1988：130.

"五伦"中，君臣、父子、夫妻、兄弟、朋友，都不是特指某个个体的存在，而是指一般意义上的人的角色；个人身处相应的位置或拥有相应的身份、角色，就应当履行相应的道德义务和道德责任。"五伦"是对特定角色提出的道德要求，而不是针对特定人提出的道德要求。因此，人与角色之关系中的伦理理应转换为特定的身份与伦理的关系，由于人的角色不断变化和转换，所以人们在不同境遇下的角色伦理要求各异。这样，个人就必须按照自己所处的特定场景，灵活认知和正确处理自己的角色伦理问题。

当然，在不同境遇下人的角色伦理要求难免发生冲突，如作为父亲的角色与作为一般职员的角色，其各自的伦理要求是不一样的。父亲对子女应当慈爱，这是家庭美德（私德）的要求；职员对事业应当敬重，这是职业道德（公德）的要求。二者之间存在着非常明显的差别。一个对子女慈爱的父亲，在职业生涯中未必能够做到爱岗敬业。因为它们分别属于不同的道德价值评价体系，在逻辑上不能简单采取由此及彼的推理方法。尤其是当二者不能兼得的时候，就会发生诸种道德善之间的冲突，而不是以往理论界所关注的善与恶的冲突。如何处理此类道德善之间的矛盾、冲突，不仅关系到个人私德素质的高低，也是对个人之社会公德心的巨大考验和挑战。正是因为存在这样的伦理道德困惑，学术界才有人把儒家传统道德视为"道德特殊主义"，认为它不具有普遍的社会道德意义，因而无法适应现代社会结构之公共转型的要求。

"角色"的最初含义是面具。无论现代社会对角色伦理（道德）有何种诉求，都不可能完全脱离角色之面具的最初寓意，在现实生活中，这就很容易导致作为真实的"人的道德"与作为面具的"角色道德"之间的某种冲突。既然在公共人际交往中，人们需要的是表面的礼仪、礼节性的寒暄客套，或者是对协议、契约类道德的严格遵守，那么，个人真实的道德究竟怎样，其道德人格的好坏，即个人的德性的优劣问题，就被有意或无意地忽视或遮蔽了。也许这正是现代社会人的德性衰落的根本原因。在西方伦理学界，以研究德性伦理而闻名的美国学者阿拉斯代尔·麦金太尔似乎已经注意到这个问题的严重性。随着"他人"对"自己"的道德要求的降低，"自己"对"自己"的道德要求也会随之降低，而道德的实质恰恰是“人类精神的自律”。他律的弱化伴随着个人自我约束的降低——自律的弱化，人类整体的道德必定会陷入某种危机之中。所以，现代化需要角色伦理（道德），只不过是作为市场交易的润滑剂——手段和工具，而不是作为个人立身处世的根本准则。或者也可以认为，角色伦理（道德）只有在市场经济条件下，在陌生人之间的经济类“交易”中才有实际意义。越出单纯市场交易的狭隘思维空间，进入更为广阔的社会交往领域，或者在自己亲密无间的伙伴和家庭生活中，角色伦理（道德）自身不可克服的矛盾性便会暴露无遗。众所周知，缺乏个体德性做基础的人的存在和交往，其角色伦理（道德）只能是虚伪的、不真切的道德，而不可能是合乎人性的道德。人生不是交易，生活不同于市场，因此，带有“交易”烙印的角色伦理（道德）之局限性注定是十分明显的。

我国近代社会以来，学术界对传统伦理文化的质疑一直未中断。随着鸦片战争的爆发和洋务运动的开展，一些激进的思想家放眼看世界，把中国社会的落后与传统文化的保守凝固联系起来，认为导致中国落后挨打的最根本的原因，就是包括“五伦”在内的保守的、落后的传统文化。因此，他们认为，唯有改变或者彻底打碎传统文化对人的思想和观念的桎梏，为中国社会注入西方资产阶级式的先进的民主、自由和个性的观念，实现思想观念上的彻底变革，中国才能彻底改变落后挨打的被动局面，中华民族才有可能真正团结起来，形成强大的民族凝聚力和战斗力，才能实现民族的振兴和国家的富强，才能屹立于世界民族之林。

在对传统伦理文化的反思过程中，梁启超关于私德和公德的论述格外引人注目。在他看来，私德是一个人对另一个人的道德，规范个体之间的关系或人我关系；而公德则是个人对一个群体的道德，规范个人与“作为复数”的他者之间的关系。由于多种复杂原因的影响，中国传统社会重私德而轻公德，人们的民主意识和公共精神不发达，导致自治力欠缺和公共心缺乏，社会整体的团结和凝聚力十分薄弱。鉴于此，现代社会的伦理革命必须由“私德为主”转向“私德为辅、公德优先”①。按照梁启超设计

① 任剑涛. 道德视域的扩展——从私德主导到公德优先［J］. 天津社会科学，1996（5）：30-35.

的道德进化的具体路径，这个过程主要由私德“外推”出社会所需要的公德，进而实现“固吾群、善吾群、进吾群”的理想社会目标。不可否认，梁启超关于公德问题的论述，是其新民学说的重要组成部分。但是，梁启超“公德”概念的确切内涵，即使他自己也无法说清楚。不过，他对社会伦理文化进步之诉求的感受是真实可信的，他在如何实现这种伦理革命和文明进步方面做出了可贵的理论探索。这一点是值得给予充分肯定的。

思想的困惑往往源于现实的困境。无论梁启超的公德私德论还是陈独秀的伦理革命论，其根源都来自中国近代社会要求进步的现实压力。当然，我们并不难看出，单纯从自己的良好愿望出发，而罔顾社会现实的客观要求与历史条件，是无法成功地实现社会革命和伦理进步的。学术研究切忌偏颇和激进，必须有理性的态度和冷静的思考，然后才能有所创造和贡献。这种创造能否付诸实践，还必须经历一个长时期的“由实践到认识，再由认识到实践”的逐步反复和不断发展的过程。不难发现，在对待中国传统文化问题上，一些近代思想家不仅观点过于偏激，而且其非理性主义的极端化态度注定其无法完成历史赋予他们的文化使命。固然，每个人都无法脱离传统观念的支配和控制，但作为独立自主的文化个体，我们可以反思传统、检讨传统，努力把握传统文化的精髓并使之为现代社会所用，即必须有一个所谓归纳整合、推陈出新的历史过程。1940 年，贺麟在《五伦观念的新检讨》一文中指出：“我们要分析五伦观念的本质，寻出其本身具有的意义，而指出其本质上的优点和缺点。我们不采取历史考证的方法，恐怕失之琐而不得其要；我们也不用主观武断的办法，故意将五伦观念从纵的方面去理解，以便不费力气，便可加以推翻抹杀。”①

如今在中国社会结构的公共转型过程中，“五伦”学说遭遇到前所未有的挑战。这种挑战之所以首先发生在我国的台湾地区，是因为台湾地区的现代化进程较之大陆地区更早，台湾民众率先感受到传统“五伦”与现代生活之间的冲突及种种不适应，即感受到变革传统伦理道德的重要性和紧迫性。正如韦政通所说：“在正常的情形下，应该有正确而又清晰的观念引导我们的社会变迁，可是在现代中国，尤其是三十年来的台湾，社会

① 贺麟. 文化与人生［M］. 北京：商务印书馆，1988：51-52.

变化得很快，主导的观念却赶不上社会变迁，于是社会问题丛生，却又弄不清问题的症结何在。每一位教师和每一个家庭的父母，都为社会变迁带来的伦理关系的变化，在中西新旧价值观念的交织下，感到困惑而无所适从。”① 这不仅是变革中的台湾民众的境遇，而且是身处改革开放大环境下大陆民众的境遇。人们的内在道德观念和传统习俗，与扑面而来的崭新的现实生活之间，不断发生剧烈的碰撞和冲突，这不能不使人反观传统伦理的现代境遇，寻求传统“五伦”实现创造性转化和创新性发展的正确道路。

其实，在中国社会的几千年变迁中，“五伦”经历了从结构到内涵的深刻变革，只不过人们由于对历史的研读不够仔细，思考得不够深入彻底，故而对“五伦”变迁的过程和具体细节知之甚少。学者景海峰在《五伦观念的再认识》一文中，对2 600余年的“五伦”变迁史做了较为深入的考察，弥补了这方面的不足。在他看来，“五伦”观念的产生与人文教化的生发密不可分。就其发生来看，“五伦”的创生来自《周易·序卦》，其中有如下描述：“有天地然后有万物，有万物然后有男女，有男女然后有夫妇，有夫妇然后有父子，有父子然后有君臣，有君臣然后有上下，有上下然后礼义有所错。”天地夫妇、阳刚阴柔，纯属自然造化的顺序使然，顺应自然秩序是“五伦”生成的基础。在战国中期，孟子之所以明确提出“五伦”学说，正是出于修复礼崩乐坏的社会秩序的迫切需要，因而其历史的局限性是非常明显的。到荀子时期，人们已经注意到“五伦”的自然性，开始扩展其内涵并逐步走向社会性和公共性的需要②。

根据景海峰的考证，随着人际交往的日益复杂化和社会制度安排的变迁，以及公共生活圈的不断扩大，主要反映自然顺序和血缘亲情的“五伦”，便无法成为唯一合理的伦理秩序，一旦其合理性受到质疑，那么它的变革就成为理所当然的事情。例如，清朝初年的毛奇龄在《四书剩言》卷外中就关注并讨论过《管子》的“六亲”、《王制》的“七教”和《礼运》的“十义”等规范之间的关系，质疑“五伦”在当时的合理性。显

① 韦政通．伦理思想的突破［M］．北京：中国人民大学出版社，2005：170．

② 景海峰．五伦观念的再认识［J］．哲学研究，2008（5）：51-57．

然，人们已经意识到传统“五伦”面临的窘境。汉代思想家董仲舒提出“三纲五常”的理论，其中的“五常”与“五伦”相比，更能体现某种普遍性的道德诉求。“三纲五常”本身蕴含着浓厚的封建色彩，具有应当深入批判和辩证扬弃的内涵。然而，人们若把“五伦”与“五常”结合起来进行研究，那么就能发现“五伦”本身的弊端是相当明显的。“五伦”本身偏重人伦关系的自然属性，缺乏对其社会属性的关注，所以注定是无法长久的。在某种意义上我们可以说，“五常”更能体现道德德性的普遍意义，作为一种理性的建构有着某种普遍性，因而在现实中能够较为长久地发挥作用①。

面对势不可挡的现代工业文明和市场经济潮流的挑战，传统“五伦”无法适应新的形势和社会进步的要求，人们对此的切身感受越来越强烈，因此，才会出现对传统“五伦”的最新反思和检讨。经验充分表明，“反传统思想往往出现在各国现代化的过程中，这是因为接受新的标准以后，习以为常、视而不见的许多观念和做法变得特别突出而令人难以忍受”②。中国传统文化必须经历一个艰难的现代化转化过程，其中包括伦理道德文化的现代化历程。固然，五四时期那种激进的反传统的做法是不足取的，因为我们不能简单地搬用西方的文化模式和价值标准来武断地衡量或裁决中国传承了几千年的文化。在贺麟看来，对待传统的科学态度应该是，“我们要从检讨这旧的传统观念里，去发现最新的近代精神。从旧的里面去发现新的，这就叫推陈出新。必定要旧中之新，有历史有渊源的新，才是真正的新”③。就伦理传统来看，依据未来社会的发展需要，创造出新的伦理的使命，在近代思想家的著作中已经被多次谈到。无论陈独秀的伦理革命是最后的革命的观点，还是梁启超关于新民和公德思想的论述，都表明伦理思想的过渡和中国传统的创造性转化已经逐渐汇聚成一种新的历史潮流，以不可阻挡的趋势在向前发展。

按照一般的学术发现和学术创新的规律，一种学术思想唯有在接近成

---

① 景海峰. 五伦观念的再认识［J］. 哲学研究，2008（5）：51-57.

② 林毓生. 中国传统的创造性转化［M］. 北京：生活·读书·新知三联书店，1988：165.

③ 贺麟. 文化与人生［M］. 北京：商务印书馆，1988：51.

熟的时候，才有可能脱颖而出，广泛影响世人的观念和行为。然而，在中国近代社会变革的大背景下，思想家们急于找到救国救民的理论指南，以实现某种“急功近利”的目的，这种急不可待的短期效应心态致使他们的思考不够深入、不够完善、不够彻底，因而他们对新伦理的探讨只能是某种急于求成的“半成品”。社会整体价值系统的变迁，是社会结构中最深层次的革命，它的成熟不是取决于少数思想家或革命家的觉悟，而是取决于全体社会大众的觉悟。在新、旧价值观的比较中，我们不难发现“传统的价值观念，根本不需要通过自觉，就能操纵我们的意识反应，而新的价值观念，纵然经由自觉，依然很难成为生活的主导”①。更为重要的是，新价值观必须落实到每个个体身上，实现个人的现代化伦理变革——塑造一个个的“新人”，这才是社会伦理变迁中的彻底和深入。要做到这一点，对于社会生活中道德觉悟参差不齐的个体来说，其难度是可想而知的。“个人要在价值观念上革故更新，成为现代社会的一个‘新人’，必须充分发挥积极的批判性与创造性，这要经历一生的奋斗，仍未必能竟其全功。更何况个人不可能脱离社会而存在，如果没有一个日渐更新的社会，‘新人’的目标也很难达成。”② 因此，伦理革命是“牵一发而动全身”的事业，“从社会整体入手”与“着眼于个人”并不矛盾，二者都是必须考虑和付诸行动的切入点。

关于陌生人伦理问题的研究现状

目前学术界关于陌生人伦理问题的研究，其理论背景和现实基础大体相同，即主要是由于陌生人社会的来临而引发的思考和应对。国内学者的研究成果主要有：(1) 对陌生人的道德关怀问题的研究。陈弱水在《公共意识与中国文化》一书中说，中国传统文化的弊端之一是欺生，在民间生活中，敌视和防范陌生人的思维导致人们把陌生人视为潜在的敌人、需要

① 韦政通. 伦理思想的突破［M］. 北京：中国人民大学出版社，2005：140.
② 同①.

加以警惕和防范的对象，这种潜藏于内心深处的道德想象无法真正形成健康的陌生人伦理规范。在《伦理思想的突破》一书中，韦政通在分析了台湾公德缺失的现状之后指出，一些人损害陌生人的利益却心安理得，根本原因在于，面对陌生人和非确定的第三者缺乏道德压力，以往适用于熟人之间的道德监督机制失灵了。贺来在《"陌生人"的位置——对"利他精神"的哲学前提性反思》（载《文史哲》，2015 年第 3 期）一文中指出，伦理上的利他精神成为可能，前提是给予陌生人在伦理价值体系中应有的位置，而我国传统文化以及当代社会不完善的市场经济，始终没有给予陌生人合理的位置，究其原因在于实体主义的思想原则和总体化的思维定式。唯有确立为他人的个人主体性观念，拆除自我与他人之间的藩篱，利他主义才能获得坚实的根基。(2) 对公德、私德和"第六伦"问题的研究。梁启超在《论公德》中指出，近代以来，国人"重私德、轻公德"的现状无实质性改变，然而，仅凭传统私德无法导出符合现代社会发展需要的公德，因此，必须期待传统道德内部的突破。李国鼎在《经济发展与伦理建设——第六伦的倡立与国家现代化》一文中指出，中国传统文化中的"五伦"已无法适应现代化的发展要求，必须建设"第六伦"——个人与陌生的社会大众之间的关系，以弥补"五伦"道德规范之不足。(3) 对陌生人及相关伦理问题的研究。龚鹏程在《陌生人伦理与人文教育》一文中指出，在不断开放的社会里，随着中西文化交流的推进和人际互动的日趋频繁，如何对待陌生人的问题日益凸显出来，建构陌生人伦理显得十分迫切。

国外学者的研究成果主要有：(1) 对亲近性道德与陌生人伦理问题的研究。英国社会学家齐格蒙特·鲍曼（Zygmunt Bauman）在《后现代伦理学》一书中指出，道德不同于伦理，道德唯有在亲近中，在目睹对方的面孔时才能形成。距离只能导致他异性的陌生人伦理。这是现代伦理区别于传统伦理的重要特征。法国哲学家埃马纽埃尔·勒维纳斯（Emmanuel Levinas）在《塔木德四讲》一书中指出，"他者"的存在是绝对的，"我"对"他者"的道德责任也是绝对的。"他者"的面孔对于"我"而言，就是绝对的责任。(2) 面对陌生人遭遇困境，他人冷漠旁观现象的道德分析。齐格蒙特·鲍曼在《生活在碎片之中——论后现代道德》一书中指出，在陌生人受到伤害时冷漠旁观，是悖逆人伦的不道德做法，必须对之给予强烈的谴责。英国社会学家安东尼·吉登斯（A. Giddens）在《现代性的后果》一书中，分析与论证了陌生人相遇和交往过程的特质，即“世俗的不经意”和“转瞬即逝”，并认为这些特质导致了陌生关系的短暂、脆弱和非私人性。(3）对都市陌生人之类型与功能的分析。加拿大城市研究学者简·雅各布斯（Jan Jacobs）在《美国大城市的死与生》一书中，详尽分析了大城市陌生人的主要类型，指出了陌生人网络在维护城市安全和防止犯罪方面的重要作用。世界各国的现代化主要表现为都市化，而都市又是陌生人最集中的地方，因此对都市陌生人的研究具有重要意义。(4）对陌生人世界道德规范的研究。美国学者奎迈·安东尼·阿皮亚（Kwame Anthony Appiah）所著《世界主义——陌生人世界里的道德规范》，是世界上第一部系统研究陌生人伦理的著作。阿皮亚提出并尝试解决的核心问题是：我们对陌生人负有何种责任？这是在全球化时代，每个人都必须直面和思考的迫切问题。阿皮亚指出，与陌生人的接触，永远是和具体的陌生人的接触，因此，我们必须表达自己的伦理态度。联合国前秘书长科菲·安南对此书给予高度赞誉，他说，这部书是“用理性的方式，在世界人民中间寻求共同尊重和相互理解。他认为，跨越界限的对话，确认对于他人的责任，是改变世界面貌的宜人方式，尽管这个世界仍然充斥着狂热与偏执”①。

本书的结构、主要内容和研究方法

本书研究的主要目的，不是建构某种逻辑上自洽、内容上严密完整的理论体系，而是分析和解决现实问题，故而在总体结构的安排上不会过多地考虑全书逻辑的严谨性和内容的完整性，而是着眼于概念和细节表述的明晰以及对策的可证实性与有效性。本书的九章内容都是相对独立的、完

① 奎迈·安东尼·阿皮亚. 世界主义［M］. 苗华健，译. 北京：中央编译出版社，2012：299.

整的单元。作者尝试对每一章所涉及的相关概念、主要问题和解决对策等内容，进行详尽完备的理论分析和实际论证，在充分占有和深入分析相关材料的基础上，准确把握问题的实质或根源所在，然后再对症下药，尝试性地提出解决问题的文化思路或实践路径，以此作为解决现实问题的指导性建议或对策。当然，各单元之间也有着某种内在联系，即它们都是在陌生人社会的宏观背景下生发出来的具有现代中国特色的伦理道德问题。

第一章，主要研究人际关系的新变化与陌生人伦理问题。伦理以现实的人际关系为基础，反映并反作用于人际关系的变动。如果说传统“五伦”主要调节熟人关系，按照亲疏远近、差序格局确立伦理秩序，那么，随着现代工业文明和市场经济的发展，“五伦”规范显然不足以涵盖陌生人之间的关系，也无法满足当代公共交往实践的要求。在陌生人社会中，陌生人之间的关系用“际”来表达公平公正的伦理诉求。与“人伦关系”不同，“人际关系”是一种外延更为宽泛的“作为复数”的社会大众之间的关系，它超越了以往由血缘和地缘等纽带所维系的等级、辈分的局限，走向更具普遍意义的人际交往。因此，人际关系的新变化是陌生人伦理产生的现实根源。

第二章，主要研究传统欺生文化与陌生人的道德需要问题。在民间生活中，欺生现象是普遍存在的，此类现象可被泛称为道德排他主义，其形成与地域性道德之局限性密切相关。在当代社会，人们对陌生人的普遍怀疑、敌视乃至防范的道德心理，导致陌生人的权益受到不同程度的侵害，以至于在社会公共生活中，人们目睹陌生人遭遇危险却视而不见、冷漠旁观。对陌生人的这种道德冷漠和隐性伤害，在背后受制于狭隘的道德思维和道德推理机制。其实，在社会公共生活中，大家彼此互为陌生人，拥有相同的道德期待和人文关怀，因此必须努力克服欺生现象及狭隘的道德思维和道德推理机制，以宽广的胸怀去尊重、宽容和接纳陌生人，重视陌生人之道德期待和道德需要的满足，以良好的道德心理与他们和谐相处，这是现代文明社会的基本要求，也是个人追求幸福生活的先决条件。

第三章，主要研究人情味与公德心的冲突问题。中国传统社会富有人情味，在日常生活中，人情构成特殊的伦理价值评判准则。尽管世界上的其他地区和民族都有不同程度的人情伦理，然而这并不能否认人情味的道德局限性。在建设社会主义现代化的新时期，富有人情味的地域性道德文化正在受到公共道德文明的强劲挑战。现代社会是文明社会、法治社会，它要求公民在法律和规则面前人人平等。然而，不良的人情味却屡屡突破公共规则的约束，破坏社会公平和正义的实现。因此，能否解决人情味与公德心的冲突，显然成为我国伦理道德现代化的关键。公德心的培育与现代公民意识的提升密不可分。必须把公德心的培育融入公民社会建设，以公德意识和公共理性为着力点，实现公德心的不断提升与公民社会建设的同步发展。

第四章，主要研究道德事件的逆向激励与做好事的风险问题。近年来，我国社会生活中屡屡发生的“做好事反被诬陷”“受助者恩将仇报”等现象，极大地抑制了人们做好事的冲动，姑且称之为道德事件的逆向激励。在陌生人社会里，人们的道德心理是非常脆弱的，信息的不对称、司法审判的不公平等导致做好事的风险加大。中国传统社会向来有“多一事不如少一事”的消极道德思维，而逆向激励无疑加重了这种消极观望的从众心理。其实，这里面既有公众对不良信息的道德误读，也不乏理性的思考和权衡。应当看到，“做好事有风险”这种特殊时期的道德场景，并不意味着人们在陌生人遇到困难的时候只能消极被动地做旁观者。应当坚信，在社会文明的进程中，完善的法律和制度建设将有助于消除逆向激励的消极道德影响，为见义勇为者提供坚强的后盾，从而形成助人为乐的和谐社会风气。

第五章，主要研究道德英雄主义传统与“冷漠的旁观者”问题。我国历史上有着悠久的道德英雄主义优良传统，其实质和精髓在于，英雄执着于崇高理想并为之献身的崇高精神，为社会提供了健康的道德标尺，引导和激励大众追求真、善、美。在当今平凡的社会生活中，同样需要大众挺身而出的英雄壮举，需要有人捍卫社会公平与正义。然而，在建设社会主义现代化的新时期，各种“冷漠的旁观者”现象频频发生，这源于现代制度、技术成果和享乐主义文化所导致的道德感的弱化，一些人沉迷于感官享乐和物性满足，丧失了道德判断的正确坐标。它使一些人在面对陌生人遭遇生命危险时视而不见，不思考、不作为。恢复道德英雄主义传统，拯救失却的崇高道德精神，恢复大众对英雄的历史记忆，乃是消除“冷漠的旁观者”现象的崭新尝试。

第六章，主要研究陌生人社会的道德风险问题。当代社会的道德风险被定位为现代性风险之一，其缘起除了经济和技术因素外，还与陌生人社会的来临直接相关。陌生人的匿名性、流动性和不确定性本身既是道德风险，又是道德风险的源头，即陌生人本身携带某种道德风险的基因。经济学家们发现，人们经济交往中的败德行为（机会主义心理和行为偏好）大多出于自私自利的动机和对陌生人利益的漠视，或基于信息不对称而欺骗蒙蔽陌生的对手。道德风险有人为性、私利性和主观任意性等特征，其危害主要是导致个人利益的损失、社会整体秩序的破坏、人们之间的交往受阻和信用关系崩溃以及强化了各种投机心理等。培育完善的制度体系、加强陌生人的道德教育以及强化对风险的预见和评估等，是当下回避或消除道德风险的主要对策。

第七章，主要研究责任缺失与责任伦理建设问题。责任缺失是伴随现代化而来的人性内部出现的问题，主要表现为责任沉默、责任逃避、责任漂移、责任扩散、责任沦陷等症状。在合理辨识道德责任与伦理责任的基础上，重点分析陌生人空间的责任伦理缺失的根源——没有实现“熟人之间的道德责任”向“陌生人之间的伦理责任”的有效转换，其根本原因在于伴随陌生人社会的来临，个人自由的张扬和个人权利的无节制膨胀导致道德责任感失落、责任伦理形式化乃至虚无化。责任缺失呼吁人们的责任担当意识，要求个人用理性约束自私的欲望，回归道德自我的完整性，以道德信仰的方式强化个体的责任感，传承传统责任伦理文化中的思想精髓，强化人们的责任意识，提升人们的责任践行能力等。

第八章，主要研究诚信危机与陌生人之间的信任问题。与以往关于诚信的研究不同，这一章重点关注陌生人之间的信任问题。受制于市场经济逐利动机的制约，陌生人信任的道德监督机制存在严重的真空化趋势，这是当今诚信危机的要害所在。比较发现，熟人之间与陌生人之间有着完全不同的信任模式，陌生关系的特质决定了陌生人之间的信任是脆弱的、暂时的和非私人性的，然而，在当代社会，待人以诚不仅是实现陌生人之间顺利沟通的桥梁，而且是实现陌生人之间互助合作的基本前提，是一种重要的社会资本。因此，通过传统美德教育提升陌生人的诚信意识，发挥市场调控的基础性功能，强化陌生人之间的信任纽带以及采取有力措施惩治失信者，是目前构建陌生人之间的信任的主要路径选择。

第九章，主要研究现代都市与对陌生人的道德关切问题。都市是陌生人的主要聚集地，随着我国都市化进程的不断加快，发生在陌生人之间的矛盾和冲突日益加剧，各种社会犯罪也主要发生在都市空间。聚焦于都市空间中的陌生人问题、都市伦理和道德文明问题，无疑具有重要意义。在都市生活空间，传统熟人社会的道德规则和调控机制近乎失灵，传统社会价值认同的基础被瓦解，都市陌生人之间究竟如何达成身份认同和价值共识，如何在关怀陌生人的同时有效防范那些危害他人和都市安全的陌生的坏人，已经成为都市伦理研究的重点。首先要坚守道德底线——不伤害陌生人，其次是尊重和善待陌生人。利用道德和法律的双重手段解决不同类型的陌生人之间的冲突。对于都市犯罪现象的防范和治理，可以借鉴简·雅各布斯的陌生人网络的思路来实现实质性的突破。

由于本书的研究对象主要是来自我国社会主义现代化进程中的伦理道德难题，这些难题的发生、发展、演变及危害，与传统伦理文化特别是旧的风俗习性有密切相关性，但这些难题的核心和交叉点都体现在陌生人的身上，所以本书使用的研究方法主要是：（1）比较研究的方法。主要从国内和国际两个视角展开论证，其中的大部分内容需要进行纵向比较或横向比较。纵向比较是与传统意义上的熟人社会及其相关道德特质、功能的比较；横向比较是我国与国外陌生人伦理建设的比较。比较研究的目的在于从传统伦理文化中发掘陌生人伦理生长的“根”，或者从国外建设陌生人伦理、处理与陌生人相关的伦理难题中得到某种启迪和借鉴，或者借鉴国外陌生人伦理研究的有价值的方法以及关于该问题的前提性的哲学研究成果，以弥补本民族文化在这方面研究的不足。（2）多学科交叉的分析—综合法。作为实践理性伦理学之研究对象的陌生人，既是具体的、活生生的，又是抽象的、普遍的存在。为此，必须将伦理问题和伦理生活经验结合起来，为陌生人的伦理性提供确切的实践基础。同时，还要广泛透视人类学、哲学、伦理学、社会学、心理学和民俗学等多学科理论成果，深化有关陌生人问题的多学科综合研究，然后逐步上升到规律性层面去认识和把握，以提炼出道德思维和道德推理机制转换的现实路径与具体措施，以信用制度的建设为着力点，有效推进陌生人伦理的理论建构和实践操作。

第一章　人际关系的新变化与陌生人伦理问题

伦理以人际关系为现实基础，反映并反作用于人际关系的变动。从辩证的观点来看，人际关系的变动既是绝对的，也是相对的。在传统小农经济社会，人们的交往对象多是"固定"的某些人或自己的熟人，社会整体的变动幅度比较微小，仅凭直觉很难感受到这种变动带来的显著影响。鉴于其社会结构的高度稳定性，有人将它称为"熟人社会"①。然而，在人类进入工业文明时期后，市场经济发展和社会进步的速度明显加快，人际关系的变动也随之加剧，就个人生活体验层面来说，呈现出迅速"流变"（利奥塔语）的突出特征，介入大众生活的陌生人的数量越来越多，社会学家称之为"陌生人社会"②。人际关系的变动直接导致了伦理关系的变革，从而带来了传统道德学说和伦理实践的革命性变革。那么，当下中国社会的人际关系究竟有哪些新变化？这些新变化对道德理论和伦理实践提出了哪些革命性的挑战？我们如何应对这些挑战以有效推进社会伦理道德建设？对于这些问题，我们需要经过深入细致的研究之后才能给出回答。

现代性话语中的陌生人

在当下的社会中，"陌生人社会"已经成为一个使用频率极高的学术

① 费孝通. 乡土中国　生育制度［M］. 北京：北京大学出版社，1998：9.

② 同①10.

术语。我们对陌生人社会之人际关系的研究，首先应当从对陌生人的研究入手。那么，何谓“陌生”?“陌生”即不熟悉、不认识。“陌生”的主体必定是人，而“陌生”的对象则既可能是人，也可能是物或者其他任何东西。在《现代汉语词典》中，陌生人被解释为自己不认识的人。它属于一种哲学认识论的解释范畴。在这里，陌生人被视为自己（主体）认识（或将要认识）的对象——一种客观存在的认识客体。通常说来，“认识”可以有两种理解：一种是世俗生活场景下的概念，即熟知或了解；另一种是哲学认识论中的概念，即对客体的本质和规律等知识的逻辑抽象。在价值哲学中，认识与价值往往是相互依存、不可分割的。作为主体的人去认识某种客体，必定是因为客体相对于该主体具有某种价值。然而，在不同的文化语境中，由于历史传统、文化背景或地域血缘等因素的不同，人们对陌生人的价值评价往往是截然不同的，这种价值评价可以通过对待陌生人的态度而直观地显现出来。一种情况是，那些有着好客风俗习惯的国家或民族，会像对待自己的亲人一样善待陌生人，把陌生人当作自己熟悉的朋友。另一种情况是，采取怀疑乃至敌视的眼光看待陌生人，把陌生人当作想象中的敌人，从内心深处拒斥陌生人、惧怕或者防范每一个陌生人。例如，民间有“知人知面不知心”的说法。不过，从学术史来看，人们尚缺乏关于陌生人问题的理论研究，仿佛这些陌生人生活在世界的边缘或某个角落，若不是因为他们的存在关系到自己的切身利益，或者产生了某种消极的后果（如危害性等），人们是很少关注他们的存在及意义的。尤其在小农经济时代，由于交通不便和信息的极度闭塞，人们与陌生人之间几乎相互隔绝、老死不相往来，把自己的生活限定在狭小的圈子里，即无论在心理上还是在生理上，与遥远的陌生人之间都有一堵厚厚的“墙”。也许因为这个原因，陌生人及其相关问题始终没有进入学术研究的视野。

陌生人并不是现代社会的产物，因为陌生人始终生活在我们身边。然而，把陌生人和陌生人社会作为哲学问题或伦理问题加以研究，却与社会的现代化进程有着本质上的关联。在文化哲学视野中，德国社会学家西美尔（Geory Simmel）最先关注并研究陌生人问题，在他看来，毋庸置疑的是，“陌生人”概念的意义随着现代性的到来而发生了变化①。作为现代性研究的重要问题之一，英国社会学家安东尼·吉登斯在《现代性的后果》一书中，对现代社会中的陌生人做出了大量的分析和专门的论述。以伦理道德分析见长的英国社会学家齐格蒙特·鲍曼，则深入研究了后现代伦理中的陌生人及其特有的伦理困境。德国思想家米歇尔·鲍曼（Michael Baurmann）在《道德的市场》一书中，论证了开放社会中的陌生人对于市场美德形成的重要意义。美国学者奎迈·安东尼·阿皮亚在《世界主义——陌生人世界里的道德规范》一书中，基于对人文关怀与和谐生活愿望的思考，论述了我们对陌生人所负有的道德责任，阐释了尊重区域差异和全球化责任之间的关系问题。由此不难发现，陌生人问题已经超越了最初的地域性局限而成为备受思想家关注的、带有某种普遍性意义的学术和实践问题。

在我国传统农业社会，由于人们的生活环境相对封闭稳定，人际交往关系单一而且有限，所以陌生人的出现仅仅是零散的、个别的，对人们的生活并没有造成实质性的影响，故而未受到人们的更多关注。在众多的学术著作中，也未见到关于陌生人问题的专门论述。在我国传统农业社会，家庭作为社会的基本单元，一切社会生活都是围绕它展开的，传统伦理中的“伦”和“理”主要反映家庭内部的基本人伦关系。即使涉及家庭与外部世界的某种关系，如朋友交往乃至与陌生人的关系，其形成的相关道德规范也仍旧带有家庭伦理的烙印，如儒家伦理中“四海之内皆兄弟”的说法，即是把个人与他人（主要是陌生人）的关系比喻为具有血缘亲情般的兄弟关系，也就是具有把陌生关系血缘化、亲情化的特质，目的是赋予这种关系“亲人般”之“亲近性”的特质。这里除了能显示自己待客的热情真诚之外，还能弥补社会伦理之不足的某种尴尬。从伦理的最初含义看，中国传统社会中“伦”的含义是伦常、辈分，“理”是规范日常人伦关系的道德习俗。一般说来，儒家伦理中的“五伦”规范足以规约日常生活中的绝大部分人伦关系，即它本身近乎是完满自足的系统，因而从未受到人们的质疑或批判性检讨。然而，随着我国社会近代化和资本主义全球化的

---

① Geory Simmel. The Stranger［M］. Free Press，1969：235.

迅猛发展，世界范围内的经济、技术和文化交流的日趋频繁，不同地区、部门乃至全世界范围内人际互动和人员交流的不断增多，在社会公共生活的不同层面和更多的领域中，人们切身体验和感受到来自不同地域、种族的，具有不同国籍、肤色、语言、宗教的陌生人涌入自己的生活，甚至成为自己的邻居、同事、伙伴、顾客、朋友等，以往具有鲜明地域色彩的、家族性的伦理道德规范显然不足以规范如此复杂的人际关系，因此，我国学术界对陌生人及其伦理问题的关注逐渐增多。

与传统社会零星的、个别的陌生人不同，“作为复数”的陌生人或整体意义上的陌生人，显然与现代社会的形成和发展密不可分。在《共产党宣言》中，马克思、恩格斯曾对现代社会的开放性和变动性做过精彩描述，在他们看来，“生产的不断变革，一切社会状况不停的动荡，永远的不安定和变动，这就是资产阶级时代不同于过去一切时代的地方。一切固定的僵化的关系以及与之相适应的素被尊崇的观念和见解都被消除了，一切新形成的关系等不到固定下来就陈旧了。一切等级的和固定的东西都烟消云散了，一切神圣的东西都被亵渎了。人们终于不得不用冷静的眼光来看他们的生活地位、他们的相互关系”①。开放社会的最大特点就是其社会成员极富流动性，主要表现为越来越多的陌生人的频繁出入，即人际关系处于永恒的变动不居和动荡不定之中。美国学者马歇尔·伯曼（Marshall Berman）曾把“一切等级的和固定的东西都烟消云散了”这句来自《共产党宣言》的名言简缩为“一切坚固的东西都烟消云散了”，作为自己一部著作的名称，以阐发自己对资本主义现代变迁的切身感受和主观体验。按照法国诗人波德莱尔的说法，现代性可以被描述为“短暂、瞬间即逝和偶然”等个体感受或体验。然而，现代性绝非仅仅等同于个人的某种主观感受或心灵深处的情感激荡，更重要的是，它已经成为某种不可阻挡的历史潮流，反映着当今世界进步的某种规律性。在这种不可遏止的历史潮流面前，人们唯有顺应它的存在及变革，根本无法改变其发展的最终方向。如果说马克思、恩格斯所描绘的只是全球化发展的早期征兆，那么，在当今全球化日趋深入且影响逐渐增大的背景下，世界上各个民族、地区

① 马克思恩格斯选集：第1卷［M］. 北京：人民出版社，2012：403-404.

之间以往形成的那种相互隔绝、老死不相往来的封闭、凝固的生活方式已然成为历史，被不断涌入我们生活的陌生人打破。匿名的陌生人的持续性介入，给人们的生活注入了色彩和活力，激发了人们无限的道德想象力。当然，人们所面对的不仅是本民族（国家）的陌生人，而且还有来自全世界不同地区的肤色、种族、性别不同的他者，这些他者不仅是我们的同类，而且还直接或间接与我们的生活发生关联。因此，这些陌生人注定将成为我们生活世界不可或缺的组成部分，与陌生人打交道将逐渐成为我们生活的一种常态。在这个过程中，我们自己会成为他人的陌生人，他人也是我们的陌生人，由此形成了陌生人之间的互动关系。这里既有陌生人之间的共处与合作，也可能存在彼此间的争议乃至冲突。但无论如何，每一个陌生人都是实实在在的生命体，都具有不可忽视的现实意义。恰如奎迈·安东尼·阿皮亚所说："与陌生人的接触，永远是和具体的陌生人的接触。"① 因此，面对这些"客观存在"，我们必须表达自己的道德情感和伦理态度。"如果陌生人不再是想象的存在，而是真实并且就在你面前的人，他们与你一同分享社会生活，你可能喜欢他，也可能不喜欢他，你可能认同他的观点，也可能不认同他的观点，但是，如果这是你们双方都希望做的事情，你们最终就可以真正地理解对方。"②

从概念上看，陌生人与熟人是相对而言的。每个人来到这个世界，在自己十分短暂的人生旅途中，能够接触、认识、熟悉的人注定是极为少数的或者说是非常有限的，因而对于每个人来说，陌生人的存在注定是一种常态或恒态。就日常生活的范围看，人与有些陌生人可能一辈子没有交集，对他们的态度也多是不闻不问；有些陌生人则可能会变成自己的熟人、朋友乃至知己。中国传统文化中有"缘分"这个独特的概念，即认为相逢便是某种"缘分"，正所谓"有缘千里来相会，无缘对面不相识"。对"缘分"二字的理解，远非情人或者恋人的关系那么简单，它具有深远的文化底蕴和现实生活旨趣，已经涉及在个人的生命历程中与自己的生活世

---

① 奎迈·安东尼·阿皮亚. 世界主义［M］. 苗华健，译. 北京：中央编译出版社，2012：144.

② 同①.

界发生联系的一切陌生人。实际上，这个说不清、道不明的“缘分”概念，已经把中国传统文化的精髓囊括殆尽。由此看来，认知意义上的“陌生”并不只是人际交往中的一堵“墙”，它还是人与人联结的纽带和桥梁。人们彼此间的认识和交往，就是打破这堵“墙”的钥匙。更多的时候这堵“墙”是个纯粹的心理学概念。况且陌生与熟识并不是固定不变的，以往的陌生人由于某种机缘可能会成为自己的熟人乃至知己，而以往的熟人也可能变成现在的陌生人——熟悉的陌生人。在社会生活的当代流变中，一切都将随着历史条件和社会环境的改变而改变，“变动”乃是一种绝对的、永恒不变的现象。陌生人与熟人之间的界限也是如此，在这种意义上我们可以说，任何把二者绝对化、凝固化的观念都是没有意义的。

在社会文明演进的过程中，人们的生活环境被区分为“公”与“私”两种类型，即有公共生活与私人生活的明确区分，二者之间的界限由此变得明晰，这也是陌生人问题得以凸显的某种缘由。尽管不乏陌生人对私人生活领域的介入和影响，以及由此而导致的各种伦理道德困境，但在总体上看，因为陌生人主要属于公共生活领域的话题，它对应人的思维和行为方式的某种调整与变换，即从原有的私人生活领域的各种成文或不成文的习惯法，转换为公共生活领域的理性诉求。“换一句话说，随着文明的发展，人类生活越来越严格地被区分为私下的、秘密的和公开的领域，从而形成了人的秘密的和公开的行为方式。”① 这就是说，不管人们愿意与否，甚至是否自觉地意识到了问题的存在，其行为的社会强制性都在不断地增强。社会强制必须通过自我的理解、认同并转换为自我强制的方式，即如埃利亚斯所说，“随着人的行为逐渐地被分为在公开场合中允许的和不允许的两种形式，人的心理结构也发生了变化。由社会认可的戒律被培养成了个人的自我强制”②。理解它们的重要性在于，“熟悉”对于个人来说意味着透明和可信度高，“陌生”则意味着不透明、半透明和可信度低。进入私人生活领域的陌生人，不仅应当与这个生活圈子的为人处世方式相适

① 诺贝特·埃利亚斯. 文明的进程：第1卷［M］. 王佩莉，译. 北京：生活·读书·新知三联书店，1998：294.

② 同①.

应，而且还必须使这种方式成为一种行为习惯或强制，即成为自己圈子里的熟人。但是在社会公共生活领域，对于来自不同地域的陌生人来说，外在的社会性规范就足以约束他们的行为。因此，关于陌生人问题的研究主要限于社会公共生活领域。

当然，每个人如果都以自己为中心画一个大圆圈，那么就可以发现一个基本的事实：随着自己公共生活实践和交往范围的不断扩大，即生活的半径不断延长和拓宽，介入自己生活圈子的陌生人会越来越多。对于个人来说，有些陌生人会成为自己的熟人甚至无话不谈的朋友抑或知己，更多的陌生人则是素不相识的，他们的存在与自己无甚关联，甚至不必了解他们的生活方式。总之，这些人的透明度和可靠性与自己无关。有时候在电视屏幕上，人们可以凭借逼真的图画或场景观察那些远在天涯的陌生人，把他们奇特的肤色、种族、性别、习惯、爱好等当作自己茶余饭后津津乐道的谈资。当今网络媒体的极大普及，使得人们能够便捷地与遥远的陌生人相遇，甚至与之成为从未谋面的朋友——网友。来自世界各地的、操着不同语言的网民，可以平等地借助互联网这个技术平台，相互交流思想和感情，分享共同的爱好、经历和志趣，甚至结交成为某种网络共同体，如驴友、棋友、票友等。在对方有某种需要（或者身陷困境）的时候，大家能够及时了解真相并伸出援手。在互联网这个虚拟世界，陌生人之间的相遇、相识有着极大的偶然性，彼此间的互通和交流不必了解对方的真相，甚至他们永远也不曾谋面，但这些并不妨碍他们成为网络上的朋友，不影响他们对一些共同关心的问题达成基本共识。在这个意义上说，网络改变了人们对陌生人的看法，彻底颠覆了许多传统的观念和做法。即使思想家西美尔、齐格蒙特·鲍曼等人也未对“比特世界”里的陌生人做过深入的研究。我们必须相信，网络世界在改变以往人们对陌生人的习惯性看法的同时，也能够推动并实现人们的价值观和思维方式的现代性转向。

对于人际关系的变动与文明进程之间的关联，埃利亚斯显然有着十分深刻的理性认知，在他看来，“人的生活被织进有着巨大力度的相互依赖的网络之中，人的本能，人的行为方式也会随之采取了不同的形态；这里说的是人的心灵整体结构中，或者行为标准中有了不同。这种质的变化尽管有时有反复，经过一个长期阶段，变化便会向着同一方向运作，成为持续不断的、朝着某一方向前进的进程，并非只是一种毫无规则可言的变迁”①。那么，就这种变迁的实质来看，就是向着新的文明形态迈进的过程。可能在这个复杂多变的过程中，不乏暂时性的曲折、倒退或局部性的退却，即表现为零零碎碎的偶然性，但总体向上的潮流是无法改变的。随着社会关系和社会结构的变化，文明本身呈现出不同的景观。作为社会整体中的构成要素，无论经济的变动还是政治的、文化的变动，都会不同程度地触及个人与作为“网络的”社会的关联，使得二者的互动链条变得更长。“每一次都意味着，在个人身上相互交织的依赖依靠的网络变大了，其结构也变化了；每一次，与这种相互依赖网络完全相应的是，人的行为方式和整个精神生活的样式，人的心灵整体的形态也都发生了变化。‘文明’进程，从行为和本能生活的角度来看正如从人际关系的角度来看一样，是相互联系愈益紧密的过程，是社会职能日益多元化的过程，与此相应的是，逐步形成了越来越广泛的依赖关系，越来越大的整合单位，个人的境况与活动范围就有赖于这种整合单位，不管你意识到与否。”② 陌生人社会的来临和陌生关系的形成，正是这种变迁的结果，同时又是走向新型人际关系的一个必经阶段。

陌生关系生成的意义

把“陌生关系”作为伦理概念研究，核心是对“人际关系”内涵的重新考察和延伸理解。因为陌生关系生成的意义，并非简单的（单一的）伦理道德问题，而是更为宏观的经济、政治和文化问题，是社会结构的转型和社会秩序的重建问题。从微观视角看，表现为传统社会的人伦关系所遭遇的种种挑战。按照杨国枢的分析，“中国人的人际或社会关系，依其亲疏程度可以分为三大类，即家人关系、熟人关系及生人关系。家人关系是

---

① 诺贝特·埃利亚斯. 文明的进程：第2卷［M］. 袁志英，译. 北京：生活·读书·新知三联书店，1999：98.

② 同①99.

指个人与其家人（父母、子女、兄弟、姊妹及其他家人）之间的关系，熟人关系是指个人与其熟人（亲戚、朋友、邻居、师生、同事、同学及同乡等）之间的关系，生人关系是指个人与生人（与自己无任何直接或间接的持久性社会关系之人）之间的关系”①。“陌生（生人）关系”的生成和演化，不是作为社会生活主体的个人一厢情愿或主观臆见的事情，而是现代化发展的必然产物，或者说是人类历史的一种必然。在不断开放的多元化世界，不同国家或地区的绝大多数人已经无法把自己完全封闭起来，过离群索居的单调生活，即无法继续固守封闭社会的传统生存模式。地球上只有某些区域内的极少数的民族，为了保留自己独特的文化传统和生活方式，甘愿脱离现代工业社会和文明发展的大道，孤立地生活在地球上的某个角落。对于这种价值观念和行为选择，他人无法做出是与非、善与恶、美与丑的理性评价。然而，面对不断扩张的经济和文化的全球化潮流，更多的国家或民族选择了社会现代化的道路，对异域文化实现开放，人员交流互动频繁，其结果是越来越多的陌生人进入彼此的生活空间，从而导致“陌生人社会”演变成“陌生人世界”。在杨国枢所论证的三种关系中，家人关系、熟人关系、生人关系的排序已发生变化，生人关系以其特有的生命力而跃居第一位。

在《世界主义》一书中，美国学者奎迈·安东尼·阿皮亚对全球化时代的陌生人伦理做出初步论述，建议把“世界主义”作为陌生人世界的主要道德规范。在他看来，目前我们面临的主要挑战是，由于传统社会的规模异常狭小，多数人对其他社会的生活方式知之甚少，相互之间的沟通则根本谈不上。实际上，“我们每个人其实都有机会与全球六十亿人中间的任何人发生联系，我们可以送去他们值得拥有的东西。比如：收音机、抗生素或者一个好的想法。不幸的是，由于疏忽或者恶意，我们也送去了将要伤害他们的一些东西，如病毒、空气污染物或者一个糟糕的想法”②。在我们这个“地球村”里，人们彼此之间的联系原本就存在，并且其相互

---

① 杨国枢. 中国人的心理与行为：本土化研究［M］. 北京：中国人民大学出版社，2004：101.

② 奎迈·安东尼·阿皮亚. 世界主义［M］. 苗华健，译. 北京：中央编译出版社，2012：2-3.

依赖、相互影响正在不断加深。这种影响既有积极的、正面的东西，也有不可避免的消极乃至负面的结果。不管是有意还是无意，人们都必须以清醒的、理性的态度去正视和面对这些问题的存在，并积极寻找解决问题的有效对策。在阿皮亚看来，了解这些意味着，对于每一个陌生的他人，我们都有无可推脱的社会责任，我们必须要有为对方负责的明确意识，这是一种面对陌生人时的道德理念，或者说是一种陌生人之间的相处之道。尽管人们彼此互为陌生人，但从总体上看，我们生活在“世界部落”之中。如果说因为自己的无知而伤害了陌生人，那么，你应当为此而感到羞愧，因为他们是你的部落成员。当然，彼此间的隔绝不应成为相互伤害的理由。陌生人之间的伤害其实是对人类尊严的冒犯，即人类对自己的伤害。为了避免这种可怕后果的出现，人们必须开始新的相互学习的历程，在相互了解的过程中“接受当地数千年形成的理念，引入适当的思想并建立相应的机制；在已经来临的世界部落时代里，这些思想与机制将引导我们和谐地共同生活在一起”①。

“世界主义”一词，源自希腊文 cosmos（世界）和 polis（城市、市民）的组合，古希腊斯多葛学派用此表示跨越国界的人类博爱。康德在自己的文章中多次阐发世界主义主张，提出了世界公民的崭新理念。在当代政治哲学中，世界主义强调一种世界范围内的更具包容性的道德、经济和政治关系，认为所有世界公民都有责任去关爱他人，彼此互助，努力培育、改善和丰富人性。如果说在古希腊以来的文献中，世界主义还只停留在理论论证层面的话，那么，资本主义市场经济的发展和无止息的对外扩张则无疑在实践中推进了世界主义理想的进程。毫无疑问，陌生关系既是大众交往的必然结果，也是大众交往的行动得以顺利展开的基本条件。不同民族、国家的人们之间的交往，更多是在彼此陌生的环境中实现的。无论出于特定经济利益的考虑，还是为了各自的政治需要和文化发展，发展和培育陌生关系都已成为世界文明进步的桥梁。首先，陌生关系的存在维系着陌生人之间的来往；因“陌生”才迫切需要了解和熟知，进而借鉴他人对自身发展有益的东西。其次，在建立陌生关系的前提下，逐步增进相

---

① 奎迈·安东尼·阿皮亚. 世界主义［M］. 苗健华，译. 北京：中央编译出版社，2012：3.

互之间的了解和信任，将未知的陌生人逐步转化为熟人。仅仅就国际关系领域来看，陌生关系是不同国家或民族之间友好往来的基础，也是缔结稳固联系和建立互信互利关系的前提。

在个人生活层面，我们不妨回味一下历史学家柏拉克对陌生人社会所做的描述。他说，在生活中我们处处可以看到，“公寓中的两邻居可能如同陌路，办公室或工厂里的同仁经常更换，吃不认识的人送来的食物，与陌生人在餐厅内共餐，娱乐欣赏均是由无生命的电视或收音机播放的，或者在戏院中与陌生人共同欣赏，在教堂中与陌生的牧师、会众以不熟悉的仪式来礼拜……”① 在柏拉克看来，我们与陌生人的联系是无处不在的。虽然我们与这些陌生人互不相识，但是，他们的一举一动、一言一行，都无时无刻不牵动着我们的心灵世界，影响着我们对生活意义的理解和认识，总之，数不清的陌生人与我们有着密切关系。因此，我们必须正视陌生人的存在，关注陌生关系存在的现实意义。与弗里德曼对陌生人现象的简单描述不同，在麦金太尔看来，我们与陌生人之间的这种相互依存关系，不是由陌生人的存在决定的，而是由我们自己的诸多弱点导致的，它部分地取决于人性本身的脆弱性。他说：“在很多情况下，我们的生存，更不用说幸福，都要依靠他人，因为我们要面对身体上的疾病和伤害、营养不良、精神缺陷和困扰，还有人类之间的攻击与忽视。”② 社会中某些特殊的群体如幼年或者老年人，对他人的依赖更为明显。以往的伦理学往往把研究重点放在健全的成年人身上，很少关注作为肉体的人的存在及缺陷，这不能不说是学术研究的重大缺憾。在我们的生活中，无论熟人还是陌生人，都有作为人类的共同的局限性。“人类是有局限性的，因此需要与他人合作，这一点得到了更普遍的承认，但是随后却被搁置一旁。”③ 这只能说明学术界在伦理研究中的某种偏见。由它主导的道德哲学的主题必定是极端偏狭而缺乏说服力的。必须考究我们人类的最初来源，尤其是作为人的我们与其他一些智能动物的共同性，随后才能把问题的研究引向

---

① 韦政通. 中国文化与现代生活［M]. 北京：中国人民大学出版社，2005：144.

② 阿拉斯代尔·麦金太尔. 依赖性的理性动物［M]. 刘玮，译. 南京：译林出版社，2013：6.

③ 同②.

深入，去解决那些至今仍困扰人类生活的问题。

在社会学看来，“人伦”和“人际”是两个不同的范畴。中国传统文化中的“伦理”，重视的是“伦”之“理”，即人伦关系的规范意义。儒家把社会中的“人伦”划分为五种，即人们常说的“五伦”，然后分别按照各自关系的性质，确定不同的“伦”之“理”的特殊内涵。不过，在乡土社会，“五伦”作为规范人伦关系的基本规范，已经完全够用了。然而，随着我国经济和社会的变迁，人际交往范围的不断拓展，传统“五伦”道德规范显然无法适应人际关系变动的要求，它要求当代社会伦理的变迁，必须经过由传统社会的“人伦”向现代社会的“人际”的转型。“伦”的核心是辈分、差等，“伦理”强调的是不同地位中的道德规范，有着鲜明的传统社会的“差序格局”的烙印。在中国传统的家族生活中，“五伦”内在蕴含着人与人之间的不平等。无论家族内部的道德权利还是道德义务，都体现为事实上的不平等，以及彼此伦理责任上的模糊性。究其原因，不外乎是儒家心性伦理所蕴含的“人情味”导致以“家”为中心而推延开来的“五伦”，在复杂的情感纠葛中很多内容都是说不清楚的或不愿说清楚的，正所谓“剪不断，理还乱”，应当说这就是“五伦”道德规范的实质。

与“人伦”的具体指称有所不同的是，“人际”重视交往对象的地位、权利、义务的平等和自由，更符合现代民主社会人际关系发展的需要。当然，“伦”也是人际关系——一种特殊类型的人际关系。人际关系之“际”，体现的是在“陌生人”的环境中，具有更大普遍性的人际交往的诉求，即人际关系更多指向“陌生的他人”，它涵盖了传统“五伦”中的特殊人际关系，但其外延远比“五伦”规范要宽泛得多，也深刻得多。在复杂的现代社会，由于人们的交往空间广阔、交往对象多样，很难要求按照传统的“伦”之“理”来区分和规范不同交往对象的行为方式。所以，“伦”在变，“理”必定也在变，并且是“伦”的变化导致了“理”的更新，其内在的因果关系甚为明显。在当今经济和文化全球化发展的背景下，我们在和世界上其他国家与民族的成员打交道时，有着较大局限性的传统的“伦”和“理”，已经无法为对方所认同，也不能成为彼此达成共识的伦理桥梁。因此，必须在相互尊重、平等相待和互利共赢的基础上，谋求新的公共“伦理”桥梁，以实现各自不同的利益诉求。所以，从传统社会的“人伦”向现代社会的“人际”的发展，乃是人际关系的新变化所导致的必然结果。如果说“伦”的存在是客观的、不以人的意志为转移的，那么，“理”的更新则意味着我们必须发挥主观能动性，深入社会生活实践的前沿领域，从社会“伦理的”与“非伦理的”广阔视野中，去发现和提炼时代变迁中新的伦“理”，作为伦理创新的内容去完善和补充传统的伦理学说，推进我国伦理道德文化的进步。

现代新“伦理”的产生，主要以经济全球化的发展及其导致的种种后果为背景。无可争议的是，人类已经结成一个休戚与共的命运共同体。无论经济发展还是社会繁荣，人们都不可能脱离他人而孤立地发展自己。在这个共同体中，所有的“地球人”如何和谐相处、追求幸福生活，显然不再是某一个人或某一个民族能单独解决的事情。当越来越多的陌生人进入我们的生活，成为我们的邻居、同事乃至朋友，与我们组成生活共同体的时候，我们必须明确表达自己的态度。此时，以往所坚守的区域性的道德习俗必须改变，陈旧的道德思维和价值评价模式必须更新。不同个体之间的跨界对话和真诚交流，通过相互理解和相互尊重谋求最佳生存之道，就是我们义无反顾的理性选择和行为实践。此刻，世界主义给我们带来了一种观察和思考的全新视野。正如罗伯特·西伯雷（Robert Seyibl）所说：“世界主义作为一种道德追求，将我们具体关注的范围，扩展到遥远的、一般意义上的‘别人’。并且，我们被告知，他们是我们的地球邻居。”①他号召人们要超越以往的亲疏有别，与更多的“地球人”保持一种精神上和道义上的联系。尽管这种联系不是某种亲密关系，但我们可以对他人承担道德责任。要树立一种全球胸怀和世界眼光，这是当代人必须具备的道德判断。在阿皮亚看来，世界主义不仅是一种现代道德规范，而且应当是世界居民必须履行的道德义务。保护民族道德文化的多样性与提倡世界主义道德是否存在矛盾？个人的身份认同和他者之间的相互对话与沟通如何兼顾？诸如此类的问题，将成为全球化时代政治和社会发展中的新问题，需要各个国家和民族共同面对，并且在深入思考的基础上做出有说服力的

① 奎迈·安东尼·阿皮亚. 世界主义［M］. 苗华健，译. 北京：中央编译出版社，2012：236.

回答。毕竟，这些都是人类继续生存下去而迫切需要解决的问题。

熟识关系与陌生关系

一般说来，人们之间的关系有两种：一种是熟人之间的关系，另一种是陌生人之间的关系。按照费孝通的说法，中国传统社会是一个熟人社会，人际交往以熟人之间的来往为主。因此，我国传统伦理中的“五伦”规范主要用于调节熟人之间的伦理关系。社会人类学的材料告诉我们，在世界上的其他国家和民族地区，农业文明时代的相互交往和人际关系也主要是熟人之间的关系。其实，“熟悉”是一个认知概念，即人们彼此对对方有比较多的了解，因而心理上有较高的认同感和安全感。熟识关系乃是人们基于日常交往而形成的稳定联系，由于交往对象大多是熟悉的面孔，所以容易相互信任、沟通和交流。其中，地缘、血缘和情缘等先天性因素发挥着无形的监督作用，调节着彼此之间的关系，因而形成鲜明的私人性特质。其中，作为认知概念的“熟识”被当作相互信任的证据而获得了特殊的价值评价。在米歇尔·鲍曼看来，熟识关系是一种社会的和自然的纽带，“将人们几乎是不可分开地焊接在一起”①。人们之所以能够信任对方，乃是因为彼此都是透明的，大家身处其中的社会网络结构是稳定持久的。在这样的环境中，人的个性很少有独立发挥作用的空间和条件，群体成员的生存方式是先天注定的。这些都在某种意义上严格限定了熟识关系发挥作用的条件和范围。

在我国传统社会，有一种非常经典的说法，即“鸡犬之声相闻，老死不相往来”。它非常精辟地阐释了中国传统社会人际交往的特质，即人际交往非常简单，范围狭小、流动性差，社会整体的连贯性和稳定性较大。在米歇尔·鲍曼看来，这是与当今开放社会迥异的封闭型社会，“封闭社会指的是有着静态社会结构的传统社会，其成员在稳定和明确圈定的共同

---

① 米歇尔·鲍曼. 道德的市场［M］. 肖君，黄承业，译. 北京：中国社会科学出版社，2003：467.

体内及人际鲜明的关系中共处”①。个人生活的自足性很强，在农业生产过程中，从播种、管理到收获的每一个链条，都主要是依靠自己的家族成员完成的。它导致人们的交往对象和交往过程仅限于日常生活范围内的交流——通常意义上的人情往来，而不涉及诸如经济上的交易或交换等商业经济发展之后才有的复杂社会内涵。“人们在狭隘的社会和自然界限内生活。不是变化和动力，而是个体及集体的连贯性和停滞构成了该社会的特征。”② 这无疑极大地限制了人们交往实践的发展以及交往范围的拓展。即使偶尔有陌生人介入自己的生活，也只是零散的、个别的、偶然的，交往的内容和范围也是非常有限的。因此，从学理上说，传统意义上的乡土社会，不存在作为整体的“陌生人”概念，也不可能生成与陌生人相关的伦理文化。然而，在现代化发展的背景下，随着越来越多的陌生人的涌入，陌生关系逐渐成为人们生活和社会交往不可或缺的内容。齐格蒙特·鲍曼认为：“陌生关系曾经只是暂时的刺激物，但是它现在已经变成一种永恒的条件。现代社会的问题不是怎样消除陌生人，而是怎样与他们连续地相伴生活——简而言之就是，在认识很少、犹豫不决和不确定的条件下相伴生活。”③ 现代性赋予陌生人合法存在的基础。现代大工业和市场经济的发展，使得更多的人走出传统的社会组织，投身于经济发展的时代潮流，他们要和素不相识的陌生人打交道，通过努力获得自己应得的利益。这些来自四面八方的陌生人，与人们的物质利益和精神寄托休戚相关，关乎更多人的感情投向并构成生活意义的一部分。因此，现代生活要想持续下去，就必须努力保持和不断培养这种“陌生关系”④。

现代都市是典型的陌生人社会。“一个从有亲密社交关系的农业社会长大的人，一旦迁移到大都市来生活，马上就会感觉到都市人的冷酷无

---

① 米歇尔·鲍曼. 道德的市场［M］. 肖君，黄承业，译. 北京：中国社会科学出版社，2003：465.

② 同①.

③ 齐格蒙特·鲍曼. 后现代伦理学［M］. 张成岗，译. 南京：江苏人民出版社，2003：187.

④ 同③188.

情，这是因为农业社会，大多数世世代代都定居在一个地方，彼此关系比较熟悉，而都市生活五方杂处，大家都生活在既陌生又孤立的环境。”①生活场景的改变、价值坐标的转换、人际关系的更新等诸多因素，必然导致人与人之间的陌生感和疏离感。从整体上说，进入都市生活的乡下人首先面临着心理结构上的巨大转型，而这是来自心灵深处的最根本的挑战。如果说传统意义上的乡土社会可以被看作某种精神共同体，那么都市生活则是实实在在的利益共同体。来自四面八方的素不相识的乡下人一起在都市居住和生活，不是为了寻求情感的慰藉或者心灵的沟通，而是出于谋求自身利益的长远考虑。这种心理上的隔膜原本是没有的，因为在以往的封闭社会里，“个体的生活前景在很大程度上已由其归属的群体及其社会角色事先确定。这不仅体现在技能和能力的获得，也体现在物质财富的获取和在其一生中可能遇到的社会关系和联系中”②。他们从古朴的乡下来到繁华的都市，意味着一切都要从零开始。此时内心迷茫无助的体验与感受便会油然而生。战胜心理上的不适固然重要，但如何生存下去才是最为迫切的问题。都市人际关系的核心问题，乃是人们彼此之间的利益诉求及其平衡问题。

当然，承认陌生人存在的合理性与陌生关系的意义，并不等于说，人们可以轻而易举地与陌生人打交道。毕竟，陌生人的匿名性、流动性导致陌生人之间的信用关系是脆弱的乃至虚无的。在熙熙攘攘的大都市里，陌生人依然是人们需要加以高度防范的对象。人们很难判断每一个来到自己身边的陌生人会不会对自己的财富乃至生命构成威胁，因为在相互疏离的都市生活中，陌生人依然是犯罪的高发群体。在每天的电视屏幕上，人们都能看到来自世界各地的信息，其中相当大的一部分是陌生人犯罪的镜头。它不可能不对人的心理产生巨大的冲击，以至于为了自我保全的目的而不断告诫自己：不要同陌生人说话，要提防每一个来到自己身边的陌生人。这导致新的怀疑和歧视的发生。在《陌生人》一文中，西美尔以细腻

---

① 韦政通. 中国文化与现代生活［M］. 北京：中国人民大学出版社，2005：143.

② 米歇尔·鲍曼. 道德的市场［M］. 肖君，黄承业，译. 北京：中国社会科学出版社，2003：465.

的笔触对此做过深刻的阐述。在中国传统社会，人们对陌生人有一种高度的防范心理，认为陌生人“来历不明、形迹可疑”，在遇到陌生人的时候，不是热情地拥抱他们，而是首先把他们作为潜在的“敌人”——想象中的坏人，即陌生人=可疑的人。在古老的乡土社会，这可能仅仅是出于某种强烈的自我保护意识，也可能是某种意义上的不安全感和不自信的表现，而不是对待陌生人的“非人道”的心理。如果撇开伦理道德的评价标准，而仅仅从心理学的角度看问题，那么其中也有些许“消极幽暗”的心态在作怪。这种心态极大地扭曲了陌生人的正面形象，并且作为一种积淀深厚的传统文化心理延续到今天，对现代人公共交往的发展产生了巨大的负面效应。无论如何，陌生人的出现都是值得怀疑的，毕竟他们打破了以往温馨浪漫的生活氛围，加剧了人们对生活环境的不安定感，所以人们生发出限制陌生人自由的强烈愿望，试图用法律、制度或规矩把他们牢牢地拴住，这样才能获得心理上的某种安全感。

除了上述突出的变化之外，人们不能不承认的一个事实就是，熟人的陌生化趋势也在逐渐形成之中，其表现就是：首先，以往被认为是“好人”而获得信任的一些人，其思维和行为方式如今变得令人难以理解甚至不可思议。在我们眼里，他们（对方）俨然成为素不相识的陌生人——“熟悉的陌生人”。究其原因，只能做出这样的简单判断：这个世界变得太快，自己的思维没有跟上对方变化的速度。对方分明已经发生了变化，但自己却还停留在以往陈旧的观念和思维中，没有跟上他的变化节奏。以至于在很多问题的认识和评价上，我们的判断是严重滞后的，所以无法与其达成某种基本的共识。当然，这里也不乏某种贬义的理解。其次，在社会公共生活中，人们彼此之间不能再按照熟人的方式做事，而是按照公事公办的社会公共准则，与其他的陌生人一样按秩序排队等待。这无疑是社会文明进步的标志，是一种积极的、向善的道德评价。例如在商业活动中，大家即使都是熟人，也必须遵守商业交易规则的基本要求，公平交易、按劳取酬。与传统社会比较，我们不难发现，这些都是以往从未出现的崭新现象。在我国若干年前的农村生活中，那些地地道道的农民，聚族或聚集而居，邻里之间相处得十分融洽，每当乡邻有了红白事的时候，或者家里有盖房、掘井等大事，乡亲们就会主动走过来，详细询问对方的活动日程和具体安排，看看有些什么需要帮忙做的事情，大家守望相助、和睦相处。如今日益商业化的社会把人与人之间的这份亲情割断了。家里有事需要邻居帮忙，必须按照对方付出劳动的多少给予相应的报酬（钱或物），这里面情分的因素虽然还在，但是却不如以前那样浓厚持久了。大家似乎变成了斤斤计较的陌生人。必须承认，商业社会的理性交易原则日益深入人心，原本浓厚淳朴的人情味慢慢淡化了。这到底是一种进步还是退步，如今还真有些说不清、道不明。不过可以肯定，熟人的陌生化趋势将是无法避免的。因为它与陌生人社会的来临一样，逐渐成为一种势不可挡的潮流。

对于个人而言，生活在具有浓厚商业氛围的社会中，无论遭遇熟人还是陌生人，都必须使自己努力适应对方的要求，亦即适应社会进步和文明发展的要求，这已经逐渐成为人们的某种价值共识。在这个过程中，所有的人都不能不注意经济活动尤其是货币经济对人际关系的深刻影响。西美尔认为，从表面上看，似乎“人与人之间的联系‘日趋松弛’，相互之间触及的只是人的个性中琐屑、片面的方面。然而，这类关系的种类却不断增加，人与人之间的互动越来越频繁，其整体作用的强密程度愈来愈难以计算”①。在这里，松弛的不过是传统意义上的亲情和友情纽带——精神世界的联系，原来意义上的面对面的直接接触和交往，被更多外在的环节和因素无情地割裂了。西美尔说：“现代世界的基本趋势便是人愈来愈依赖整体和普遍，愈来愈脱离个别。”② 它表明在由物质利益主导的社会结构中，人们之间的关系主要受制于经济的约束和控制。“开放社会的变化和动力取代了静止的社会结构。人们不是生活在稳定、界限清楚的共同体和人性化的关系中，社会群体变得灵活和通透，成员相互流动，群体的界限和组成发生着变化。”③ 它导致人们之间实际的联结纽带越来越多，即人与人之间的交往和互动变得越来越频繁。人们为了各自的利益需要及其

---

① 西美尔．金钱、性别、现代生活风格［M］．顾仁明，译．上海：学林出版社，2000：219.

② 同①.

③ 米歇尔·鲍曼．道德的市场［M］．肖君，黄承业，译．北京：中国社会科学出版社，2003：468.

满足，必须把自己置于某种利益的共同体之中，必须与陌生人结成某种合作性的伙伴关系。此时，个人是否具有诚信品德，是否遵守公共规则，被视为能否作为合作伙伴的关键指标，那些由于匿名性和不透明性而产生的机会主义者，最终将会被剔除出市场竞争的舞台。因此，建构陌生人伦理的诉求不仅仅是理论假设，还有着更为深厚的现实基础。

当然，我们不能不关注城市化对人际关系带来的消极影响。在现代都市空间，陌生人之间的关系恰如“蜻蜓点水”般肤浅，而日趋肤浅的、表层化的人际关系无法触及人性深处的德性，如此下去，人的德性提升的诉求便逐渐被边缘化，或者成为某些机会主义者的“黄金机遇”。尤其是陌生人的匿名性本身就是犯罪分子的某种隐身符，因此，“匿名的社会关系”（米歇尔·鲍曼语）对于现实的人来说无疑是把双刃剑。事实确实如此。近年来，随着我国城市化进程的不断加快，都市陌生人犯罪率居高不下已经成为突出的社会问题。考察国外的相关文献发现，都市陌生人犯罪乃是各国现代化进程中的一种通病。德国思想家西美尔研究发现，都市犯罪率与都市陌生人的数量直接相关。在《大都会与精神生活》一文中，西美尔对现代都市陌生人犯罪有过深刻论述。在他看来，紧张的生活节奏、巨大的精神压力和彼此间相处的表层与冷漠，使得人们较少关心他人的生活，从而为陌生人犯罪留下了巨大空间。简·雅各布斯认为，陌生人既是城市的重要资源，也是城市犯罪的重要来源。在城市建设过程中，如何有效发挥陌生人的资源效能，同时又能有效地防范和化解陌生人犯罪，使城市居民的生活和谐幸福，应当是城市规划和设计者首先考虑的问题。她说：“如果一个街道在应付陌生人方面做好了充分准备，当它在公共空间和私人空间之间划定了清楚、有效的界限，而且具备了提供活动和监视人的基本条件时，那么陌生人越多，街区的气氛就会越活跃。”①

人类生活离不开各种各样的共同体。所谓共同体，就是一个美好的生活圈子。它可能是经济圈子，也可能是政治圈子或者文化圈子，或者纯粹的日常生活的娱乐圈子等。按照齐格蒙特·鲍曼的理解，共同体至少有两

① 简·雅各布斯．美国大城市的死与生［M］．金衡山，译．南京：译林出版社，2006：34．

个基本特征："首先，共同体是一个'温馨'的地方，一个温暖而又舒适的场所。"① "其次，在共同体中，我们能够互相依靠对方。"② 在现实生活中，人们与陌生人建立起各种各样的伙伴关系，达成某种临时性或永久性的共同体，就是为了实现各自的利益诉求。因此，从共同体的角度看问题，善待陌生人就是善待自己，毕竟对于共同体中的每一方来说，大家都希望自己能够得到某种安全感，而这种安全感是展开活动的基本前提。所以，人们对待陌生人的态度和行为，并不完全取决于交往之中的某一方，而是取决于双方的共同存在与和谐相处，亦即利益共同体的存在与稳定。双方必须努力维系而不是破坏共同体的存在，这就成为双方共同的道德愿望和价值诉求。实际上，无论熟人共同体还是陌生人共同体，对于我们的生活来说都具有两面性。既然现代生活就意味着离不开陌生人，那么，我们就应该敞开自己的心扉，以积极乐观的心态对待陌生人。尽管这不是单纯的个人心态和意愿问题，然而，心态和情感毕竟是首要付出的元素，也就是说，以开放的、包容的心态对待陌生人，努力与陌生人和睦相处，乃是现代生活持续下去的基本条件。

关于陌生关系的基本特质，理论界尚未有深入细致的分析。在《现代性的后果》一书中，安东尼·吉登斯认为，"由于陌生人保持着陌生关系，冻结了距离，防止着亲近"③，所以陌生人对他人始终保持着高度警惕的心态。对于这些陌生人来说，他人同样也是陌生人，需要自己在内心深处编织防范的网络，作为自我保护进而获得安全感的条件。在社会公共生活领域，人们在当面遭遇陌生人的时候，大多采取纯粹仪式性的客套与寒暄，表现出礼貌的、积极的疏远（polite estrangement）和刻意的控制④。如果说这是对"陌生人相遇"的客观真实的描述，那么这种仪式性的举止和客套的话语就能得到更多人的积极认同。毕竟，我们每个人都会不可避免地遇到陌生人，也具有与数不清的陌生人打交道的丰富经验，所以在自

① 齐格蒙特·鲍曼．共同体［M］．欧阳景根，译．南京：江苏人民出版社，2003：序曲2.

② 同①序曲 3.

③ 安东尼·吉登斯．现代性的后果［M］．田禾，译．南京：译林出版社，2000：71.

④ 同③71.

己的内心深处必定有一套应对陌生人的策略。在人际交往实践中，这种自我认同的策略对于个人来说是行之有效的，久而久之，便逐渐内化为一种固定的习惯和行为方式。在它的指引下，人们能够顺利地与陌生人打交道，而不至于尴尬被动、无所适从。在西方社会学界，西美尔被认为是第一个研究陌生人的思想家。他在《陌生人》一文中指出，"陌生人"的内涵在现代条件下已经发生了变化，这就是说，"陌生人"本质上是一个现代性概念。正是现代化的不断推进，导致陌生人大量涌入人们的生活，因而必须从一个新的视角认识陌生人和陌生关系的意义。既然作为整体的陌生人的出现与现代化有关，那么陌生关系就必定具备鲜明的现代性特质。按照安东尼·吉登斯的说法，霍夫曼（Erving Goffman）所提出的"世俗的不经意"（civil inattention）的社会学范式，就是现代社会遭遇陌生人时最基本的行为类型①。在现实生活中，人们与陌生人的交往大多属于"擦肩而过"或"转瞬即逝"的形式，不会给予对方更多的观察和注意，除非这个陌生人对自己来说特别重要，或者关乎自己的某种重要的利益诉求。实际上，这种"擦肩而过"或"转瞬即逝"的交往形式所体现出的是陌生关系所特有的暂时性、脆弱性和非私人性。

人们与陌生人之间的交往缺乏最基本的信任或信誉做基础，所以往往是偶然的、短暂的，人们与陌生人之间难以建立稳固持久的社会联系。这就极易造成对陌生人利益的有意或无意的忽视，或者直面陌生人的利益受损却心安理得，因此才会发生遭遇陌生人时的道德冷漠。此时，人们期待的利他主义伦理往往无法及时有效地发挥作用。在很多公共事件中，当陌生人深陷困境亟须救助时，一些旁观者的消极观望和冷漠心理，不仅反映出人们心目中陌生人伦理的缺失，同时也透露出陌生关系所具有的短暂性、脆弱性和偶然性等现代性特质。其实，利他主义伦理的实质恰恰在于对待陌生人的意义，因为对待自己熟悉的亲人、朋友或同事，在对方遇到困难的时候出手相助，本来就是自己"分内的事"——理所应当而没有任何道德异议。因此，在社会道德的价值序列中，人们无私地帮助素不相识的陌生人，比及时帮助自己熟悉的人，所处的价值层次无疑是更高的。如

---

① 安东尼·吉登斯. 现代性的后果 [M]. 田禾，译. 南京：译林出版社，2000：71.

果把利己视为人的天性，那么，利他则是后天教育和培养的产物，需要个人具有较高的道德修养和境界。在充分认识到自己与陌生人之关系的基础上，在超越个人利益和充分尊重陌生人的前提下，人们才有可能帮助陌生人，并体验到挺身而出和助人为乐的良好心理感受。实际上，助人也是一种利益诉求，是一种更高的利益期待和利益回报。因为在他人遭遇生命危险时的伸手相助，是为了保全对方的生命或财产——让对方能够继续生活下去，进而能够为社会做出更大的贡献，而自己也能够从这种广义的贡献中得到属于自己的那一份。也许，这种付出与回报无法在短期内取得平衡，但在托马斯·雅诺斯基（Thomas Janoski）看来，“人们在帮助别人时，并不期待被帮助者立即做出回报，但是人们会期待从长远来看的回报，即建设一个比较公正的社会中的体面生活”①。与传统道德文化的价值标准相比，这无疑是一种与现代公民社会相适应的全新的道德思维和价值理念。

近年来，在欧美国家广泛流行一个新词——Freehugs，即拥抱陌生人。它是针对陌生人而产生的一种善意而友好的态度。这个概念的提出及其在生活中得到的广泛响应，已经充分表明人们对陌生人社会来临的明确意识，以及自己应当采取的积极乐观的态度和行为方式。拥抱的前提是充分的信任，或者信任的态度和倾向；拥抱本身就是友善的态度和友好的行为。直面全球化时代的到来，本着对他人、对世界负责任的态度，积极友善地对待来到自己身边的每一个陌生人，愉快地接纳陌生人，已经逐渐成为全人类的某种共识。随着我国改革开放步伐的不断加快，全球化的影响在日益加深，我国社会结构加快了公共转型的步伐。在此背景下，陌生人社会的来临已经不可避免。对于每一个中国人来说，是否已经做好了迎接陌生人社会到来的思想准备，我们尚且无法得出明确的结论。不过，在面对陌生人及其利益诉求问题时，每个人都必须依照某种伦理道德尺度，表明自己的内在感受和伦理态度，这已经成为一项刻不容缓的现实任务，同时也是建设社会主义公民社会的迫切要求。

---

① 托马斯·雅诺斯基. 公民与文明社会［M］. 柯雄，译. 沈阳：辽宁教育出版社，2000：78.

陌生关系的伦理性

在这里，我们把陌生关系严格限定在人际关系的范畴内，而将人与物的陌生关系暂时排除在外。从学理上讲，陌生关系主要区分为两种基本类型：一种是两个不同的陌生人之间的关系，另一种是个人与“作为复数”的陌生人之间的关系。如前所述，在当今世界，现代化不仅使越来越多的陌生人卷入我们的生活，成为我们生活意义的一部分，而且赋予陌生人的存在必然性与合法性。但是，陌生关系并非天然具有伦理价值。那么，在何种意义上，陌生关系被赋予特定的伦理价值意义，成了伦理道德关注和评价的对象？我们不妨借鉴马丁·布伯（M. Buber）在《我与你》一书中的理论来进行详尽阐述。

在马丁·布伯看来，生活中并不存在孤立的“我”。因为孤立的“我”的存在和想象“绝对构不成人生”①。凡是真实的人生皆是某种相遇。在社会公共生活领域，当陌生的“你”与“我”偶然相遇时，“我”便会步入与“你”的直接关系之中。在这个偶遇的过程中，作为具体存在的“我”敞亮自身，自觉而无私地履行“爱的义务”，从而使自身转换为伦理存在。对于马丁·布伯来说，人与人的相遇是一种“真性活动”。作为“真性活动”的相遇，意味着彼此间的充分凝视和内心关照，即实现某种精神上的沟通和交流，由此，双方进入“你我不分”的关系境界②。在这里不难看出，马丁·布伯对“我—你”关系所做的先验分析，乃是基于纯粹哲学意义上的理论抽象。这种抽象能否真正落实到具体生活，成为每个人自觉自愿守护的道德律令，我们尚且无法得出切实可靠的结论。不过，传统儒家文化所特有的（心灵与心灵之间的）“感通”理论，则别有一种诗性阐释的格调和韵味，与马丁·布伯的阐述有某种异曲同工之妙。伦理原本形成于人与人之间的关系之中。“关系”乃是人际互动和心灵感应的

---

① 马丁·布伯. 我与你［M］. 陈维纲，译. 北京：生活·读书·新知三联书店，2002：2.

② 同①5.

过程与结果。如果仅仅考察人与人之间的交往而无视人们内心世界的反应，那么就没有伦理关系的建构和发展。因此，必须坚持“关系本位”的原则。“以关系为本位的话，价值的建立就在于感通。”[①] 这种基于内在感通和自我牺牲的关照，赋予陌生人明确的道德价值内涵，从而引导陌生关系转向伦理关系。相反，在现实生活中，对待陌生人的怀疑、歧视乃至冷漠的态度，各种见死不救、见义不为的畏缩举止，容易使自身受缚于“陌生”而不能关照对象，“我”的存在也因此而发生严重蜕变，即当“我”不再将陌生人视作伦理对象时，“我”也将失掉作为伦理主体的实际意义——不再是伦理存在。由此看来，人们与陌生人的相遇不是简单的认知问题，而是超越哲学认知范畴的道德理性判断。

一般说来，人们遭遇陌生人的场景主要有两种情况。第一种情况是日常生活中的偶遇。这是最常见也最为普遍的现象。在社会公共生活领域，对于所有的参与者来说，几乎满眼都是匿名的陌生人，这已是司空见惯的现象。此时，由于陌生人之间不发生直接的利益冲突，一个眼神的交流甚至未曾发生便擦肩而过，所以它基本上不涉及伦理道德评价。第二种情况是在陌生人遭遇困难的危急时刻，迫切需要路人（路过的陌生人）出手相助。这是对陌生人伦理的最严峻的挑战。美国学者安·兰德（Ayn Rand）把它称为“危急时刻的伦理学”[②]。她认为，危急时刻的伦理学最能考验一个人的道德良知。因为人们帮助素不相识的陌生人，无疑归属于利他主义伦理的范畴。然而，人们在遇到处在困境中的陌生人的时候，往往会提出如下问题：“我是否应该冒着生命危险去救一个人，当他 1）落水被淹的时候；2）被困在大火中的时候；3）将要被一辆飞驰的卡车撞到的时候；4）抓着悬崖吊在无底深渊上方的时候?”[③] 此时，如果遭遇困境的是自己的亲人或朋友，人们一般会义无反顾地实施救助。然而，遭遇不幸的却是一个与自己无关的陌生人，每个人的心里都会有一个起码的理性权衡过程。也许正是在这个意义上，陌生关系才有自己存在的伦理价值。安·

---

① 万俊人. 现代性的伦理话语［M］. 哈尔滨：黑龙江人民出版社，2002：398.

② 安·兰德，等. 自私的德性［M］. 焦晓菊，译. 北京：华夏出版社，2007：35.

③ 同②36.

兰德认为，危急时刻的道德抉择受制于利他主义心理的支配和控制，因此，我们必须研究个人利益和他人利益之间的关系。不过在她看来，对于市场社会的群体而言，“利他主义将帮助他人的问题提升为伦理学的核心和首要问题，从而毁灭了人与人之间任何可信赖的仁爱心和良好愿望”①。这种观点是缺乏足够说服力的，因而也是极端错误的观点。毕竟，任何良好道德生活秩序的维系，都需要个人或社会做出或多或少的牺牲。在日常生活中，陌生人之间的相处或某种互助行为，不能简单套用市场经济的法则，以利益准则审视与评判人类良知和利他行为的价值。固然，市场经济的良性发展和社会进步，需要人们恪守成熟而公平的市场交易法则，然而，人并非孤立的甚至是愚蠢的“经济人”，他同时还是处于相互依存之中的“社会人”以及有着明确道德价值准则的“道德人”。由于市场法则的反复熏染，人们容易循着“后果论”思考和行动，然而道德习俗或风尚的作用也不能忽视，“人类不总是以后果导向的选择者的面目出现是不争的事实，他们在许多情形下或多或少‘盲目地’跟随熟悉的习惯和个人的日常节奏，不假思索地服从风尚、习俗，道德或传统”②。人们总是有着各种各样的道德需要，而绝大部分需要的满足都来自数不清的陌生人的贡献，来自社会伦理制度的合理建构和正常运行。因此，倡导利他主义伦理不是可有可无的事情，而是相互联结日益密切的人类生活进步的必然趋势。

从道德价值序列看，人们帮助与自己无关的陌生人，与帮助自己的亲人或朋友相比，的确更崇高、更无私，因而有着更高的道德价值。同样，人们在危急时刻对陌生人的出手相救，相比在平凡的日常生活中对陌生人的举手之劳，需要更大的道德勇气和更高的道德力量，因而具有更大的道德价值。这无疑是对陌生关系之伦理性的充分肯定。固然人性有其自私的、阴暗的一面，然而这并不足以遮蔽生活中道德阳光的照耀。爱和友谊被视为个人生存的基础条件。尤其在市场经济社会里，要求所有人都奉行大公

① 安·兰德，等. 自私的德性［M］. 焦晓菊，译. 北京：华夏出版社，2007：36.

② 米歇尔·鲍曼. 道德的市场［M］. 肖君，黄承业，译. 北京：中国社会科学出版社，2003：310.

无私的利他主义伦理是不现实的。然而，道德理性主义告诫我们，陌生的“你”的存在同样是“我”的存在的条件，在一个“你中有我、我中有你”的时代，帮助他人无疑就是帮助自己。这是十分明显而又自然而然的道理。当然，无论人的道德观念、道德思维还是道德行为，都是异常复杂的社会问题，仅仅着眼于讲“大道理”的视角，是无法把问题彻底说清楚的，也无助于利他主义伦理的弘扬和阐发。对于任何一个成年人而言，他如果具备了常人应有的思维和行为习惯，那么面对如何对待陌生人之类的问题，就完全可以依靠自己的常识性道德做出判断并采取恰当的解决对策。然而，我们不得不注意的是，人们并非一定会接受自己所理解的原则，即使是接受了的也未必能够将之付诸行动。恰如有的学者所言：“‘理解但不接受’这个命题提醒人们注意到在（道德）理由和动机之间的确存在着某种断裂，而这种断裂本身正是导致一个‘应当做的事情’但‘实际上没有做’的根本原因。”① 对于陌生人伦理建设来说，这个内在的因素恰恰是我们研究的难点，而这个难点问题依靠说教显然是无法解决的。对于那些习惯了说教伦理的人而言，这是他们根本想不到也无法做好的“关节点”。

在现实生活中，人与人之间的关系有一项最基本的内容：相互之间的依赖性。哲学家所说的“你中有我、我中有你”，就是对这种关系的简单而明晰的表述。陌生关系的伦理性与这种依赖性密不可分，或者说在根本上是由它决定的。在谈到“人为什么需要德性”的时候，麦金太尔论述了人的依赖性的突出意义。他把人比喻为依赖性的理性动物，即不仅依赖性是人的天性之一，而且作为理性的人对此有明确的反思和认知。依赖性源自人之天生的脆弱性，毕竟，一些人的残疾和脆弱导致了其对他人（尤其是陌生人）的依赖，这是众所周知的道理。麦金太尔认为，必须承认人首先是个肉体性存在物，我们不能忘记这个来源。这恰恰是我们研究伦理问题的出发点。“我们从最初的动物状况发展成独立的理性行动者所需要的德性，与我们面对和回应自己与他人的脆弱性和残疾所需要的德性，其实属于同一系列的德性，即依赖性的理性动物特有的德性，我

---

① 周濂．我们彼此亏欠什么——兼论道德哲学的理论限度［J］．世界哲学，2008（2）：9．

们的依赖性、理性和动物性必须被置于相互关系之中来理解。”① 既然如此，那么我们在处理与陌生人之间的关系时，就必须把对方当作有血有肉的人来看，即对方也有他的需要——生理的、心理的和社会的，我们必须满足他的这些（合理的）需要。当然，面对他人的时候，我们也是他人眼中的陌生人，也需要从对方的眼神、态度和行为举止中，获得自己应得的满足和尊重。按照麦金太尔的理解，这种相互关系导致的相互满足的愿望和要求，乃是道德生成的根本。对陌生人之间“关系”的正确理解，必须有这样的宽广眼界和崇高使命。唯其如此，才能形成合理的伦理道德诉求。

有人会说，陌生关系的确不以任何人的主观意愿为转移，但是我并不“亏欠”对方什么，既然如此，为何一味要求我善待对方，善待陌生人。一般而言，“亏欠”常被不假思索地理解为物质利益（如金钱、财物等），在日常语境下人们也是这样理解的。然而，从伦理道德视角看，我们应当从形而上的层面去把握，即从精神或意义相互关联的角度看问题。孔子说过，“三人行，必有我师”。意思是说，其他人是值得我们学习的榜样。在人的一生中，个人的出生及成长过程都不可能是个人自己的事情，也非个人一厢情愿的结果，而是家庭、国家乃至社会整体的事情，或者说是无数的陌生人的事情。因为我们周围包括父母在内的所有熟人和陌生人，对我们都产生了直接或间接的积极影响，给了我们成长的力量和深入思考的价值源泉。社会学把它称为人的“社会化过程”。其中有无数的陌生人在为我们的成长默默奉献，无私地付出自己的心血、汗水乃至生命。这些人是我们的行为责任的担当者，也是我们生命历程的引路人和指南针。个人学会独立思考之后，就会对这一切有所了解和领悟，了解和领悟之后，才能成为社会需要的合格建设者和接班人。我们在为国家和民族做贡献的时候，就是回馈社会、回馈陌生人的时候。按照某种民俗文化的说法，人生来就是要“还账”的。人的一生就是“还账”的过程。如果说没有“亏欠”，何来“还账”之说？

---

① 阿拉斯代尔·麦金太尔．依赖性的理性动物［M］．刘玮，译．南京：译林出版社，2013：9.

按照马丁·布伯的分析，人与人之间的偶然相遇，一个眼神或者一个动作，本身就构成某种道德承诺——个人与陌生人之间的道德承诺。道德承诺之所以不同于经济契约，就在于它有自身的伦理精神特质。在勒维纳斯看来，“我”对对方的承诺或责任，仅仅在于对方的一个“面孔”，在于“我”在目睹了对方的“面孔”之后而形成的强烈的道德责任感。他说：“外在于我者，莫过于他人；内在于我本人者，莫过于我。”① 因此，“我”的存在不是单一的、孤立的，“他人”是另一个“我”，“我”与“他人”在相互照应中融为一体。“从我到我自己终极的内在，在于时时刻刻都为所有的他人负责，我是所有他人的人质。我能够为非我所犯的过错负责，也能够承受不是我的苦难。”② 由此看来，把陌生人独立出来作为异己的力量对待，怀疑和歧视陌生人无疑是一个巨大的错误。勒维纳斯把陌生人归入“他者”范畴，基于“他者”的宽广视角来深化对陌生人的研究。从承认“他者”存在的客观意义到对“他者”的尊重，延伸至对“他者”的绝对责任，最后归于对“他者”的爱。应当说，在勒维纳斯的新伦理学中，爱具有终极的意义。按照西方交互主体性理论，勒维纳斯重构了“自我”与“他者”之间的交互关系，把“他者”的存在转化为“自我”的责任，从而建构了一种独具特色的“他者的人道主义”③。齐格蒙特·鲍曼则把它视为一种后现代伦理。后现代伦理普遍重视对陌生人的研究，主要目的在于克服社会现代伦理专注于自我而无视陌生人的缺憾，引导人们逐步从利益的废墟中走出来，回归人与人之间的原生态的亲密关系。因为“在现代伦理学里，他者是向自我实现进军路上的矛盾的具体化和最可怕的绊脚石”④。这样，对他者的关注和尊重，就不仅赋予他者合情合法的现实地位，而且也是为了拯救被现代化牺牲的自我的道德存在。在个人的道德情感趋于干枯的现代化进程中，除了单调乏味的利己主义伦理之外，

---

① 埃马纽埃尔·勒维纳斯．塔木德四讲［M］．关宝艳，译．北京：商务印书馆，2002：121.

② 同①.

③ 齐格蒙特·鲍曼．后现代伦理学［M］．张成岗，译．南京：江苏人民出版社，2003：99.

④ 同③98.

利他主义的道德情感被剔除在外，成为某种形式存在而实质灭绝的东西。他者的出现恢复了道德生活原本就有的生机与活力，毕竟，“重新将他者作为邻居、手、脑的亲密之物接纳回道德自我坚硬的中心，从计算出的利益废墟上返回到它被逐出之地；是这样一种伦理学，它重新恢复了亲近独立的道德意义；是这样一种伦理学，在道德自我形成自身的过程中，它将他者作为至关重要的人物进行重新铸造”①。在修正现代伦理的基础上，勒维纳斯超越了以往个体主义伦理和利己主义伦理，创造出自己崭新的伦理学说，这无疑是对人类伦理事业的巨大贡献。

建构中国特色的陌生人伦理，应当回归儒家伦理文化传统，从中汲取富有生命活力的道德元素和理论滋养。无论儒家伦理的“仁爱”理性还是其“推己及人”的道德原则，都可以被用作建构陌生人伦理的重要历史文化资源。毕竟，儒家伦理中渗透着的丰富的心性和情感元素，乃是我们理解和体谅他人，进而与陌生的他人相互理解、相互沟通的桥梁，此桥梁是人性深处的共同性——人们彼此之间的心灵的感通能力，亦即所谓的“心有灵犀一点通”。儒家伦理不是封闭的、僵化的体系，而是能够不断容纳新材料、新内涵的开放的系统，它要求人们有一颗面向他人的心灵，接纳他人、拥抱他人，把陌生的乃至未知的他人作为我们道德关怀的对象。在这个过程中，儒家伦理文化实现自身的价值更新和价值创造。伦理“价值的更新，将是中国完成现代化过程中的最后一场决战，更新速度的快慢，直接影响着现代化程度的高低。价值更新不仅可以为新伦理带来活力，也是使社会继续结合在一起向前迈进的力量”②。就此而言，从传统儒家伦理到新儒学的发展变化，呈献给我们一个儒家文化不断更新的动态远景。以“仁爱”为基础的、开放的道德系统，能够把我们的视野伸向广阔的陌生人世界。在这个意义上，不断发展的儒家文化延续着人们的理性认知和道德情怀。

---

① 齐格蒙特·鲍曼．后现代伦理学［M］．张成岗，译．南京：江苏人民出版社，2003：98.

② 韦政通．伦理思想的突破［M］．北京：中国人民大学出版社，2005：141.

第二章　传统欺生文化与陌生人的道德需要问题

从历史来看，中华民族有着悠久而深厚的伦理道德文化的积淀。它作为传统元素直接或间接影响着我们每个人的生活，具体表现在日常生活习俗和行为习惯等方面，这些习俗深深镌刻在我们为人处世的每个细节之中，发挥着某种道德指南针的功能，即向我们指明什么样的人可以交往、什么样的人不可以交往，哪些事情可以做、哪些事情不能做。从具体效果来看，这种影响无疑是双重的，即有着积极和消极的两面性。在推进传统伦理现代化的实践中，弘扬优秀道德文化与改造不良道德习俗是并行不悖的，甚至在某种意义上说，改造不良道德习俗对于提升大众的道德品质有着更为深刻的意义。基于这种认识，我们直面传统文化中的欺生现象——一种典型的排斥陌生人的心理和行为，剖析它对陌生人所持有的怀疑和疏离心态的复杂成因及危害，借助道德心理调适和思维机制的转换，提出逐步消除欺生文化的现实路径。

欺生文化的由来与危害

“欺生文化”一词，来自台湾学者陈弱水所著《公共意识与中国文化》一书。这里的“欺”，应当被理解为心理上的歧视、敌视，一种道德态度和道德心理倾向；“生”，即陌生人。“欺生”，泛指对陌生人的怀疑或不友好的态度和行为方式。本书假定“欺生文化”一词能够作为严格意义上的学术语言，可以用来特指我国传统文化中那些具有消极意义的要素或现象。在陈弱水看来，“近世中国的人们，在很大程度上对社会保持着疏离、疑惧的态度。世道险恶是人们对社会的一个基本看法，进入社会活动的人，要随时小心，避免受害，在家中，要注意自我保护，严防家庭受到外间恶的侵袭”①。实际上，类似的论述在许多学者的著作中都可以见到，例如林语堂在《吾国与吾民》、梁启超在《论公德》、孙隆基在《中国文化的深层结构》等著作中都表达过类似的观点，民间则有“害人之心不可有，防人之心不可无”“知人知面不知心”等俗语，表明从研究中国传统文化的学者到每一个普通百姓，对此类现象的存在及后果已经达成了某种默契。尽管他们使用的语言不尽相同，研究问题的出发点和目的各异，但对深深根植于民间的道德实践的把握却是一致的。在我们看来，每个熟悉中国文化或者身处其境的人，基于自身的生活体验和历代长辈的教诲，从内心深处都会对这样的论述有比较高的认同。因为从小的时候起，祖辈和父辈就是这样对我们进行道德教育的，而反复不断的家庭教育和环境熏染的“历史烙印”，使得我们对他人的防范和敌视态度在内心深处扎下了根，成为依附在我们身上很难改变的社会心态，成为一种乡土伦理文化中的重要传统要素。

欲对作为“传统”的欺生文化做出完备的分析，必须引入恰当的理论分析框架。本书使用的框架是美国人类学家罗伯特·雷德菲尔德（Robert Redfield）的“大传统”和“小传统”范式。在1956年出版的《农民社会与文化》一书中，雷德菲尔德提出了这样一种二元分析模式，其目的是解释和说明社会中不同层次的文化传统及其对人的思维和行为方式的影响。在他看来，“在社会文明中，存在着一个具有思考型的少数人的大传统（great tradition）和一般而言不属于思考型的多数人的小传统（little tradition）。大传统存在于学校或教堂的有教养的人群中，而小传统则是处于其外的，它存在于不用书写文字的乡村社区生活中。哲学家、神学家、文学家的传统是一个在意识上的培养的传统，并输送下

① 陈弱水．公共意识与中国文化［M］．北京：新星出版社，2006：141-142.

去。最大部分人民所属的小传统被认为是被赋予的，不用仔细推敲的或被认为要提炼和润色的文化”[1]。按照这种理解，在中国传统社会，大传统主要是作为主流意识形态的儒家文化，而小传统则是散播于民间社会且产生广泛影响的乡土文化。这两种文化类型既有明显的差异，同时也相互依存和相互影响。在实际发挥作用的过程中，人们很难把二者截然分开，而是将其作为统一的、模糊的文化系统来使用。作为社会文化之重要组成部分的伦理道德，对其进行研究也同样可以遵循这两个范式，按照大小传统的概念来认识、甄别，无疑有着突出的优点和重要的历史价值。

按照余英时的看法，雷德菲尔德关于大小传统的理论框架的提出，曾研究和参照了中国传统文化中的经验性元素，因此，我们把这种理论框架作为分析问题的依据是有意义的[2]。我们知道，这对概念原本是雷德菲尔德研究墨西哥乡村社会时提出的，其出发点不是社会学的纯粹的理论抽象，而是实实在在的民间生活场域，其中的乡土性特色是非常明显的，它的实证数据和材料均来自基层百姓的生活实际，具有极高的可信度和说服力。因此，所谓小传统的内容或知识显然更具有基础性的意义。按照《辞海》对“传统”概念的解释，它是“历史上流传下来的习惯力量，存在于制度、思想、文化、道德等各个领域”[3]。那么，“传统”何以能够成为一种“习惯力量”，在世世代代不断传递和延伸的过程中，深刻而持久地影响着人的思想和行为方式？答案是：它与人们的某种信仰相融合，成为民间信仰中的结构性要素而发挥作用。当然，与民间信仰相结合的小传统，扎根于普通百姓民间生活的沃土之中，是因为它作为某种不成文的习惯法，能够切实有效地服务于普通百姓的生活，既方便又实用，而不必付诸太多的理性权衡，即满足了雷德菲尔德所谓的“不必思考”的实用理性特质。同时，“稳定且明晰的生活环境会使群体成员之间产生情感上的联系

① Robert Redfield. Peasant Society and Culture [M]. Chicago: University of Chicago Press, 1956: 70.

② 余英时. 文史传统与文化重建 [M]. 北京：生活·读书·新知三联书店，2004：395.

③ 《辞海》编辑委员会. 辞海 [M]. 上海：上海辞书出版社，1989：786.

并有利于非物质的'价值观念'代代相传"①。

考察博大精深的中国传统文化，不难发现，作为小传统的具体文化样式主要是那些存在于乡土社会或在民间流传的文化。我们将之作为伦理道德问题予以关注的欺生文化，恰恰就存在于乡土生活的基层——普通百姓的日用人伦之中。陈弱水从历史上的各种家训、劝善书、箴言等资料中，找到了它的某些踪迹和原生形态。对于普通百姓来说，这些世世代代积累下来的生活经验，经过历史长河的不断砥砺和反复冲刷，已经成为简洁凝练而又极具说服力的生活智慧，对个人的成长乃至社会文化进步有着不可估量的影响。小传统的特点，不仅在于它是"被赋予的"，即一个人出生以后就注定要接受的、别无选择的，而且在于它是真正"活着"的传统，即活在普通人的日常生活之中，通过口传心授的特殊方式，不断被沿袭和传承下去。它的意义在于关乎个人的身家性命，因此，人们从来没有质疑它存在的合理性及传承的意义。关于传统的类型和意义，勒维纳斯曾说："实际上应该将过去区分为两个方面：一个是完全属于历史的方面，它不可避免地含有一种神话的向度，只有经过史学家的博识和批判的中介之后才成为可理解的；另一个方面属于一个更为新近的时代，它通过附属于现实性和对现实性直接的理解才确定下来。人们可以把这种直接的联系称作活的传统，并通过活的传统来确定一种自认为是现代的过去。"② 在这里，勒维纳斯不仅对传统做出了精辟的阐释，而且述说了一种人们切入传统的独特方式——信仰，在他看来，唯有信仰是不需要经过史学家的中介而直接进入传统的一种便捷的路径。按照这种理解，欺生文化作为中国社会小传统的一部分，主要是来自民间的伦理文化元素，它与普通百姓的日常生活密切相关，是中国普通百姓千百年生活经验的积淀和结晶，包含着鲜明的民间信仰的朴素成分。因此，关于欺生文化的研究，注定是在作为大传统的"四书五经"之中找不到出处的。我们必须分析和研究那些深刻切入民间生活的家训类的资料。学者陈弱水就是通过对家训、劝善书等文化资

---

① 米歇尔·鲍曼. 道德的市场［M］. 肖君，黄承业，译. 北京：中国社会科学出版社，2003：599.

② 埃马纽埃尔·勒维纳斯. 塔木德四讲［M］. 关宝艳，译. 北京：商务印书馆，2002：引言 6.

料的仔细研究而得出中国文化具有欺生特质的理论结论的，应当说，这个结论能真切地反映中国乡土社会的伦理文化现实。

固然，有人会说，作为大传统的儒家文化并没有“欺生”的特质，相反，它非常重视并强调“仁爱”的道德精神，在宏大的理论视野中构建了以“仁”为核心的社会伦理模式。尽管这种“仁爱”不能被视为“普爱”，而要遵守封建宗法等级秩序的要求，即按照人的尊卑、贵贱和亲疏的顺序去爱人，然而，作为一种伦理的历史形态，我们不能对它过分苛求。至于作为大传统的儒家文化，进入普通百姓的日常生活的过程，以及它对人们的道德思维习惯和行为方式产生影响，则有着复杂多样的途径，我们很难做出概括，因为它涉及大传统与小传统之间的复杂互动关系。必须承认，中国历史上的统治者都十分重视并以各种方式对乡民实施道德教化和风俗改良，目的在于用大传统来改造、提升小传统，为小传统增加主导意识形态的丰富内涵，实现主导价值观对民间文化（尤其是伦理道德文化）的引领和提升。但我们不能否认的是，小传统也会以自己的特定方式反作用于大传统，即通过所谓的“逆向渗透”过程，努力实现与大传统之间的相互贯通，依附于大传统并试图从大传统的发展中获得自己需要的营养成分。因此，在我国传统文化的发展过程中，大传统和小传统各有自己的接受主体与生存空间，二者是并行不悖的。也就是说，无论大传统还是小传统，都有自己的优势和不足，以及特定的接受主体和基本职能。

事实上，真实的传统社会就是最基层的乡间（乡村），而不完全是儒家经典伦理所描述的场景。费孝通曾说，中国社会的乡土性特质非常明显。乡土中国是典型的血缘和地缘的结合体。在他看来，“这是一个熟悉的社会，没有陌生人的社会”①。熟人社会的特质在于，人们彼此之间有着高度的信任，这种信任来自长期的交往实践所形成的对彼此的人格、道德、习性、为人处世方式等方面的深刻了解。在狭小的乡村生活共同体内部，人们和衷共济、和睦相处，人格就是信任的价值源头。即使在发生数额不等的借贷关系的时候，大家也都习惯于信任对方，而不需要签署任何字据、合同等成文的东西。在这个意义上，一个农村社区就是一个情感共

---

①　费孝通．乡土中国　生育制度［M］．北京：北京大学出版社，1998：9．

同体。这种情感共同体的特性是，在对内部人士高度信任的同时，对外来者（陌生人）高度警惕，即始终抱有一种“来历不明、形迹可疑”的心理，这也许是长久以来形成的自我保护机制，经过一代又一代人的不断传承而为后人所了解和把握。抱有这种疑惧心理的人，很难相信陌生人并与陌生人达成有效的共识。当然，这种心理的持续发展和极端化，必定会扭曲陌生人的本真性。毕竟，并不是所有来到我们身边的陌生人都会给我们造成利益或人身的伤害。但忠告和警惕心理无疑是必要的。在《增广贤文》一书中，我们处处都可以看到类似的忠告：“逢人却说三分话，未可全抛一片心”①，“画虎画皮难画骨，知人知面不知心”②，“见事莫说，问事不知。闲事莫管，无事早归”③，等等。有人以为，这些忠告的主要目的在于防盗、防骗，然而，它所显露出来的对世道的极端不信任和无情嘲讽则是某种消极阴暗心态的表露。把这样的心态传递给自己的后代，久而久之，就会极大地影响到对陌生人的信任，影响到全社会良好信任关系的建立和巩固。

生活中的每个人都会有疑心，它来自对他人的不信任或者疏离。那么，人们的疑心究竟是怎样形成的？为什么不能单纯地信任他人？对于成年人来说，可能自己过去有过上当受骗的经历，作为历史经验（教训）积淀下来，慢慢地成为自己人生的宝贵财富。对于涉世未深的儿童来说，必须高度警惕和防范他人的无端侵害，这种世俗价值观主要来自父母或长辈的反复教诲，以及各类学校的实用性教育。应当说，提高自己的防范意识、警惕身边可能对自己造成伤害的陌生人，这种做法本身并没有错，也不必过多地涉及道德评价问题，因为它关乎个人的身体安危和财产安全。尤其在以往的农业社会，对于普通百姓而言，面对各种危害自身安全的不确定性因素，对于各种匿名的、流动的陌生人，保持必要的警惕心理是必然的。况且，由于人们自我防御灾害的能力很低，无法得到来自政府和社会的强有力保障，因此，只能依靠个人的警惕和防范来实现有限的自

---

① 依然，晋才．中国古代童蒙读物大全［M］．北京：中国广播电视出版社，1990：39.

② 同①.

③ 同①48.

保。不过，这种道德推理机制作为伦理文化传统被传承下来，其负面效应是非常明显的。长此以往，在人们的社会交往中，个人内心深处所筑起的无形“壁垒”会影响个人与他人之间顺利地打交道，制约陌生人之间诚信友善关系的建立，进而妨碍人们之间的正常人际交往。它影响的不仅是当下的交往，更是未来社会的长久发展，即随着公共生活圈子的不断扩展，人们的交往对象日益增多，从而导致交往出现障碍。

浏览中国古代的各种启蒙读物，我们不难发现，在各种家训对儿童所做的文化价值教育中，警惕和防范可疑的陌生人，往往与防火、防盗等内容混在一起。例如，《袁氏世范》中记载：“人之居家，须令垣墙高厚，藩篱周密，窗壁门关坚牢。随损随修，如有水窦之类，亦须常设格子，务令新固，不可轻忽。虽窃盗之巧者，穴墙剪篱，穿壁决关，俄顷可辨，比之颓墙败篱、腐壁敞门以启盗者有间矣。且免奴婢奔窜及不肖子弟夜出之患。”此书对家庭防盗做出非常仔细的要求和非常严格的规定。这些足以证明，伦理具有保障个人和家庭安全的功能。在社会伦理中，家庭生活的安全无疑是重要内容之一。在家训中对家庭成员尤其是对子女进行防盗教育本来无可厚非。但是，从诸多家训的防盗心理训诫中，我们不难发现，一些家族或社会精英阶层对社会所抱有的强烈疏离感，对外面的世界所怀有的深重疑虑，通过家训的方式传递给后代，然后不断传承下去并逐步凝聚为一种普遍性的社会心态。由于社会伦理扎根于民间，与普通百姓的日常生活息息相关，所以这种针对他人（主要是陌生人）和社会的疏离心态更具现实针对性，产生的社会负面效应也更大。

当然，在传统社会伦理尤其是家训文化中，也不乏倡导邻里之间和睦相处、关爱他人的道德观。如宫南庄的《醒世要言》中说：“善待乡邻亲族，一团和气为嘉。无端横逆且由他，久久凶人自化。口角与人解释，莫教送入官衙。孤贫鳏寡更堪嗟，周助葬埋婚嫁。”《教儿经》中也有相关论述，如“莫把邻居看轻了，许多好处说你听。夜来盗贼凭谁赶，必须喊叫左右邻。万一不幸遭火灾，左右邻居求纷纷。或是走脚或报信，左右邻居亦可行。或是耕田并作地，左右邻居好请人。或是家中不和顺，左右邻居善调停”。这里强调邻里互助、扶危济困的道德观的意义。其中蕴含着重视他人（以及陌生人）的存在及价值的意义，不过这里的“他人”多数是指自己的近亲或邻居，依然没有把素不相识的陌生人作为自己接纳和关爱的对象来看待。也许在传统的农业社会，素不相识的陌生人原本就很少介入自己的生活，因此，与陌生人交往的规则被看作可有可无，至少没有存在的必要性与合理性。不过总体上看，大多数人都对他人和社会抱着某种不信任乃至疑惧的心理。在民间文化中，人们逐渐达成了一种高度的默契——欺生文化。它在伦理道德上可能存在诸多瑕疵，与主导意识形态的道德教化不相符，尤其是与儒家伦理倡导的仁爱精神不一致，但对于普通百姓来说无疑是合理而实用的工具理性。

既然人们在生活中接触陌生人的机会并不多，也就是说，没有足够的与陌生人交往的经验或教训，那么，人们道德思维中的陌生人印象又是从哪里来的呢？其实，人的道德思维的形成，在更宽泛的意义上说，与自己的道德想象力有关。既然人是有着丰富想象力的动物，并且在很多场合善于调动并发挥自己的想象力，那么，在缺乏与陌生人交往的基本经验的前提下，尤其是受到诸如陌生人犯罪的可怕后果的影响，他们意识中的陌生人便是想象的结果——一种类似于“镜像”中的效应。从生理学角度看，“道德想象力是新皮质的产物，负责抑制控制，可以让我们对自己的行为以及其他人如何在团队中对待我们进行推测”①。研究证明，想象力的主要功能是自我抑制。人们对陌生人形成的道德想象力，之所以发挥自我抑制的负面效应也就不难理解了。客观地说，在现实生活中，人的道德想象力既可能发挥积极的作用，也可能发挥消极的作用，即有时候它能帮助人们解决道德中的疑难问题，有时候也会把人带入道德生活的“泥淖”。人不同于动物的特殊性就在于，人有自己天生的道德想象力以及为了追求公共和谐而约束自我的欲望，即“为了更美好的事物而忍耐的能力”②。不过，这种美好可能仅仅是“想象中的美好”，而非真实的存在物。由于对自我利益的过多考虑、对他人利益的贬低或漠视，个人的道德想象力必定

---

① 马克·马陶谢克. 底线——道德智慧的觉醒［M］. 高园园，译. 重庆：重庆出版社，2013：28.

② 同①.

受到限制。为此，在社会公共生活领域，我们转换一下看问题的视角（如换位思考）无疑是十分必要的。“如果没有耐心对公共生活进行必要的制约，比如红灯亮起时停车驻足，做单调乏味的工作或等待支付薪水，我们这些极端社会物种将难以存活。”① 因此，要以乐观向上的积极情绪期盼未来，满腔热情地拥抱素不相识的陌生人，而不是把周围的人一概看作坏人，那么自己的生活将充满阳光。因此，道德问题的实质是个人心态的好坏。

对于个人的道德想象力的重要性，也许很多人并没有意识到，或者根本就没有发现它的存在及意义。如果说，没有道德想象力我们便没有道德生活，那么，在我们的日常交往过程中，这种想象力则潜在地支配着我们的一举一动、一念一行。人们在遇到陌生人的时候，首先会在自己的内心深处对对方的出现做出简单的判断，产生以下问题：此人是好人还是坏人？他有何种企图？他会不会对我的生活、利益乃至生命安全造成威胁？从人之常情来看，这种道德思维和现象的发生是必然的，但却未必是合理的。因为在其背后发挥支撑作用的，不一定是客观真实的证据，而极有可能是自己的主观猜测或一厢情愿。为什么人们对陌生人不能做出公正的判断，而是始终往“最坏处”打算？可能是因为长久积累的生活经验的忠告，或者来自长辈的道德训诫。然而，我们很少有人质疑和反思自己的这种道德想象力，即使它被事实证明是完全错误的，我们也不会在内心深处产生愧疚的情感，这与我们童年时期接受的道德训练有直接关系。每个人在自己的童年时期，都会受到来自家庭的多样化的道德教育，如为了个人的安全起见，必须防范身边的每一个陌生人，“此时此地的防御”将会带来终生的好处。这种道德想象和道德推理机制一旦在内心扎下根，就会对日后的生活产生永久性的影响。无论后天的环境有着怎样的变化，原本“先天性（第二天性）”的道德习惯都难以发生实质性的改变。从辩证的观点看，好事在改变了的条件下极有可能变成坏事。然而，后来再要求改变原有的道德推理机制却是极为困难的事情。但是，若不改变就无法适应新

---

① 马克·马陶谢克. 底线——道德智慧的觉醒［M］. 高园园，译. 重庆：重庆出版社，2013：28-29.

时代的发展诉求。因此，走出传统道德思维和道德推理的局限，着眼于更为广阔的公共生活空间，就必须从心理上接纳陌生人，把他们作为道德思维的积极元素，纳入道德推理的过程。这是创造新生活的起点。正如威廉·赫兹里特（William Hazlitt）所说："我可以依靠想象力去预测今后的事物或者对它们满怀兴趣。因此，想象力一定可以以同样的方式让我脱离自身的禁锢，进入到他人的感情当中。我就是以这种方法被抛向未来，并且对它满怀憧憬的。"①

熟人圈子及其道德压力

翻遍古今中外的历史书，也找不到"熟人圈子"这个概念的来源。实际上，"熟人圈子"是现代中国人创造的概念，用来指称与陌生人不同的某种熟人共同体。在伦理文化研究中，我们暂且把它当作一个成熟的概念来使用，在使用的过程中不断纠正其不合理之处，努力使其成为逻辑上严谨的规范概念。细读费孝通《乡土中国》一书，我们不难发现这个词语的影子。如果说传统社会是一个熟人社会的话，那么现代社会则是陌生人社会。仔细想来，熟人社会的提法并不十分合理。因为每个人尽其一生的时间与他人打交道，交往的对象也是十分有限的，也就是说，在每个人的生活圈子当中，放眼望去，素不相识的陌生人远远多于熟识的人。这些熟识的人被简称为"熟人圈子"。当然，"熟人圈子"的存在并非中国文化特有的现象，世界上的其他民族和地区恐怕都有类似的现象存在，即在自己的生活中频繁出现以及与自己打交道最多的必定是自己的熟人。只是"熟人圈子"首先出现在中国文化的语境中，因此被视为中国文化中的特殊概念。其实，这种理解是失之偏颇的。

熟人圈子讲的是人情伦理。黄国光认为，在传统农业社会及其相关的生活背景下，以儒家伦理为文化基础，发展出一套成熟的人情伦理规范。

---

① 马克·马陶谢克. 底线——道德智慧的觉醒［M］. 高园园，译. 重庆：重庆出版社，2013：28.

“在这套规范的制约之下，个人必须和家人讲‘亲情’，和家庭以外的熟人讲‘人情’，至于和自己毫不相干的陌生人，则不在儒家伦理所约束的范围之内。”① 这种区分并没有写在纸上，没有用文字的形式来规范地表达，而是存在于每个人的内心深处，在日常生活中，大家总是心照不宣地接受和认同，所以它是所谓约定俗成的东西，或者叫作习惯法。当然，熟人圈子通行的伦理类似于某种潜规则，它不能完全在阳光下暴晒，因为在照顾自己熟人的利益时，无形中会忽视乃至损害陌生人的利益。对于陌生人来说，这种对待熟人的偏爱是背离社会公平法则的。从这一点来看，熟人圈子的道德规范之狭隘性是非常明显的。在以往的农业社会，人们缺乏对熟人圈子及其道德规范的有效反思，相关的理论研究远远没有到位。

在这样的熟人圈子里，人们在实现各自的利益和需要的同时，也不可避免地受制于这个圈子所特有的道德监督机制。毕竟，熟人之间存在某种利益共同体（以地缘或血缘为纽带），他们彼此之间的交往也同样有其相应的道德压力——一种特殊的道德监督机制。它来自熟人间的某种道德诉求，即一个人应该怎样说（做）、不该怎样说（做），从为人处世的一些具体细节，到为了家族或共同利益而达成的诸多约定等。其中，家族中的老人或者团体中德高望重的长辈具有根本性的道德裁决权。无论传统社会的家法还是具有道德元素的地方性乡规民约，都是需要百姓严格执行的道德训诫。不管大家对这些道德训诫持有何种异议，抑或追求个性或自由，企图超越道德戒律的约束而自行其是都是熟人圈子绝对不允许的事情。由于低头不见抬头见，每个人的言行都必须估计到他人（熟人）的存在，充分考虑到对他人（熟人）可能造成的不良影响。如果家族或团体中的某个人背离了道德，做了“见不得人的事情”，那么，他损害的就不仅是自己的颜面，还有父母长辈乃至整个家族的颜面乃至声誉，这无疑是一个重大问题。虽然中国传统伦理中并没有伦理共同体的概念，然而实际上，家族中的所有成员已经把自己视为某种特定的伦理共同体（黑格尔称作“伦理实体”的东西）中的一员，在道德生活中，彼此之间是“一损俱损、一荣俱

① 文崇一，萧新煌. 中国人：观念与行为［M］. 南京：江苏教育出版社，2006：33.

荣”的连带关系。在这个意义上，家族或团体把个人的道德得失看得很重自然就是有道理的。因为所谓的“见不得人的事情”，就是不被当时的熟人道德所允许的事情。所以，在家国同构的时代，是没有个人这个元素存在的。个体的人是作为整体的家族乃至共同体的成员而存在的。米歇尔·鲍曼说：“虽然在封闭小群体紧密的人际关系和联系内部，个体对共同体其他成员的忠诚和互助确实在很大程度上得到保障，但同特定的某些人的关系越紧密越长久，观察其人品、判断其品格和道德完整性的机会就越佳，那些被甄别并被清除出列的偏离道德者面临的风险就越大，人们也就越能肯定，可以通过相应的行为从自己对道德行为的‘投资’中获得他人的回报。”① 这无疑是有道理的。

因此，熟人圈子道德压力机制发挥作用的方式，不是按照外在的道德规范和原则，逐字逐条对照个人行为做出道德上的善与恶、对与错的判断，而是从个人内心深处生发出来的对他人的赞同或拒斥的态度和行为倾向。这种倾向也许比单纯的道德谴责更为有效。心理上的道德拒斥和反感情绪，必定伴随着行为上的疏远和舆论上的谴责，在古老的乡土共同体里，这比其他任何方式都要有效得多、重要得多。对于背离习俗道德的人来说，熟人圈子对他的孤立和疏远，无疑就是要了他的命。因为他已经没脸见人了，甚至说无法在这个圈子里生存下去了。在这个意义上，我们认为，所谓的道德压力机制，实际上是熟人之间在为人处世方面相互监督的道德机制。尽管这种监督并没有明确的准则可以遵循。然而，生活在这样的环境中，无形的道德监督发挥着有形的调控功能，它会时时督促人们自我约束、自我监督，这是一种特殊的道德自律形式。为此，无论传统意义上的家族还是某种村落共同体，都有着自己长久以来形成的道德习俗，并以此维持整体性的共同生活的和谐。也许正是在这个意义上，梁漱溟认为中国传统社会是没有个人的，个人被完全消融在共同体之中。这种看法无疑是有道理的。个人对熟人的顾及以及在熟人面前谨言慎行，实际上是顾及自己的（或家族的）“面子”。“面子”文化在中国民间社会由来已久，

---

① 米歇尔·鲍曼. 道德的市场［M］. 肖君，黄承业，译. 北京：中国社会科学出版社，2003：599.

源远流长。面对熟人的时候肆无忌惮、不顾廉耻，往往会丢了自己和家族的“面子”。个人自觉自愿地约束自己的行为，不在熟人面前丢“面子”，实际上是一个道德约束机制问题。由于人格上的污点而被人看轻，从而在道德心理上被人蔑视、看不起，这是最丢“面子”的事情。关于中国人的“面子”文化，学术界已经做过深入的分析，这里不想涉及过多。不过，如果把自己的“面子”与道德人格联系起来，由此形成某种道德的自我约束机制，那么这是“面子”所发挥的积极功能，必须给予充分的肯定或积极的评价。

不过，熟人圈子道德压力的局限性也是十分明显的。因为这种道德作用机制仅仅限于熟人之间，它的功能发挥作用的机理主要在于彼此之间的“熟识”和“面子”。但是，在人们的交往对象中，熟识者毕竟只是有限的几个人，并且这种道德作用机制不能被推广到陌生人世界，不能作为规范自己与陌生人之间关系的伦理范畴。也就是说，当自己与陌生人打交道的时候，原有的道德监督机制便失去了作用，形成一个突发性的道德真空地带，此时，由于缺乏可供凭借的道德标尺而使人感到无所适从。从社会心理学视角看，它对人的危害无疑是巨大的。原本有着坚实的道德心理基础，突然之间被新的生活空间抽掉了，人的心理必定处于一种可怕的失重状态。在目前的社会转型期，我们现实生活中出现的诸多道德窘境正是这种状态的典型表现。也许有人会说，在向新伦理的转换过程中，需要有一个过渡期——从熟人圈子道德向陌生人伦理的转换时期。这种转换固然是必要的和迫切的，但也是被迫的和无奈的。城市不同于农村，在急剧城市化的进程中，我国道德文化的转型其实就是农业文化向工业文化的转型。在谈到城市与农村的区别时，马克思、恩格斯曾说：“城市本身表明了人口、生产工具、资本、享乐和需求的集中；而在乡村里所看到的却是完全相反的情况：孤立和分散。”① 这是两种完全不同的人际关系状态，其显著特点决定了各自不同的伦理期待和道德诉求。走向现代都市的公共生活空间，人们所凭借的绝不是以往的熟人圈子道德，而必定是以相互尊重和社会公正为基础的陌生人伦理。

---

① 马克思恩格斯全集：第 3 卷［M］. 北京：人民出版社，1960：57.

当然，如果有人以为陌生人伦理的建设将有助于实现陌生人与熟人之间的完全意义上的公平或公正，那就肯定是大错而特错的。因为作为感情的动物，人们对待自己的亲人和朋友，注定不同于对待素不相识的陌生人。寄希望于实现绝对意义上的公平或公正，必定只是无知的幻想。美国学者詹姆斯·雷切尔斯（James Rachels）曾说，在中国传统文化中，墨子是最富有争议的人物，因为他的“兼爱”颠覆了儒家的人伦“差序格局”，认为家人、朋友和更多的其他人之间是没有差别的，“特别是墨子的理论被认为是颠覆了家庭，因为他劝告人们像对待亲人那样对待陌生人”①。墨子的观点因另类而被人骂作无子无父，甚至被认为是违背人伦、大逆不道。固然，若仅仅局限于儒家伦理的范围看问题，墨子的“兼爱”学说自然属于狂妄不羁、惊世骇俗、不伦不类的观点，自然应当受到无情的批判和声讨。但是换个角度看，我们就不难发现其思想的超越性和闪光点。人诞生并成长于家庭，然而，每个人都要走出家庭，走向更为广阔的社会生活空间，与素不相识的陌生人打交道，如果一味局限于家庭或者泛家庭之类的伦理规范，以自己狭隘的道德推理机制审视社会，那么就必定会在社会生活中处处碰壁。毕竟人们不可能像对待自己的亲人那样，对待一个跟自己毫无关系的陌生人。此时需要伦理思维上的转换，这种转换不是空穴来风，而必须与以往的伦理思维相衔接，即它是一个“在接续中”向前推进的过程。“像”对待亲人那样对待不期而遇的陌生人，无非是要求人们实现“仁爱”的合理转移，采取“移情”的方式面对陌生人，这是走向社会生活的第一步，也是必须走出的重要一步。就此而言，墨子的“兼爱”不是对儒家“仁爱”的否定，相反，是对它的延伸和拓展，它使儒家的“仁爱”走出了狭隘的思维空间，通向视野开阔的社会生活，从此儒家伦理才焕发出活力与光彩。作为传统文化的组成部分，“仁爱”理论是我们赖以生存的基础，但同时又必须对之进行合理的扬弃。也许这就是历史的真面目。因为“历史不外是各个世代的依次交替。每一代都利用以前各代遗留下来的材料、资金和生产力；由于这个缘故，每一代一方面在

---

① 詹姆斯·P. 斯特巴. 实践中的道德：第6版［M］. 程炼，等译. 北京：北京大学出版社，2006：140.

完全改变了的条件下继续从事先辈的活动，另一方面又通过完全改变了的活动来改变旧的条件”①。即使被认为是不合时宜的伦理传统，那些传统也依旧是深深扎根于人们生活的土壤，对人们的生活产生过巨大影响的实践经验和理论素材。因此，采取极端化的方式肯定或否定它们，必定是极其狭隘的思维模式。在当今新的时空参照标准下，我们不能不赞叹墨子“兼爱”理论的超前眼光和世界视野。其实，社会进步和历史发展的客观事实，已经无可辩驳地证明了墨子“兼爱”理论的重要意义。

不难发现，历史上只有那些卓越的思想家才能提出“爱”的理论，并试图以此解决人类的种种道德难题，而事实充分证明，这是解决问题的最有价值的方案。从人类历史来看，“只有极少数卓越的人才会对人类产生普遍的爱，这种爱使得他们不能忍受许多常见的社会丑恶现象和人类苦难，不论这些邪恶和苦难是否关系到他们自己的生活。他们首先从思想上进而在行动上所追求的目标，不是逃避现实，而是创建新的社会制度。通过这种追求，生活可能变得比现在更加富裕、更加充满快乐，更少一些可以预防的罪恶”②。人们通常认为，无论孔子的“仁爱”还是墨子的“兼爱”，都带有鲜明的道德理想主义的特质。言外之意就是说，这些“爱”的理论都是空乏无力的说教，在物欲横流的现实社会中，各种利益纷争和矛盾冲突决定了此种大爱是无法存在的，没有发挥作用的空间。“爱”的哲学曾被嘲弄乃至被抛弃，恰恰映衬出人性中自私和狭隘的弊病，它不仅极大地限制了人类向外拓展的视野，而且使人类失去了返回内心世界、逐步接近并洞察道德自我、获得自我拯救的勇气和力量。

进入崭新的陌生人社会，并不意味着熟人圈子及其相应文化的消失。它需要人们摒弃以往单纯幼稚的道德想象力，从之前狭隘的道德自我中解放出来。其实我们不难发现，个人从道德自我中解脱出来并非难事。德里克·帕菲特（Derek Parfit）曾说：“当我过去认为我的存在是这样一个进一步事实的时候，我就好像囚禁在自我之中。我的生活就像一个玻璃隧

① 马克思恩格斯全集：第3卷［M］. 北京：人民出版社，1960：51.

② 万俊人. 20世纪西方伦理学经典：Ⅰ［M］. 北京：中国人民大学出版社，2004：430.

道，我在其中一年比一年快地穿行着，而在隧道的尽头是一片黑暗。当我改变了我的观点的时候，我的玻璃隧道的墙壁就都消失了。我现在生活在露天之中。在我的生活和他人的生活之间仍然存在着一种差异。但是差异变得小了。他人更加近了。我对自己余生的关心比以前少了，而对他人生活的关心则比以前多了。”[①] 他以“我”的感受和经历为实证素材来说明，个人心态和思维方式的改变不仅是完全可能的，而且对于人际关系的理解和改变有重要意义。生活中的每个人，只有从自我做起，从积极心态的建立开始，才能逐步走出自我的思维牢笼，创建与他人之间的积极有益的关系，在关爱他人和社会的过程中，找到自己生活的意义和精神世界的安顿之所。无论在什么时代、无论在哪个国家，熟人圈子都是存在的，也是无法被完全打破的。它存在的道德合理性不能被完全否定。问题的实质不在于熟人圈子是否存在，而在于它在具体生活中所发挥的实际作用，尤其是它的存在是否背离公共伦理的要求，是否被评价为某种道德上的恶。毕竟，在熟人圈子里被视为善的东西，到了陌生人的环境下则未必为善。这里的根本差异是两种不同的道德价值标准（主要是善恶标准）。对此，我国学术界已经给予了足够的重视。例如，林语堂在《吾国与吾民》中就说过，在传统中国人的思维中，家庭是一座壁垒。家庭之外的一切，都是合法的可掠夺物[②]。这是因为人的思维的价值目标指向自己的家庭，为了家庭这个团体的需要和利益，可以把他人财富和社会财富据为已有，并认为这是天经地义的、合乎道德（私德）的事情。按照梁启超有关私德的观点，这种行为本身是善的，但是它却损害了他人或社会的利益，因为将其置于社会伦理的标准下来审视，必定是不道德的、恶的做法。说到底，熟人圈子中的道德思维，其核心不外乎一个“情”字，无论亲情还是友情，都被视为道德合理性的内在基础；而陌生人社会的伦理规范，其核心是一个“理”字，即作为社会公平和正义的规范，它考虑的不是少数人或某个小圈子的利益，而是最大多数人的利益和公共秩序。因此，无法将熟人圈子的道德准则硬性移植到陌生人伦理中。黄建中曾说：“但凭个人一时之好

---

① 德里克·帕菲特. 理与人 [M]. 王新生，译. 上海：上海译文出版社，2005：401.

② 林语堂. 吾国与吾民 [M]. 黄嘉德，译. 西安：陕西师范大学出版社，2003：26.

恶苦乐以衡量是非善恶，而善恶是非益淆乱。弊至道德漫无准则，人各自私自利以溃其群。"[①] 这个论述确实命中了问题的实质。在社会公共生活领域，人们之间的交往固然也离不开"情"——彼此间的爱心、同情和怜悯等，但它绝不是衡量和评价道德善恶的标准。在"情"和"理"的关系上，"情"不得不屈居次要的地位，否则便会导致道德善恶的混淆、集体利益的损害和社会整体秩序的溃败。

不能否认，熟人圈子中的人情味及其他合理道德内涵，是我们必须吸纳并发扬光大的东西。我们希望在崭新的伦理文化中，重新发现久违了的人情味，借此重建和睦温馨的人伦关系，这是建设新伦理文化的人性基础。任何伦理道德文化的存在及作用的发挥，都离不开作为核心的人的存在，需要人与人之间和谐融洽的交往纽带。不过，随着我国传统伦理文化的现代转型，原有熟人圈子的道德压力将逐渐消失。那么，在崭新的公共生活空间里，陌生人之间的道德监督机制是什么，它以何种方式发挥作用以及如何发挥作用，都将成为陌生人伦理建设中的新课题。在这样一个特殊的历史过渡期，人们时不时会感觉到道德生活的空前威力，似乎失去了原有的方向性和价值依托，在内心深处缺乏基本的道德支撑和价值归依。在世界各国的现代化过程中，这种状态的存在和人们的具体感受大体是相同的。不过，目前存在的道德难题不是熟人圈子道德如何被冲破、如何被崭新的伦理文化彻底肢解，而是如何做到熟人圈子道德与陌生人伦理和谐相处，即熟人圈子道德不僭越自己固有的领地，陌生人伦理更富有人情味，彼此划定自己的适用范围和明确界限，既不能相互代替也不能相互伤害，也就是如何做到二者和谐共生，在现代社会中各自发挥自己应有的作用。按照黄建中提供的思维进路，人们走向道德成熟的过程，便是"以智慧之思考易情感之激动，以理想之创进易习惯之墨守，以个性辅群性，以公德函私益"[②]。这是道德他律向道德自律转换的过程，也是陌生人伦理建构的主要逻辑进路。

---

① 黄建中. 比较伦理学［M］. 济南：山东人民出版社，1998：79.

② 同①.

陌生人的利益诉求与道德需要

如何面对陌生人的利益诉求，不仅是一个伦理道德问题，而且是需要法律法规关注和重视的问题。从伦理视角看，应该把陌生人作为“人”来看待和尊重，因为陌生人与我们一样，也是活泼泼的生命存在，需要人们给予他们起码的尊重，需要我们换位思考，站在“他们”的角度看待“他们”。固然，陌生人的利益诉求是复杂多样的，然而，其合理需要必须受到尊重。这里，我们主要研究陌生人的道德期待或道德需要问题。关注这些问题同样体现了一个人德性的完备程度。麦金太尔曾举例说：“某人偶遇一位严重受伤，或罹患重病，或饥饿难耐的陌生人，他拥有为这个陌生人提供必要帮助的资源，并且附近再没有其他人愿意并有能力帮助他了。陌生人的迫切需要给帮助他提供了充分的理由。”① 此时，陌生人的道德需要或道德期待本身就是其受助的正当而充分的理由，就此而言是绝对的，此外，再也不需要其他更充分的理由做支撑。能否及时有效地帮助陌生人，是一个人道德上的正义和慷慨准则履行情况的标尺。

如果说需要是人的一种匮乏状态，那么道德需要就应被理解为人的道德匮乏状态的表现及理论反思。与自然界的动植物不同，人不仅能够意识到自己是道德的存在物，而且能够对此进行理性反思，意识到道德是人性的重要构成元素。那么，在维系人类生命活力的过程中，则不仅需要物质营养的充足供给，而且需要道德营养的持续性满足。按照心理学家马斯洛的观点，人的需要由从低到高的五个层次构成：生理的需要、安全的需要、情感和归属的需要、尊重的需要和自我实现的需要。尽管其中并没有单独谈到道德需要，不过，既然这些都是人的需要，而不是纯粹性的动物的需要，那么，道德需要就显然应当渗透于这些需要之中，并与这些需要协同发挥作用。作为现实的社会人，没有脱离社会性的纯生理需要，也没

---

① 阿拉斯代尔·麦金太尔. 依赖性的理性动物［M］. 刘玮，译. 南京：译林出版社，2013：130.

有脱离道德情感和安全的需要。人作为自由自在的存在物，对自己的言行有清醒的认知，并且能够自觉自愿地付诸行动，其中必定包含某种道德元素的有效参与。因此，我们不同意把道德需要仅仅看作自我实现的需要。我们必须把人的需要置于社会文化的背景下去研究，只有如此，才能得出真理性的结论。

在某种意义上我们可以说，人的道德需要也就是陌生人的道德需要，而不必对此做出严格意义上的区分，除非这里的人是与自己有着特殊关系的人，如自己的亲人或朋友等。即使这样也必须首先把他们作为“人”来看待。值得注意的是，为了说明人们情感上的偏倚性，我们把对亲人的关心叫“道德”，而把对陌生人的关怀叫“美德”。美德在层次和境界上均高于道德。也就是说，人们对自己的亲人（朋友）施之以爱往往是容易的，因为他们与自己有着某种血缘的（或情感上的）依恋，它决定了自己付出的爱必定是无私而特殊的。在熟人之间，无论道德义务还是道德权利，都无法按照通常的道德准则来裁决。然而，一个人能够超越自己的利益需要，去关爱那些素不相识的陌生人，我们可以用道德上的“高尚”来定义，唯有美德概念才能与之相匹配。因此，关注陌生人的道德需要，不再是一般性的道德问题，而属于个人美德的范畴，它必定超越了通常意义上的道德要求。考虑自己的利益或熟人圈子的利益，相对于陌生的他人的利益来说，必定属于“私”的范畴。抑制自我心中孤立的“私”，以理性的思维审视他人，才能顺利走向公共生活空间，成为具有美德的社会公民。关心他人的利益——利他主义思维和行为，是个人美德的显现过程。“我们应当严肃地看待别人的利益，把它们牢牢记在心里。它告诉我们，应当理解别人的处境，利用我们的想象力，花费一点时间，试图从别人的角度看待问题。”① 这就是换位思考的道德价值，诸如《孟子·梁惠王上》中所倡导的“老吾老以及人之老，幼吾幼以及人之幼”的道德推理机制。我们不能否认，从价值序列看，美德的价值显然高于一般意义上的道德。因为对亲人的爱以及对朋

① 奎迈·安东尼·阿皮亚. 世界主义［M］. 苗华健，译. 北京：中央编译出版社，2012：94.

友的关心，潜在地隐含着某种回报的诉求，尽管这种诉求完全以隐而不明的形式存在着。一般说来，人们对熟人的道德诉求，因其自身的特殊性而无法普遍化。然而，对陌生人的爱却不求任何回报，并成为某种普遍性的价值准则。那么，值得人们思考的问题是：支撑人类美德的依据究竟是什么？到底是何种力量在激励和鼓舞着人们，去关怀和帮助素不相识的陌生人，尤其是帮助那些行动不便的残疾人？答案也许只能用道德信仰来解释。

从伦理史角度看，以往的道德信仰始终是在宗教文化的视域下被强调的。马丁·布伯在《我与你》中所做的论述，无疑是我们研究陌生人伦理的杰出典范。在他看来，人与人的关系是先验的，与个体意识的成熟与否无关。马丁·布伯说："孩童并非首先知觉到对象，尔后建立与它的关系；相反倒是，建立关系之努力率先出现。孩童之手形成拱穹，以让相遇者安卧其下，其后而生的便是关系，即先于任何语言的无言地言说'你'。仅当元始体验分崩离析，相融之双方各成一体之时，'物化'及'我化'方才出现。泰初即有关系。它为存在之范畴，欣然之作为，领悟之形式，灵魂之原本；它乃关系之先验的根，它乃先天之'你'。"① 既然人与陌生他者的关系是先验的，那么我们道德信仰的价值源头便不是后来社会实践创造的，而是原本就有的存在物，是"我"与"你"的天然联系，对此种存在的领悟就构成道德信仰的基石。不过，让道德信仰回归世俗生活的努力却是由那些社会心理学家做出的。"道德心理学家告诉我们，无论亲缘利他主义还是互惠主义，都不能充分解释我们对素昧平生的陌生人表现出来的异乎寻常的协同合作以及为非亲属成员组成的庞大团体做出的奉献和牺牲。"② 他们力图拨开那些笼罩在利他主义之上的迷雾，运用科学的实验和充足的实证材料，说明人类道德之内在利他性的特质。无论这个"他"是自己的亲人，还是素昧平生的陌生人。必须承认，心理学不是万能的，它不能做出科学解释的现象未必就是不合理的。相反，倒不如说，

① 马丁·布伯．我与你［M］．陈维纲，译．北京：生活·读书·新知三联书店，2002：23-24.

② 马克·马陶谢克．底线——道德智慧的觉醒［M］．高园园，译．重庆：重庆出版社，2013：82.

这是由心理学研究本身的局限性所导致的，或者说因为人们对万事万物的复杂性的了解尚且不足。也许，信仰能够有助于人们更好地解释这些现象的存在。信仰的价值恰恰在于它本身的非理性，在于它具有极大包容性的意义空间，引领每个信仰者都能在其中找寻到意义的安顿之所。把陌生人及其利益纳入信仰的范畴，即视之为与超越性和神圣性相关的事情，就能走出自我利益权衡的狭隘道德圈子，逐步扩大伦理关怀的范围。因此，道德信仰建设无疑是必要的。随着社会公众道德信仰的确立和普遍化，人们将会愈加关切陌生人的利益。因此，道德信仰建设是作为陌生人伦理建设的手段之一而被强调的。

从内心深处看，我们把陌生人看作“自己人”，就像思想家墨子一样，把具有普遍意义的“兼爱”原则作为有力支撑，那么，这个世界就是“我们”共同的世界，而不是熟人和陌生人相互分裂与隔离的世界。其实，人类生活中的各种矛盾、冲突乃至战争，各种惨无人道的血腥杀戮事件的发生，都是一些人（团体）画地为牢，专注于自己的狭隘私利所导致的恶果。道德信仰的根本功能和重要意义，在于引导人们实现对个人私利的不断超越，并论证这种超越的绝对性和神圣性。从世界整体的视角看，人类并无熟人与陌生人之分。之所以会形成诸如此类的分裂，不过是后天人为造成的——为了私人或小圈子的利益需要。由此我们不难发现一些宗教哲学家（如马丁·布伯）所论证的“我—你”关系及世界主义理想的重大意义。不能否认的是，对于每个现实的人来说，“在我们这个世界上，人们如果不是在寻求同伙人的承认，那又在寻求什么呢？同伙人也一样，在寻求着你们的承认”①。无论是谁，大家都是合伙人，相互之间是一种合作伙伴的关系。你把对方看作自己的伙伴，也意味着对方把你看作伙伴。这样，人与人才能真正融为一体、和睦相处。陌生人渴望得到他人承认的愿望就能得到真正的实现。当然，逻辑上的论证毕竟属于纯理论的层面。重要的是，陌生人的道德需要或期待必须得到满足，这关乎他们的生存或生命的意义。对于每个社会公民而言，对陌生人的关注乃至重视涉及个体德

---

① 埃马纽埃尔·勒维纳斯. 塔木德四讲［M]. 关宝艳，译. 北京：商务印书馆，2002：125.

性的成熟与完善，毕竟，站在陌生人的视角看问题，他者是我们德性优劣的一面镜子。陌生人伦理需要对道德规则的坚守，针对不同的个体而言，规则带来的是无形的道德压力，类似于熟人圈子所导致的道德压力。不过，二者有所不同的是，“规范压力越经常地决定行为，社会感受到的强制力量就越强，个体当事人在某种主观意义上就越少‘自由’”①。这里讲的“自由”，对于我们而言意味着照顾自己的熟人圈子的自由。在追求公共利益的环境下，个人对自我必须有适度的约束，自我限制的标尺不是来自内心，而是来自他人和社会的公共伦理尺度。因为一种自由的丧失是以更大范围的自由的获得为回报的。它顾及的不再是熟人社会中小圈子的利益，而是全社会的绝大多数公众的公共利益。在实际操作的层面上，这不仅是一个伦理道德问题，而且是社会立法的客观依据和现实基础。

实现传统道德思维的现代转换，由关怀陌生人的道德诉求和道德期待开始，完全可以借鉴儒家文化中推己及人的思维进路。对此，黄建中有一种明晰的逻辑思路，他说：“个人诚以理性提醒良心，其警觉范围可愈推而愈广；由己之身推及人之身，由己之家推及人之家，由己之国推及人之国，由己之阶级推及人之阶级，由己之种族推及人之种族，终且由全体人类推及宇宙万物；由偏而溥，于斯为极。”② 对于理性的个人而言，这是再正常不过的道德思维模式。正是在这样的道德思维模式转换中，个体才能一点点改良自己的道德习俗，形成渐进性的道德进步，把越来越多的陌生人的存在及利益纳入自己的道德思维框架并予以足够的重视。整个社会道德习俗的改变和进步，必须着眼于作为个体的人的道德素质的提升。当然，道德文化的接续相生与历史突变，并不是相互隔绝、彼此孤立的，而是作为协调统一的人类实践的活动过程、作为由低级到高级的不断演进的过程而实现的。因此，对陌生人道德需要的理性自觉，只能寄希望于人类道德实践的进步及道德认知的不断提升，在人际互动和彼此认同的过程中，感受对方作为独特个体的生命意义和

① 万俊人. 20世纪西方伦理学经典：Ⅰ［M］. 北京：中国人民大学出版社，2004：482.

② 黄建中. 比较伦理学［M］. 济南：山东人民出版社，1998：80.

道德价值。

呼之欲出的陌生人伦理

在我国台湾地区，人们倡导以“第六伦”作为陌生人社会的伦理诉求。提倡“第六伦”作为新的伦理规范，并不意味着否认传统“五伦”的规范意义。因为“第六伦”是排在“五伦”之后的，是作为弥补其不足的崭新概念来使用的，它们之间的逻辑性和关联性相当明确。不过，这种关联性也恰恰表明“五伦”本身所特有的局限性。毕竟“人类自然进程的出发点是规模有限、与外界隔离的共同体，其奉行的道德只对其成员有利。界限并非划定的，而是业已存在，必须予以拆除。社会关系和道德规范的‘无限性’是历史发展到开放社会过程中的一个‘人为的’和脆弱的产品”①。面对工业文明和市场经济的发展，无论传统社会的“五伦”还是学术界积极倡导的“第六伦”，都必须适应时代进步的客观需要，直面匿名性和流动性的现代社会，不断调整与变革自身的形态和诉求。传统“五伦”的形式应当保留，但必须辅之以新的时代性内涵，即必须如贺麟所言，从中推出新的理论内涵，否则就无法被现代人尤其是青年人所接受和使用。同样，“第六伦”的核心是“作为复数”的陌生人的问题。随着我国城市化进程的不断加快，以及陌生人社会来临的现实，如何面对陌生人已成为伦理学研究不可或缺的内容。因此，用陌生人伦理取代“第六伦”的提法，也许更能体现新伦理的时代特色和应用价值。

无论当年梁启超大力倡导的公德建设，还是台湾学者提出和使用的“第六伦”概念，都是对现代公共生活伦理的积极探索和理论思考。在这个不断开放的社会里，人们每天遇到数不清的匿名的陌生人，需要跟他们打交道以实现自己的利益诉求，需要与他们和睦相处、有效合作，共同享

---

① 米歇尔·鲍曼. 道德的市场［M］. 肖君，黄承业，译. 北京：中国社会科学出版社，2003：602.

受现代生活的快乐和幸福。也因为如此，传统的“五伦”显然不足以规范人们彼此间的关系，协调人们的公共交往行为，解决交往过程中遇到的矛盾和问题。所以，创建陌生人伦理已成为现代社会无法回避的问题。使用陌生人伦理来指称新伦理，相比“第六伦”的提法，更符合社会结构公共转型的内在要求。近年来，我国社会生活中发生的天津的“许云鹤案”、南京的“彭宇案”、广东佛山的“小悦悦事件”以及层出不穷的食品卫生、制假贩假、环境污染和其他社会公害事件，凸显出我国全面进入陌生人社会后所面临的严峻的伦理道德困境。尤其是随着我国城市化进程的加快，越来越多的农村人口涌入城市，致使城市的交通、住房、教育、医疗、就业等方面的压力骤增，各种摩擦和冲突不断，城市秩序和都市文明面临严峻挑战。究其问题的实质，在于人们对于人际关系变迁和动荡的极度不适应以及相应的陌生人伦理建设的严重滞后。能否正确分析并有效解决这些问题，直接关系到社会主义精神文明建设和我国现代化事业的成败。

在我国台湾地区，在经济起飞和社会现代化的过程中，人们同样面临陌生人伦理缺失的困扰。按照李国鼎的说法，“最普遍和为人诟病的是交通秩序混乱，各种污染，包括工厂滥冒黑烟、滥排污水及乱倒垃圾。这种情形的形成，主要是因为低估了自己行为对社会产生的不利影响及对他人利益产生的损害，或者明知损及他人的利益，但是由于所侵犯的是陌生人，非确定的第三者，也就安然为之，不以为耻”①。之所以会出现诸如此类的问题，主要是因为人们在面临新环境的时候，以往的道德推理和监督机制失灵了。“因为被侵害的是陌生者就不感到道德上的压力。”② 在这里，陌生人似乎成为自己不守道德、不遵礼法的极好托词。台湾《中国时报》上的一篇社论说：“最近发生了一连串危害公共安全及利益的事件，如煤矿灾变、水坝放水、火车翻毁、大楼火灾、食品罐头过期，以及较早的抚远街大爆炸案、毒油假酒案等，不知损害了多少人的健康，夺去了多少人的生命。其他贪污、欺诈、抢劫、污染、脏乱、蔑视法

① 韦政通．伦理思想的突破［M］．北京：中国人民大学出版社，2005：200.

② 同①.

律、破坏善良风俗，以逞一己之私利，而损害公共利益，危及他人生命财产者，则举目皆是，无时无之。”① 台湾学者对社会公共生活领域缺德现象的强烈谴责，对“第六伦”和陌生人伦理问题的重视，对于我们来说颇有借鉴意义。在走向现代化的过程中，共同的历史传统和文化背景，几近相同的伦理道德困境，促使我们思考同样的问题——探索传统“五伦”的出路和未来的发展前景。呼之欲出的新伦理应该是什么？是“第六伦”还是梁启超的公德观？抑或是崭新的陌生人伦理？可以说，不管用什么样的术语来表达，人们都必须承认这样的事实：随着社会结构的公共转型，传统伦理文化必须现代化，唯有经历这样的过程，才能实现伦理转型与社会发展的高度契合，从而发挥伦理整合社会秩序、引领人的道德提升的功能。我们必须承认，“如果传统社会的社会与自然樊篱不拆除，个体之间不可割断的‘个人’纽带不消失，人与人之间的关系不由务实性所决定，人不能‘流动’也无法自行选择其居住地和生活方式，就不可能产生下面这样的道德市场，该市场存在着对拥有道德认同的品德高尚之人的需求，其行为受人际尊重和社会公平原则的制约”②。在人类历史上的不同时期，伦理与社会的契合度往往决定着伦理把握和调控社会生活的实际效果。如果说依照人情远近来确定伦理规则的做法扎根于以血缘和地缘为基础的传统乡土社会，那么，伴随着中国社会主义现代化发展的逐步成熟，则必须创建以相互尊重和彼此平等为基础的陌生人伦理，它是现代市场经济走向成熟和完善的基本诉求。

从广泛的意义上说，陌生人伦理的诉求不是某一民族的特殊要求，而是基于现代化背景下各民族发展的必然趋势，这一趋势的形成与不同民族之间依存关系的发展呈正相关性。马克思、恩格斯曾在《德意志意识形态》一书中说：“各个相互影响的活动范围在这个发展进程中愈来愈扩大，各民族的原始闭关自守状态则由于日益完善的生产方式、交往

① 韦政通．伦理思想的突破［M］．北京：中国人民大学出版社，2005：201．

② 米歇尔·鲍曼．道德的市场［M］．肖君，黄承业，译．北京：中国社会科学出版社，2003：602．

以及因此自发地发展起来的各民族之间的分工而消灭得愈来愈彻底，历史就在愈来愈大的程度上成为全世界的历史。”① 如果说大众化是一种历史趋势，那么，与之相应的价值观和道德思维方式的形成则成为陌生人伦理发展的外在诉求。对于世界上的各个民族而言，现代社会结构的公共转型以及不断开放的社会生活，从根本上需要新的伦理——陌生人伦理。它是适应现代社会需要的、具有某种普遍意义的伦理诉求，是一种全新的价值系统和行为方式。现代化要实现个体自由和解放的承诺，对社会秩序之和谐与美感有着强烈的追求。正如美国学者伯曼所说，它要创造一个同质的、完全现代化的空间，不留旧世界的一点痕迹②。然而，面对未曾体验过的、充溢着流动性的陌生人社会，构建新生活的现代伦理基础和道德文化，必须消除社会生活中的诸多不确定性，缓解非理性无序漂移所造成的秩序紊乱，打破道德自我之自由追求所造成的种种幻想，有效节制熟人关系之封闭、狭隘等负面价值，合理安顿陌生人及陌生关系，创造出公正合理的公共生活新秩序，保证各方参与者利益的顺利实现。就伦理视域而言，欲成就此种社会和谐的目标，单纯依靠传统熟人圈子的道德文化是行不通的，还要借助涵盖儒家文化在内的、完全规范化的现代社会伦理，作为整合当代公共生活的制度性机制。由此看来，陌生人伦理的当代建构及实践内在蕴含着现代化的美好理想和制度化的追求。在此意义上，陌生人伦理被纳入现代化的生存策略和道德谋划，承载着社会现代化的道德使命和理想价值目标。

构建陌生人伦理是培养人们的公共意识、创建和谐有序的公共生活的需要。研究中国的现代化历史，首先应着眼于社会结构的公共转型，即由以往的熟人社会向陌生人社会的过渡。按照费孝通的理解，中国传统社会是熟人社会，人们往往按照亲疏有别的差序格局来对待亲人、朋友和陌生人。其中，亲近性构成了乡土伦理的坚硬内核，而且在某种意义上，这种

---

① 马克思恩格斯全集：第3卷［M］. 北京：人民出版社，1960：51.

② 马歇尔·伯曼. 一切坚固的东西都烟消云散了［M］. 徐大建，张辑，译. 北京：商务印书馆，2003：88.

亲近性作为乡土伦理文化的根基是难以自行消亡的。在现实生活中，一些人对熟人和陌生人采取双重标准，极大地伤害了陌生人的人格和利益，损害了社会公共规则的权威，违背了社会公平和正义原则，导致道德评价和行为调控的困境，也成为中国现代化进程中的无形障碍和道德壁垒。“从社会学角度看，道德需要做出解释的也不是建立在特殊道德基础之上的排除与歧视，而是根据一般化的、具有无限影响范围的道德采取的包容与一视同仁。”① 陌生人社会的来临与发展，意味着公共生活参与主体的日趋多元化，它要求人们摒弃传统圈子意识的道德标准，尊重并自觉接纳素不相识的陌生人。陌生人伦理警示人们关注他人的存在和利益诉求，尤其是匿名的陌生人的利益需要，要求每个人重塑自己的道德心理状态，唤醒自己对公共性的高度自觉，尊重、善待陌生人，认真履行自己的公共道德义务。

构建陌生人伦理有助于培养人们的现代民主意识和法治精神。陌生人社会的来临及相关伦理道德问题的提出，与现代化的历史有着本质上的关联。安东尼·吉登斯认为，现代化乃是某种社会生活或组织方式②。在《法的形而上学原理》一书中，康德将伦理归于“法”的范畴。黑格尔也认为，在德—法体系中，唯有伦理才是“客观意志的法”，法律只是外在的法。也就是说，伦理与法律不仅具有相近的非人格化要求，而且都强制地发挥维护公共生活秩序的功能。在现代社会，公共生活日益成为个人实现自身价值的重要领域，其存在、完善及成熟程度涉及每个公民的切身利益。良好的公共生活秩序的形成和维系，既有赖于公民意识和公共理性的成熟，也离不开伦理和法律规范的约束。在普遍性的人际交往中，必须反对亲疏有别和特殊主义的价值取向，拒斥不良人情味和利己心的侵蚀，学会与陌生人友善相处，培养公正意识、规则意识和法治精神。从根本上说，政治和法律要在人的内心生根、成为社会结构的活力元素，需要公共意识和道德信念的有效支撑③。如果缺乏健康的公民意识和公共理性，那

① 米歇尔·鲍曼. 道德的市场［M］. 肖君，黄承业，译. 北京：中国社会科学出版社，2003：602.

② 安东尼·吉登斯. 现代性的后果［M］. 田禾，译. 南京：译林出版社，2000：1.

③ 陈弱水. 公共意识与中国文化［M］. 北京：新星出版社，2006：64.

么即使具有完善的民主制度和法律体系，其也很难得到全面而正确的贯彻执行。换言之，人们的民主意识和法治精神之薄弱，也影响到陌生人伦理观念和行为的合理塑造。因此，构建陌生人伦理既是实现社会公正的基本要求，也是民主意识和法治精神生成的内在条件。

第三章　人情味与公德心的冲突问题

众所周知，中国社会自古人情味浓厚且历史悠久。然而，对于人情味这种文化现象的发生、特质及伦理功能，目前学术界尚缺乏深入细致的学理研究。人情味作为中国传统乡土文明的内生物，作为一种维系人们彼此间权利和义务关系的重要手段，人们在日常生活中能够深刻感受到它的持久熏染和淘洗。随着当代社会的不断发展，人情味这一古老的传统元素悄然发生着变迁，在市场机制和物质利益因素的牵引下，人情味逐渐切近个人或小圈子，与它们的利益关联愈益密切，其原有的积极功能遭遇到不同程度的扭曲，成为某种不良（不道德）的人情味。人们在为了某种私人利益而拉关系、攀交情时，就必定会导致人情味与公德心的严重对立和冲突，从而背离社会伦理和法律规范的基本要求，危害到社会公平和正义价值的实现。公德心体现为公民对他人利益和社会公共利益的尊重，对公共秩序的维护以及对道德和法律的内在认同与自觉遵守。人情味与公德心冲突的实质乃是传统文明中的部分因素与现代公共理性的对峙、冲突，若任凭二者之间的冲突不断升级，那么不仅会威胁到社会公平的实现，而且将成为现代文明进步的巨大障碍。因此，在严格划定二者界限的基础上，防止彼此间的僭越或取代，引导人们在二者发生冲突时使人情味自觉服从公德心的需要，就成为现代道德文明建设的迫切任务。

人情味与地域性道德生活

人情味与人情有关，那么，何谓人情?《礼记·礼运》曰：“何谓人情? 喜、怒、哀、惧、爱、恶、欲，七者弗学而能。”在古人看来，七情六欲乃是人之自然本性的流露，是一种先天的、感性的、自然而然的倾向。仅就人的七情六欲而言，我们无法进行道德上善与恶的价值评判。不过在后天的社会生活中，尤其是在这种初级的本能被社会化的过程中，七情六欲作为实践主体的结构性要素而发挥作用，就会成为价值反思和评价的对象。由人情向人情味的延伸和转换，体现着交往对象（双方）的某种自我感觉与反复回味，是一种心性伦理所特有的道德情绪体验。钱穆对此有独到见解，他借《中庸》言道，“人莫不饮食，鲜能知味”。此“味”即咀嚼、反思、升华，亦即艺术化（或曰美化）的过程。按照这种思维理路，“今人称人情味，则此情亦艺术化”[①]。对人情味的这种解读入情入理，乃至沁人心脾。从最原始的意义上说，人情味的功能在于它的实际投向——自己的亲人或朋友，一种血缘联系或情感纽带上的意义。人情味随着家族生活的演进而不断扩展，孟子的“五伦”学说对此有过精练的概括。不过，无论亲子之情还是夫妇之情、朋友之义等，均是人后天的社会性本能与自然的（地缘）或生物的（血缘）因素的结合体。作为一种历史文化现象，人情味与我国乡土文明的发展和成长有密切关联，属于乡土伦理文明的内生物。事实上，人情味从来都不是严格意义上的学术概念，缺乏明确的质的规定性，与其他相关概念也没有明确的边界。人情味只是在长久的日常交往和生活实践过程中，人们出于某种心灵的默契而约定俗成的东西，用来表达对亲近性的人伦之情的某种感受和体验，并在日复一日的乡土社会生活中，作为个人行为之合法性的依据和来源而发挥着作用。

人情味之核心在“味”，“味”更多是一种交往之后的思考和估价，因为价值大多生成于个人反思的实践中，人情之“味”即是对价值大小的评

① 钱穆．晚学盲言［M］．桂林：广西师范大学出版社，2004：135．

判，尤其是对人伦交往进行道德价值上的评价。在自古看重关系的中国乡土社会里，以往的熟人或朋友（故旧），在偶然的场合被提起或意外重逢的时候，那种浓重的念旧情绪会顿时升腾起来。林毓生说："在现世的人生'内涵'着'超越'的意义，身后之事反而是不被重视的。见基于道德自主之上，非功利的人际关系之真正情感一旦产生（无论经由已有的社群关系或因偶然的机遇），便构成人生过程中一个基本的创造的源泉，由此，人可以接触到宇宙之中'内涵'的与'超越'的'真实'。从这个观点来考察，中国人所注重，象征人际关系之真正情感的'念旧'，不仅是一个道德原则，亦具宗教的含义。"① 这里的"念"是对故旧、故人的一种历史追忆，它往往沉淀在心灵世界的最深处；"旧"是一种文化现象和历史记忆，主要指自己的老相识、老朋友，也就是被归入熟人圈子的所有人。所以，"念旧"的核心是对人情味的超越和纯净化。在日常生活中，每个人都有自己固定的熟人圈子，自己与圈子中的熟人有着某种心理上的亲近性，由心理亲近而导致情感依恋——恋恋不舍，这是道德情感的最深层意义。"念旧"中的"旧"，无非旧情、熟人等。"念旧"本不应是道德评价的对象，因为它只停留在社会心理的层面。不过，由于人们在处理公共事务的过程中，因念及旧情而格外开恩，或者置社会伦理和法律规则（规章制度）于不顾，超越规矩（道德规范）的要求而为熟人谋取私利，此时"念旧"必须付之于伦理道德的评价。当然，这里还有个人的"面子"问题，即自己为了在熟人面前不丢"面子"，或者说自己给熟人以足够的"面子"，或者说为熟人挣得足够的"面子"等。这实际上是熟人之间相互给予对方"面子"——一种利益的索取与回报机制。所谓"熟人好办事"的观念，实际上是一种顾及长远利益的回报机制。它也涉及现代伦理道德评价问题。其实，"念旧"更有人伦关系的道德色彩，而非人际关系的伦理内涵。传统伦理道德中"伦"之真实内涵，必定离不开一个"情"字。"情"或者说"人情味"的有无，成为许多人评价善恶的道德标尺。因此，有学者用人情伦理来指称中国传统伦理的特质，在某种意义上是有道理的。

① 林毓生．中国传统的创造性转化［M］．北京：生活·读书·新知三联书店，1988：158.

不过人情味到底是善还是恶，我们确实不能一概而论地评判。

在中国传统乡土社会，人情味作为平衡彼此间权利和义务的重要手段，其中蕴含着某种对彼此责任的理解和认同，因而受到普通百姓的关注和重视。“在熟人关系中，相互要讲人情（即人情原则），以双方过去所储存的既有人情为基础，以自己觉得合适的方式与程度，从事进一步的人情往来。因无血缘关系、人情的亏空或赊欠终有限度，自然较会期望对方回报（社会交换的预期中等）。”① 久而久之，便积淀出丰富的富有人情味的文化传统。在社会的最基层，人情味多指守望相助、和谐有序的人际关系传统，主要涵盖亲情和友情。它扎根于普通百姓日常生活的沃土，因而是最有生命力的传统之一。人情味的现实功能，在于处理熟悉的私人间的关系。当自己的邻居或朋友遇到困难、急需帮助的时候，自己及时地伸出援助之手，帮助对方解除困境，回归正常的生活状态。由此看来，生发于日常人际交往中的人情味，其存在既是必然的，也有某种意义上的合理性。从人情味扎根的历史空间来看，它与以往熟人社会的关系更加密切。基于乡土中国的现实，大多数人安土重迁的稳定不变的生活方式，彼此间的相互熟悉和真诚相待，构成了稳固而持久的社会关系网络，人们在共同抗击自然和社会灾难的过程中，由于相互关照而形成某种固定的“亲密圈”②。费孝通称之为乡土社会的相处之道。对于圈子中的熟人，相互之间给予足够的关照本无可厚非，然而，一旦这种关照威胁到他人利益和社会公共利益，威胁到公共秩序和社会稳定，则必须诉诸相应的社会道德乃至法律评价。

按照梁启超的理解，人情味当归属于私德的范畴，它涉及的是一私人对另一私人的关系，是一种调节熟人关系的交往法则。黄健中则把人情味视作“本能之道德基础”或“道德本能”③。道德本能是道德发展的初级阶段，它与每个具体的个体人性相关联，换言之，它与人性中的某种“私我”倾向相符合。不过，这里所谓的“私我”，既可能是基于个人的利益

---

① 杨国枢. 中国人的心理与行为：本土化研究［M］. 北京：中国人民大学出版社，2004：102.

② 陈弱水. 公共意识与中国文化［M］. 北京：新星出版社，2006：28.

③ 黄健中. 比较伦理学［M］. 济南：山东人民出版社，1998：56.

判断，也可能是基于某个小圈子的利益判断。对于不同类型的“私我”倾向（或私心），人们尚无法做出独断性的道德价值评判。按照梁漱溟的说法，“心理是事实，而伦理是价值判断”①。这无疑是有道理的。在日常生活中，人情味往往被习俗化，它内在地、恒久地发挥着维系百姓生活的作用，并导致自身成为人的“第二自然”。在反复不断的人际交往实践中，人情味逐渐获得自身存在的合理性。人情味有自己潜在的价值指向，并且客观地发挥着作用。实际上，人情味既可以是自然而然的，也可以是社会的、道德的。作为自然而然的存在，它是一种自发性的秩序因素，本身无所谓道德上的善恶。但是，作为特定的社会现象，在特殊的道德视野下，人情味则表现为对他人的爱心和助益，因而能够进行相应的道德价值评价。但这种“亲密圈”内部的爱心的实现，其局限性是十分明显的。韦政通曾说：“一个人的爱心，如只以与自己有亲密者为限，主观地说，他不能完成自我的发展；客观地说，也不能满足国族大社群的需要。”② 既然在现代文明社会，乡土伦理中的人情味对己、对人皆有不利，那么对人情味的改造就必定是明确无疑的。

从社会伦理的价值序列来看，人情味应当被归属于次级价值。尽管道德的发生发展无法脱离人情味的影响，但是人们无法对它给予较为高级的价值评价。因为人情味的内涵和使用界限过于模糊，人们对它做出清晰明确的认知较为困难，明确它的道德属性尤为不易。这正体现出民间伦理文化的特质。在日常生活层面，人们希望模糊个体之间的界限，或者宁愿自己吃点亏，也不愿把事情搞得明白透彻，就是为了继续维系这种模糊的人情味。固然，人都是有七情六欲的，但这些情和欲的作用过程、实际效能却未必都属于道德文化的内涵，未必能够对之进行某种道德价值判断。不过可以肯定的是，情理必定与伦理发生着某种关联。梁漱溟认为，“人对人的情理是谓伦理。其理如何？即彼此互相照顾是已”③。为了各自的（物质的或精神的）利益需

① 梁漱溟．人心与人生［M］．上海：上海人民出版社，2005：2.

② 韦政通．中国文化与现代生活［M］．北京：中国人民大学出版社，2005：146.

③ 同①192-193.

要，与某种（近期的或长远的）回报相联系，这是人们彼此间心照不宣的事实。林语堂把人们对人情伦理的崇敬称作“常情崇拜”，似乎有某种神圣化的趋向。然而在钱穆看来，“情化为德，中国人言道德，是亦人生一大艺术”①。这实在是一种绝妙的评价。“艺术化”已经不再是简单的相处之道，而是人生旅途上必须掌握的技巧和方法。不过，人的情感和欲望是复杂多变的，况且，并非所有的情感均有正面的道德意义。即使对那些能够接受道德评价的情感，也必须做出合理的区分和正确的把握。也许正是在这个意义上，在人类的同情心问题上，康德区分了“自然的”同情和“道德的”同情②，这无疑是有道理的，也是十分必要的。

在小农经济时代，家庭生活的和谐与稳定、家族的兴旺与发达，往往被个人（团体）视为最高的善（具有最高的价值），因而也是私德（包括人情规则）极力赞扬和积极评价的对象。在家族悠久的历史传承过程中，熟人关系能够增进共同体成员之间的了解和信任，增强团体（家庭或者家族）的凝聚力和战斗力，因而获得了某种道德上的合理性。在社会心理上，“熟人关系中的两造如果互动良好，则会导致有条件的信任与喜好之情等正向情绪；如果互动不好，则会产生耻感（shame feeling）、其他焦虑及愤怒或敌意等负向情绪，而为了减除这些以熟人为对象的不良情绪，中国人比较会采取合理化（rationalization）与自卫性投射（protective projection）等因应或防卫方法”③。尤其是在牵涉到复杂的利益纠纷时，亲人和朋友往往被置于优先考虑的位置。即使在社会公共生活领域，大多数人也往往对自己的熟人热情接纳、笑脸相迎，而对陌生人则采取冷漠乃至拒斥的态度，始终保持着高度警惕的心理，主要是为了防范自己（或熟人圈子）的利益受到损害。这种对熟人和陌生人的双重标准，是不符合道德实践的本质要求的。因此，乡土社会的人情味或者叫作有限的仁爱之心，由于民间生活的不恰当（乃至极端化）运用，其局限性是非常明显的。黄国光曾在《中国人的人情关系》一文中说：“中国人往往运用不同

---

① 钱穆．晚学盲言［M］．桂林：广西师范大学出版社，2004：135.

② 芭芭拉·赫尔曼．道德判断的实践［M］．陈虎平，译．北京：东方出版社，2006：36.

③ 杨国枢．中国人的心理与行为：本土化研究［M］．北京：中国人民大学出版社，2004：105.

的方式来对待关系网内的‘自己人’和关系网外的‘一般人’：对于‘自己人’，必须特别‘照顾’‘法外施恩’，尽力帮忙；对于‘一般人’，则是‘一视同仁’‘公事公办’，不讲情面。”① 这种做事的方法，不仅损害了与自己无关的他人的利益，还损害了社会整体的公平与正义，背离了社会文明的基本要求，因而是为现代社会所不齿的行为。由此可见，在某种条件下，人情味会发生变异：原本人们之间合理的人情往来以及守望相助的淳朴情感，被一些人当作利益权衡的工具、进行物质性交易的筹码。在许多场合，“做人情”已演化成赤裸裸的牟取私利的工具。在个人或圈子利益的主宰下，公共规则的严肃性和崇高性被践踏，逐渐沦为不良人情味的牺牲品。

中国传统伦理的乡土性物质，并不是它特有的缺陷，也非某些学者所斥责的那样，是道德特殊主义。余英时曾说，以实际情形言，特殊主义和普遍主义在任何社会都是存在的，英国和美国同样也有个人关系发生决定作用的实例②。也许，这种现象的存在与人性内部的某种缺陷有关。因此，以为西方现代的价值都是普遍的（universalistic），唯独中国传统的价值是特殊的（particularistic），这不过是西方人的某种偏见而已③。实际上，纵观世界上众多的民族和国家，人情味存在的事实是客观的，也在某种意义上成为一些民族的现代化发展的障碍。其实，每一种道德学说或道德体系都是一种地域性语言，其负载的主要是地域性道德知识，这在世界各民族都是相通或者相近的④。在这个意义上，任何地域性道德知识乃至道德生活都带有不同程度的排他性，或者说某种狭隘性。在社会进步的过程中，地域性道德生活经历着痛苦的转型过程，而深深扎根于此的人情味伦理能否如期实现相应的变革，不仅取决于现代化实践所达到的深度和广度，而且取决于人们心灵深处的道德革命。如今，屡见不鲜的道德冷漠事件频频发生，引发了社会各界的惊呼和舆论的强力谴责，这从另一

① 黄国光．中国人的人情关系［J］//文崇一，萧新煌．中国人：观念与行为［M］．南京：江苏教育出版社，2006：41.

② 余英时．中国思想传统的现代诠释［M］．南京：江苏人民出版社，1989：19.

③ 同②4.

④ 万俊人．现代性的伦理话语［M］．哈尔滨：黑龙江人民出版社，2002：86.

个方面说明：当古老的人情伦理逐渐退场的时候，社会公众出现了极大的不适应，人们感叹市场经济时代的世风日下、情如纸薄，痛心于以往浓厚道德感的日趋弱化（道德冷漠加剧）。然而，从一个较长的历史周期来看，它不过是现代化历史上特定阶段的道德阵痛的表现形式之一，是从礼俗社会转向法理社会、从熟人社会走向陌生人社会必须付出的道德代价。只不过在现代化的历史上，西方学者更早意识到这种伦理文化的局限性，并着力探求克服它的有效途径。他们从道德哲学和社会伦理的视角，提出构建普遍伦理的种种方案，目的就是为新伦理建设探索合理的道路。

然而，在中国近代伦理史上，由于特殊的历史背景和社会环境，人们缺乏对这类深层文化主题的普遍关注。实际上，制约人的道德观念和道德实践的因素，可能恰恰就是这些看不见、摸不着但又极其重要的潜在元素（如道德感、人情味等）。人们在还没有深入了解它们的存在、特质和功能的时候，是无法真正把握它们的道德实践的后果、无法对它们做出恰如其分的道德评价的。因此，在深入挖掘历史和现实资料的基础上，把握传统人情伦理与当代伦理建设的有效结合点，对人情味的变迁过程和规律做出有说服力的理论阐释，是推进当代中国伦理文化建设的关键。本书在研究传统伦理（主要是民间伦理）特质的基础上，提出的“陌生人伦理”概念及其相关内容，主要是针对中国传统社会的熟人道德而言的。当然，这并不是说，除了人类普遍性的道德之外，还有专门针对陌生人的特殊的伦理规范和道德要求。在世界上其他国家或地区，某种人情味不仅可能是相通或相近的，而且人们完全有可能就此达成某种理论上的共识。因为长期生活在某个固定的地域，人们之间在长久的交往实践中形成稳固持久的情感联系是完全可以理解的，也是毋庸置疑的。只是这些作为习俗或者习惯性行为方式的东西，因为与现代文明之间发生着不同程度的对峙乃至冲突，从而被学界称作“陋习”。同时，在全面研究人情伦理的过程中，参考和借鉴国外的相关文献资料也是必要的。

在某种意义上，人情味有正当与不正当、合理与不合理之分。然而，仔细分析不难发现，那些不正当、不合理的人情味，内在蕴含着明显的道德排他主义倾向。在费孝通看来，乡土社会中的人们依照地缘关系或人情关系的远近来确定伦理规则和生活秩序。这种亲近熟人而疏远陌生人的做法，决定了乡土道德本质上是一种熟人道德。陈弱水将这种现象称为道德“亲密圈”。从道德发生学视角看，中国传统社会的道德“亲密圈”无疑是自然形成的，它是特定历史时期社会发展的客观需要，与当时人们的实际生活状况相适应，因此，无法简单化地对之做出是与非的道德评价。不过，无论是关于“熟人道德”的粗浅表述，还是道德“亲密圈”的特定说法，都明显地蕴含着道德排他主义的立场（或倾向），这一点是确定无疑的事实。所谓道德排他主义，就是在现实的人际交往过程中，或者在个人与他人发生利益冲突时，人们往往以自我为中心，优先考虑自己以及家人或朋友等密切相关者的利益，而对陌生人的利益或者（社会）公共利益采取排除和否定的态度。正是这种文化特色而非别的什么因素，使梁启超等人得出了中国传统伦理“私德丰富而公德缺失”的结论。在《吾国与吾民》一书中，林语堂也说过，中国传统社会的家庭是一座壁垒，家庭之外的一切都是合法的可掠夺物[①]。这里所谓的“合法”，仅仅是个人内心的道德判断（私德），而非社会认可的公共道德标准。他描绘的正是私心与公益、私德与公德之间的紧张和冲突，或者说是道德排他主义的典型写照。然而，这种由情感“亲密圈”直接导出道德“亲密圈”的逻辑，却从根本上违背了道德的本性。道德具有普遍性的特点，它应当对所有的他人一视同仁，应当不分亲疏远近、不考虑血缘和地缘等特殊因素。所谓道德“亲密圈”的存在，只关照自己的“特殊利益相关者”，特别是在发生利益冲突或者纠纷时，一些人往往无视社会公共道德的基本要求，完全把自我利益或小圈子利益作为中心，个人心理上的排他主义倾向更为明显。这种“道德中的不道德”，即是我国传统乡土伦理文化和道德生活的悖论之一。众所周知，道德的本意是利他、利群，通过维护整体利益的方式使自身获得存在的条件。但是，当道德中出现排他倾向的时候，就说明原有的道德蕴含着不道德的因素，即原有道德内部存在明显的裂痕，或者说原有道德的局限性日益凸显，此时道德变革的时机便日趋成熟。

考察国内外不同时期的地域性道德，我们发现，道德的排他性或者说

① 林语堂. 吾国与吾民［M］. 黄嘉德，译. 西安：陕西师范大学出版社，2006：28.

排他主义乃是某种具有文化共识的伦理特质；也就是说，任何道德习俗最初都具有一定程度的排他性。在相对封闭的共同体内部，地域性就意味着某种私我性，亦即道德上的排他性。也正因如此，强调人们之间相互尊重和平等的道德才成为普遍性的伦理诉求。因此，美国学者格鲁尼鲍姆（J. O. Grunebaum）在《友谊、道德与特殊义务》一文中说，我们并不一般地反对排他主义，而是将建立在人人平等基础上的普遍道德准则与“人们应当优先考虑不仅包括自己而且包括诸如自己的家庭成员或朋友之类与自己有特殊关系的人在内的某些人的利益”[①] 这一排他主义立场协调起来。其实，协调就是首先尊重它的存在及意义，其次才是克服或者弥补其缺陷和不足。那么，我们需要把握和纠正道德排他主义的哪些局限？从学理上说，道德排他主义具有双重的悖论。其一，道德本身具有普遍的本性，任何道德规范都不指向某个具体的个人，而是对所有的人都有普遍意义，否则就不再是道德了。排他性显然与道德的普遍本性相左。其二，尽管在对待与自己有特殊关系的人和事时，个人采取了道德的手段，或者实现了某种道德目的；然而，这种道德可能是以牺牲他人或社会的利益为代价的；换言之，私人生活中的某种道德行为，既可能与公共道德无关，也可能在某种利益权衡上以牺牲公共利益（公共道德）为代价。二者之间没有交集的领域，就不能成为大众关心和评判的对象；但是，如果二者交叉、渗透的部分涉及社会公平和正义价值的实现，那么私人生活中的这种行为就会成为公共道德评价的对象。也许有人会说，道德规范之普遍性是相对的，因为它所规约的对象是“所有人”，而这里的“所有人”同样是模糊的概念。一个小团体中的“所有人”和民族国家中的“所有人”，绝不是一个概念。这种质疑无疑是有道理的。然而，它与我们所要讨论的问题并不矛盾。其实，从个人的道德心理预期来看，人们对陌生人的道德要求普遍高于熟人圈子，其主要原因在于“生人关系，实即无任何实质关系（即利害原则）。二者间既无血缘关系，也无人情关系，因而比较会精打细算，斤斤计较，对给与取的平衡或公道相当敏感，对回报的期望也高（社

---

① 格鲁尼鲍姆．友谊、道德与特殊义务（下）［J］．现代外国哲学社会科学文摘，1994（2）：13.

会交换的预期最高)”①。正是基于对此问题及其现实危害的清醒认识，梁启超才重视私德和公德问题的研究，进而倡言实现伦理革命、加强整个社会公德建设的重要性。

在韦政通看来，“中国人之所以比较缺乏公德心，是因为在过去的几千年中，生活在家族组织或乡土社会里，还没有感受到这方面的迫切需要，所以没有养成这种道德习惯”②。如果说在眼界狭隘的小农经济时代，人们尚未意识到个人缺乏公德心以及道德排他主义的严重后果，那么，在人类逐渐走向理性和文明的当今社会，尤其是在全球化不断加深的现时代，道德排他主义的倾向或立场则需要被逐渐克服。不过问题的关键在于，如何合理地认识和应对传统道德或乡土伦理的当代命运，以及如何实现伦理生活的重心由“亲密圈”道德向陌生人伦理的有效转换。我们知道，道德“亲密圈”的特殊信任与特殊义务相关联，因而这种信任是无法推广到陌生人身上的，这就需要创造新的陌生人信任模式，以补充或取代原有的信任模式。现代化所造就的是一个陌生人不断介入、流动性日趋加剧、市场经济不断发展的新世界，人们每时每刻都要和陌生人打交道。我们生活中的种种便利条件也大多是由陌生人提供的，所以一味抱着“不要轻信陌生人”“不要同陌生人说话”的道德训诫不放，在心理和行为上极度防范陌生人，实际上是为自己的发展设置了障碍。它导致个人的生存和发展目标无法实现，整个社会无法走向现代化。现代化所需要的是新的伦理文化和新的道德评价标准，在社会公共生活领域要摒弃道德排他主义的陈旧思维，克服“道德中的不道德”现象，为现代生活输入崭新的道德血液，激发个体道德自我完善和自我更新的生机与活力。

换言之，之前所论述的“道德中的不道德”现象，实际上涉及两个不同领域的道德问题（私德与公德），二者分别遵循各自不同的道德标准。熟人圈子中的利他，主要是关心和帮助自己的亲人、朋友，即出于某种人情伦理的考虑，对自己的熟人给予更多的关照；而在社会公共生

---

① 杨国枢. 中国人的心理与行为：本土化研究［M］. 北京：中国人民大学出版社，2004：102.

② 韦政通. 中国文化与现代生活［M］. 北京：中国人民大学出版社，2005：147.

活领域，利他则要求人们按照尊重和平等的基本原则，对待和处理与所有他人的关系，即以公德心与他人和社会打交道，采取利他的态度和行为倾向。借用美国学者劳伦斯·布卢姆（Lawrence Blum）提出的“不偏倚性”概念[①]，我们认为，伦理道德应当是不偏不倚的，即对所有的社会公众不分亲疏、一视同仁。但是，一般性的道德规范落实到具体生活中，则必定与特殊的条件（血缘、地缘或文化等）相关联，而呈现出某种独特的人文景观。另外，作为角色存在的个人，必定深受角色束缚而难以实现角色之间的灵活转换。所以，在劳伦斯·布卢姆看来，“不偏倚性（公正、无私）”的提法注定是极其有限的。其实，问题的实质不在于能否做到不偏倚，而在于人们是否有这种欲求——是否真的想做到以及在生活中如何做到。将这个问题转换到中国伦理的特定语境下，我们发现，熟人圈子道德与公共生活道德（或者说私德与公德）之间的冲突，实际上是不同道德标准之间的冲突，或者说是“善与善之间的冲突”。在我们看来，解决这个问题的关键就是改变以往亲疏有别或生熟有别的行为方式，或者说按照推己及人原则，把对熟人的爱心扩展到陌生人，像对待自己的亲人或朋友一样对待自己身边的陌生人。要做到这一点，就必须以个人公德心的培育和成熟为前提。

公德心的来源与现代意义

现代意义上的“公德”是梁启超从日本思想家福泽谕吉《文明论概略》一书中借鉴而来的概念。在当代中国人的生活中，“公德”早已成为一个普遍流行的术语，尽管一些人对其确切含义并不十分清楚，但这并没有影响到它的普及和广泛使用。在著名的《论公德》一文中，梁启超通过分析国人公德缺失的现状及危害，提出了自己对私德和公德的独特理解。在他看来，所谓公德是与私德相对来说的。如果说私德主要规范与调节

---

① 劳伦斯·布卢姆．不偏倚性、慈善和友谊［J］//詹姆斯·P．斯特巴．实践中的道德：第6版［M］．程炼，等译．北京：北京大学出版社，2006：131.

“一私人与另一私人”之间的关系，那么公德则主要规范与调节“群己关系”，即个人与社会大众的关系。戊戌变法失败后，梁启超流亡日本。他利用闲暇时间阅读了大量西方名著，详尽考察了日本公德发展的现状，指出中国之所以国力孱弱、民不聊生，就是因为传统私德的弊端以及公德缺失。为此，他努力倡导一种利他（他人、社会）的公德，以此超越和弥补传统私德的缺陷，培育全体国民的公德心，增进中华民族的凝聚力和战斗力，实现救国图强的历史使命，进而推进中国社会的现代化进程。在《中国文化要义》一书中，梁漱溟有过类似的论述，在他看来，公德是人类为营造团体生活所必需的品德。

对公德心的理解，取决于对“公德”概念的反思和把握。通过对中国文化与公共意识之关系的深入研究，陈弱水提出了自己的观点。在他看来，如果说“‘公德’是代表某种特定德行的概念，‘公德心’则是指个人具有这种德行意识的状态”①。这里的“心”，就是一种意识状态和理性精神，尤其指个人对公德的理解和体会。梁漱溟说：“何谓心？心非一物也；其义则主宰之义也。主谓主动；宰谓宰制。对物而言，则曰宰制；从自体言之，则曰主动；其实一义也。”② 在这里，梁漱溟对“心”的解读颇具中国文化之特色。他认为，“心”具有积极性、主动性和创造性等特性，是一种充满生机活力的意识过程。综上所述，我们认为，“公德心”是19世纪末由梁启超从资本主义社会输入的伦理概念，多指个人对国家、社会的理解与认识，主要表现为个人对公共道德和法律规范的认同与自觉遵守，尤其指个人的社会责任感、爱国心、使命感等。在日常生活中，一些人常常被谴责缺乏公德或公德心不足，这里的公德主要指社会公德，而非梁启超所说的“公德”概念。社会公德是维系社会生活秩序的最基本的道德要求，是公共生活的一种底线道德。梁启超所谓的“公德”以及由此延伸出来的“公德心”概念，不是一般意义上的对公共秩序和公共利益的维护，更多是一种政治伦理诉求，即一个人的责任感、爱国心、使命感等。不过，在目前的国内学术界，人们在使用“公德心”概念的时候并未加以

① 陈弱水．公共意识与中国文化［M］．北京：新星出版社，2006：3．

② 梁漱溟．人心与人生［M］．上海：上海人民出版社，2005：26．

区分，而是把它作为涵盖一般性社会公德和政治伦理诉求的综合概念运用的。

20世纪80年代，台湾地区学者对“五伦”问题的检讨和对“第六伦”的积极倡导与推动，从根本上说也是为了解决私德与公德之间的冲突或者说人情味与公德心之间的冲突，借此推进传统道德文明的创造性转化。自梁启超以来，中国学者对国人缺乏公德心的谴责之声始终不绝于耳，他们正是基于自身的生活体验，深刻感受到公德心之于公共秩序和社会利益的重要性，从而对公德心的呼吁日趋强烈，这是一种发自内心的、对呼之欲出的新文明的强烈渴望。市场经济和社会发展的步伐，已经远远超出了小农经济的狭隘圈子，超越了传统意义上的血缘和地缘的局限，走向了崭新的工业文明和信息文明时代，人们之间的社会联系和社会交往范围也在空前地扩展和延伸。“社会生活愈发达，人和人之间的往来也愈繁重，单靠人情不易维持权利和义务之间的平衡。”① 因此，社会对崭新的道德和法律结构体系的诉求越来越迫切，不断发展的公共生活空间对公德心的诉求也更加迫切。无论现代工业文明和信息文明，还是人际交往的全球化发展趋势，以及我国当代社会结构的公共转型，都迫切要求人们建构符合时代需要的公德心。必须指出的是，尽管在西方伦理中并无类似公德心的概念，但这并不等于说公德心不属于现代文明的范畴。实际上，梁启超关于提升国民公德心的呼吁以及积极倡导公德建设的实践，无疑是潜在地以西方公共文明为背景提出的。因为福泽谕吉的《文明论概略》一书的形成，主要是以西方物质文明和伦理道德作为参照标准的，其中透射出鲜明的西方中心主义的文化烙印。当然，我们并非认为西方文化一概都是值得借鉴的有益成分，然而它关于社会公德意识和公共精神的有关论述，对于我们建设现代化国家和先进的物质文明、精神文明、政治文明、社会文明和生态文明，无疑有着突出的启迪意义和参考价值。何况关于私德和公德问题的论述，乃是启发梁启超思考中国社会改造尤其是传统伦理弊端的逻辑起点，所以我们在使用私德、公德和公德心的概念时，必须有一个清醒理智的认识和辩证的扬弃过程。

---

① 费孝通. 乡土中国　生育制度［M］. 北京：北京大学出版社，1998：73.

如果说人情味大多着眼于道德本能的层面，那么公德心则重视人们对公共生活的道德自觉和理性选择。由此看来，二者分别处在高低不同的道德发展阶段，即公德心的价值诉求高于人情味的价值诉求。固然，发自人性本能（包括道德本能）的人情味是无法根除的，但是，它可以通过后天的道德教育和培养而得到改造或提升。一般说来，仅仅依靠自身的力量是无法完全超越本能的，它必须借助外在的道德教化的力量和理性规约，实现某种意义上的超越和升华，然后才能由自发走向自觉，再由自觉发展到自主的历史高度。人们唯有在自己的道德自觉性达到某种高度——有时是道德自主的高度，才能深刻理解并体会到公德心与公共生活秩序的关系，从而形成对公德心的高度自觉以及对公共利益的无限敬畏。在这个过程中，人们需要实现对私情的超越和升华。梁漱溟曾说："不论其为个体，抑为种族，其偏于局守一也；则其情谓之私情也。"[①] 当然，承认私情存在的客观性，并不是认定其道德合理性的前提，而应当理解为寻求对其进行改造的先决条件。个人超越自私的情感的局限，趋向于"无私的感情"，是宇宙生命之壮阔的美好前景。因为"具此无私的感情，是人类之所以伟大；而人心之有自觉，则为此无私的感情所寄焉。人必超于利害得失之上来看利害得失，而后乃能正确地处理利害得失"[②]。

公德心首先是现代生活健康发展的要求。在现代工业文明和市场经济条件下，人际交往极大地普遍化，公共生活日益成为实现个人价值和社会利益的主要形式。明确公私领域的划分及相互关系，将人的行为置于相应的道德和法律规范之下，防止彼此间的相互取代与僭越，既是个人生活美好和事业成功的基本保证，也是社会整体文明的基本诉求。对于普通公民而言，公共生活是公众活动的领域，它的完善、成熟程度与实际发展状况，直接涉及每个公民的切身利益。众所周知，现代社会是经济社会，参与经济活动是人们实现个人价值的主要手段。"在现代经济生活里，组织化的道德，其重要性远大于个体性的道德。"[③] 因此，人们必须从以往狭

---

① 梁漱溟．人心与人生［M］．上海：上海人民出版社，2005：64．

② 同①．

③ 韦政通．中国文化与现代生活［M］．北京：中国人民大学出版社，2005：152．

小的文化圈子中走出来，放眼广阔的社会生活空间。在这里，公德心不仅是个人对公共事务的正确认识，而且是实际活动中严格遵守公共理性（道德、原则等）的要求。具体说来，就是正确认识自己与环境（职业、组织等）之间的关系，在理性分析和正确判断的基础上找准自己的明确定位。辩证唯物主义认为，人是环境的产物，这里的环境既包括外部的自然环境，也包括人们自身所处的社会环境。人作为环境的主体和能动的主导者，不仅要正确认识环境的存在及其变化的特点和趋势，而且应当主动调整自身的观念和行为，以与环境变化的要求和规律性相协调，以自身的模范行为实现与环境之间的良性互动、和谐发展。在参与公共生活的过程中，或者说在公共机构中担任某种角色时，个人必须按照公共道德、法律和相关制度的要求，严格约束自己的角色行为，使自己的言行处于公众的严格审查和监督之下，及时纠正乃至克服不良的行为习惯，努力与公共规则和社会期望取得一致。那些背离公共道德要求、破坏公共秩序的违法乱纪行为，必定要受到舆论监督、经济处罚乃至法律制裁。

公德心能够增进个人对陌生人和社会的责任心、义务感，能够强化共同体的凝聚力。在《论公德》一文中，梁启超把公德称为“合群之德”，在他看来，个人的公德心能够使“人群之所以为群，国家之所以为国”，即公德心使得个人能够时时想到他人、集体和社会的存在及利益。这个结论的形成，乃是基于梁启超深刻的忧患意识及他对当时中国社会积贫积弱、国力衰微状况的沉痛思考。人的责任感和义务感是复杂的，它与个人的集体意识、社会感等心理因素有复杂的关联。在个人的社会化过程中，随着个人社会交往和公共生活实践的发展，个人的公共意识将逐渐走向成熟，对人己关系、个人与他人的关系、个人与社会的关系的认识越来越清晰，对他人和社会的责任感、义务感会明显提升。公德心是公共理性和公共精神的体现，表现为个人对他人利益、公共利益和社会秩序的顾及与尊重，对社会公平和正义原则的无私坚守。在公共生活实践中，人们通过自己的切身体验和经验积淀，能够逐步获得对人际交往和他人利益的明确认知，在这些理性认知和经验反思的指导下，就能形成自觉尊重公共利益和社会秩序的道德意识。如果没有这种基本的道德认知作为前提，个人就无法真切意识到个人利益与他人利益的休戚相关性，也很难升华到理性认识的层面，形成明确真实的道德反思和理性自觉。由此看来，把个人的责任感和义务感归入公德心的范畴、作为强化共同体凝聚力的途径是有重要意义的。

人情味与公德心的冲突

毋庸置疑，目前学术界关于人情味与公德心的冲突问题的研究，是由世界范围内的现代化运动所引发的。在韦政通看来，“降及近代，在工业化和都市化的趋势下，传统家族组织崩溃，仅赖孝悌之道已不足以适应新生活形态的需要，终于爆发公德心问题和公私之间的冲突”①。它引发了华人世界对传统文化（尤其是伦理道德问题）的反思以及为传统文化现代化所做的努力。

在现代社会，最先论及人情味与公德心的冲突以及反思传统伦理之局限性的当属费孝通，他曾说：“中国的道德和法律，都因之得看所施的对象和‘自己’的关系而加以程度上的伸缩。”② 也就是说，作为公共理性的道德和法律，能否使用以及在何种程度上使用，都要接受人情味的最终裁决，即由人情味决定道德和法律的价值及运用方式。在费孝通看来，这是令现代社会无法接受的残酷事实，而这个事实无疑是不利于现代社会进步的。与这种现代化对人的道德素质的要求相适应，人情味本身所导致的极端化的思维和行为取向，尤其是罔顾道德和法律的要求，偏私性地照顾自己的利益相关者，最终牟取个人私利的行为，是与现代社会的发展要求格格不入的。现代文明本质上是一种公共文明，个人行为需要接受公共理性（法律、道德）的指导，以牺牲公德的方式来成就不良的人情味显然是悖逆时代潮流的错误做法。在传统伦理文化中，如何认识、处理“情”与“理”的纠葛和冲突，始终是制约伦理道德发展与创新的关键点。对于私人之间的关系而言，人情味显然是协调和处理彼此关系的道德原则。然

---

① 韦政通. 中国文化与现代生活［M］. 北京：中国人民大学出版社，2005：147.

② 费孝通. 乡土中国　生育制度［M］. 北京：北京大学出版社，1998：36.

而，这种做法不能被“移植”到公共事务的实践中，不能成为裁决公共生活实践的道德标准。例如，在我们身边，“法官、船长、医生、护士、老师都担任着要求不偏倚性的角色或职务，他们必须考虑服务对象的利益或对它们负责任。这种不偏倚性也扩展到与他们有特殊关系的人。由这些人所分配的利益或责任不应基于承受着与他们的个人关系，而应依据某种非个人的标准，这与职位的需要和资格，已建立起来的理性程序或类似的东西相联系”①。这就是说，在公共事务中，无论法官还是教师，无论护士还是医生，都必须把自己职业角色的道德要求置于最高的位置，因为此时的个人是作为特定的“角色”而存在的，即人情私德必须服从角色伦理的安排。在处理人际关系时，必须坚持“理”在“情”先，或“情”服从“理”甚至有“理”无“情”。因为这里的“理”，不是个人或者某个小圈子的利益诉求，而是涵盖所有社会大众在内的公众的利益诉求，若上升到理性主义的层面来看，它就是公共精神的体现和要求。

在我国台湾地区，章英华从私属空间和公共空间的视角来理解人情味与公德心的冲突问题。在他看来，“对房舍的建筑，中国传统上就缺乏公共的节制，只要不犯‘僭越’之名，各家庭有其自由。……当都市规划越来越周密，从建蔽率、容积率、防火巷道，以及建筑公共设施等的规定，完全与一般固有的私有空间概念相抵触。尤其当土地与建筑物所有权，因高楼建筑分割使用而日趋复杂，私人渐多为私属公共空间的归属争执，有关法令规章也多不够明确，人们就各行其是，从夹缝中寻求其私人利益”②。这些事例告诉我们，私德与公德的对峙乃至冲突，在很多时候都不是个人因素导致的，而是社会历史的进步造成的。在社会变迁的过程中，原先被认为天然合理的事物或观念，逐渐被日益形成的新事物、新观念所排斥，变成不合理的、过时的。此时，人们需要做的就是，改变自己的观念和行为方式，去适应或者顺应社会变革的潮流，这是唯一正确的做法。然而，现实中的矛盾和纠葛却是，由于私人的、具体的利益考虑而无视现实生活

---

① 劳伦斯·布卢姆．不偏倚性、慈善和友谊［J］//詹姆斯·P．斯特巴．实践中的道德：第6版［M］．程炼，等译．北京：北京大学出版社，2006：131-132.

② 章英华．中国人的城乡经验［J］//文崇一，萧新煌．中国人：观念与行为［M］．南京：江苏教育出版社，2006：113.

的需要，诸如不良的人情味成为公德心成熟发展的严重障碍。问题的核心乃是个人“私我”观念与社会进步的大潮流之间的对立和冲突。因为人情味之“良”与“不良”，进行什么样的道德评价，首先是由社会进步的宏观评判标准决定的，其次才是个人对人情味的道德认知等微观问题。

带有明显乡土伦理烙印的人情味，与现代公共理性所发生的冲突，最直接地表现在公共生活或公共事务中，即人们对熟人的不适当的（特殊）关照而导致对公共规则的侵蚀、对社会正义和法律规范的侵害。例如，一个法官在执行公务过程中，出于人情考虑而偏袒自己的熟人；一名护士利用自己的职务便利，为自己的“关系户”提供特殊的服务；某教师基于朋友间的私下约定，为熟人的孩子打高分；等等。诸如此类的人情味不胜枚举，很容易成为个人营私舞弊的潜在工具，进而危害他人利益或者社会公共利益，甚至导致违法乱纪、行贿受贿等事情的发生。在我们的生活中，一些人对这种不良人情味的需求是非常迫切的，究其原因，可能是“权力”之类的资源是极为有限的，导致一些掌握这些稀缺资源的人寄希望于借助稀缺资源为自己牟取不正当的利益。前些年被舆论界所诟病的权力寻租现象，恐怕就是不良人情味的典型表现。“有时候，他人可能以‘人情’作为工具，主动要求个人给予帮忙，希望他将掌握的资源作有利于自己的支配。假使个人对这项资源只有管理权，而没有所有权，若是因为对方的请托而因情徇私，他可能受别人的非议，也可能触犯法律而受到惩处。”①在现代法治社会，要维护司法或法律的尊严与公正，就必须拒斥并坚决根除不良人情味的腐蚀。对于社会的公职人员来说，个人在社会的公共机构里担当角色，首先就要忠于职守，防范执行公务过程中的不良人情味或者仅凭个人偏好做事。一般说来，在司法实践过程中，“法官并不审理那些当事人与自己有特殊关系（或牵涉到个人利益）的案子。非个人化的义务和个人的依存关系之间有着剧烈的冲突，并对担当责任的人以及友谊施加了超乎寻常的压力；因此，为了每个人的利益，最好避免这种情形”②。如果

① 黄国光. 中国人的人情关系［J］//文崇一，萧新煌. 中国人：观念与行为［M］. 南京：江苏教育出版社，2006：38.

② 劳伦斯·布卢姆. 不偏倚性、慈善和友谊［J］//詹姆斯·P. 斯特巴. 实践中的道德：第6版［M］. 程炼，等译. 北京：北京大学出版社，2006：132.

自己的当事人确实与自己有某种特殊关系，可以采取暂时回避的态度，这种做法在法官的审案过程中是常见的，但是这种好的做法并没有被推广到更多其他的领域中。其实，回避制度是国外司法实践的有益经验，其存在的主要原因在于避免不良人情味的侵蚀，避免人情味对司法公正和公平的侵蚀。

在以往的社会生活中，“由于中国人一向不太重视公正的法律程序，许多机构的规章制度往往不甚健全，如果掌握权力的承办人对当事人说他要‘公事公办’，话里便蕴含有‘刁难’、‘找麻烦’的意思。所以，个人若是有求于人，往往必须设法‘搞关系’、‘拉交情’，用种种方法，请对方多加‘照拂’，以‘人情法则’和自己打交道，‘人情留一线，日后好相见’，不要‘铁面无私’、‘不通人情’，把事情搞僵”①。不难看到，人们日常交往中的人情味通常显现为双重意义：它既是个人行为的驱动力，也会造成对公共规则的侵蚀。圈子意识或不良人情味导致人们对熟人和陌生人采取双重标准，直接威胁到社会公平和正义的实现。因此，有必要对社会公共机构工作人员的行为进行有效的规范，而这有赖于伦理学上的严格论证。为了有效规范社会公共机构工作人员的行为，必须结合他们的管理实践的需要，归纳和提炼出具有某种普遍意义的行为准则，用劳伦斯·布卢姆的话说，这种行为准则就是在处理公共事务中做到不偏倚。“在公共机构中担任的角色和地位显然是生活的竞技场，在这里要求对所有人（包括那些与我们有私交的人）的利益加以公正无偏的考虑。”② 按照这个准则思考和行动，就是对他人利益、社会利益的尊重。相反，如果在公共事务活动中徇私舞弊、徇情枉法，那么就要受到法律的监督和管理者的坚决查处。毕竟，对准则的漠视实质上是对公共理性的蔑视，是对社会公平和正义原则的践踏。“因为理（不论其属情理抑属物理）都是公共的，彼此共同承认的。人之怀私或不自觉，固出于本能；其自觉者（有意识的），亦根于本能。然假使不有无私的感情之在人心，其将何以彼此相安共处而成社会乎？”③

---

① 黄国光. 中国人的人情关系［J］//文崇一，萧新煌. 中国人：观念与行为［M］. 南京：江苏教育出版社，2006：132.

② 劳伦斯·布卢姆. 不偏倚性、慈善和友谊［J］//詹姆斯·P. 斯特巴. 实践中的道德：第6版［M］. 程炼，等译. 北京：北京大学出版社，2006：132.

③ 梁漱溟. 人心与人生［M］. 上海：上海人民出版社，2005：84.

在这个意义上说，不良人情味与公德心之间的冲突是必须要根除的。如果说历史上形成的人情味与旧的生活方式和价值观念相联，其影响往往是长期传承的、预定的、无法选择的，具有某种程度的滞后效应，那么，培养公德心则是新的生活方式和价值选择的诉求，应当是懂得顺应历史潮流的现代人的自觉选择。现代人的思维和行为已经不再局限于本乡或本土，而是要求在更大的范围内把握自我的存在及意义，自觉寻求与他人利益（公共利益）的一致性，追求更高的文明发展阶段。实践经验告诉人们，经过历史和理性反复淘洗过的价值，必定优于被动接受的、尚未经过深刻反思的价值。必须明确，圈子意识不等于团队精神，人情味也绝不应当是美化了的私欲，更不应当与个人或者小圈子对私利的追求联系在一起，在社会的公共机构中，它要持续接受公共理性的监督、支配和调控。

那么，是否在一切场合中人情味与公德心均会发生冲突？对这样一个牵涉社会公平和正义实现的重大问题，人们必须给出合乎逻辑的、明确而全面的分析。其实，这个问题的关键在于，人们对自己家人和朋友的帮助，是否必然会损害他人利益和社会公共利益，是否必然会威胁到社会公正和正义的实现。答案当然是否定的。回溯当年梁启超的私德和公德理论，我们不难发现，私德调节的主要是私人生活领域，而公德则调节公共生活领域。尽管梁启超对这对概念的认识是相当模糊的，但这样不妨碍我们沿着这个思路去深化对它的研究。“私”和“公”两个生活领域的存在是相对独立的，与其相对应的道德规范也各不相同。既然二者在生活中并不必然地交叉或重叠，那么在道德生活实践中，私德与公德之间就并非必定会发生对峙乃至冲突。如果说人情味与公德心之间确实发生了某种对峙乃至冲突，那么必定是因为人情味不恰当地介入了公共生活领域，并且对它产生了不利的（乃至有害的）影响。因此，无论人情味还是公德心，都只有局部性的、有限意义上的价值，而不具有普遍的、绝对的价值。正是在这个意义上，劳伦斯·布卢姆把“不偏倚性”视为相对性的道德约束，在他看来，“不偏倚性是一种仅限于某些特定情形的道德要求。它在道德上并非义不容辞地需要在任何情况下都予以承担。特别是，友谊并不在典型意义上对我们提出这样一种道德要求：要在朋友的利益和他人的利益之间做到不偏不倚。因此，当我们对朋友行善时，这并没有违背不偏倚性的义务”①。无疑，这种严格的区分是有道理的，也是必要的。所以，我们并非一概而论地认为人情味与公德心必定会发生冲突，而是认为仅限于在公共生活或公共事务中，当人情味无端侵害到公共利益和社会秩序时，二者才会发生冲突。我们面临的现实是，各种不良人情味肆意泛滥，导致人们缺乏明确的是非、善恶观念。人的个性的随意性、自我中心的潜在价值取向、个性化的行为方式等，不可避免地导致对公共秩序的侵蚀，因此学界普遍认为，对公共规范认识薄弱，遵守规范的意愿低下，是华人世界走向现代化的大敌②。现代社会结构逐渐转型，传统乡土社会日渐式微，法理社会逐步走上完善发展的道路，故而作为私德的人情味遭遇巨大挑战。在此背景下，需要明确人情味和公德心所适用的合理边界及其现实意义。在私人生活领域，公民彼此间的人情往来和邻里互助既是必要的，也是社会应当大力倡导的，这是家庭美德所遵循的基本规范。况且“情理是随人所处地位不同而有所不同的”③。这是道德情理中的相对论。然而，当人们的活动涉及公共事务领域的时候，则需要公民严格遵守法律和相关的契约（规章制度）——普遍性的标准，而不是尊重人情和私人关系，也不能以人情和私心取代公共规则，这又是相对之中的绝对。

人情味与公德心冲突的普遍存在，反映了中国社会转型过程中的深层伦理问题——由地域性道德知识转向社会现代伦理实践的某种困境。以往的地域性道德知识如何应对现代公共文明的挑战，如何有机地融入现代社会的发展之中，在经过一番辩证弃取的过程后，其合理部分构成现代伦理生活的活力因子。从道德生活看，现代化内在蕴含着公共文明和公德心的诉求，而这种诉求的实现离不开每一个现实的、具体的人。如果说人情味是人性的基本要素，那么在人与人之间的现实交往中，由于相互关照和彼此呵护的凝练积淀，逐步形成某种心理上的依赖感和关联性——人情味则

---

① 劳伦斯·布卢姆．不偏倚性、慈善和友谊［J］//詹姆斯·P．斯特巴．实践中的道德：第6版［M］．程炼，等译．北京：北京大学出版社，2006：131.

② 陈弱水．公共意识与中国文化［M］．北京：新星出版社，2006：52.

③ 梁漱溟．人心与人生［M］．上海：上海人民出版社，2005：195.

是无法避免的事实。现代社会依然需要积极的、高尚的人情味活力的迸发，需要人与人之间心理上的亲近、交流。毕竟，在电子媒介充斥的现代生活中，当越来越多的人沉迷于微信、网络和 QQ 聊天的时候，来自家人、朋友或者同事的当面问候，比那些冷冰冰的电子线路传送的“问候”要温馨得多。直面诸如此类的伦理道德问题，那些发自内心深处的人情味不仅不能被完全废弃，相反却有着进一步发扬光大的必要。如果说人情味指向淳朴本真的乡土伦理秩序，那么公德心的输入及现实诉求则表现为对旧的伦理秩序的坚决破坏和积极重构。从情感上看，人们无法割舍乡土伦理所造就的旧的生活秩序和伦理结构，即很难站在他者的角度审视和判定人情味的合理性。那么，现代人则必须实现这种人情味的创造性转换，这样才能实现新生活的道德理想和社会理想。

人情味与公德心的冲突实际上是不同价值取向的对立和冲突。在普遍性的人际交往过程中，坚持相互尊重和彼此平等的基本原则，必须反对亲疏有别和特殊主义的道德价值取向，拒斥各种不良人情味和利己心的无端侵蚀，学会与陌生人和谐相处。毕竟，现代社会的公德心，不仅在于对公共规范的尊重和遵守，更重要的在于对那些自己不熟悉的、与自己无利益关联的陌生人的接纳，对差异的容忍和接受。现代伦理文化不是对传统伦理文化的全盘否定，而是在更高意义上的继承和创造，因此，要解决伦理文化发展中的现代性危机，就必须树立科学的反思和批判的态度，在此基础上不断提升和完善自己。在现实生活中，人们对遥远的乡土伦理的呼唤、对人情味的强烈眷恋，表明了人们想要走出现代化所造成的精神生活的沙漠、重新回归意义世界的强烈渴望。因此，解决人情味与公德心的冲突问题，绝不能采取简单化的、独断的策略，置蕴含着丰厚传统伦理营养的人情味于不顾，也不能把公德心当作完美无缺的新事物而奉为圣明。因为无论依靠单纯的人情味，还是依靠孤零零的公德心，都无法实现传统伦理现代化的现实使命。如果说社会主义伦理道德是对传统伦理的超越和提升，那么，这种超越和提升的基础就是包含人情味在内的博大精深的传统伦理文化，而它在目前的要求是转向公德心，实现人情味与公德心的综合、提升，这是一种伦理文化使命的自我理解和自我完善。要做到这一点，首先应当明确血缘亲情的内在价值，继承人情伦理积极的、丰富的道德内涵，发挥其稳定而持久的文化纽带和道德调节功能，让道德发出“本己的内在的声音”，以消除当代人在相互理解和沟通中的某种困境，治疗“现代主义造成的深刻的社会和心理创伤”①，引导其向本真的人际关系和道德情感回归。充分发挥陌生人伦理和公德心的调控功能，克服或抑制不良人情味的私我性和主观随意性的缺陷，引导个人行为朝向合理有序方向发展，这样便可实现充满崭新人情味的现代伦理的建构。

必须明确，人情味与公德心的冲突不是中国社会特有的现象。萧纯美曾说：“以我在法、德两国居住近十年的经验，发现外国的社会，不但人情味不及我们，而且没有公德心的人也不在少数。”② 当然，这不是我们为不良人情味进行辩护的正当理由。它只能说明在人类文明的进程中，不同的民族面临着许多共同的道德问题，比如缺乏人情味或公德心之类现象的存在。因此，我们对于自己身边出现的不良人情味所导致的威胁，既不能盲目乐观，也不可悲观失望。对社会道德改善的良好愿望，乃是我们走向新的文明阶段的内在支撑。问题的关键不在于完全消除人情味的存在，而是在现实生活中如何兼顾人情味与公德心，严格限定二者各自发挥作用的范围和边界，实现积极人情味与公德心的并存、和谐发展，这是现代社会的良好期盼和伦理诉求。良好人情味作为人性的感性层面的存在，不仅是无法根除的现象，相反还是道德生活的坚实根基。在公共生活实践中，既需要人们在公共事务中恪守公共规则，也需要内在良知和温情脉脉的人情味的支持。对于现实生活而言，前者无疑更具有根本的、恒久的意义。

现代公民与公德心的培育

无论人们对人情味持何种态度，也无论人情味与公德心之间发生怎样

---

① 马歇尔·伯曼. 一切坚固的东西都烟消云散了［M］. 徐大建，张辑，译. 北京：商务印书馆，2003：200.

② 韦政通. 伦理思想的突破［M］. 北京：中国人民大学出版社，2005：206.

的冲突，我们都不能否认的一个基本事实是：现代文明发展的必然趋势，是对自然关系的不断超越、提升和对新的社会关系的亲近、认同。按照韦政通的理解，中国社会从农业文明向现代工业文明奋力迈进，必将引发“伦理思想的突破”和伦理生活的根本转型①。原有的乡土文明唯有融入现代文明之中，并在其引导下才能获得新的改造和提升，也才能持续延伸传统文明的活力。

现代社会的主体是公民，公德心是现代公民的基本条件。这里的公德心，主要表现为尊重他人的人格和权利，以及关心并自觉维护公共利益，认同公共理性和公共精神等素质。相反，若缺乏成熟的公共意识和公德心，不能正确认识并自觉履行自己的社会义务，不能依法依规处理人己关系（尤其是各种矛盾和纠纷），就不是合格的现代公民。那么，人们公德心的培育究竟应该从哪里做起？“公德并不是公众的规范，公众的规范是法律，公德针对传统的私德而言，代表一种新的态度、新的价值观和新的处理人际关系的方式，而这些只有在自由的价值中、民主的方式中，以及自由民主的心态中才能培养出来。”② 因此，我们必须把当代人新的价值观建设，尤其是新伦理态度和道德价值观建设作为重点来把握。

第一，价值观念的更新。在走出乡土社会、融入现代工业文明和信息文明的进程中，人们必须在生活方式和价值观念上实现根本变革。因为“一个有悠久传统的社会，在它走向现代化的过程中，生活上的一个理想情况，应该是传统价值观念与逐渐抬头的新价值之间能互相融合，这样一方面不至陷入心理上无所归属的状态，另一方面又可使新的价值指南在渐变中达到价值更新的目的”③。当代人要有开放的胸怀和宽广的视野，要以包容的心态和“弹性的心理结构”（韦政通语）来对待与处理各种社会问题。从某种意义上说，价值观念是深藏于每个人心灵内部的文化“硬结”，能否随着改革实践和社会转型的深化，从个体心灵深处逐步撬动和融化这块文化“硬结”，将关系到新伦理文明建设的成败。

---

① 韦政通．伦理思想的突破［M］．北京：中国人民大学出版社，2005：104.

② 同①.

③ 同①140.

伦理规范的普遍性，是其获得公众认同的价值基础，而这种普遍性是不断流动的，尤其随着社会生活的深刻变革，伦理普遍性的内涵也在不断拓展。普遍性拓展的空间越大，其实际价值也就越大。如果康德道德学说中的绝对命令可以被看作对人类伦理的准确定位，那么我们每个人都要尊重他人、善待他人，关心公共生活和公众利益，无条件地遵守公共生活秩序，就是“绝对命令”的现实道德意义。在康德看来，“每个有理性的东西都须服从这样的规律，不论是谁在任何时候都不应把自己和他人仅仅当作工具，而应该永远看作自身就是目的”①。在道德实践中，必须将他人的合理需要和道德期待，视为与自己的道德需要和道德期待具有同等价值的东西，必须坚守“人是目的”这个最基本的道德命令，并以此统领一切价值观的变革。在这个过程中，我们必须从个人的情感投向做起，把传统社会人情味中的优秀成分转化为现代社会的“大爱”，即普遍意义上的对他人的爱（没有亲疏差别的泛爱）。在人类的道德情感中，“爱”不仅是最基础的道德情感，而且是最重要的道德情操和道德精神。如果我们不再区分人类的生活组织的话，那么“个体性的道德与组织化的道德，实一根而发，这个根就是人类的爱心”②。简单地说，公德心的实质就是人们的爱心以及由爱心生发出来的一切情感和行为方式。

在现实生活中，每个人都有自己固定的生活圈子，这个圈子的存在及意义是确定的，在某种程度上也是不可替代的。由于这个圈子的存在，人们对与自己有特殊关系的人承担特殊道德义务，从而形成一种道德自足的伦理共同体。不过，这个伦理实体的存在并不是怀疑和排斥陌生人的理由，也不是损害他人利益和公共秩序的托词。因为厚爱自己的家人和朋友同善待那些与自己无任何关系的陌生人并不表现为逻辑上的二律背反。这种结论的获得，具有生物学和伦理学上的双重支撑。从生物本能的角度看，人与人之间的爱心和互助，比相互之间的对峙乃至竞争，更有利于“人”这个物种的顺利进化。美国学者大卫·洛耶（David Loye）的最新研究发现，以往人们对达尔文的研究存在诸多误解，他有足够的证据表

---

① 康德. 道德形而上学原理［M］. 苗力田，译. 上海：上海人民出版社，1986：86.

② 韦政通. 中国文化与现代生活［M］. 北京：中国人民大学出版社，2005：152.

明，达尔文并没有把生存竞争看作生物进化的唯一动因。在《达尔文：爱的理论》一书中，大卫·洛耶明确指出，人类生存的动因绝非“自私的基因”，而是同情和爱心。“只有爱才能提高人的智力，通过某些行为，我们在与别人的并存中使别人的存在变得合理，爱就是这样的行为领域。”① 应当说，这种关于人的生物本能和社会伦理的研究，比一般性的、泛泛的抽象论证更具说服力。

在中国传统伦理文化中，内在地渗透着丰富的“心性”和情感元素，而这些元素的核心和根本就是“仁爱”原则。对于儒家文化的创始人而言，“爱”的施与对象是“人”，而不只是自己的“熟人”，孔子从来都没有把“熟人”从“人”这个整体中分割出来，并予以更多的爱心。“仁者爱人”应当是爱一切人。其中最有说服力的证据，当是儒家所倡导的“四海之内皆兄弟”的至理名言。“四海”泛指人们广泛的社会生活，“兄弟”是自己的手足同胞。人们常用“手足情深”来指称兄弟之间平等而和睦的亲密关系。人的“手”和“足”都是身体的组成部分，在生理结构上是须臾不可分离的东西。因此，这里既有生物（生理）学上的科学论证，也有伦理文化的价值阐释，兼有先天与后天、自然与人文的统一，其实，“天人合一”本来就是中国文化的特色之一。也许有人会说，乡土社会的现实决定了儒家伦理生活实践的独特局限性，即在交往实践中熟人与陌生人的二分和对峙，然而我们不能不看到，对陌生人的道德认知和情感关怀，是推己及人思维方法的现实理路。因为缺乏这个具体的过程，个人就无法进入复杂的社会生活，无法获得道德经验和道德智慧的引导。作为儒家文化始祖的孔子，在周游列国的过程中险象环生，甚至差点丢失性命，不可能不明白这个“江湖”的深刻道理。从“做人”而不是作为一个“熟人”的客观角度，来认识自己周围的社会并与每个相遇的人打交道，去帮助每一个需要自己帮助的人，其价值必定是不言自明的。

第二，道德推理机制的改变。道德推理机制内在于“心”，它是发自个体内心的道德思维过程。从传统道德推理机制到现代道德推理机制的过

---

① 大卫·洛耶. 达尔文：爱的理论［M］. 单继刚，译. 北京：社会科学文献出版社，2004：22.

渡，从根本上说是个人内心深处的一场伦理革命。在一个充满陌生人的社会里，个人公德心的完善和成熟，必须从每个个体的道德思维习惯的变革做起。如果每个人都能做到这一点，那么公德心的培育和公共生活的和谐就不难实现。个人内心世界改变的动因，乃是现代社会生活的复杂变革，在这个漫长而痛苦的过程中，需要个人建立"弹性的心理结构"——一种随着外部环境变化而变化的心理结构，即变消极的防御心态为积极的建构心态。韦政通曾说："一个人如果有开放的思想，并具有弹性的心理结构，那么他就能就每一个陌生人本身所具有的特性去欣赏他，而不是根据自己的主观模式去估量对方。"① 现代社会是不断"流动"的社会，"流动"已经成为个人心理变革的强制性框架，并因此铸造人们崭新的心理活动模式。现代社会有着与传统农业社会完全不同的人文景观，随着个人行为自由度的空前扩大，来自外部的强制性调控因素会逐步减少，而对个人自我调节和自律性的要求则在不断增长。个人充分认识到这些要求，并且根据社会潮流的变化而审时度势，将是个人在社会中得以立足并获得成功的先决条件。

在不断变动着的现代社会中，人们首先必须充分认识自己的现实处境、自身与社会之间的互动关系，然后理性地判断形势的变化趋势，在内心深处做好适应变革的心理准备。那么，在伦理道德生活的变革中，如何才能建立弹性的道德心理结构？"人在心灵底子上如有接受变化的倾向和习惯，经由自觉的凝练，就可以建立弹性的心理结构，这种心理结构能发展出忍受不确定及暧昧的能力，使人在观念和行为方面都表现充分的伸缩性，这可以说是民族性格的能量系统。"② 要做到这一点，需要正确认识人类的种种道德想象，尤其是意识到以往道德想象的局限性，通过自身道德想象力的拓展，把素不相识的他人纳入道德思维。一般说来，人们在公共生活中遭遇陌生人的时候，最先触发的往往是个人的道德想象，此时，人们很容易通过对以往消极道德现象的心理联想，把匿名的他人看作某种可疑者，这不仅是个人消极心态的折射，而且对对方来说也是极不公平

---

① 韦政通．伦理思想的突破［M］．北京：中国人民大学出版社，2005：80．

② 同①115．

的。在短暂的偶遇以及由此所引发的道德想象中，以往的道德推理机制发挥着制约的作用，即不是以积极建构的心态看待他人，而是以消极防范的心理扭曲他人的存在和价值。在自己无端的道德想象中，对方已经成了不折不扣的坏人，这无疑是对他人人格的无端伤害。因为想象中的坏人并非就是真正的坏人——道德上的恶劣者。固然，人的道德心理是复杂多变的，在道德推理过程中存在诸多不确定性，然而仅仅凭借自以为是的道德推理机制，并不能正确概括出一个陌生人的整体道德面貌，也不能简单依靠“防人之心不可无”的历史训诫来胡乱搪塞自己不安的道德灵魂。

我们还需要强化自身的道德体验。从伦理生活视角看，无论人情味还是公德心，都属于个人生活方式层面的问题。在公民社会中，公德心的培育和成熟过程构成一种新的生活方式的塑造过程。就“旧”与“新”两种生活方式而言，前者往往是基于长期生活经验而传承下来的、预定的，即个人无法选择、生来就要被动接受的东西；后者则体现为较为充分的个人选择的结果，这个过程与个人的自觉性、后天教育和培养相关。因此，如何解决人情味和公德心的冲突，最终将取决于人们自己的价值选择和行为实践。从观念上看，我们应当逐步扩展自己的道德视野，站在新的历史制高点上审视自己的存在，从宇宙（世界）的视角把握人类未来的走向。按照罗伯特·西伯雷的说法：“世界主义作为一种道德追求，将我们具体关注的范围，扩展到遥远的、一般意义上的‘别人’。并且，我们被告知，他们是我们的地球邻居。”① 这不仅是“邻居”概念内涵的根本变革，也不仅是人与人之间物理距离的改变，而且是人的道德心理距离的改变。因为从“毗邻而居”到“地球邻居”，从关心熟人到关爱陌生人，这是一种人类道德视野的极大扩展和道德文明的极大升华。环境伦理研究告诉我们，人类是生死相依的命运共同体，彼此间有着“一损俱损、一荣俱荣”的连带关系，关注我们同胞的道德命运，实际上就是关注我们自己的命运。以何种心态对待他人，实际上就是以何种态度对待我们自己。当然，我们也不无欣喜地看到，随着社会交往的日趋复杂化、经济关系的多元

① 奎迈·安东尼·阿皮亚. 世界主义 [M]. 苗华健，译. 北京：中央编译出版社，2012：236.

化，人们的价值取向更加理性化，“人情在人际间的作用虽不致完全消失，但却无可避免地会随工业化都市化的发展，而逐渐减弱其功能”①。

在新媒体时代，发达的互联网和便捷的通信手段，把发生在地球上各个角落的事故和灾难及时地呈现在社会大众面前。目睹这些灾难的发生及其给人类造成的痛苦，每个观众都会生发出同情和关爱之心，这是发自人类本性的、最真实的道德情感，同时也是对人的道德想象和道德推理的直接考验。此时，他人已经进入我们的情感世界，直接或者间接参与了我们的生活，促使我们在不知不觉中做出价值判断。此时，“只有通过提升我们对陌生人所承受的痛苦和侮辱的敏感度，我们才能创造出团结，因为一旦我们提升了这种敏感度，我们就很难把他人‘边陲化’，如此一来，就不存在我们和你们的分别，而是逐渐把他人也视为‘我们之一’”②。当今社会，人的崭新的道德思维和道德推理机制，也许就是在这个反复磨炼和砥砺的过程中逐步形成的。因为在目睹陌生人遭受痛苦的折磨时，我们被激发了内在的良知，进而行动，如捐钱捐物或直接奔赴灾区救援。一些人甚至为此付出了自己宝贵的生命。虽然“我们不可能与几十亿人都保持亲密关系；因此，我们也无法做出世界主义的判断”③，然而就是在这种不知不觉中，以往蕴藏在我们心中的“亲密性”概念正在悄悄地发生改变——以前专门指向我们最亲近的人，如今可以超越时空的限制，延伸至遥远的、素不相识的陌生人。当然，这未必就非得用世界主义的道德视野来指称，因为作为普通的社会公民，多数人很难把自己的生活琐事与“世界”连在一起。然而，正是“他们”的存在以及与“他们”的相遇，带给我们的生活乃至观念以重大的变革，并推动着我们道德观念和道德思维的改变。现代社会伦理的特点之一，就是对个人道德体验的异乎寻常的重视。唯有切身体验和努力践行，新的道德思维和道德推理机制才能如期

---

① 金耀基．人际关系中人情之分析［J］//杨国枢．中国人的心理［M］．南京：江苏教育出版社，2006：78-79.

② 周濂．我们彼此亏欠什么——兼论道德哲学的理论限度［J］．世界哲学，2008（2）：13.

③ 奎迈·安东尼·阿皮亚．世界主义［M］．苗华健，译．北京：中央编译出版社，2012：236.

降临。

第三，道德评价准则的转换。不同的伦理文化谱系，有着各自不同的道德评价准则。这些准则可能是相互兼容的，也可能是互不相容乃至截然相反的。例如，在所谓的私德传统中，只要是对个人或家庭、朋友等“亲密圈”有利的行为，就被评价为道德上善的东西，相反则是道德上恶的东西。这是乡土社会人情伦理的评价准则。然而，在现代化时期，公民的公共利益取代圈子利益，社会发展和进步的趋势或潮流上升为评价道德善恶的主要标准，私德评价准则逐渐被边缘化。这是一个道德评价准则的现代转换过程。在传统社会里，人们在谈到公共利益或涉及公共事务时，常常使用类似于“公”或者“群”的概念，然而对于普通百姓来说，这种概念所指称的具体范围往往是模糊不清的。限于农业社会狭隘的人际交往范围，人们很难切身体会到“公”或者“群”的实际意义。相反，倒是对于个人的私利或小圈子的利益，人们的感受更为真实可信。究其原因，在于在中国传统农业社会，人们的公共意识缺乏生长的良性空间，公共性发展孱弱而且严重滞后。对此，陈弱水分析认为：“华人文化公共性的低落，是华人社会达成现代转换的大敌；华人世界中许多观念、行为与环境的冲突，追根溯源，都与公民意识之淡薄有关。”① 梁启超提出“公德”概念，也是为了唤起民众的公共意识，发展社会的公共性，以纠正国人“公共心之缺乏”“自治力之欠阙”的严酷现实，以伦理革命的方式唤起人们的公德心、推进公民意识的提升。

如果私德的评价标准是个人利益（或小圈子利益）的得与失，那么公德的评价标准则是社会公众利益的得与失。在通俗的意义上说，个体内在的公德心就是代表公众利益的新道德标准，它是人们之公共意识和公共精神的集中体现。一般说来，公共意识是某人群共同体生活经历和实践活动的反映，其实质是共同体意识，即个人对共同体的生死存亡的鲜明意识、对共同体利益相关性的明确认知。个人只有学会理解和关心他人（尤其是素不相识的陌生人），尝试与他人积极沟通，充分意识到自身对他人和社会的义务，才能形成明确的公共意识。因此，人们结成的共同体是命运共

---

① 陈弱水. 公共意识与中国文化［M］. 北京：新星出版社，2006：52.

同体。相反，“在人们对相互的命运漠不关心的地方，不会有社会共同体存在。只有人们奉守伙伴关系原则，并承认有义务尽其所能满足这一原则的要求，他们才能构成一个社会共同体并作为其成员共同生活”①。生活在共同体中的每个人都必须具备这种“整体性思维”，即把自己视为整体中不可或缺的一分子，充分意识到自身命运与共同体命运休戚相关。在此基础上，个人就能对共同体尽自己应尽的义务，同时享受共同体给自己带来的诸多益处。

英国法学家米尔恩（A. J. M. Milne）曾说：“一个人正是只有成为共同体的成员，他才能成为一个个体，并完全有机会追求他个人的自我利益。如果他不使共同体的利益优先于他个人的利益，那么他就是一个坐享其成者。”② 不仅要认识到自身与共同体的依存关系，而且还必须为共同体献身，这是个人生存以及获得价值的唯一途径。正是在这样的社会实践中，人们才能切身感受到自身存在的价值，获得自我存在的伦理证明。因此，对于长期受到传统私德文化熏染的人来说，具备明确而自觉的公共意识，是个人有效参与公共生活的先决条件。显然，人们的公共意识不可能在家庭生活中养成，因为家庭生活是相对独立的，是以“自我”为中心的，道德价值判断的善恶标准也仅仅是家庭（家族）利益的损益。因此，孤立的家庭生活不能塑造大众的公共意识，也无法形成对他人和社会的明确体验与合理认知。也许，正是基于对家庭伦理狭隘性的充分理解，黑格尔在谈到伦理发展三个阶段的时候才重点强调“家庭—市民社会—国家”依次更替、逐步上升的过程。在此，我们能够深刻体会到它的伦理意蕴。

社会现代化道路和新伦理建设实践，必须从最基本的公共意识的培养做起。在逻辑思路上，公共意识是以往“群”和“公”的意识的不断放大、升华以及合理的转换。公共的公共意识的培养，将成为公德心建设的关键。学会与陌生人打交道，是公共意识形成的第一步。在社会公共生活领域，人们不可避免地要和大量的陌生人打交道，或者与他们发生各种各

---

① 米尔恩. 人的权利与人的多样性［M］. 夏勇，张志铭，译. 北京：中国大百科全书出版社，1995：47.

② 同①54.

样的间接联系，在这个过程中，学会尊重并信任陌生人，与陌生人平等和睦相处，是积累并升华公共意识的前提。此外，个人还要从内心深处自觉抵制世道险恶、人心叵测等消极阴暗心理的影响，以积极的、阳光的心态和“弹性的心理结构”，参与公共交往实践过程。不可否认，在当下的社会中，每当公共场所发生突发事件的时候，道德冷漠和集体无意识现象就频频发生，这些屡遭社会诟病的不良道德现象乃是公德心缺失的突出象征。没有成熟的公德心，缺乏对他人和社会的基本关爱，社会的矛盾和纠纷就会不断积累，构建和谐社会的目标就难以实现。因此，公德心培养的现实切入点，就是仔细研究道德冷漠和集体无意识现象的成因、弊端及治理举措，从而带动公民道德观念和行为方式的变革。

第四，相关法律和制度的完善。在现代文明社会，避免人情味在公务活动中的滥用及其对社会公正的侵蚀，必须明确划定公务与私情各自发挥作用的合理边界，并用严格的法律和制度措施加以约束，以保证二者不能随意“越界”，这是解决二者冲突的关键。

一般说来，制度是调控人的行为的一系列规则安排。人们确立制度的目的在于强化其应有的外在约束力。人是善于反思的存在，他不仅要反思自身存在的意义和价值，还要对具体的道德行为进行深入思考。纵观人类文明的演进不难发现，它始终伴随着社会的制度化发展。在当代社会结构的公共转型期，各种“新”与“旧”的较量异常突出，复杂的矛盾和问题层出不穷，此时就需要严格的制度以及有效的执行来保证社会秩序的平稳和有序转换。一些公职人员在处理公共事务过程中，以人情代替规则，或者力图以权力寻租方式牟取个人利益，导致各种徇私舞弊、徇私枉法的事情时有发生，这些都严重伤害到普通百姓的利益，威胁到社会公共利益的实现，威胁到社会公平与正义的实现。对于这些人来说，人情高于法律，习俗优于公德。为此，在现代社会伦理建设中，必须强化人们对法律和各项具体制度的认同，实现习俗行为向制度化行为的转型。大家所广为熟知的回避制度就有典型的伦理制度意义，并且此项制度日益走向完善和成熟。所谓回避制度，就是在国家公职人员的实践中，由于公职人员所参与的事件涉及自己的亲属、朋友或者某种关系人，所以该公职人员必须采取回避的方式，以防止私情对公正处理该事件造成不利的影响。目前，在公职人员的工作、会计人员的工作以及检察机关执行公务的实践中，回避制度得到了普遍而广泛的应用。有效的回避制度就是实现社会公正的有效制度安排，其中蕴含着深刻的伦理意蕴。因为它的主要功能就是防范不良人情味对社会公共事务的侵蚀，亦即对个人公德心的侵蚀，从而在人情味与公德心之间划定明确的界限，防止二者之间的僭越或相互替代。当然，这不是对公职人员公德心的不信任，而是防患于未然，督促公职人员在实践中严格遵守公职人员的基本职业操守，防止权力被个人或团体滥用。在具体的公务实践中，单凭个人内在的公德心去处理公务，难免与各种关系或者私情发生冲突。制定并采纳回避制度，是目前克服不良人情味腐蚀的关键举措。各种具体的制度一旦确立，就形成了具有严格约束力的约定，任何背离约定或制度的行为方式都必将受到法律或制度的严格惩处，这样就能保证制度实施的权威性。在这个意义上，作为制度的伦理也属于“法”的范畴，发挥着对人心进行监督和管理的作用。

实际上，新的道德评价标准的确立，来自社会的复杂变迁，其中既有经济体制的转型，也有科学技术因素的影响，以及全球化发展的不可逆转。诸多变量相互影响并综合作用，汇聚成时代无法扭转的新的潮流，带领人们逐步走向新的道德生活领域。从传统社会中的私德主导转向现代文明社会的私德为辅、公德优先，无疑是一场伦理生活的革命性变革。道德评价标准的变革（转换），实质上是新价值取代旧的价值观念和行为标准的过程，亦即一个价值不断更新、不断提升的过程。必须承认，这是我国社会转型过程中最深层次的革命性变革。韦政通认为，“价值观的更新，将是中国完成现代化过程中的最后一场决战，更新速度的快慢，直接影响着现代化程度的高低。价值更新不仅可以为新伦理带来活力，也是使社会继续结合在一起向前迈进的力量”①。

① 韦政通．伦理思想的突破［M］．北京：中国人民大学出版社，2005：141.

第四章　道德事件的逆向激励与做好事的风险问题

学术界对道德事件的逆向激励问题的关注，缘起于2006年发生在南京的“彭宇案”。据媒体报道，彭宇曾是南京某公司的技术人员。2006年11月20日上午，他在走下公交车的时候，看到一位老太太因故摔倒在地，出于好心他赶忙走上前去，把老太太扶起来并送到医院。经过鉴定，老太太已经构成八级伤残，需要巨额的医疗费。后来，老太太向南京鼓楼区法院提起诉讼，以彭宇将其撞倒为理由，要求对方赔偿13.6万余元医药费。最终法院支持了老太太的诉讼请求，判决彭宇赔偿各种相关费用的40%。此事经诸多媒体和网络曝光后，在国内引发了巨大的社会反响，网上的相关议论多达800万条。众多网民在以自己的帖子支持彭宇的同时，也感慨现代社会好人难做，并由此引发了对时下人际关系的深刻追问——摔倒的老人该不该扶？在我国传统美德中，尊老爱幼、助人为乐向来是被社会颂扬的良好传统，如今这一传统美德却遭到陌生人社会的严峻挑战。在普通人的心目中，尊老爱幼原本只是伦理道德问题，然而在陌生人社会来临的剧烈转型期，伴随我国法治社会进程的不断加快，许多伦理道德问题需要诉诸法律才能得以公正解决。不过，人们不仅质疑“彭宇案”法律判决的公正性，而且思考今后在遇到老人摔倒的情况下，自己该不该出手相助以及在遭遇无端讹诈时该如何自我保护。“彭宇案”所引发的道德思考是深刻的，这个道德事件的负面效应经过媒体的持续发酵，不断被人为放大并向更大的社会群体扩散，以至于人们谈起在公共场所遭遇“摔倒的老人”时心有余悸，感叹做好事有风险、好人难做等，这就是典型的道德事件的逆向激励效应。

所谓道德事件的逆向激励，是指个人做好事反而遭到对方的诬陷，受助者恩将仇报的放大效应抑制了人们行善的动机。其实在“彭宇案”被报道之前，我国已经发生过多起类似的案例①。不过，南京的“彭宇案”和天津的“许云鹤案”等借助网络平台的传播而广为人知，引发了关于道德问题的前所未有的大讨论。尤其是那些做好事的当事人没有为自己辩解，成为“沉默的好人”而导致是非善恶不清楚，直接影响到普通百姓对事件真相的认识。一些司法机关的错误判决以及施救者因此而伤残或生活陷入困境的案例，经媒体报道后也导致社会整体的道德冷漠。道德事件的逆向激励加重了群体的道德观望心态，使正在建设中的公共生活伦理出现了暂时性的曲折。实际上，此类事件在我们生活中频频发生，已经不再是扶老爱幼之类的社会公德问题，而是陌生人伦理建设中的特殊困境，或者说是在社会公共生活中该如何对待陌生人、如何处理与陌生人之间的关系的问题。它说明了在走向陌生人社会的过程中，人们在面对陌生人求助时道德上的尴尬和无奈。在一个充满陌生人的社会里，人与人之间应当是一种怎样的关系？或者说人们应当怎样对待陌生人？“彭宇案”从一个特定视角折射出现代社会陌生关系的种种伦理危机：陌生人之间的尊重、互助、责任、信任等诸多“道德之谜”。也许对道德事件的逆向激励现象的深入考察，能为我们成功解开上述“道德之谜”找到一把钥匙。

道德逆向激励发生的场景

一般说来，某人在公共场合遭遇突发事件而受到伤害时，素不相识的路人出手相救，使此人能够及时摆脱困境的束缚，这种行为叫作见义勇为。在这个过程中，施救者对于受助者而言，就形成了一种“恩”的关系——施救者有“恩”于受助者。按照正常的道德思维，受助者应当心存感激，时时有报恩的愿望和心理。按照中国传统社会的说法，就是“施

① 刘智峰. 道德中国［M］. 北京：中国社会科学出版社，2001：33.

恩”与“受助”之间的人情（债）关系。对于普通百姓来说，“滴水之恩，当涌泉相报”是一种自发生成的、朴素的美德，作为历史经验的积淀和道德教化的要求，完全与个人的生活场景分不开。从学理上看，这种“施恩”与“受助”的关系大概分为四种：有恩报恩、以德报怨、有恩不报、恩将仇报。在这里，“恩是一种泛称，史书所说的德、惠、赠予、招待、救济等，都可以算是一种恩惠，大至救命之恩，小至一饭之德，在中国历史或稗官野史上是常见的事”①。感恩之心或报恩之情被视为道德情感的突出特征。在具体生活中，人们处理“恩”与“报”的关系的方式各不相同。其中，恩将仇报是最反常的道德行为方式。历史上，“中国人通常把‘恩将仇报’视为一种反常行为。正常的行为是有恩报恩，有仇报仇”②。在伦理道德上看，恩将仇报之所以反常，是因为它违背人伦常理，是不折不扣的小人行为，为正人君子所不齿，也为昭昭天理所不容。实际上恩将仇报完全突破了社会的道德底线，颠覆了人们对美好道德的信仰。

在历史典故中，恩将仇报或者施恩反怨的案例虽然并不多见，但是它给人们的道德启迪和教化意义却是深刻的。第一个是《农夫和蛇》的故事，因为被写进课本而为大家所熟知。故事说的是在一个寒冷的冬天，农夫看到路上有一条冻僵的蛇，心生怜悯而把它揣在怀里，蛇苏醒过来后狠狠地咬了农夫一口。农夫忍着剧痛质问其究竟，蛇回答说：你不该救那些本性就很坏的人。第二个故事叫作《东郭先生和狼》。故事说，有一位迂腐的东郭先生，背着一口袋书，赶着毛驴走在路上。突然，一只受伤的狼跑过来，诉说自己被猎人追赶，有多么可怜，希望东郭先生救命。东郭先生顿生怜悯之心，把狼装进放书的口袋，骗过了追赶的猎人。等猎人走远之后，东郭先生把狼放出来。此时，狼露出凶相说，现在它饿极了，希望东郭先生再做一次好事，让它吃掉他。正在东郭先生同狼辩理的时候，有位农民扛着锄头路过，东郭先生急忙拉住他，请他为自己评理。农民机智地把狼骗进口袋，抡起锄头打死了它。此时，东郭先生才恍然大悟，感谢

① 文崇一．报恩与报复：交换行为的分析［J］//杨国枢．中国人的心理［M］．南京：江苏教育出版社，2006：276.

② 同①270.

农民的救命之恩。后来，“东郭先生”和“中山狼”都成为日常生活中的固定用法，人们以“东郭先生”指称那些不辨是非而滥施同情心的人，“中山狼”则指忘恩负义、恩将仇报的人。故事告诫世人：有些人天生就是坏人（人性本恶），对这种人是不能心生怜悯的。两个故事的道德寓意是，每个人都要有足够的理性认知，时时刻刻警惕那些恩将仇报的坏人，把自己善良的品性用于救助需要帮助的好人。不过，人们在历史资料中并没有发现有关道德逆向激励现象的记载。即使的确有个别的行善却被误会的现象，但也由于当时信息传播渠道不通畅，或者传记作家向善的本性使然，没有被写进书里，因此也不会带来大范围的负面道德影响。毕竟在日常生活中，这类事件的发生并不是经常性的，也不可能成为社会道德的主流，因而不会给人际关系造成实质性的伤害。在普通大众的意识里，“好人有好报”几乎成为一种坚定不移的道德信仰，维系着人们的道德动机和道德行为选择，因为“报恩是一种与名利道德攸关的行为，从社会规范而言，几乎已经成为一种强迫式的行为，来而不往，非礼也”①。传统社会便以这种道德思维和行为方式，引导着社会伦理生活的不断变迁。

在英国思想家哈耶克（Friedrich A. Von Hayek）看来，“在实践中，恰恰是平凡大众在面对变化不定的环境处理其日常事务的过程中所采取的无数微不足道且平实一般的小措施，产生了种种为人们所普遍接受的范例。这些小措施的重要性并不亚于得到明确公认并以明确的方式传播于社会的重大的智识之举”②。按照这种说法，施恩必报就是类似的扎根于百姓生活中的重要道德范例，是一种自然而然生长起来的道德秩序，它对普通百姓伦理生活的意义，不亚于社会主流意识形态的道德强制性规范。在历史的流变中，施恩必报经历道德生活的反复淘洗和实践考验，逐渐积淀下来成为民间生活的主导性伦理诉求，一种对百姓来说方便实用的道德智慧，它在无形中约束着大众的道德思维和行为方式。按照社会学的分析，“恩”与“报”之间确实存在着某种似乎无法言说的回报机制，当他人对

① 文崇一. 报恩与报复：交换行为的分析［J］//杨国枢. 中国人的心理［M］. 南京：江苏教育出版社，2006：274.

② 弗里德利希·冯·哈耶克. 自由秩序原理：上［M］. 邓正来，译. 北京：生活·读书·新知三联书店，1997：27.

自己有“恩”的时候，自己不仅要把这种恩情牢记在心，而且由于对他人有情感上的某种“亏欠”，时时刻刻要想到对他人报恩，从而了却自己道义上的一桩心愿。即使无法回报当事人，那么回报给当事人的后代（儿孙）亦可，这是一种心存感恩并努力督促自己想着他人、尽力为他人做事情的积极的道德情感。相反，当这种“恩”无以回报的时候，个人心中便会始终存在一种无法释怀的道德压力，这种压力不仅督促自己好好做人，而且提醒自己必须牢记对更多的他人“有恩”，从而“命令”自己积极地行动起来，去造福于社会大众，为陌生的社会群体尽责任、做贡献。由此看来，尽管某些“恩”有着鲜明的时代烙印，然而施恩必报乃是激励大众心存他人、奉献社会的正面的道德诉求。当施恩必报在长久的传承过程中逐渐成为一种道德推理机制的时候，它所引导的社会伦理生活是有序而健康的。尽管这种秩序可能不是自觉的、理性化的秩序，不是某种外在强制力造成的规约机制，然而对于普通民众的道德生活来说，这些自然而然的自发性秩序，更贴近人们实际需要（包括道德需要）的本真状态，其价值也必定是一种自在的存在。哈耶克把它称为“自生自发的秩序”①，他认为，正是这种“自生自发的秩序”主导着普通人的伦理生活，给他们带来和谐与安宁。

如果说施恩必报是传统乡土社会较为粗俗的伦理原则，一种扎根于百姓内心深处的约定俗成的“规矩”的话，那么在经过一番去粗取精、去伪存真后，在当今陌生人社会的伦理实践过程中，人们依然需要这种伦理资源和道德传统的有效支撑。也许在主流的伦理学科中，施恩必报之类的道德原则早已不见踪影，但其在民间伦理生活中的根基依然存在——它镌刻于普通百姓的内心深处，成为某种历史的烙印和恒久的传统，牢牢地左右着人们的道德思维和行为习惯。因此，我们不能仅凭主流道德规范的价值标尺，衡量或裁决“施恩必报”的具体而实际的道德功能，否则必定会造成道德评价的严重错位或者扭曲。施恩必报传统留给现代人的最大启示是：在公共生活实践中，陌生人彼此间要有一种感

① 弗里德利希·冯·哈耶克．自由秩序原理：上［M］．邓正来，译．北京：生活·读书·新知三联书店，1997：17.

恩的心态、报恩的情怀，相互之间要敞开心扉、坦诚相待。“现在，人们会越来越清楚地看到，生活在社会中的人们，尤其是生活在现代开放的多元的社会中的人们，个人不是孤立的，家庭也不是孤立的；在经济上，个人行为和家庭行为都被连接在市场与企业的总过程之中，在公共生活上，个人行为和家庭行为都彼此联结在政策与实施的总过程之中，他们都不再是封闭的传统的小单元，因此，每个人对自身素质的自觉和提高，已经超出了个人和家庭的小单元意义，更具有国家的民族的意义。”① 在走向陌生人社会的历史进程中，作为共同体中相互联系、相互依赖的成员，我们更多地得益于陌生人为自己所提供的劳动和做出的无私贡献。如果人们都对陌生人抱有积极向善的心态，那么就会形成施恩必报、回馈他人的良好道德氛围。在这样的和谐道德氛围中，道德事件的逆向激励之类的现象是不可能发生的。即使由于社会条件的复杂性和人的多变性，出现施恩反怨或者忘恩负义之类的个别事件，也必定是在正常的可以调控的范围之内。总体上看，在人类历史的长河中，关爱陌生的他人、互助友善以及“滴水之恩，当涌泉相报”的积极道德思维，始终都是社会大众普遍认同的正能量。

对施恩必报做深入的社会学分析，不难发现，“报”是感恩之心的行为表现。“报”既有可能是物质性的回馈，也有可能是精神性的满足。从某种意义上说，任何个人的道德行为的发生都能直接或者间接得到某种外在的回报，尽管这些道德行为的实施者当初根本没有想过要求某种回报，或者由于当时事情过于紧急以至于无暇顾及回报问题。但对于施助者而言，回报是必定存在的社会现象。例如，在危急时刻施助者对他人的救助，使得他人得以保全自己的生命或财产，这本身就是对施助者最好的回报——完成了救助目标；对于整个社会来说，拯救了一个人的生命或财产就是道义上最大的善，而受助者则能存活下来，延续自己的生命和幸福生活，并为社会做出更多的贡献。当然，这里还有一个重要方面，即施助者以自己的高尚行为弘扬了社会美德。同时，“做出贡献的人也会得到报答，即赢得热心为群体做好事的美名，即使该群体现有人员中亲自得到过他的

① 沙莲香，等. 中国社会心理分析［M］. 沈阳：辽宁教育出版社，2004：46.

招待的人已不多，人们仍然会记得他”①。在现实生活中，那些乐于助人的见义勇为者，就是社会大众的道德楷模、人们发自内心崇敬的对象。这些道德楷模不仅受到社会大众的欢迎和敬重，而且是被历史记忆最为深刻、最为长久的人。他们得到了社会的尊重和历史的回报，尽管他们当初从未想过什么回报。如果我们可以把这些看作回报的话，那么在特定时期社会的这种回报越多，说明这个社会助人为乐者越多，社会整体的道德氛围越好，表现在道德生活中的正能量越充分。

与施恩必报不同，施恩反怨是背离社会主流道德的行为，尤其是它与施恩必报传统美德中的推理机制相对立。所以，当现实中出现施恩反怨之类的个案时，社会大众在心理上必定是难以接受的，人们甚至会感觉到这对于施助者是不公平的，尽管诸如此类的道德评价未必合乎相应法律规则的要求。再者，施恩反怨现象具有明显的反传统味道——偏离社会道德发展的正道，与社会舆论的整体走向相背离、相抵触。如果把施恩必报看作道德文化发展中的主流，那么施恩反怨只能是其中非主流的、次要的东西，而非主流的东西，不应该也不可能成为主流。实际上，这里的“不应该”不能被视为某种主观性的道德判断，而是代表某种社会思潮的客观要求。尽管我们不应把施恩反怨简单等同于道德事件之逆向激励的个案，然而在当下的社会里，类似于施恩反怨的道德事件之逆向激励的发生，其出现之“突兀”和“不期而遇”，却是在社会剧烈转型的历史时期人们的道德观由“渐变”发展到“突变”的日积月累的结果。大众道德心理上的意外感和惊讶不已只能证明，在不断重复的日常生活中人们大多忽略或者至少说没有关注这些问题的发生，没有真实地切身感受到自己道德观的细微变化。然而，当这种变化积累到一定程度的时候，某种“飞跃”或“突变”的时刻就到来了。道德生活中的内在必然性，往往是通过一系列偶发事件表现出来的。无论南京的“彭宇案”还是天津的“许云鹤案”，以及其他城市发生的此类案例，个别地说都只是偶发性的特殊案例。当“彭宇案”“许云鹤案”等被人的主观意识联系起来思考的时候，人们就认识到

① 托马斯·雅诺斯基. 公民与文明社会［M］. 柯雄，译. 沈阳：辽宁教育出版社，2000：104.

这些事件在道德上的严重性，从而开始寻找其中存在的普遍性因素，挖掘其中蕴含的内在必然性的存在证据。

此时，无数网民对这些事件所表现出的道德态度和行为倾向，不仅是对事件本身的主观性看法和评价，而且折射出人们对待传统美德的客观态度以及对施恩必报和施恩反怨两类现象的不同道德心理。当原本正常的事变得不再正常时，当施恩反怨取代施恩必报成为媒体关注的焦点时，人们或者怀疑自己的价值观发生了错觉，或者怀疑他人的价值判断出了问题，总之，逆向激励事件的发生本身就具有某种颠覆性。在道德生活的迷茫和困惑之中，人们期待着事件的后续进展和最终结果。至少在目前的情况下，事件未来的发展方向是看不清楚的。此时，被抑制已久的、近代思想家所批判的看客心理重新抬头，并成为某种自我防御式的消极行为方式。其实，在长久的心理积淀过程中，施恩反怨作为道德生活的反面教材，作为一种几乎为所有社会大众所谴责、所唾弃的道德推理机制和行为方式，已经内化在人们的骨子里和血液中了，被当作众矢之的。尽管在信息异常闭塞、传播技术非常落后的小农经济时代，习惯于自给自足的人们很难知晓发生在其他地方的道德（或不道德）事件，然而，类似施恩反怨的不道德事件还是为人们所熟知和谴责，给人们的道德生活以深刻的启迪和警醒，由此我们不能不赞叹以往道德教化实践的惊人效果。只有少数历史材料记载了施恩反怨的案例，如《唐书·白居易传》和《梦溪笔谈》中两个典型的施恩反怨的案例①。其他地方则没有类似的个案记载。这在某种意义上也意味着，由于此类案例发生的数量很少，其影响力注定是极为有限的。人们不会因为有这样的反常道德个案而去质疑或否认正常伦理道德的意义，质疑施恩必报的历史价值和道德价值。

在当今社会，本来不属于社会主流道德事件的施恩反怨现象，却能够产生如此大的社会影响，与其发生的现实场景、技术背景和其他复杂社会条件有着必然的联系。

首先，在发展社会主义市场经济的条件下，个人对自我利益高度关

---

① 文崇一．报恩与报复：交换行为的分析［J］//杨国枢．中国人的心理［M］．南京：江苏教育出版社，2006：301．

注、孜孜以求。对于市场交易而言，理性算计和斤斤计较并没有错，这是市场规则的基本要求。但这并不意味着市场规则可以突破自身的特殊界限，被应用于其他非市场交易的领域，也不意味着在广泛的社会生活中，人们必须把它作为人际交往的准则来使用。然而，我们不能否认，或者出于对市场规则的无知，或者出于保护自我利益的特殊考虑，交易范式日渐被人们的世俗观念所同化，成为一些人在公共交往中遵循的潜在法则。恰如西美尔所说，“大多数的现代人在他们生命的大部分时间里都必须把赚钱当作首要的追求目标，由此他们产生了这样的想法，认为生活中的所有幸福和所有最终满足，都与拥有一定数量的金钱紧密地联系在一起。在内心中，货币从一种纯粹的手段和前提条件成长为最终的目的”①。若以这种金钱标准来思考问题，我们就不难发现，人们审视生活中的一切现象，包括人际交往中的道德现象，都有着明显的利益驱动的烙印。传统文化中自我保全的观念，也被归入利益准则之下进行价值裁决，并被转换为更为具体的生活内涵——“自我生命和物质利益的保全”。人们在偶遇陌生人的时候，不是把对方视为关注和友善的对象，而是首先考虑其对自我存在可能构成的威胁，把陌生人想象成需要警惕的恶人，陌生人的所有行为都必是有所图的，此时，一种消极阴暗的道德推理机制在发挥着作用。这种市场化、货币化的逻辑潜在地威胁着社会的道德生活，影响着人们对陌生人的正确认识，尤其是当陌生的他们遭遇困境时，人的道德本能就会遇到前所未有的纠结，道德心理发生反复无常的变化，此时出现道德事件的逆向激励便在所难免。

在现代法治社会，合理的个人利益必须受到法律和制度的保护，然而，人们对自我利益的关注和追求，绝不能以损害他人利益和社会公共利益为前提，不能与现行的道德和法律制度相冲突。人们对自我存在和自身利益的关注与重视，必须有一个明确的度，不能毫无限制地扩张自己的利益而无视或漠视他人和社会的存在及利益，即市场的交易规则不能被滥用。必须明确，我国传统乡土伦理中的自我保全或明哲保身等观念，都是

---

① 西美尔. 金钱、性别、现代生活风格［M］. 顾仁明，译. 上海：学林出版社，2000：10.

极端狭隘自私的道德思维和道德推理机制。在传统农业社会，也许它们还有自身存在的某种合理性，是在法律和制度很不健全、社会保障条件非常落后的情况下，个人为了自身生存和利益的需要而不得不坚守的一种自我保护机制；但在当今不断发展的“技术—经济”社会，人们之间的道德互助和社会交往，完善的、先进的政府救助（救援）机构，显然有着比自我保全更为重要的道德意义和实际功能。孟子曾说，当无知的幼儿走到井边，可能会有落井的危险时，“我”便会顿生恻隐之心，赶快去救助这个孩子。然而在今天，若一个孩子不小心坠入农村狭窄的机井中，单凭个人的善念和力量是无法救助成功的。它需要经过严格训练的消防武警战士使用专业的破拆工具和挖掘机器，以及科学合理的安排和不同救援者的有机协作，才能完成。这无疑是有计划、有组织的道德救援过程。社会的现代化导致道德生活日益复杂化，要求人们必须正视生活的现状，对道德情况的构成和变化有理性的认识，进而逐步改变自己原有的道德思维，实现道德推理机制的与时俱进。哈耶克曾说：“我珍爱并敬重自己社会的某些传统这一事实，并不能成为我对陌生的和不同于这些传统的事态抱有敌意的理由。”① 个人服从组织和机构的需要，按照群体（组织）的德性要求自己，完善自己的道德认知，丰富自己的道德情感，在此基础上，把传统美德中的有益成分与现代文明社会的道德要求结合起来。

其次，在对道德事件的处理过程中，有效证据和法律裁决的意义逐步提升。尽管“彭宇案”的审判和裁决，在最初的时候出现了不利于彭宇的判决，但后来随着支持彭宇的网民越来越多，要求公正判决的呼声不断提高，司法机关认为有必要重新寻找证据，重新审判。后来的审判结果发生了戏剧性的逆转，判决结果对彭宇越来越有利。不过，善良的人性以及人们心灵深处的善念，一旦受到伤害，在短时间内是很难修复的，况且被伤害的是陌生人之间脆弱的道德纽带。这种伤害因为这个案例的“不当”判决结果而被无限放大。自“彭宇案”审判结果引发的道德逆向激励，到后来“许云鹤案”造成的道德心理的不断累积，几近摧毁甚至完全颠覆了人

① 弗里德利希·冯·哈耶克. 自由秩序原理：下［M］. 邓正来，译. 北京：生活·读书·新知三联书店，1997：198-199.

们内心深处恒久的善良道德情感，不同程度地打击了民众行善的动机。也许，这是当初的司法审判实践所没有想到的结果，也是整个社会不愿意看到的严酷现实。其实，早在1998年丁学良就基于对当时社会公德案例的深刻剖析，撰写了《救救大人》一文，发出了拯救公德的疾声呐喊："在文明社会里，难道公众会把主动救人者视为反常？会有很多伤员反咬救命恩人？这类现象必定相当广泛，否则怎会对大众有那么大的阻呵作用？"①当时已经出现道德事件的逆向激励的一些征兆，不过，除了少数细心的学者，绝大多数的百姓并未意识到问题的严重性。时隔8年之后，"彭宇案"的发生及其诉诸法律途径的审判结果，才使道德事件的逆向激励首次全面进入社会公众的视野。"彭宇案"在当时之所以能引发如此巨大的反响，其原因主要是"道德事件诉诸司法途径解决"以及网络的广泛使用及其信息传播的巨大覆盖性等。伦理道德事件本身是模糊的，因为对它的善恶评价，既考察人的行为的动机，又考察行为后果的善恶，而法律则主要强调结果的重要性。二者考察问题的角度和方式不同，这就决定了道德与法律之间的冲突是难以避免的。学术界通常回避这类问题：当道德与法律发生冲突的时候，理论上该怎么办？众所周知，法律讲求用证据说话，但是人内心深处的善念和动机恰恰不能外显并被作为证据来使用。这样，内蕴的道德与外显的法律之间就必定会有一个巨大的空间落差。怎样用证据来弥补这个落差，即如何填补这个巨大的空间，是没有明确的现实依据的。

那么，在法律与道德发生冲突的时候，法律审判能否代替道德审判？是尊重法律还是尊重人性？这显然是一个根本性的问题。在"彭宇案"中，随着客观证据的不断增加，法律审判出现新的契机——显然更有利于对彭宇的判决。尽管由于最初法律判决的某些失当，主管本案的法官被调离了工作岗位，但遗留下来的问题并没有得到根本解决：原本一个普通的民事纠纷，后来不但对簿公堂，而且还以法律诉讼的形式加以解决，对人的道德行为进行了法律宣判。那么，在现实生活中，法律审判果真能代替

---

① 丁学良．救救大人［A］//刘智峰．道德中国［M］．北京：中国社会科学出版社，2001：33.

道德审判吗？如果答案是肯定的，那么道德还有什么用？众所周知，道德审判所依靠的既不是证据，也不是现成的法律条文，而是人的道德良知和社会公德规范。道德问题与法律问题之间的纠结，显然不是该问题的实质所在。问题的实质是，我们究竟应该置人性于什么样的地位，这是道德和法律都在思考且继续思考的问题。在日趋复杂化的社会里，仅凭人的道德良知或美好期盼，显然不足以解决复杂的人际关系问题，此时引入法律调节机制不仅是必要的，而且是迫不得已的。国内外的经验已经表明，道德事件的司法审判逐渐成为一种趋势。“自然，法律规范的特殊功能——日益复杂化的社会的越来越大的调节需要和组织需要就是由这种功能来满足的——并不像前面所考察问题所表明的那样，是仅仅用补充道德的需要所能解释的。要认识实际的相互关系，只有反过来也从法律系统的角度来考察道德。一种仅仅通过社会化过程和个人良心才获得现实性的道德理性，仍然是局限于一个狭隘的行动范围的。”①

众所周知，作为社会的公共价值理性，法律同样担负着辅助和教化人心、提升人的道德水准的职能，在这一点上道德和法律的功能是一致的。不过需要注意二者在实际应用中的细微差别，“法律所规定的道德是一种最基本的道德，它是对一个公民最起码的道德要求。道德的层次却有高低之分，低层次的道德是能为一般公众所践行的道德，可称其为基本道德或底线道德，而高层次的道德则代表一种道德的理想，只有少数人物能实现它”②。对于普通公众来说，底线层次的道德可以通过法律化的方式转化为特定的法律和制度性要求，强制性地要求人们去接受和认同；而那些高层次的道德理想，如共产主义道德理想或者某种宗教道德训诫等，则无法转化为具体的法律信条，但可以作为人们追求的道德信仰而存在。从总体上看，道德和法律的最终目的是一致的，二者不仅在内容上相互涵盖、相互包容，而且均有助于社会秩序的和谐、人性的完善和人生幸福的获得。不仅如此，就具体功能而言，法律的意义在于为道德进步做保障。“合乎

① 哈贝马斯．在事实与规范之间［M］．童世骏，译．北京：生活·读书·新知三联书店，2003：143-144.

② 崔永东．道德与中西法治［M］．北京：人民出版社，2002：147.

善德的法律通过一种外在约束机制督促人们不得不按法律的要求去做，而长此以往，就会在不知不觉中养成一种守法的习惯。有了这样的习惯也就具备了基本的道德素养，因其恪守的法律中本身就蕴含着许多道德的原则和规范，故在此意义上守法即意味着守德。”① 法律与道德之间的相互交叉和彼此融通，使得二者在具体应用中可以相互借鉴，共同成为规约和引导人们实践的价值指南。

由此看来，由“彭宇案”引发的诸多道德拷问，其实并非法律本身所导致的问题，而是因法律判决的不公平（人为的主观性因素）所导致的某种道德心理恐慌。任何法律的公正都是需要通过人来实现的，人们能否寻找到有足够说服力的证据，能否依法公平公正地进行判决，不仅关系到法律本身的威信和尊严，而且影响到人们对道德的信仰，影响到当事人的利益和幸福。在走向法治社会的进程中，以往人们简单处理道德事件的思维将逐渐改变，而对道德事件进行相关法律裁决的机会将越来越多。这不是对道德的简单否定，而是对道德的完善和提升，是社会理性化进程中一个必要的步骤。“当我们把法作为稳定期待的东西、作为道德的补充而引入的时候，立法和执法（法的建构性自我运用也如此）的事实性对于某种类型的免除道德负担的互动来说，是具有构成性意义的。”② 当然，人们诉诸法律手段解决道德问题，目的在于更加公平公正地解决问题，有效维护和保障公民的合法权益，增强人们的法治意识和道德水准，强化公民的道德信仰，弘扬社会正义，而不是导向道德事件的逆向激励，逼迫人们对生活中原有的美德传统产生怀疑乃至失望情绪。当然，法律如何辅助社会道德的发展，如何合理而有效地解决道德事件，还需要一个不断探索和勇于实践的过程，通过不断积累经验、反思教训逐步提升司法判决的水准，真正实现二者在实践中的统一与契合。在这个过程中，人们不能回避的问题是道德与法律之间的冲突。道德与法律在某些问题（局部）上的冲突，实质上属于“情”与“理”的冲突。在以往复杂性较低的农业社会，由于熟

---

① 崔永东．道德与中西法治［M］．北京：人民出版社，2002：147．

② 哈贝马斯．在事实与规范之间［M］．童世骏，译．北京：生活·读书·新知三联书店，2003：145．

人圈子特定的精神氛围和道德文化，“情”与“理”之冲突的解决方式是特殊的，因而无法普及推广到现代生活中，尤其无法适用于陌生人之间的公共交往。随着社会进程的日趋复杂化，期望“情”与“理”之间的恒久和谐无疑是不现实的。我们需要付诸思考和积极行动的就是，当二者发生纠结乃至冲突的时候，能够充分利用法律和行政的诸多手段，捍卫人类恒久的美德传统不再受到侵犯，引导人性向真、善、美的正确方向发展，这就是道德和法律共同进步的必然性诉求。

最后，网络和其他通信技术的极大普及，导致信息传播覆盖面的广泛以及速度的不断加快。现代社会的网络通信技术的发展，为伦理文化传承和社会道德建设提供了崭新的平台，同时也为各种不同的舆论和声音的传播创造了空间。在这个虚拟的世界，每个人都有权利发出自己的声音，至于这些声音带有何种潜在的目的（意图），能否给人提供积极向上的价值观和道德观，作为旁观者的他人是无法清晰辨别的。在无穷无尽网络信息的冲击面前，尤其是面临夹杂着复杂个人情感的网络信息（包括谣言）的肆意传播，多数人对社会现象（或事件）一知半解，无法做出理性的判断和思考。它不仅迷惑了人们的耳目视听，而且导致个人道德认知和行为的极度紊乱。对于同一个道德事件，不同的网友从各自的立场出发看问题，会发出完全不同甚至截然相反的道德评价。对于众多的网民来说，网络世界的信息处于“剪不断，理还乱”的纠葛和无序状态。这些声音的出现既是正常现象，同时又是杂乱无章的、无共同道德标准的；它们可能完全是出自个人偏好或不满情绪的宣泄。网络上包罗万象的信息对于人们的道德理智来说无疑是一个巨大的考验，对个人道德行为的负面牵引作用是巨大的。所以，网络虚拟世界是一个善恶难辨、是非不分的空间。本来属于日常生活中的小事，经过网民的无端追捧乃至恶意炒作，极有可能成为博得大众眼球的“大事件”。然而，我们也无法据此评判这个事件的道德性。一方面，道德善能够借助网络平台而得到弘扬，借助媒体的如实报道和正确引导，从而激发社会大众的正能量；另一方面，网络舆论也能扭曲事件的真相，颠倒黑白，混淆是非，形成一条通向道德恶的歧路。

“彭宇案”发生的前因后果、案件的进展及司法判决的结果等信息，是借助网络而得到迅速传播并为广大网民所熟知的。可以说，没有网络信息平台的存在，也就不会有如此之多的网民参与事件的讨论，以各种声音表达自己对事件的看法，当然也就不会发生道德事件的逆向激励的不良后果。大多数网民赞同彭宇的做法，对司法判决表示关注和不满，担心这样下去就不再有人敢于帮助“路边摔倒的老人”；也有人持有不同的看法，更有少数人认为，见义勇为者是为了“炒作自己”，是为了自己能够出名等。“彭宇案”以及后来发生的诸多类似道德事件，经过网络的广泛传播之后，对普通百姓的道德思维和行为产生了巨大的负面影响。每个网络使用者或参与者都必须学会用自己的头脑理性地思考问题，而不是简单地人云亦云，成为网络歧见（网络谣言等）的盲从者和无谓的牺牲品。当然，我们在使用网络工具的过程中，也绝不能成为不良网络舆论或网络谣言的帮凶。实际上，“彭宇案”所引发的道德事件的逆向激励效应，恰恰就是通过网络传播而逐步扩散的。在这里，我们深刻体会到网络是把双刃剑的真实内涵。在网络的使用者当中，真正作为事件目击者或当事者的，只能是极少数人，而绝大多数国人都是借助网络或其他媒体了解事情的部分真相。一些道听途说的观点，此时被大众不经意地添油加醋，最终假象也成了“真相”。尤其是那些涉及法律审判结果和个人赔偿数目等的内容，对大众的道德心理的负面冲击是巨大的。在这个过程中，网民由彭宇联想到自己，联想到“自己身边摔倒的老人”以及自己在搀扶老人的过程中因施恩反怨而可能惹上的官司、法律判决的不公正及巨大经济赔偿和损失等。这一系列的道德心理的联想过程，构成了道德事件的逆向激励的内在场景。此时，自己心中善的动机被质疑，善与善报之间的因果链条中断了。与此同时，恶与恶报之间的联系也必定会受到质疑，而道德观的这种细微变化就发生在人的心理世界。如果心理上的疑问不能得到有效的阐释和解决，那么就必定会导致行为上的踌躇乃至停留，由此道德中的集体冷漠现象就会发生。因此，网络舆论及其引导的行为就如同某种道德实验，在反复拷问复杂社会中的人们的良知和正义感，当然，也能够客观地映现出人性中善与恶的具体走向。

上述道德推理机制是否真实可信，我们暂且不做判断。不过，把“彭宇案”这样一个不可复制的案例作为警醒自己的道德教训，本身就说明了当代人道德心理的极度脆弱，以及在面对陌生人的社会环境下对他人的不信任和持续性的隔膜。固然，陌生人之间情感上的疏离是正常的，陌生人之间的交往与熟人之间的交往注定有着不同的特点和表现形式。然而，在对陌生人的道德想象中，应当持有一种什么样的心态，陌生人之间如何相处，尤其是面对危机问题发生时如何合作，是值得每个公民深思的大问题。毕竟，在社会公共生活领域，我们大家互为陌生人。抱着相互尊重、和睦相处的心态，关注和信任他人，恐怕是我们自己内心的真实道德期盼，当然也必定是对方的道德期待，因为我们有着共同的人性做基础。深入考察这种现象的发生和演变，就必须从社会心理学的视角做专门的研究。

从众心理与道德之脆弱性

道德生活的根本不在于道德规范的真理性，而在于人们内心深处的一丝善念。一般说来，理智正常的人都有自己的善念，这种内在的善念看不见、摸不着，但却牢牢支撑起人类的道德精神，成为社会正常运转的道德基石。不过，个人内心的善念往往是非常脆弱的，经不起任何风吹雨打以及其他外在力量的摧残。善念的脆弱性，其实就是道德（感）的脆弱性。此时，人们关于善念的思考，已经进入道德心理学的视域。对于道德心理学家而言，人的善念即是某种道德（情）感。严格地说，人们的“道德情感是基于一定的道德认识，对现实道德关系和道德行为的一种爱憎或好恶的情绪态度体验，它是一个人根据一定的道德标准，在处理相互道德关系和评价自己或他人的行为时所体验到的心理活动”①。在现实生活中，人的道德感具有多重效应，即它既可能发挥积极的道德作用，也可能发挥消极的道德作用。不同性质的作用后果的形成，既取决于个人的道德认知和道德情感，也和特定的外部环境的刺激有关，同时还受到其他至今未明的因素的左右，或者说它是上述诸多因素相互叠加、综合作用的结果。不过在实际情形下，人们更多关注道德正能量的有效发挥及支持因素。托马斯·雅诺斯基曾说：“由于观察到人们的苦难和社会不公正而激发出来的

① 曾钊新，李建华，等．道德心理学［M］．长沙：中南大学出版社，2002：135．

情感动力，以及希望改变现实而向往新的秩序，促使个人和群体去采取行动而不顾自身安危和荣辱。”① 这是道德情感所激发出来的正面价值，一种利他主义的情感取向。同时，我们也不能不注意到，在由自我被无限放大而导向的利己主义中，是内在的私欲在起主导作用。实际上，完全意义上的（无条件的、绝对的）利他主义伦理是不存在的，在很多场合下，人们或多或少要顾及自己的利益，尤其是顾及自身的安危，而对于利他（如助人为乐、见义勇为等）的消极后果心存某种顾虑，这必定会干预积极道德思维的有效推进，最终干扰甚至决定人们做或者不做某事。在这种复杂的道德心理纠葛中，理性的权衡和全面的估价无疑是必要的。“人们好像在做一道‘认知代数题’，他们在助人的积极后果与消极后果之间进行权衡。”② 因为一个行动的实际后果往往是不以人的意志为转移的，这对当事者而言是非常残酷的。

如果由“彭宇案”所引发的道德事件的逆向激励效应是客观存在的，那么仔细考察逆向激励的心理根源，就不难发现它与道德生活中的从众心理有着明显的关联。从对历史资料的考察中不难发现它的蛛丝马迹。在中国传统社会，有一种消极但恒久存在的道德心理现象，即“多一事不如少一事”“事不关己，高高挂起”“各人自扫门前雪，莫管他人瓦上霜”等。人们对它的道德评价无疑是消极的不作为，而不是积极的作为。其实，它所表现出来的不是人的内心缺乏善念，而是善念的灵光受到多种因素的抑制而不得不被置后。在社会公共生活领域频频出现的“冷漠的旁观者”现象，即是上述道德思维和道德推理机制的结果。大众采取集体冷漠的方式对待道德事件，其中也蕴含着从众心理的潜在作用。在现代语境下去审视，它就是所谓的道德事件的逆向激励的结果。尽管我们尚未有足够的证据说明，在传统社会里，普通百姓所采取的这种消极的道德心理与当时发生过的道德事件的逆向激励有关，然而我们却能在众多思想家的论述中间接体会到这种心理的存在及长远影响。例如，在分析传统中国人的心理

---

① 托马斯·雅诺斯基. 公民与文明社会［M］. 柯雄，译. 沈阳：辽宁教育出版社，2000：107.

② R. A. 巴伦，D. 伯恩. 社会心理学（第十版）：下册［M］. 黄敏儿，王飞雪，等译. 上海：华东师范大学出版社，2004：510.

时，林语堂就曾说，在中国传统社会，个人权利缺乏法律保障，尽量少干预公共事务，采取模棱两可的态度最为稳妥安全。因此，消极或不作为成为一种处世之道①。人们在涉及公共事务时，尤其是在面对陌生人的道德事件时，挺身而出的英雄固然不乏其人；然而，先辈的道德经验往往告诫我们，必须以理性的力量牢牢掌控自己的情感，即积极的道德感不能随意地产生和指引行动。因为这种积极的道德感一旦落实为行为，就可能给当事人带来某种意想不到的风险。现实中的风险无疑是最好的老师。另外，现代心理学家的诸多实验也表明，在道德事件中“潜在的风险是多方面的。比如，当你停下来扶起一位滑倒在冰面的行人时，你自己也可能摔倒。一个瘫倒在门口的病人可能在你试图帮助时呕吐，弄脏了你的鞋子。更糟的是，那个看起来需要帮助的人可能是一个罪犯，他利用你的同情心来欺骗你”②，诸如此类的现象都有可能发生，从而抑制人们助人为乐的动机。“彭宇案”的发生所形成的道德事件的逆向激励效应，与上述个案是类似的。古人可能因为救助他人而使自己摊上官司，从而招致无妄之灾或飞来横祸。那么，在崇尚经济利益的当代社会，人们对物质利益的顾虑则会更多、更重，所以在发生助人为乐反被讹诈的事件的时候，大众的道德神经受到的触动就更为强烈。媒体对此类事件做真实报道本是无可非议的，但是众多媒体的狂轰滥炸反而强化了人们对逆向激励的认知，也就是强化了对消极道德后果的关注和重视。一些人在道德思维上发生向后退的逆转也就顺理成章了。

在社会心理学家看来，“由于人类行为的多样性，人们是否采取行动会受到他人行动的影响。如果足够数量的他人都以某种具体方式行动，人们也极有可能做出类似的举止。这个足够数量点就是‘压垮骆驼的最后一根稻草’，或是一个‘转折点’。对于许多人而言，都倾向于等待特定数量的他人先行动后才采取行动。这样，人们可能对突发事件中的受害者提供超出一般的帮助，也可能退缩不做任何反应”③。这是对道德事件中的从

① 林语堂. 吾国与吾民［M］. 黄嘉德，译. 西安：陕西师范大学出版社，2003：26.

② R. A. 巴伦，D. 伯恩. 社会心理学（第十版）：下册［M］. 黄敏儿，王飞雪，等译. 上海：华东师范大学出版社，2004：510.

③ 同②554.

众心理最为合理的解释。当然，从众心理可以表现在日常生活的各个方面，有些会涉及道德和道德评价，有些则与道德生活无甚关联。既然人们可能有从众的道德心理，那么我们就不仅需要研究从众的心理根源，而且需要进一步关注“带头人”（见义勇为者）的行为，因为“带头人”的行为直接影响着其他人的行为。发挥道德带头人的示范和引领功能，使其能够产生正面的心理暗示和情感渲染，带动更多的人加入见义勇为的行列，成为积极有为的道德勇士，就是道德心理学研究的重要任务。客观地说，在遇到陌生人需要帮助的案例时，人们的确需要进行独立的思考和判断，目的是弄清楚事件的来龙去脉、事件多个当事者之间的关系等问题。因为自己的错误判断和行为方式，有可能会给事件的正确处理造成尴尬的局面，甚至受到众人的讥讽和耻笑。例如，“当你看到一个人被其家庭成员所恐吓时，如果你贸然提供帮助，可能会发生不愉快的后果。那些试图帮助的好心人通常只会引起对方的愤怒。……对家庭暴力的干预比起对两个陌生人之间冲突的干预要危险的多”①。鉴于这些复杂性的考虑，人们的理性抉择无疑是必要的。我们不能不分青红皂白地斥责那些见义不为者，而是需要充分考虑其中可能存在的复杂情况。任何道德事件的逆向激励的发生和演化，都必定有着现实的理由和客观的必然性。实际上，助人为乐的积极效应不必给予关注，因为它在人们的心目中早已达成某种道德共识和积极认同。然而，道德事件的逆向激励效应的无端放大和不断扩散造成的诸多道德负面效应却是需要被格外关注与重视的问题。

实际上，逆向激励效应就是抑制人的积极道德情感的发生，而没有积极的道德情感作为驱动力，人的道德行为过程就是无法想象的。从逻辑上讲，如果一个人心存善念，那么他就应该自觉自愿地做好事，或者对自己的不良欲望加以约束从而成为道德主体；反之，如果一个人完全以自我利益为中心，无论何时何地都始终把个人利益视为至高无上的东西，作为评判一切是非善恶的根本标准，那么希望他能够时时刻刻想到他人、在必要的时候以牺牲自我利益的方式而服务社会大众，就会成为一件非常困难的

① R. A. 巴伦，D. 伯恩. 社会心理学（第十版）：下册［M］. 黄敏儿，王飞雪，等译. 上海：华东师范大学出版社，2004：510.

事。另外，陌生人社会里的信息不对称，大众对实情的了解不充分，都会导致人们做好事的潜在风险加大，也会加剧"多一事不如少一事"的消极从众心理（或从众行为）①。这种现象无疑是道德心理上的一个巨大退步。在人们彼此间的关联日趋密切的现代社会，抱有这种消极道德心理是极端危险的，因为从总体上看，如果每个社会公民都持有这样的道德心理（这当然是一种假设），那么任何人在需要得到他人救助的危急时刻都必定无法得到必要而且及时的回应，整个社会就将成为一潭彼此冷漠、互不相干的"死水"，其原有的生机和活力就会丧失，社会整体也就名存实亡了。这是管理者和社会大众最为担心也最不愿意看到的后果。当然，这种担心尽管是有道理的，但却不存在任何现实的可能性。因为此种假设只考虑到它的最坏后果，而没有辩证地、全面地看待问题，没有看到人性中善良美好的一面，尤其没有把握社会道德发展总体向善的主流趋向。

在社会心理学教材中，有一个阐释从众行为的术语叫作"众人致误现象"。其解释是："在突发事件中，旁观者参照其他人的态度和行为来做出反应，尽管没有一个人能够确定正在发生什么。通常情况下，所有的旁观者都会踌躇不前，当作什么事都没发生，并运用这种'信息'来合理化自己的不行动。"② 观察经验得知，这种现象确实是客观存在的事实，尽管未必是合理存在的事实。但是，这些事实却是我们认识和评判大众道德行为的重要依据。对于众多网民来说，在异地发生的某些道德事件，现场的目击者只能是极少数人，更多的他人只是通过各种渠道（主要是媒体、网络等）来了解事情的原委，并借助自己对事件的不完全真实的了解做出反应。其中，正面的、积极的道德信息反而更容易被人忽视，因为在普通人

---

① 单纯从概念上来说，从众心理与从众行为有着显著的差异，但在许多社会心理学著作中，人们更多关注的是从众心理问题的研究，而忽视对从众行为的深入考察。实际上，这里存在一个理论上的默认：从众心理必定导致从众行为，因而在某些消极的从众心理背后，隐含着对从众行为之成因的肯定。固然，这是一种隐藏起来的、必然性的因果链条。然而，在道德心理学研究中，单纯的从众心理并无实际意义，它所指向的是由此导致的从众行为的某种道德评价，即在特定社会条件下，由道德从众心理而导致的从众行为——集体性不作为或群体性冷漠，乃是一种道德评价中的"恶"的表现形式。

② R. A. 巴伦，D. 伯恩. 社会心理学（第十版）：下册［M］. 黄敏儿，王飞雪，等译. 上海：华东师范大学出版社，2004：508.

的道德思维和道德推理机制中，事情“本该如此”地发生了，这司空见惯的事情不值得大惊小怪。那些能够对人的道德心理形成刺激（冲击）的因素，恰恰是与生活的常规相反（背离常规或反常规）的道德事件或出乎意料的结果。以施助者和受助者之间的关系为例：施助者通过自己的不懈努力，最终帮助受助者脱离了险境，它就像是一出戏剧故事的结尾，到此就该圆满收场了。它跟人们当初预料的事件所发生发展的场景是完全一样的。然而，富于戏剧性的是，受助者占据主动地位，成了事件的原告，而施助者反倒成了被告，陷入生活（甚至生命）的绝境，痛苦不堪却又无力改变现状。这不啻是一幕反常规的道德生活剧，它必定会颠覆人们习惯已久的道德思维，甚至成为某种崭新的道德景观，它必定会引发社会大众的充分热议和深入思考，并且在社会心理学中获得充足的理论支撑。

不可否认，受助者的利益和人格应当得到尊重，而且实际上已经得到尊重。因为他们受到救助的过程，就是施助者对他们的利益乃至生命的最大尊重。然而，施助者的利益乃至生命同样需要尊重，其道德情操值得倍加颂扬。在具体实施救助的过程中，施助者无论是个人还是群体，奋不顾身、挺身而出的救助行为本身就是无价的，不能用金钱或任何其他物质来衡量。从道义上讲，救助是一种人类大爱的迸发，一种无私无畏的道德情操，一种舍己为人的高尚精神。作为历久弥新的传统美德，施恩必报的深刻意蕴在于对受助者灵魂的触动和升华，由于“所谓恩德、恩惠，不只是物质上的支援，同时也是精神上的感受，使人不得不在可能的范围内设法回报；如果不回报，就会产生一种耻辱感”①。受助者之所以必须回报，是因为施助者道德精神的巨大感召力触动了受助者的良知和道德生命，使受助者有一种自惭形秽的感觉，因而没有回报（对方、社会大众）就感到无颜在社会上立足。尽管事情发展的结果可能并不尽如人意，甚至向着相反的方向发展，但是，即使出现类似于逆向激励之类的道德后果，也并不意味着施助者的行为没有任何意义。在现代社会，发生道德事件的逆向激励现象，意味着善念和道德本身的脆弱性，说明要建设和谐幸福的现代生

① 文崇一．报恩与报复：交换行为的分析［J］//杨国枢．中国人的心理［M］．南京：江苏教育出版社，2006：277.

活，需要每个人小心翼翼地呵护发自内心的、真诚的道德感；而各种反映从众心理的道德事件的频频发生，在另一个侧面反映了大众理性思考的增加和行为过程的审慎，这是黎明前的道德沉思和新道德来临的曙光。现代社会道德的发展历程，恰如莽撞的大象误入瓷器店，与人类精致的道德发生冲撞，在无意中伤害了纯洁的道德情感，暂时性地导致了道德生活的困境。人类道德精神的升华，需要经历风吹雨打的艰苦磨砺，需要接受各种未知社会风险的严峻考验，尔后才能逐渐走向成熟。“不畏浮云遮望眼，只缘身在最高层”，这才是现代人应有的精神气度和道德风范。

“做好事有风险”意味着什么

一个人做了坏事（危害社会的事、见不得人的事等），就必须为此承担相应的责任，我们把它称为一种风险。恶有恶报，是一种对风险的预见性（劝诫性）说法，不过这些都是因“作恶—恶报”而承担的风险。为了避免可能到来的实际风险，必须及时停止自己的不良动机或行为，这是一种劝人向善（或自我劝诫）的方式。在我国传统文化中，散布于各种各样的劝善书和箴言警句中的报应观点，反复告诫人们不要作恶，否则就会遭到相应的恶报。尤其是佛教因果报应的观点被极大地世俗化，内化为社会大众的道德观念和生活方式。因此，我们把因果报应中积极的道德因素看作风险预警机制并不为过。从内涵看，风险就是可能发生的危险。人们通常认为作恶会带来风险、招致祸端，因此劝人不要作恶。一般说来，人们很少提到“做好事有风险”的观点。事实上，一个人无论做什么样的事，都会面临许多未知的风险，这是不以人的意志为转移的客观存在。不过，可能是因为做好事的最终结果，从善的总体价值来看，远远大于不良风险后果，所以做好事的风险被人为地忽略不计了；或者考虑到“做好事有风险”会抑制人们行善的动机，妨碍某些具体善的贯彻和实施，所以人们忌讳谈论类似的道德话题。

既然做任何事情都会有风险，那么“做好事有风险”就自然是不能回避的。在当今这个风险社会里，需要客观地面对这个问题并对之进行深入细致的研究，以便对可能到来的风险有充分的估计，并努力将风险程度和危害降到最低。马克思主义认为，道德总是以“或多或少的自我牺牲”为前提的，我们不难发现，“或多或少的自我牺牲”已经包含对某种风险的认识。这里的“自我牺牲”可能是物质利益的损失，也可能是身心的某种意外性伤害，甚至是付出生命的代价。在以往的伦理学说中，人们或有意或无意地忽视了这个问题，并不是因为“自我牺牲”是可有可无的，而是认为与它产生的巨大道德价值相比，即与行为所弘扬的崇高道德精神相比，“或多或少的自我牺牲”是被较少考虑的因素。在道德生活中，人们不能斤斤计较于得失损益，即不可做过多的理性权衡，否则就背离了道德的本真性。鉴于当今时代理性主义对道德情感的压抑的批判，麦金太尔强调指出：“太多的推理导致一种计算，导致缺乏出自本性的东西，这种推理抑制并挫伤了这种本性；换言之……如果我们的行为出于太多的算计，就将表现出恶劣的品质，或者将产生不良效果。”① 在伦理学家看来，过多的理性算计本身就是不道德的，不管这种算计是出自个人利益的需要，还是出自集体利益的权衡。因为在各种理性算计过程中，最坏的后果就是错失行动的最佳时机、销蚀人的道德冲动的力量。不过，过度的理性算计与做事谨慎是完全不同的。人们做事应当谨慎考虑和理智抉择，做到三思而后行，这是道德审慎理性的需要。但过度的理性算计本身即是道德上的恶。因为它更多是以自我为中心的，把关于自我利益的理性权衡看得高于一切。

在我国伦理史上，人们很少论及做好事的风险问题，这应当与小农经济社会的大环境有直接关系。由于传统社会是熟人社会，大家生活在相互依存的共同体中，在日常交往中彼此熟识，相互了解对方的底细，邻里友善、互通有无、相互照应，所以做好事几乎谈不上风险，或者说做好事的风险是很低的。如今在极富流动性的陌生人社会，人们彼此间的匿名性与心理上的严重隔阂导致对对方的猜忌和极度的不信任，在追求各自利益的过程中难免发生利益上的碰撞、矛盾和纠纷，社会生活中的道德事件也呈

---

① 阿拉斯代尔·麦金太尔. 伦理学简史［M］. 龚群，译. 北京：商务印书馆，2003：112.

现出某种复杂的关联性。因此，做好事的社会环境日益复杂，整体社会风险也在不断加剧。“2011 年，‘许云鹤案’以及四年前发生在南京的‘彭宇案’，都被人们反复提及，甚至认为这些案例制造了‘好心不得好报’的恐慌，成为如今不少人‘向善不敢善’的心理源头。”① 做好事的人得不到好报，反而遭到诬陷而承担巨额赔偿，必定会加剧整个社会的道德冷漠，使社会整体的道德生态趋于恶化。在此背景下我们必须承认，施助者对做好事的风险的顾虑有着某种合理性。面对复杂的社会环境，行为者必须是一个有足够理性的人，必须具备审慎的美德品性。在麦金太尔看来，“谨慎不仅本身是一种德性，而且是所有德性的基石，因为没有它，一个人就不能是有德的人”②。例如，在某个复杂的灾难救援过程中，施助者在行动之前，必须对现场的情况有充分的了解和清醒的认识，对自己的能力有客观的估计，对救助过程中可能出现的危险有充分的把握，在各种情况考虑完备的情况下，才可能实施救助行为。在这一系列的理性思维中，都渗透着施助者必要的审慎与思考。如果施助者一味感情用事或鲁莽行事，不但不能及时救助对方脱离险境，反而很容易把自己置于危险的境地，给救助活动造成严重障碍以至于耽误救助的最佳时机。这种客观必要的理性审慎，与明哲保身式的自我利益权衡是截然不同的。后者是以自我利益为出发点、任何牺牲自身利益的行为都不做的消极避让，前者则是见义智为的高尚行为，因此，任何道德活动中的审慎都是理性的必然要求。

因此，我们不能一概而论地说，关于做好事有风险的顾虑都是恶的倾向，因而在道德生活中必须完全排除掉。在充满风险的现代文明社会，我们必须明确，审慎的德性“与小心也与自我利益没有任何关系，它是实践理智的德性，是知道在具体环境条件中如何运用一般原则的德性。它不是理智地将准则公式化的能力，也不是推断应当做什么的能力；而是一种行动的能力，这种能力将使准则获得一种具体的形式”③。个人心灵深处孕育着的应对风险的明确意识，乃是自觉防范风险的表现形式和重要标志。

---

① 2011，中国人的道德怎么了？[N]. 新华每日电讯，2011-12-29 (12).

② 阿拉斯代尔·麦金太尔. 伦理学简史 [M]. 龚群，译. 北京：商务印书馆，2003：133.

③ 同②.

尤其是在面对陌生人环境下的救助行为时，个人在内心必定有一个成本—收益的复杂权衡过程，无论个人是否愿意承认它的存在，无论权衡的时间是长还是短，它都与道德自觉性不相矛盾。任何人的行为的道德自觉性，都不应是毫无理性的鲁莽冲动，也不是畏首畏尾的停滞不前，而是在道德谨慎基础上的个人理性的再现。因此，由“彭宇案”所引发的网民的“热议论”和“冷思考”，不能被看成公民道德弱化或道德滑坡的表现；相反，面对新时期道德事件的理性认识正是人的道德认知不断提高的产物，也是风险社会来临后在人的心理上的道德折射。

不过，我们也不能无视做好事的风险的复杂社会效应。一幕又一幕英雄流血又流泪的悲壮场景在社会生活中出现，必定会在某种程度上抑制人们做好事的动机，在大众的道德心理上留下挥之不去的阴影，以至于大众在道德思维中退回到明哲保身、“多一事不如少一事”等陈旧陋习中去。如果施助者反被冤枉，受助者在司法过程中胜诉，施助者不仅承担了救人过程中的风险，而且还要给予受助者巨额的经济赔偿（经济风险），那么这种后果对社会大众的道德感就会有巨大的杀伤力；如果生活中的好人屡屡遭受不公正的待遇，那么人们做好事的动机就必定会减弱，冷漠的旁观者就会越来越多。这才是真正的道德风险。面对现代社会的巨大进步，人们如果还坚持以往的道德思维和行为方式，就无法真正成为现代人，就无法了解现代道德生活的特质以及从容应对现代道德问题。2011 年发生在广东佛山的“小悦悦事件”，与之前的“彭宇案”“许云鹤案”对公民道德心理产生的负面影响到底有无实质性的因果关联，我们没有充足的事实材料和严格的逻辑推理加以确证，不过可以肯定的是，二者在时间上的前后相续，以及大众对这些事件的高度关注，必定导致人们产生某种心理上的联想。因为人们在遇到类似事件的时候，会立刻联想到之前发生的“彭宇案”“许云鹤案”，联想到它们的司法判决结果及诸多负面影响，这种道德心理上的因果联系是无人能够否认的事实。总之，“彭宇案”“许云鹤案”在人们心理上造成的道德阴影，恐怕在短时间内是挥之不去的。由此，我们需要反思司法判决在“彭宇案”和“许云鹤案”中的结论，从而做出如下论断：这些事件造成的负面道德影响，远远大于事件本身的意义，它们为我们思考新时期的道德问题敲响了警钟。

走出逆向激励误区的对策

任何社会都需要见义勇为的好人。在当今的陌生人社会，面对素不相识的陌生人的困境或危险，我们理应热情地伸出援助之手，帮助陌生人摆脱暂时的困境，回归正常的生活。这是每个社会公民义不容辞的道德责任，也是顺利实现社会伦理转型的微观条件。毕竟，任何公共伦理规范的价值，都需要落实到个人行为中才能发挥作用。为了帮助见义勇为的好人，为他们承担做好事的风险，让他们完全解除做好事的后顾之忧，从而弘扬公共精神和社会正气，华南师范大学教授谈方创办了“中国好人网”（以下简称“好人网”）。在谈方看来，“好人帮人，我们帮好人”，这既是他建立网站的理念，也是网站的根本宗旨。在他周围聚集了一个公益律师团队，专门帮助那些做好事而受到冤枉的好人，运用法律手段纠正法律判决中的不公正，为好人依法讨回公道。同时，谈方设立了“搀扶老人风险基金”，用于对陷入困境的好人的帮扶，希望以此鼓励全体社会公民，在他人需要帮助的时候鼓足勇气，去“搀扶街边跌倒的老人”，勇敢地帮助那些需要帮助的人，让互助友爱、见义勇为的中华传统美德在陌生人社会传承下来并发扬光大①。

“好人网”在成立后的3年时间里，帮助了50多名做好事的好人，如“金华版的彭宇”——吴俊东、宜昌职工黄庆武、怀化农民刘桂华、重庆村民吴后祥等见义勇为的道德楷模。我们认为，在当下的社会环境中，“好人网”是来自民间的社会道德建设运动，是公民个人对社会道德的高度自觉和实际行动，“好人网”及其创始人和众多的参与者，以自身所具有的巨大辐射力和影响力，抵御着来自道德事件的逆向激励的负面影响，让人们欣喜地看到了道德重建的未来和希望，也看到了深藏于人性中的善良种子——道德诚实，在适宜的温度和社会环境中，完全能够自然而然地萌发出来并茁壮成长，从而重新坚定了建设社会公共道德的信心。在这个

---

① 山南．好人帮人，我们帮好人［N］．南方周末，2011-12-09（12）．

意义上，“好人网”是一面陌生人社会道德建设的旗帜，它引领人们勇敢地占领道德生活的制高点。对于我们普通人来说，内心深处的道德诚实是难能可贵的。在心理学家眼里，道德诚实乃是一个人想成为高尚的人并做好事的动机①。人们愿意为了他人而做出自我牺牲，只不过诸多内外部因素的综合影响使得人们做好事的动机极易被伤害，从而不得不将真实的自我伪装起来。道德生活的发生离不开人的善良动机，而脆弱的动机需要精心的呵护，尤其是当社会整体陷入道德困境的时候，更需要有一种外在力量提振道德信心，从而在每个人的内心深处重建对社会道德的坚定信仰。固然，在社会公共生活领域，尤其是在遇到陌生人的利益受到侵犯时，个人必定要做出理性的估价或者权衡，以便采取相应的对策。此时，一些人过度关注自己的利益和幸福，无视或漠视他人的利益和幸福，以至于影响到他人的道德情绪，导致发生所谓的“冷漠的旁观者”效应。但在普通百姓的生活中，自私自利或利己主义者毕竟只是少数人，我们不能因为这些少数人的存在而否定同情心和利他主义的意义。心理学家认为，“对于一个高尚的人来说，自我利益和道德诚实之间的冲突可以通过选择道德行为来解决，这种选择也会受到内外部因素的影响。举个例子来说，如果一个人反省自己的价值观，或者其他人提醒了他，他做出道德选择的机会就会增加。有时在特定情形下，自利动机过重的话，道德诚实的动机就会被压倒”②。如果创造良好的外部环境，或者拥有强有力的外部支持因素，那么就能解除人们内心深处的顾虑，人们就能按照自己的真实想法去做事——道德诚实就会占据主导地位。谈方在谈及自己创办“好人网”的意义时说，它的存在能够鼓励人们听从内心的善念，按照道德诚实来做事，并努力为此而解除人们做好事的后顾之忧，使好人有好报的崇高理念发扬光大③。

培育大众的亲社会行为和道德诚实，需要经过长期的理论教育和社会实践过程，然而，一个典型的反面案例或社会现象却很容易把长久养成的

① R. A. 巴伦，D. 伯恩. 社会心理学（第十版）：下册［M］. 黄敏儿，王飞雪，等译. 上海：华东师范大学出版社，2004：517.

② 同①.

③ 山南. 好人帮人，我们帮好人［N］. 南方周末，2011-12-09（12）.

善念击打得粉碎。因为人们内心的善念和利他动机往往是非常脆弱的。在走向陌生人社会的征途中，人们对陌生人本来就抱有某种疑虑和不信任，如果再加上法律判决的不公正，那么就很容易使人回到明哲保身的陈旧道德思维中去。因此，有人认为，“彭宇案”就像压垮骆驼的最后一根稻草，它把深藏在人们心中的善念彻底击碎了，由此才会形成道德事件的逆向激励效应，才会导致人们对做好事有风险的较大认同，并在人群中形成了一种负面的道德感应场。因此，欲走出道德事件的逆向激励的误区，回归道德生活的正确轨道，既需要祛邪，也需要固本。这里的“本”，就是道德中的根本——个体内心脆弱的善念。它需要社会和个人的细心呵护，为它撑起一把坚固的保护伞，才经得住风吹雨打的考验。谈方创办的“好人网”及周围的公益律师团、慈善组织机构对好人的及时救助，对逆向激励实施了有效的抵制，纠正了人们道德思维中的某种偏颇，保护了人性中的道德诚实和亲社会倾向，开启了时代道德的新风尚，如同一缕拂面而来的春风，驱散了人们心头的道德乌云，使那些想做好人的人心里感到倍加充实，勇气漫溢在心头；同时，谈方及其创办的“好人网”也在一定程度上为他们解除了后顾之忧。如果某人因为见义勇为而导致残疾，家庭生活陷入某种困境，“好人网”就会及时伸出援助之手，帮助他解决在生活和其他方面遇到的困难。倘若事件涉及法律诉讼问题，就会有公益律师团出面帮助他解决问题。

《新华每日电讯》的记者在对当下的社会道德现状进行调查后指出，“道德模范始终是我们这个社会受到尊崇的群体，他们坚守着道德建设的‘高地’。但同时，记者也看到，一些见义勇为者的境遇令人痛心。他们的身体留下了难以复原的创伤，家庭付出了巨大代价；而受到复杂的社会因素影响，周围的人群又对他们敬而远之。备受赞扬的英雄成了‘道德孤岛’”①。道德英雄所维护的是社会的公共利益，需要得到人们的认同和积极支持，然而这种认同程度的高低还取决于大众公民意识的成熟程度，需要人们重新建立好人有好报的道德信仰。让做好事的人没有后顾之忧，放心大胆地做好事，做他们的坚强后台，为他们撑腰打气，这是“好人网”

① 2011，中国人的道德怎么了？[N]. 新华每日电讯，2011-12-29 (12).

的根本宗旨和行动目标。在“好人网”的周围聚集了众多的公益律师以及民间公益组织，其为拯救社会道德做出了巨大贡献。然而，一个小小的网站和有限的民间公益律师、公益组织的力量是远远不够的，尚不足以拯救岌岌可危的人类道德情感、在现代化的条件下延伸好人有好报的道德习俗。在社会大众的公民意识尚未成熟的时候，政府对道德英雄的关注就显得异常重要。谈方认为，目前在政府层面尚缺乏一个为好人消解风险的机制，这使得很多好人流血又流泪。保护好人是政府的责任，政府有责任让好人过得好，过得有尊严①。这一方面是政府部门和相关工作人员的道德观念问题，即如何看待道德对于社会主义现代化的根本性意义；另一方面要看政策的制定与落实的具体效果。

就政府层面来看，应当依据社会道德发展的规划和远大目标，建立科学高效的国家救助制度体系，发挥自身的独特优势，健全和完善为好人消解风险的社会机制，如制定和完善奖励见义勇为者的实施办法、为他们承担全部的医疗费用、实施后续保障措施以及必要的法律保护措施等，有效地引导人们大胆行善，让好人放心地做好事而不必承担风险。必须承认，自 1991 年以来，我国所有的省份都在见义勇为制度化方面做了大量的工作，出台了各种各样保护见义勇为者的条例和规定，筹建了各种形式的见义勇为基金会，授予了多人见义勇为者模范称号，许多见义勇为者得到了政府和民间的财力支持与物质奖励。总之，政府取得的巨大成效是有目共睹的。政府的正确引导和实际救助制度建设，在个体公民的心灵深处接续了好人有好报的因果链条，逐步培养人们良好的道德情感，使传统美德传承机制继续发挥作用。不过目前存在的主要问题是，当人们好心帮助了陌生的他人之后，在认定见义勇为者的问题上存在较多障碍，一些因见义勇为而致伤致残的人员生活陷入困境却没有得到相应的救助、少数政府官员对公民做好事的态度比较消极等，制约着人们行善的愿望和积极性。

在走向法治社会的过程中，遵纪守法是对公民的基本要求，也是社会得以和谐运行的基本条件。由于社会利益关系的复杂化、人际交往的多样化，社会矛盾和冲突不断增多，需要诉诸法律途径来解决的案例越来越

① 山南．好人帮人，我们帮好人［N］．南方周末，2011-12-09 (12)．

多。法律的确是解决社会矛盾的文明手段，但法律绝非万能的工具，即使是公正的法律审判，也未必能为好人提供强有力的后盾，使好人放心地（没有后顾之忧地）做好事。正是出于这种考虑，“好人网”明确提出了自己的宗旨：“你是中国人，看到老人摔倒了你就去扶。他要是讹你，我们给你提供援助，要是败诉了，我们替你赔偿！”① “好人网”作为新生事物应运而生，就是在好人难做、做好事有风险的特殊场景下，对如何帮助好人进而拯救岌岌可危的世道人心的可贵探索。见义勇为是一种社会正义，是一种传承了几千年的中华美德，如今它所遭受的不公正待遇和艰难处境，主要体现在好人不敢做好事、路边摔倒的老人不敢扶等尴尬境地。为此，必须有人敢于直面现实，拒绝社会冷漠，探索走出困境的新路子。固然，我们“不能用法律强制道德，但法律的主旨是惩恶扬善，惩治了恶，也就张扬了善。如果没有做到这一点，就无异于鼓励了非道德。如何从法律、制度着眼，增加不道德行为的成本，让‘想恶者不敢恶’，已成为当务之急”②。法律如何促进公共道德的进步，在当下确实是个值得思考的问题。创造维护见义勇为的社会大环境，鼓励人们弘扬见义勇为的道德精神，以良好的法律制度作为保障，在扶起跌倒的老弱的同时，也扶起世人的良知和尊严。毕竟，在坚持以德治国和依法治国的今天，兼用德、法“两条腿”走路是必需的。“道德可以通过一个与之有内在联系的法律系统，而辐射到所有行动领域，甚至包括那些以系统的方式自主化的、由媒介导控的互动领域，这些领域解除了行动者除普遍服从道德之外的一切道德期待的负担。”③ 法律实践应当更多考虑人性化的要求，而非自己审判的公正性与合理性。从总体上看，德与法的结合点在于人性和良知。

据《法制日报》报道，2013 年 6 月 15 日，在四川省达州市的某小区内，三个未成年的孩子正在院里玩耍，看到一位老奶奶蒋某摔倒在地，孩子们赶忙走上前去把老奶奶扶起来。然而，让人没有想到的是，这位老奶奶一口咬定自己是被孩子们撞倒的，为此向三个孩子的家长索赔医药费。

---

① 山南．好人帮人，我们帮好人［N］．南方周末，2011-12-09（12）．

② 2011，中国人的道德怎么了？［N］．新华每日电讯，2011-12-29（12）．

③ 哈贝马斯．在事实与规范之间［M］．童世骏，译．北京：生活·读书·新知三联书店，2003：144．

后警方经过多次调查取证，查明老奶奶蒋某系自己摔倒，并认定蒋氏母子的行为属于敲诈勒索，决定对蒋某刑拘 7 日（因违法人员蒋某已满 70 岁，依法决定不予执行），对其子龚某刑拘 10 日，并处罚款 500 元①。这个判决的重要道德意义在于，它向社会公众证明，法律不仅能够还当事人清白，而且对老人摔倒不敢扶的社会心理有纠偏扶正的作用。在“彭宇案”“许云鹤案”之后，这是第一个以法律扶起社会公德的成功案例。在这个事件的处理过程中，达州市警方积极调查取证，严格依照法律程序办事，对事件的处理是公正合法的，因而受到了网友的一片赞扬。通过法律的途径还救助者清白，让恶意敲诈者为自己的行为付出代价，这弘扬了社会正义和正气，具有典型的警戒和示范功能。因为在这起事件中，法律所扶起的不仅是正义，还有最基本的公共道德和社会良知，因此，今后遇到类似的扶起老人被索赔的事件，必须寻求法律途径加以解决。法律的目的是惩恶扬善，良好的法律制度应当为好人做好事创造有利平台，对恶实施严厉的惩罚，从法律保障和信用制度保障做起，修复残缺的社会信任，给做好人、做好事创造良好的社会氛围。

法律也有助于公民道德信仰的建立。在一个高度法治化的社会，法律制度的公正性和权威性能使其获得全体成员的普遍信任。在与陌生人的交往中，人们可以依赖的不是对方的人格，而是他们对公共规则的尊重和坚守，人们相信在发生利益纠纷和其他纠纷的时候，法律能够做出公正的审判和裁决。在对于彼此互为陌生人的社会，大家能够相信的唯有法律。广东“好人网”公益律师团远赴金华，为吴俊东做辩护并最终胜诉，就是一个典型的法律支持好人的个案，吴俊东也在网络上被称为“金华版彭宇”。在谈到这个案件之始末的时候，谈方不无忧虑地说：“类似案件频发背后，都是司法没有充当好人的最后一道屏障，把他们逼到悬崖边上。”② 鉴于此，我们必须研究法律如何支持好人的细节问题，而不是笼统地以口号式的做法代替行动，它对解决当事人的问题于事无补。必须把工作落到实

① 薛玉斌，李劲峰，朱翃. 法律如何扶起公德［N］. 法制日报（社区版），2013-12-01 (8).

② 山南. 好人帮人，我们帮好人［N］. 南方周末，2011-12-09 (12).

处，实实在在地解决他们的实际困难和精神困惑，让他们确实感受到生活的希望和光明的未来，这是彻底消除道德事件的逆向激励负面效应的根本所在。历史上“善有善报、恶有恶报”的道德约束机制之所以能在人的心灵深处扎根并生长壮大，就是因为它已经成为人们的道德信仰。在现代法律的支撑和辅助下，逐渐修复恶化了的社会道德生态，恢复其自我调节和自我发展的能力，是法律义不容辞的重要任务。法律利用自身的优势和力量，构建惩恶扬善的社会保障系统，为社会管理和公民的交往实践服务。我们有足够的理由相信，无论在什么时代，心存善念并挺身而出的人总是存在的，他们是社会道德的主流和道德进步的旗帜。

第五章　道德英雄主义传统与“冷漠的旁观者”问题

时下，“冷漠的旁观者”现象频频发生，不免使人追忆起埋藏在内心深处的一种历史记忆，那就是历史上的道德英雄主义传统。这种道德传统的优秀性在于，以义无反顾的决心和毅力、以大无畏的无私奉献的崇高精神，为他人利益和社会公共利益而献身，并以此与“冷漠的旁观者”现象形成异常鲜明的对照和对立。人类历史上曾有着悠久的道德英雄主义传统。这种传统的核心和载体是数不清的英雄人物、道德楷模，英雄作为追求真、善、美的楷模或表率，为社会不断注入道德正能量，激励并引领社会大众道德情感的变化，因而成为社会道德前进中的一面旗帜，为大众提供评价是非善恶的道德标尺。当历史进入现代化发展的新时期，人们对物质利益的追求成为社会的主流，个性张扬和生活幸福被置于价值选择的首位。随着社会财富的增加，公众的价值观开始发生明显的分化，一些人囿于自我中心的小圈子，崇尚金钱至上的拜金主义，追逐物性享乐和功利主义，在甘于平庸中走向了道德意志的颓废，偏离乃至完全丧失了道德判断的正确坐标。研究表明，道德英雄主义维度的陷落与“冷漠的旁观者”现象的发生之间存在因果关联。它昭示人们，欲从根本上清除“冷漠的旁观者”现象及其生存的土壤，必须重建道德英雄主义传统，运用英雄般的、大无畏的道德精神，治疗空虚迷茫的个体心灵，恢复大众对道德英雄主义的集体记忆，抵御“冷漠的旁观者”现象对道德造成的伤害，拯救失却的崇高道德精神，修复现代化造成的道德意识创伤，引导社会大众形成积极向上的道德情感。

回溯道德英雄主义传统

在中外伦理思想史上，道德英雄主义是一种古老的伦理视野。什么是英雄？贺麟说：“英雄就是永恒价值的代表者和实现者，永恒价值乃是指真善美的价值而言，能够代表或实现真善美的人就可以叫作英雄。”① 那么，哪些人可以称为英雄？在普通人的眼里，也许唯有在艰苦的战争中前赴后继、视死如归的人才是英雄，即人们所说的英雄大多是战斗英雄。这固然不错。但是，从上述代表真善美的价值的视角审查，思想界、文化界乃至宗教界都有自己的英雄，因为这些人以自己对人类历史的卓越贡献而成为“永恒价值的代表者和实现者”。从类型看，“英雄这一名词，含义比圣贤一名词较广，包括文人、宗教家、道德家、政治家、科学家和预言家”②。不过，我国中小学课本中选编的英雄人物，大多是战斗英雄或革命斗争中涌现出来的模范人物。这一点与西方文化对英雄的解读更为接近。例如，古希腊诗人荷马在《伊利亚特》和《奥德赛》两篇史诗中，就塑造了阿喀琉斯、赫克托耳和奥德修斯等众多英雄人物的形象。也因为如此，后人把这些诗篇称赞为“英雄史诗”。在美国哲学家麦金太尔的著作中，他干脆把古希腊城邦叫作“英雄社会”，这些足以证明“英雄”在古希腊乃至整个西方古代文化中的突出地位以及思想家们对英雄人物的推崇。这些从艰难困苦的战争中涌现出来的英雄，其最突出的特点就是勇敢，而勇敢在古希腊文化中被视为一种德性。如果德性的基本内涵是卓越性，那么勇敢无疑是古希腊英雄品行中最突出的卓越性。不过，就战事频繁的古代社会来说，唯有具备英雄般勇敢的良好品质和坚忍不拔的毅力，才能持续不断地抗拒外敌的入侵，保卫城邦公民的生命和财产安全，公民才有可能享受稳定和睦的生活环境。后来，柏拉图完善和丰富了苏格拉底对“德性”概念的理解，在柏拉图看来，智慧、勇敢、节制、正义是构成

---

① 贺麟. 文化与人生［M］. 北京：商务印书馆，1988：72.

② 同①.

完整人性的四种德性（美德）。这些德性都来自人的灵魂的作用，其中，灵魂之理智部分的德性是智慧，激情部分的德性是勇敢，欲望部分的德性是节制，三者服从理智指导而趋于和谐则达致正义的德性①。英雄无疑是勇敢和奉献德性的化身，代表某种具有普遍意义的价值，是人类历史上永恒的且有典范意义的道德楷模。在古希腊，诗人荷马所颂扬的为城邦利益而战的英雄，乃是作为城邦公民的道德典范和人格理想而存在的，这些英雄无论是真实的存在还是荷马以史诗的虚拟方式（如讲故事）表达的城邦道德理想，从总体上看，他们都以崇尚智慧、舍生取义、英勇不屈的伟大形象而彪炳史册，成为希腊的民族精神和时代精神的价值源头，甚至成为西方伦理思想的重要来源。伯里克利（Periclēs）在阵亡将士国葬典礼上的演说中，对那些为国捐躯的英雄给予了高度的评价，他说：“他们贡献了他们的生命给国家和我们全体；至于他们自己，他们获得了永远长青的赞美，最光辉灿烂的坟墓——不是他们的遗体所安葬的坟墓，而是他们的光荣永远留在人心的地方；每到适当的时机，永远激动他人的言论或行动的地方。”② 古希腊那些功绩卓著的盖世英雄，不仅以自己的宝贵生命捍卫着城邦的尊严和领土的完整，引领城邦公民的凝聚、团结和进步，而且以伟大的实践推进并创造出优秀的道德文化遗产，使道德英雄主义传统成为道德史上的丰碑。

不可否认，英雄是活生生的、具体的人，有着和普通人一样的七情六欲，因此，英雄必定有其作为普通人的局限性和时代的烙印。亚里士多德所说的“英雄是一个有着致命弱点的伟大人物”③ 的观点，无疑是有道理的。与历史上神话般的英雄不同，“革命英雄”往往是一个专有名词，特指在我国近现代社会变革中涌现出来的英雄，有着清晰明确的历史镜像（真实的人物和事件）。革命英雄往往生长于复杂的社会环境中，他们多数经历过九死一生的残酷战争的严峻考验，其中不乏血腥残酷的杀戮以及夹杂着个人怒火的复仇。在血与火的洗礼中他们逐步成熟起来，用生命去感

---

① 宋希仁．西方伦理思想史［M］．北京：中国人民大学出版社，2004：38.

② 周辅成．西方伦理学名著选辑：上册［M］．北京：商务印书馆，1964：44.

③ 阿拉斯代尔·麦金太尔．德性之后［M］．龚群，等译．北京：中国社会科学出版社，1995：268.

受生活的曲折、去体验艰难困苦的考验。在英雄的内心世界里，也不乏“公”与“私”、“我”与“他”的较量、权衡、冲突。另外，“英雄如果不去迎合某些社会利益和集团利益——包括经济的、民族的、心理的等——他就不能影响历史事变”①。这些都导致英雄身上留下了历史的遗迹和时代的烙印。当然，这些遗迹和烙印并不足以抹杀英雄对于人类历史的重大意义。人类社会进步以及道德精神的塑造和传承，需要英雄人物实践经验的有力支撑，需要他们用鲜血乃至生命去实践真、善、美的永恒价值。“真善美是人类文化最高的理想，所以英雄可以说是人类文化的创造者或贡献者，也可以说是使人类理想价值具体化的人。”② 尽管在不同的时代或社会发展阶段，在人们身边涌现出来的令人敬重的英雄人物各不相同，他们对社会历史做出的贡献不同，各自捍卫的社会利益和代表的价值主体各异，因而所呈现的道德内涵和人格力量也不尽相同；但从总体上看，这些不同领域内的英雄或杰出人物都有着最大的共同点，如果用张载的一句名言来表达，那就是“为天地立心，为生民立命，为往圣继绝学，为万世开太平”的壮志豪情，它体现着某种勃勃生机和力量，一种生生不息的战斗精神，一种挺身而出、无私奉献的精神。

通过对西方社会德性演变史的研究，麦金太尔深切地感觉到，“勇敢之所以重要，不仅由于它是个人的品质，而且由于它是维持一个家庭和一个共同体所必需的品质”③。如果把勇敢仅仅视为英雄个人的特质，那么这种特质唯有在共同体的生死存亡中才有意义，即勇敢应当是共同体的道德品质，因为英雄已经把自己的一切视为共同体的组成部分。在英雄看来，公共利益相对个人利益具有超越性和崇高性，因为与社会大众的利益相比，个人利益无疑是渺小的、微不足道的。对于任何人来说，无私才能无畏，而只有无畏才能走向崇高。恰如勒维纳斯所言，“舍去崇高的职责，任何英勇的行为都不会有价值”④。英雄的行为之所以伟大，就是因为他

① 悉尼·胡克. 历史中的英雄［M]. 王清彬，等译. 上海：上海人民出版社，1964：45.

② 贺麟. 文化与人生［M]. 北京：商务印书馆，1988：72.

③ 阿拉斯代尔·麦金太尔. 德性之后［M]. 龚群，等译. 北京：中国社会科学出版社，1995：154.

④ 埃马纽埃尔·勒维纳斯. 塔木德四讲［M]. 关宝艳，译. 北京：商务印书馆，2002：42.

们能够自觉地理解并执行社会责任。常言道，时势造英雄。其实，英雄何尝不是以其博大的胸怀和宽广的视野，在正确认识和把握历史规律的基础上，自觉自愿地与历史潮流的进步趋势相契合，并自觉地成为其代表者和引领者。悉尼·胡克（S. Hook）曾说：“历史本身被描述为一个接着一个的危机，也并不是毫无道理的。各种社会力量和条件总在起着作用，不管起作用的是些什么样的社会力量和条件，而它们也总是永远在起作用的，只要采取行动的途径是打开着可供选择，甚至被认为打开着的，人们就会感到需要一个英雄出来推动、组织和领导。”① 当自我保全和英勇献身发生冲突的时候，英雄会毅然决然地选择后者。英雄往往以自己的正确价值判断和崇高理想行为，为社会大众树立明确的道德标尺，告诉人们光明与黑暗、正义与邪恶、美与丑的清晰界限，以此引领时代前进的步伐。因此，英雄往往成为一个时代真、善、美的化身。他们的慷慨大度、挺身而出和无私奉献精神，以及以死来捍卫真理和正义的巨大力量，令世人瞩目，受世人无尽景仰。每当大众处于选择的迷茫和困惑中时，英雄往往以自己的高尚行为和崇高理想，为其指明前进的正确方向。通过英雄行为的标榜和道德示范作用，更多的人会反思自己的所作所为，逐渐觉悟到自身的道德责任和历史使命。英雄的心灵是一面纯净透亮的镜子，在它面前每个人都能映照出本真的自我。因此，人们感到在有英雄引领的时代人生不会沉沦，不会感到自己的心灵世界无所归依，也不会形成道德相对主义和历史虚无主义，那些郁闷、痛苦、厌倦和烦恼等现代性心理疾患荡然无存。

就理想和信仰来看，一般人多追求眼前的实惠，或者把理想和信仰功利化，追求理想和信仰的具体用途；英雄则更多地关注理想和信仰的内在价值、精神价值——“它作为我在我深处栖居，而我不仅在存在中是死亡的可能性，‘不可能的可能性’，而且已经是牺牲的可能性，在存在的模糊中产生的一种意义，一种服从于‘懂得献身’的‘能死’的产生”②。对于英雄来说，个人的生存和生命固然重要，生活幸福和事业成功也是其孜

① 悉尼·胡克. 历史中的英雄［M］. 王清彬，等译. 上海：上海人民出版社，1964：10.

② 埃马纽埃尔·勒维纳斯. 塔木德四讲［M］. 关宝艳，译. 北京：商务印书馆，2002：68.

孜以求的东西，然而人世间还有比人的生命更重要的东西，那就是崇高的理想、信仰和对正义的不懈追求。它们不仅具有重要的个体性价值，而且具有更崇高的社会性意义。人不能仅仅为自己活着，人生的意义与目的在于他人和社会，在于为他人和社会尽责任、做贡献。要做到这一点，就必须实现对自我存在和自我利益的超越。恰如匈牙利诗人裴多菲所言：生命诚可贵，爱情价更高，若为自由故，二者皆可抛。每个人都有自己认可的价值序列，以此作为自己评价人生得失成败的价值标尺。英雄人物也不例外。不过，在英雄的价值序列中，自由之所以比爱情和生命更值得“以死相趋”，就是因为他们坚定地追求崇高的理想并具有为之献身的精神境界，因此，英雄能够把人类的自由而不是个人的自由，作为自己最高的人生信仰和社会价值来追求。英雄懂得捍卫社会的共同利益和共同信仰，并以此作为动员社会大众、凝聚公民力量的一面旗帜。因为他们懂得“一个没有共同信仰的社会，就根本无法存在，因为没有共同的思想，就不会有共同的行动，这时虽然有人存在，但构不成社会”①。社会是个人存在的前提，也是个人获得生存意义的基本条件。

道德英雄主义乃是英雄的行为和精神境界的凝聚与升华，它是英雄主义精神的最高表现形式。一般说来，英雄主义是指人们不甘于平庸的生活和工作，通过自己的艰苦奋斗而做出超常之举的气概和精神面貌。从纯学理上说，有革命英雄主义和个人英雄主义之分。朱德曾说：“革命的英雄主义，是视革命的利益高于一切，对革命事业有高度的责任心和积极性，以革命之忧为忧，以革命之乐为乐，赤胆忠心，终身为革命事业而奋斗，而不是斤斤于作个人打算；为了革命的利益和需要，不仅可以牺牲自己的某些利益，而且可以毫不犹豫地贡献出自己的生命。革命是为群众的事业，又是群众自己的事业，而革命的英雄主义，必然是群众的英雄主义。”② 个人英雄主义则是过分夸大个人的社会历史作用，贬低或抹杀人民群众的智慧和力量，在革命斗争中缺乏组织纪律观念，在工作中违背规律、盲目蛮干，喜欢个人冒险和出风头，不服从组织安排和集体领导，不

---

① 托克维尔．论美国的民主［M］．董果良，译．北京：商务印书馆，1988：524.

② 中共中央文献编辑委员会．朱德选集［M］．北京：人民出版社，1983：117.

顾客观情况随意发号施令，损害革命利益和集体形象的思维与行为方式。个人英雄主义是与革命英雄主义根本对立的精神风貌和价值选择。在无产阶级革命和建设的历史时期，道德英雄主义主要表现为革命英雄主义，或者说，革命英雄主义是历史上道德英雄主义的最新阶段和最高形式。中国历史上不乏伟大的英雄人物，尤其是在中国共产党领导的新民主主义革命中，涌现出无数为革命事业而奋斗的革命英雄，这些英雄人物创造了无数光辉灿烂的伟大业绩。为了推翻三座大山的残酷压迫，建立富强、民主、文明的社会主义新中国，他们以伟大的气魄和雄伟的胆略，进行着艰苦卓绝的革命斗争。支撑这些革命英雄主义行为的是国家、民族和人民的利益，是彻底的、大无畏的无私奉献精神，是共产主义的崇高理想信念和追求。他们深深懂得时代进步的强烈召唤，了解自己肩负的重大历史使命，他们有着坚定的马克思主义信仰，为了人类的解放和共产主义理想的实现，生命不息、奋斗不止。这是无产阶级革命战士特有的品质。他们不是旧式的个人英雄主义，而是全新的革命的集体英雄主义。这些新时代的革命英雄，除了具有历史上英雄人物的普遍优点之外，还具有自身独特的优良品质和道德人格力量。他们不仅有着火一样的革命热情、优秀的道德品质和钢铁般的意志，而且有艰苦奋斗的优良传统。这种无产阶级革命道德中的英雄主义，已经成为我们时代前进的力量源泉。继承并发扬中国革命道德传统，应当弘扬革命英雄主义道德，将它有机地融入新时代的前进征途中。

历史上的道德英雄主义传统，主要是通过每个时代的英雄人物和普通百姓的实践过程不断传承并得以升华的。因此，深入分析和研究英雄主义的道德壮举，能够深刻体会和感受美德之于人类生活的意义。人们对历史上道德英雄主义的颂扬和追求，与人类普遍的人道主义情感并不矛盾。一般意义上的人道主义所倡导的对个人的尊重和关爱、对个人权利和人格的捍卫，乃是人类最普遍的道德情怀，是以对生活中每一个人的生命的尊重为前提的，因为它不仅是法律赋予个人的神圣权利，而且是伦理道德对待人的基本态度和价值评判。然而，这绝不是鼓励人们畏惧死亡或者贪生怕死，进而把生命看作唯一重要的东西，并以此为托词在遇到困难时苟且偷生。必须承认，保全个人生命无疑是重要的，但在复杂多变的社会生活中，人们在面临“善”与“恶”的冲突，尤其在遭遇“善”与“善”之间的两难选择时，如古人所谓的“忠孝不能两全”、现代人所谓的“小家”与“大家”的矛盾，需要以大无畏的、英雄般的毅力和勇气，坚定地、义无反顾地做出明智的选择。道德理性主义告诉人们，道德必须以或多或少的自我牺牲为前提，它指的是在遭遇矛盾和冲突的时候，尤其是“当不以牺牲个人的利益乃至生命”就不能完成某项巨大事业的时候，人们应当像英雄一样义无反顾地选择自我牺牲。这绝不是愚昧者的所作所为，而是人生大觉悟、大智慧的表现，“一个聪明的人感觉到，因为自己懦弱而引起的耻辱比为爱国主义精神所鼓舞而意外地死于战场，更为难过”①。这是英雄人物在个人内心做出的正确价值判断。正是这种合理的价值评价，引导着每个人的思想和行为选择的过程。执着于崇高理想和信仰并为之献身的奋斗精神，正是道德英雄主义传统的思想精髓，在每一个时代，它都激励和鼓舞着社会大众的道德追求，在集体主义的伦理大道上奋力前行。

“冷漠的旁观者”之由来

在上一章关于“道德事件的逆向激励与做好事的风险问题”部分，我们已经对社会公共生活领域的“冷漠的旁观者”现象做过较多论述。从历史资料看，古代社会并没有关于“冷漠的旁观者”现象的详细记载。国内学术界关于旁观者现象的研究，大多追溯到中国近代社会如康有为、梁启超、陈独秀、鲁迅、林语堂等人的有关文章，从中可以寻觅到部分关于旁观者问题的批判性研究。鲁迅曾在《南腔北调集·经验》中说，救急扶伤，一不小心，向来就很容易受诬陷，导致个人冷漠旁观的心理经验。林语堂则认为，在中国传统社会，个人权利缺乏法律保障，尽量少干预公共

① 周辅成. 西方伦理学名著选辑：上册［M］. 北京：商务印书馆，1964：44.

事务，采取模棱两可的态度最为稳妥安全。因此，消极或不作为成为一种处世之道①。梁启超在《呵旁观者文》一文中，对旁观者的丑恶道德嘴脸进行了深刻的揭露和批判。他说：“天下最可厌、可憎、可鄙之人，莫过于旁观者。旁观者，如立于东岸，观西岸之火灾，而望其红光以为乐；如立于此船，观彼船之沉溺，而睹其凫浴以为欢。……故旁观者，人类之蟊贼，世界之仇敌也。”② 分析上述观点不难发现，这些学者或作家对旁观者现象的批判，有两个基本的视角。一是在日常生活中，在他人需要帮助的时候袖手旁观，没有及时相助；这里的他人主要指陌生人。因此，旁观者现象的发生与陌生人的困境相关，即陌生人是旁观者现象发生的重要语境。二是对社会公共事务乃至民族利益国家利益无动于衷，即个人不懂得承担社会责任，缺乏作为国民应有的担当意识和责任意识，仅仅是国家和社会的旁观者，尤其在国难当头的危急时刻，本应积极行动起来履行自己应尽的社会义务，然而却麻木茫然、无动于衷，这是一种恶劣的国民品性。这里与陌生人没有关系，而是个人的主体意识淡漠，公德心和公共理性精神欠缺，如梁启超所说“公共心之缺乏”“自治力之欠阙”等。旁观者是心态冷漠、没有任何责任感和使命感的人，这是一种奴性人格的表现。这种人格的形成有其特定的历史场景和制度烙印。不过，说到底二者都是国民性的弊端，需要采取必要的措施加以治疗，强化全体国民的社会意识和公德心，即提升国民的主体意识和道德自觉性，以便其充分意识到自己作为中国的国民所肩负的社会责任和历史使命。这既是社会伦理道德问题，也是政治变革问题。因此，近代一大批进步知识分子大声疾呼推进伦理革命，并强调其必要性。

不过，近代思想家并没有把“旁观者”作为一个严谨的学理问题做深入研究，也没有界定“旁观者”的内涵，而是就此类现象的成因和社会危害展开一般性的批判。当然，中国近代社会“救亡”和“启蒙”任务的历史紧迫性、艰巨性，也决定了他们不可能成为书斋里的学究。不过，在“旁观者”之前加上“冷漠”二字，似乎凸显了这类现象发生的社会心理

---

① 林语堂．吾国与吾民［M］．黄嘉德，译．西安：陕西师范大学出版社，2003：26.

② 李华兴，吴嘉勋．梁启超选集［M］．上海：上海人民出版社，1984：128.

学原因。当然，“冷漠的旁观者”并不是中国文化和社会生活中特有的现象，因为我们从国外与此相关的大量文献资料中能够详细了解到该类现象在国外的表现。例如，英国社会学家齐格蒙特·鲍曼在《被围困的社会》一书中，就专辟一章探讨旁观者问题。在他看来，“冷漠的旁观者”是一种重要的社会现象，这种现象不仅自古就有，而且随着时代的发展不断改变其成因和表现形式。目前，学术界对该现象的研究已遍布社会学、伦理学、哲学、心理学、经济学等诸多领域。齐格蒙特·鲍曼引用佩特卢斯卡·克拉克森的观点，认为“所谓旁观者就是这样的一个人：当他人需要帮助时，他并没有积极地行动起来”①。这个界定通俗易懂，基本上把概念的内涵阐述清楚了。人们之所以在“旁观者”前面加以“冷漠”的限定语，大概是为了谴责其冷酷无情，缺乏基本的人道主义情感，缺乏对他人的最基本的关爱和帮助。这无疑是一种道德谴责，即对“冷漠的旁观者”做出的伦理学分析。

作为一种社会现象的“冷漠的旁观者”，乃是随着社会进步尤其是道德环境的变革而变化的。他们的“冷漠”会伴随道德感的增强而逐步消失，即使那些遇到陌生人身处困境却不作为的旁观者，也完全可以转化为道德事件中的见义勇为者，即使众多近代思想家所谴责的对社会和公共事务不负责任的态度，也将随着个体认识水平的提高和主体意识的增强而逐步得以改善。新中国成立后，我国的社会制度和人民生活发生了天翻地覆的变化，广大劳动群众第一次真正成为国家的主人和自己的主人。社会主义公有制的建立和巩固，要求与之相适应的上层建筑必须以维护和实现最广大人民群众的根本利益为宗旨。在长期的革命和建设的实践中，中国共产党人始终坚持以马克思主义的科学世界观为指导，在共产党人和先进分子中提倡共产主义道德；同时，又积极探索和不断推进适应社会具体生活领域的道德要求，如社会公德、职业道德和家庭美德等。此外，我们还注意学习、借鉴国外道德建设和社会文明进步中取得的有益经验与重要启示，结合自身的实际实现批判性的转化，然后为我所用。总之，新中国成

① 齐格蒙特·鲍曼．被围困的社会［M］．郇建立，译．南京：江苏人民出版社，2005：215.

立初期的道德建设，是在继承和弘扬中国革命道德传统的基础上，吸纳和包容儒家文化中伦理道德文化的精华，学习世界上其他国家、民族道德建设的有益经验，根据我国社会现实的发展阶段和具体要求，创造性地提出具有本国特色的社会主义道德理论，不断增添体现时代要求的新内涵的过程。

在积极探索和不断创新社会主义道德体系的实践中，我们面临着许多复杂而艰巨的问题，其中主要是在以往长期的历史发展过程中，封建主义和剥削阶级的思想残余的影响根深蒂固，并且某些思维方式和行为模式已经凝固化。在社会主义建设新时期，要完全超越小生产者自私自利的小圈子意识，抛弃狭隘封闭的家族观念和伦理模式，割断由情感或血缘所连接的旧的道德纽带，树立大公无私的观念和行为准则，需要面对许多严酷的现实困境。为了在短时间内有效地解决这些问题，党领导人民把中国革命道德传统有机融入社会生活的每个领域，重点推进了向英雄模范人物学习的群众性道德实践活动。人们学习的英模人物很多，如黄继光、邱少云、刘胡兰、罗盛教、白求恩等。他们或者以自己的鲜血乃至生命与敌人进行殊死搏斗，捍卫人民的利益和人类的正义事业；或者为了救助陌生人的生命，奋不顾身地跳入冰窟之中；或者作为国际友人不远千里来到中国，为中国人民的解放事业献出了自己宝贵的生命；等等。在 20 世纪 60 年代，中国共产党结合社会主义道德建设的实际需要，陆续推出的道德楷模和英雄人物主要有雷锋、焦裕禄、王进喜等先进个人以及“南京路上好八连”“大庆石油工人”等先进集体。他们虽然生活在不同的历史时期，职业分工也有很大差别，但都是为世人所高度认同的道德楷模或工作表率。他们都是共产主义道德理想的卓越体现者和努力践行者。无论面对严酷的战争环境的考验，还是兢兢业业地做好本职工作，他们都始终把个人利益置之度外，有着大公无私的奉献精神，甚至在必要时勇敢地献出了自己宝贵的生命。他们的英雄事迹和模范行为成为千千万万人学习、仿效的榜样，他们为他人和社会的担当意识与无私奉献精神、对社会大众利益和公共秩序的勇敢捍卫、对崇高的道义力量的执着和坚守，使得普通人真切地感受到英模的伟大人格力量。总体上说，中国社会主义革命和建设时期的英模人物的伟大之处在于，他们能够彻底战胜私欲的纠缠，经受住艰难困苦的考验和磨砺，在奉献社会的实践中体验到公益的伟大和神圣，他们以自己的行为垂范、人格力量对世俗的价值观和精神世界产生了荡涤与净化的效果。

在无数英雄人物和道德楷模的激励与鼓舞下，人民群众建设社会主义国家的热情日益高涨，他们由衷地感受到生活的幸福，能够自觉地以英模人物为学习榜样，按照英模人物的道德标准严格要求自己，在单位里团结同事，尊重领导和长辈，努力做个好职工，在生活中友善邻里，守望共济，努力做个好公民。在我们的身边，在平凡的日常生活中，涌现出数不清的拾金不昧、舍己救人、助人为乐的先进人物，他们像英模人物那样，关注自己道德情感的成长，在严格要求自己的同时，时时刻刻为他人着想。在社会公共生活领域，人们努力向雷锋同志学习，对他人有一颗火热的心，急他人之所急、想他人之所想，热情帮助每一个急需救助的陌生人，使他们能够尽快从困境中走出来，回归正常的社会生活。我们的党员干部树立了明确的公仆意识，他们不徇私情，秉公执法，热情服务群众，自觉接受人民群众的监督，努力做好人民的公仆，在事业中发挥着模范带头作用。无论在三年严重困难、抗美援朝的艰难时期，还是在我国的农业或工业建设的艰难起步阶段，普通百姓始终能够做到“急国家之所急、想国家之所想”，他们那种“舍小家为大家”的精神境界和道德行为，足以证明新中国道德建设所取得的突出成就。从总体上看，在新中国成立后的一个时期，在中华大地上形成了一种互助友善、和睦团结、共同进步的动人景象。在人们生活的最基层和城乡的每个角落，都能看到人们热情动人的、喜庆欢乐的面孔，这是一幅和谐的新道德世界的美丽图景。它表明我国社会的道德面貌有了根本改观，社会主义道德建设达到了一个新的高峰。正如周扬在《我国社会主义文学艺术的道路》中所说：“我国人民在革命斗争和生产劳动中所表现的英雄气概，他们的崇高理想和道德品质，赢得了全世界进步人类的称赞。中国正在一步一步地改变着贫弱落后的面貌，以雄伟的革命姿态，青春焕发地站立在世界上。”① 因此，可以看出，

① 中共中央文献研究室．建国以来重要文献选编：第13册［M］．北京：中央文献出版社，1996：439．

新中国成立后的一个时期，普通人的公民意识、国家意识、社会担当和责任意识都有明显增强。人们在遇到有困难的陌生人的时候，总是能够在第一时间伸出援助之手，绝无“袖手旁观”现象发生。因此，之前论述的两种意义上的“冷漠的旁观者”现象，在当时的生活中基本上绝迹了。

改革开放新时期，随着我国从熟人社会向陌生人社会现代转型的不断加速，各种媒体关于“冷漠的旁观者”现象的报道呈现出逐年上升的态势。1995年9月16日，在广州的珠江边，16岁的中学生小余不幸落水，在众人的淡漠旁观中丢失了性命。同月24日，在广东云浮市，8名小学生不幸陷入沙中，随即呼救，当时过往的船工均不理睬，最后3名儿童被流沙活埋。据1996年9月21日《人民日报》报道，8月16日下午2时，某省高速公路发生重大车祸，乘客受到不同程度的伤害，一些人看到身边血肉模糊、痛苦呻吟的伤者却见死不救，纷纷下车离去①。进入21世纪后，见死不救的冷漠的旁观者依然屡见不鲜。据2005年4月26日《燕赵都市报》报道，河北衡水市一名19岁女孩如厕，被尾随而来的拾荒男强奸，路边的一大群人抱着看热闹的心态围观，无人出手相救②。此外，我们还可以从各种各样的媒体上搜索到数不清的类似案例。这些发生在现代文明时代的“旁观者”案例，固然与熟人社会遗留下来的某些陈旧固化的道德思维和行为方式有关，然而过多的利益权衡导致的同情心弱化等现代特质也是非常明显的。诸多的相关资料足以表明，现代社会“冷漠的旁观者”现象的发生，与当下社会公共结构的现代转型有密切关联。

既然在新中国成立后的一个时期，经过蓬勃发展的社会主义道德建设的伟大实践，已经完全荡涤了旧道德的污泥浊水，“冷漠的旁观者”现象及其生存土壤都被彻底清除了，那么为什么在改革开放新时期这一现象又死灰复燃了？众所周知，与以往熟人社会的生存环境相比，如今的时代已经发生了根本性的变化。在我国社会主义新时期，各项法律保障制度日益

① 刘智峰. 道德中国［M］. 北京：中国社会科学出版社，2001：30.

② 黄岩. 旁观者道德研究［M］. 北京：人民出版社，2010：19.

健全和不断完善，人们的自主意识、权利意识、法律意识和道德自觉性明显增强，公民的社会地位不断提升，公民意识逐步走向成熟，人们的诚信友善、敬业奉献精神也在不断强化。在此背景下，简单沿袭传统社会学或伦理学的分析框架，阐释"冷漠的旁观者"现象的发生就未必合理，也无法找到问题发生的深刻根源。现实中类似于"小悦悦事件"的案例一再发生，必定有着更为深刻的时代根源和社会根源，那么产生这些问题的原因到底是什么？还有哪些更为特殊的问题存在？从历史上看，儒家伦理强调仁爱、怜悯、互助等优良道德传统，重视见义勇为、舍生取义和扶危共济等在社会公共生活中的意义。新中国成立后，我国社会主义道德提倡尊老爱幼、友善互助、解人之危等道德规范，普通人理解这些道德规范并不难，也懂得它们对公共生活和谐发展的意义，但是，要始终如一地贯彻这些道德规范是很难的，尤其是在涉及与陌生人的利害关系时，很容易出现知行不一的现实困境。有学者在认真研究后指出，当下之所以频频出现"冷漠的旁观者"现象，其中的原因主要有如下方面："一、救人者常被伤员家属或路人误认作肇事者，抓住不放，追究责任；或者有意诬告，恩将仇报，勒索乃至刑求。""二、有些歹徒设骗局，假装受伤，好心人上钩后被诈骗。""三、救人者送伤员去医院，医院不见钱不治病。""四、救人者做好事会耽误上班时间，被扣奖金或工资。"① 从上述分析不难看出，目前的社会环境变得异常复杂，尤其是利益关系的纠葛导致人际关系日趋复杂化，使得人们在行动之初，对行为过程及后果难以做出清晰判定，增强了畏缩不前的畏惧心理，或者说人的道德感在逐步减弱。每个旁观者都有其旁观的理由，这些理由决定他是付诸行动还是无动于衷。鉴于个别案例的局限性不足以形成确定性的结论，因此我们必须结合现代化的宏观背景，深入考察公众道德情感的变化及其影响因素，从本质和规律性的层面发掘"冷漠的旁观者"现象与现代社会之间的深层联系，以对"冷漠的旁观者"现象的成因做出有说服力的判断和完整的理论阐释。

---

① 丁学良. 救救大人［A］//刘智峰. 道德中国［M］. 北京：中国社会科学出版社，2001：32.

现代性与道德感的嬗变

在现实生活中，每个理智正常的人都有起码的道德感，它是道德行为的内在驱动机制。然而，人的道德感的发生、演变及发挥作用的具体过程，受制于生理、心理和社会等多重因素的复合影响，这种影响主要表现为自然和社会演进中个人与环境之间的互动，从而导致个人在面对陌生人时千差万别的态度和行为方式。他山之石，可以攻玉。国外学者关于“冷漠的旁观者”现象的研究成果，也许会对我们认识和解决自身遇到的难题有某种启迪。一些国外学者认为，当代人道德感的变化——主要是不断弱化的趋势——表现为同情心的丧失、冷漠心态的加剧等，从学理上看主要有三个方面的原因：制度理性、技术手段和消费文化。下面对这些问题做详细的分析和探究。

首先是现代制度与理性化对人的道德感的影响。国内学术界关于制度的研究，大多来自制度经济学的理论范式。其实，哲学中的“制度”概念不同于经济学的“制度”概念。古代汉语中的“制度”，是由“制”和“度”组合而成的学术术语。其中，“制”有节制、限制的意思，“度”有尺度、标准的意思。结合二者来看，“制度”就是节制人的行为的合理尺度。在西方，严格意义上的“制度”是与现代性相关联的概念，它是为了应对现代生活的复杂性和多变性而理性化运作的方式，即要求大家共同遵守的办事规程或行动准则，实现特定功能和目标的社会组织乃至整个社会的一系列规范体系的总称。不过，在现实生活中，制度与人是复杂互动的关系，“制度对大众具有激励、劝诱、胁迫的作用，大众意志又能改变制度”①。成熟的制度的确立和完善，无疑是现代社会进步对人类的突出贡献之一。

关于现代制度和人性之间关系的研究，在西方以汉娜·阿伦特（Hannah Arendt）关于“平庸之恶”的研究而闻名。她所谓的“平庸之

① 杜维明，卢风．现代性与物欲的释放［M］．北京：中国人民大学出版社，2009：5.

恶”之范式，实际上就是现代制度下的“冷漠的旁观者”问题。在《耶路撒冷的艾希曼：关于平庸之恶的报告》系列文章中，阿伦特创造性地提出了“平庸之恶”概念。在她看来，“平庸之恶”虽然直指德国法西斯屠杀犹太人这一特殊事件，但是作为一种新型的道德之“恶”，对它的研究有助于人们洞察“冷漠的旁观者”现象的实质。这种现象包括：大屠杀本身均与现代制度的设计和技术手段的应用密不可分。尽管阿伦特在文章中并没有界定“平庸之恶”，但这并不妨碍人们对它的正确理解和解释。所谓“平庸之恶”，应当是在面对与自己无关的陌生人的时候，尤其是在对方遭遇生命危险时，视而不见，或者一味顺从制度的安排，仅仅例行公事，不反思、不作为的现象。在一般意义上，“平庸之恶”可以被用来指称对待陌生人的非人道主义的态度和行为取向。在社会公共生活领域，陌生人的利益与我们自己毫不相干，或者在直觉上看来没有任何关联。因此，对他们的存在及生命安全和利益诉求，完全可以采取无视或冷漠的态度。在社会现代化的道路上，理性化的制度设计与安排能够节省个人独立思考的时间，使人们在心理上没有负罪感。这无疑是导致“冷漠的旁观者”现象的主要心理原因。所以，阿伦特告诫世人，必须高度警惕我们身边“冷漠的旁观者”现象的发生。

对于此类现象的发生，美国学者马歇尔·伯曼认为，“这是一种现代特有的罪恶，即间接的、非个人的、借助于复杂的组织和机构的作用的恶”①。在阿伦特的研究中，“平庸之恶”无疑归属于政治哲学的范畴，然而，由于它涉及对人性的深刻体验和准确把握，所以把它归入社会伦理的范畴似乎更为妥当。因为只要涉及对“恶”的主体及“恶”的行为的道德评价，就必定与伦理道德评价分不开，需要延伸至道德哲学的高度去认识，需要进行道德形而上的反思和批判。阿伦特在一系列报告中描述了杀人狂“艾希曼”的形象。按照阿伦特的分析，艾希曼并不是一个杀人不眨眼的恶魔或者某种行为的变态狂，而是纳粹军营中的一名普通军官。按照上级下达的命令，他的具体职责就是负责运送犹太人到奥斯威辛集中营，

① 马歇尔·伯曼．一切坚固的东西都烟消云散了［M］．徐大建，张辑，译．北京：商务印书馆，2003：87．

然后分批进行屠杀。军人的天职就是服从命令——上级的安排。艾希曼自以为自己很敬业，因为他忠实地执行着上级的命令，并且对自己所履行的天职很有成就感，但却没有意识到行为本身的巨大罪恶。在对纳粹分子的法庭审判过程中，艾希曼曾为自己开脱说，他之所以这样做，仅仅是在“执行上级的命令而已”，因此不应当为屠杀犹太人承担责任。那么，我们应如何认识艾希曼的自我辩解？艾希曼是一个理智正常的人，他应当有着和普通人一样的喜怒哀乐，有自己的情感、意志和良知，以及对弱者的普遍的人道主义情感。然而，他还是一名军人。对于他来说，军人是一种角色、一种制度性的安排，他是一颗被固定在机器上的螺丝钉。军人的天职就是服从并执行上级的命令。此时，他不能有自己独立的思考和判断，不能根据实际情况的变化，尤其是不能根据自己的同情心和道德准则的要求，灵活地处理人与人、人与制度的关系。因此，作为军人的艾希曼是不折不扣的杀人狂，军人的角色导致他以完全反人道的、灭绝人性的方式去肆意屠杀与自己无关的无辜的犹太人（数不清的陌生人），轻而易举地剥夺了他们的生命。此时，他完全变成了一个禽兽或者魔鬼。

在阿伦特看来，“艾希曼”角色敦促人们深思的问题是：现代性是以何种方式导致人性冷漠，引发人们的不思考和不作为，不主动承担行为（尤其是面对陌生人）的道德责任的？又是如何导致作为“角色”与作为“人”之间的巨大道德落差的？在社会生活中，我们每个人都有自己的角色要求。然而，对于普通人来说，“角色”究竟意味着什么？当一个人拥有某种角色的时候，这种角色赋予他的究竟是什么样的心理状态？为什么人性在角色的掩盖下，会导致如此不人道的举止和行为？角色伦理和人的美德的冲突是如何发生的？等等。基于对诸如此类的问题的不断追问和深刻思考，在纳粹党徒艾希曼被判处死刑一年后，即1961年的7月，美国耶鲁大学的心理学教授斯坦利·米格拉姆（Stanley Milgram）设计了一项著名的实验——“米格拉姆实验”，目的在于测试面对权威者所下达的违背良心的命令，人们发自内心的拒绝力量究竟有多大。为便于找到明确的证据，他要回答这样的问题：“艾希曼以及其他千百万名参与了犹太人大屠杀的纳粹追随者，有没有可能只是单纯地服从了上级的命令？我们能称呼他们为大屠杀的凶手吗?”① 大屠杀的真凶到底是谁? 思想家们必须拨开生活表层的重重迷雾，借助实证的方法论工具，准确论证并深思这个现实的社会（道德）问题。

实验公开招募了一批学生（志愿者），他们在老师（心理学家）的监督下，考察一组实验对象的单词记忆能力。在隔壁的房间，每个实验对象的身体上都连接着一个电击棒，这些电击棒由学生（志愿者）操控，每当实验对象背诵出现错误的时候，学生（志愿者）就对他进行一次电击，电压的强度最初为15伏，然后随着错误次数的增多，电压的强度逐步提升，最高达到300伏。在实验过程中，很多实验对象在高压电流的刺激下，发出惨叫，请求停止实验。按照一般人的逻辑，目睹实验对象痛苦不堪的表情，很多学生（志愿者）会停止电击，放弃实验。但事实是，在全部40名志愿者中，只有很少的人因为怜悯而停下来，其余大部分的人都完成了电击实验，也就是说，对实验对象实施了电击，最高达到450伏。当然，这种实验并不是真的电击实验对象，而只是以单词背诵为借口，了解人们在权威面前的具体表现。在实验过程中，志愿者目睹实验对象的痛苦表情，大多数人都有过犹豫、动摇乃至放弃实验的想法（道德感或同情心使然），然而，他们在得到在一旁监督实验的心理学家的暗示后，便继续按下电压开关。此时，他们的心理出现了反常的现象。我们排除实验中学生（志愿者）的性别差异、暴力倾向等因素，这个并不复杂的实验明确揭示了人们对权威的服从心理。

米格拉姆通过这次实验的结果，向世人说明了在德国纳粹统治期间普通人加入残害犹太人行动的原因，即对权威的不加思考、不加选择的服从。这种服从其实是对角色——带着袖标的监督者和上级机关——的认同。在这里，监督者固然也是普通人，但是，导致普通人心理发生特殊变化的不是监督者本人的存在，而是监督者的特殊身份尤其是他们的着装、他们所代表的特定角色。角色对人性的无端戕害，恰恰是阿伦特研究“平庸之恶”的主因。米格拉姆在其文章《服从的危险》中写道：“在法律和

① Stanley Milgram. Obedience to Authority：An Experimental View. Harper & Row, 1975：124.

哲学上有关服从的观点是意义非常重大的，但他们很少谈及人们在遇到实际情况时会采取怎样的行动。我在耶鲁大学设计了这个实验，便是为了测试一个普通的市民，只因一位辅助实验的科学家所下达的命令，而会愿意在另一个人身上加诸多少的痛苦。当主导实验的权威者命令参与者伤害另一个人，更加上参与者所听到的痛苦尖叫声，即使参与者受到如此强烈的道德不安，多数情况下权威者仍然得以继续命令他。实验显示了成年人对于权力者有多么大的服从意愿，去做出几乎任何尺度的行为，而我们必须尽快对这种现象进行研究和解释。”①

实验的结论证明：在角色训练和角色要求的前提下，人们被动地服从已经成为一种不能不完成的伦理诉求。遵守惯例要求不思考，当然也要求不参与，“那些一旦认准了方向，重视应用和实践的人是最缺乏思考的人……所有的事情都可以非常机械地完成；所需要做的就是完全机械地计算”②。从制度伦理的角度看，“冷漠的旁观者”现象的实质就在于，它“把个人完全同化于体制之中，服从体制的安排，默认体制本身隐含的不道德甚至反道德行为，或者说成为不道德体制的毫不质疑的实践者，或者虽然良心不安，但依然可以凭借体制来给自己的他者化的冷漠行为提供非关道德问题的辩护，从而解除个人道德上的过错”③。实际上，这是现代社会种种道德冷漠现象发生的内在根源。在当今社会，要拒斥社会公共生活领域的道德冷漠，必须从对理性主义和制度化的反思开始，必须从根本上改革不合理的制度安排。也许，我们不再会遭遇法西斯对犹太人的大屠杀，但是却无法完全拒绝日常生活中“冷漠的旁观者”现象的出现，无法完全消除道德冷漠之类的残酷现实。试问：如果现实生活中真的出现道德冷漠现象——类似于“冷漠的旁观者”现象，作为个人的“我”和“你”应当怎么办？对这些问题的深入思考和回答，就是我们希望通过对“冷漠的旁观者”现象的研究所要揭示的真谛。可怕的不是这个现象本身，而是

---

① Stanley Milgram. The Perils of Obedience. Harper's Magazine. http://www.age-of-the-sage.org/psychology/milgram_perils_authority_1974.html.

② 齐格蒙特·鲍曼. 后现代伦理学［M］. 张成岗，译. 南京：江苏人民出版社，2003：303-304.

③ 刘铁芳. 面对我们生命中“平庸的恶”［J］. 读书，2006（8）：47.

普通人内心深处潜藏的某种“不假思索”，即当人们习惯了“不假思索”的时候，也就是“人性”成为“制度机器”的牺牲品的时候。学者刘瑜曾说：“文明就是停下来，想一想。”是“停下来，想一想，还是嵌在制度机器里，继续不假思索地转下去，对于所有普普通通的人，都是一个问题”①。这是事关人性的根本问题，也是事关人的存在及意义的根本问题。

其次是现代技术与道德感的关系。英国思想家齐格蒙特·鲍曼认为，技术理性是导致道德情感冷漠的罪魁祸首。在他看来，我们生活在一个科学技术高度发达的时代。现代技术因素侵入生活的方方面面，它在改变我们生活的同时，也潜在地改变了道德感发挥作用的环境。人们能够切身感受到技术成为人们彼此联结的桥梁。日常生活中许多有待解决的道德问题，也不得不付诸先进的技术手段来解决，或者说需要采取部分技术手段才能解决。久而久之，在某种意义上，技术似乎成了人类的“道德代理人”。由此开始，人们感觉到自己的道德感已变得不再重要，对自己的道德要求便开始逐渐降低，自我品德修养的诉求变得日益消极，即人类的“道德惰性”日益增强。个体道德情感出现渐趋钝化乃至消失的危险。正是在这个意义上，齐格蒙特·鲍曼指出：“道德冷漠的意义——与危险——在我们这个现代的、理性化的、工业技术熟稔的社会中变得尤其敏锐，因为在这样一个社会当中，人的行为能够在有距离的情况下生效，而且这个距离随着科学、技术和官僚体系的发展而不断扩大。”② 固然，道德冷漠和道德缺失以及诸如此类问题的发生，应当深入追究人性内在结构存在的缺陷，然而在现代化时期，这个缺陷无疑是由新技术的推广和应用造成的，也就是说“技术中介”导致了人与人之间道德冷漠现象的发生。齐格蒙特·鲍曼所说的距离指的是人们彼此沟通的“心理距离”，而不是身体相距远近的“物理距离”。齐格蒙特·鲍曼认为，现代社会的人们身体（物理）距离可能很近，但心理距离却异常遥远。由于心灵的隔绝和疏离导致相互交流的机会减少，人际互动中的道德感趋于钝化，最终导致彼

---

① 刘瑜. 恶之平庸［N］. 南方周末，2011-11-24（F32）.

② 鲍曼. 现代性与大屠杀［M］. 杨渝东，史建华，译. 南京：译林出版社，2002：252.

此间的沟通变得越来越困难，对于一些社会公共问题无法达成价值共识。因此，技术造就了现代化历史上特有的道德冷漠现象的发生。

在当代人的道德生活中，新的技术手段的传播和应用越来越普遍。先进技术因素介入人的道德活动过程，其实是借助技术对日常生活的点滴渗透而逐步实现的。例如，在越来越多的公共生活空间，为了实施对人的行为的有效管理和监督调控，摄像头和其他监控设备被广泛使用，“这些场所是私人拥有的公共空间，公众都处在摄像机的监视之下，粗暴的吵嚷、引起麻烦、纠纷的因素，在还未干扰他人之前就将被排除掉”①。原本解决道德问题需要借助的人力，如今被先进的技术手段取代了，这无疑是对人的体力和脑力劳动的极大解放。同时，技术力量能够弥补人类道德监督的许多漏洞，因而其广泛使用具有必然性与合理性。但是，我们也不能不注意到，发自人们内心的道德调控力量，在某种意义上被技术工具轻而易举地取代了，从而导致技术对道德本能的压抑，它抽掉了人的主体性和感觉的丰富性，人自身的道德活力就会不断衰减，完善而深刻的、个性化的道德体验逐步丧失，人们发自内心的、真诚的道德被技术化了，人的思维和行为方式具有明显的机械化特征。甚至可以说，在技术社会里，人逐步变成了一架单纯服从的机器。在西方思想史上，法国哲学家拉美特利说过一句话：人是机器。这是以笛卡尔把动物看作机器的思想为基础的著名观点。在当时，这种观点是对牛顿物理学的积极认同、对当时崭新的机械时代的高度肯定。随着西方资本主义制度的发展，科学技术对人们生活的影响日益增大。在社会现代化进程中，科学技术的进步及其带来的人们生活的机械化、现代化，不仅把人从繁重的体力劳动中解放出来，使人有了更多休闲娱乐的自由，而且使人对机械的依赖前所未有地得以强化。每个人都有无可摆脱的惰性，而机械助长了人的这些惰性。伴随人的能力增长的是人的惰性的增长，而惰性恰好以技术手段和技术工具的完善来弥补。此时，人们能够更加深刻地理解和印证拉美特利的这句名言，即在现代社会里，“人是机器”意味着人越来越变成了机器——思维和行为

---

① 迈克·费瑟斯通. 消费文化与后现代主义［M］. 刘精明，译. 南京：译林出版社，2000：153.

中的机械性越来越明显，以至于人的道德思维都成为机械化的过程——不加思考、不做判断，一味被动地服从外在机器（以及类似机器的固定制度）的安排。

当个人的道德感被置于社会安排和理性规划的框架中，成为社会这架“复杂机器”上的一个“零件”的时候，个人道德感的演进和职能的发挥便会受到无情的压制。毕竟在科学理性和工具理性盛行的时代，如果不依靠人们自身的力量来调控道德，而单纯依靠外在力量或技术工具，就可能（或者必然）会导致对人的道德本能的疏离以及个人道德感的自我调节、自我完善功能的趋于丧失，尽管在我们看来，道德本能并非都是能够发挥积极意义的因素。因此，西方一些研究现代性理论的思想家认为，过度相信与依赖外在规范和技术力量，必定蕴含着许多危险，如对无序的一味否定、对情感的忽视、对理性的盲目崇拜等。怀特海曾说，我们没有理由认为秩序比混乱更重要。“秩序与善”之间存在着自然的亲和性，人们多从道德上谴责秩序混乱，但很少谴责“有序行为”①。在这个问题上，以往的错误在于思维的简单化和片面化，即对于秩序和混乱的相对性未曾予以关注。或者说，人们把混乱看得过于极端，认为只要是混乱就必须彻底根除，绝不给其保留一丝一毫的空间。实际上，所谓混乱只不过是原有秩序的变动过程，秩序的意义在于混乱的完善化。所以，混乱未必等于道德上的恶。过度的理性化有可能导致个人道德感的退化、人类天生的灵性的丧失等后果。无论理性还是科学技术都有自身的限度，它们都是人类认识和实践所使用的工具。其实，“人类的科学技术环境，不论它多宽多广，都离不开‘人类固有的环境’，即离不开‘人类实际体验的范围’。像一切生物环境一样，这个环境‘以人为中心并通过人成为中心’”②。因此，必须对技术因素所介入的道德生活有一个清醒的认识，即正确把握道德与技术之间的复杂关系，在充分发挥技术工具调控道德秩序作用的同时，必须尊重人类道德感的演化规律，努力使技术服

① 阿尔弗莱德·怀特海. 思想方式［M］. 韩东晖，李红，译. 北京：华夏出版社，1999：70.

② 雅克·阿尔努. 科学与哲学的对话：I［M］. 卞晓平，等译. 北京：生活·读书·新知三联书店，2001：24.

务于道德本身的发展，而不是让人类道德成为技术进步的牺牲品。任何时代的技术手段都只能是工具，而不是目的本身。唯有人才能成为道德的主体和根本目的。

最后是消费文化对道德感的影响。生活在新市场时代的现代人，大多把追求幸福美好作为生活的目的，这本来无可厚非。然而，在消费主义盛行的时代，当人们追求和享受优越的物质生活的时候，一种未知的危险悄然降临：陷入消费主义的陷阱而不自知，把物质上的成功理解为人生理想，把自我利益的实现看作人生价值，把持续不断的感官刺激作为生活的动力。在以“我”为中心的时代，人们觉得不再需要崇高的英雄形象的引领，不再需要远大的抱负、坚定的理想和信仰，不再需要内心的神圣感做支撑，即道德英雄主义精神已经过时。此时，“人们不再有更高的目标感，不再感觉到有某种值得以死相趋的东西”①。当个人沉溺于平庸的生活追求的时候，人的存在及意义就被严重扭曲了。为了填充空虚无聊的心灵，一些人开始沉迷于声色犬马，崇尚及时行乐的享乐主义哲学，腐朽颓废之风就会日渐盛行。“在享乐主义方面，主要是精神懈怠、不思进取，追名逐利、贪图享受，讲究排场、玩风盛行。有的意志消沉、信念动摇，奉行及时行乐的人生哲学，‘今朝有酒今朝醉’，‘人生得意须尽欢’。有的追求物质享受，情趣低俗，玩物丧志，沉湎花天酒地，热衷灯红酒绿，纵情声色犬马。”② 尼采把这种人称为“最后的人”。因为“他们的生命中不再留有任何抱负，只有‘可怜的舒适’”③。在各种各样的消费欲望的诱惑下，一些人乐此不疲地追逐时尚潮流，享受新技术带来的感官愉悦，崇尚物质主义和拜金主义，个人生活由此走向糜烂和颓废。在利波维茨基看来，现代社会是一种“后道德社会”，其特点就是人的社会责任感的淡化和奉献精神的丧失。他说：“后道德社会指的是责任感淡化，且其约束力也日渐苍白无力，自我奉献的精神变得与社会格格不入，道德也不再要求个人为了崇高的理想而做出自我牺牲，主体权利支配了绝对命令，道德教育则被

---

① 查尔斯·泰勒．现代性之隐忧［M］．程炼，译．北京：中央编译出版社，2001：4．

② 中共中央文献研究室．十八大以来重要文献选编：上［M］．北京：中央文献出版社，2014：312．

③ 同①．

宜居胜地、阳光度假和大众娱乐所代替。”①

对于个人而言，平庸（或者平凡）的生活并不可怕，可怕的是伴随平庸而来的精神世界的枯萎，信仰危机、理想失落和前途迷茫状态的发生，意义世界的丧失、道德良知的沉睡以及由此而导致的人性的沉沦。由于价值缺失所导致的精神迷茫，现代人丧失了前进的方向和驱动力，丧失了继续生活下去的可靠的价值依托。尼采曾说，现代社会的男男女女们“解决现代生活之混乱的办法无非是，企图根本就不生活：对他们来说，‘成为平庸’是唯一讲得通的道德”②。当道德英雄主义的传统文化坐标丧失后，人们失去了原本赖以定向的道德价值系统，精神生活中的迷茫、困惑和无助就在所难免。在消费主义大潮的迅猛冲击下，“生活中的英雄”（波德莱尔语）早已取代了“道德中的英雄”，他们秉持“我的地盘我做主”的理念，以自娱自乐的方式在时尚的舞台上扮演英雄的角色，以玩世不恭的态度嘲讽崇高的理想和英雄人物，亵渎庄严纯洁的神圣性，甘愿平庸且以自己的平庸为荣。在他们看来，“打碎神圣的最好方法莫过亵渎，把神圣弄成滑稽可笑，自然就不会神圣；嘲笑道德，完全不跟它来正经，反而是最容易摆脱其压抑的途径；这种亵渎嘲笑的痞子之道同时还有另一个作用，即最适于拉大伙一块儿下水。谁也不想显得滑稽可笑、‘假正经’或‘跟不上潮流’”③。在躲避崇高、渴望堕落的痞子文化流行的时代，还能指望谁来守护心灵中道德英雄的位置？如果说苟且仅仅是为了偷生，那么一些人就已经在心灵深处远离或忘却了英雄主义的历史意义。正因如此，挺身而出的英雄壮举目前已不多见，所以才会有如此之多的“冷漠的旁观者”现象发生。任何时代都需要吞吐天地、包藏宇宙的英雄精神，它是一个社会的正气和清气的突出象征。当社会大众深陷世俗道德困境的时候，英雄人物会高举社会正义的旗帜挺身而出，激活原本已经蛰伏起来的道德活力，将大众纷乱焦虑的情绪调整到正常状态，同时，拒斥各种个人主义和

① 吉尔·利波维茨基．责任的落寞：新民主时期的无痛伦理观［M］．倪复生，等译．北京：中国人民大学出版社，2007：33.

② 马歇尔·伯曼．一切坚固的东西都烟消云散了［M］．徐大建，张辑，译．北京：商务印书馆，2003：25.

③ 刘智峰．道德中国［M］．北京：中国社会科学出版社，2001：139.

自私自利的狭隘观念，坚决抵制拜金主义和享乐主义价值观的腐蚀，树立时代进步的、健康的道德标尺。

在贺麟看来，就人们的生活方式而言，“大概在承平时候，一般人苟安、懒惰、享乐的心理容易滋长。同时，由苟安、懒惰、享乐而产生的罪恶和弊病，当然也在滋长。在承平时候，国家无事，大局安定，人民的心理容易忘记了国族，而只知道个人的利益，而从政的人，亦往往党派地域之见发达，缺乏为全国着想的远见。所以自私自利心的发达，党派意见的分歧，同情心的淡薄，都以承平时代为最盛”①。如果这是一种生活规律，那么人们应当警惕并高度防范这种现象的发生。机械重复而枯燥的日常生活，极易导致个人思维视野的狭隘和萎缩——仅仅关注鼻尖底下的小事，失却了社会和宇宙等更宽大的视野。不可否认，在道德英雄主义传统以外，尚存在平凡的俗世生活的维度，它是绝大多数普通人的生存方式。然而，个体可以平凡地生活，但绝不可流于和甘于平庸。甘于平庸必然导致自我沉沦、自我颓废的结局，它是与积极向上的道德英雄主义截然对立的。在文明的现代社会，若一味专注个人的安危和利害得失，遇事喜欢斤斤计较，对生命本身过度地理性权衡，那么就必然会压抑道德激情的迸发，无法做出英雄主义的无私壮举。对此，查尔斯·泰勒（Charles Taylor）曾说：“人们反复表达的一个忧虑是，个人除了失去了其行为中的更大社会和宇宙视野外，还失去了某种重要的东西。有人把这表述为生命的英雄维度的失落。”② 由此可见，道德英雄主义传统的陷落与“冷漠的旁观者”现象的频频发生之间内在的因果联系极其明显。然而，当道德英雄主义传统遭受冷遇、大众缺乏高尚精神引领的时候，社会整体必然陷入价值困境和精神迷茫，无法实现对“冷漠的旁观者”现象的超拔。历史上的英雄豪杰之所以受人敬重、令人敬仰，就是因为他们是社会正气和清气的卓越代表，引导着历史的主流和进步的方向。无私无畏、大义凛然、一腔正气向来是英雄的品质和象征。无论在什么样的社会，无论自己身处何地，只要周围充满了正气和清气，只要有正能量的不断积累和升华，最终

① 贺麟. 文化与人生［M］. 北京：商务印书馆，1988：188.

② 查尔斯·泰勒. 现代性之隐忧［M］. 程炼，译. 北京：中央编译出版社，2001：4.

就能战胜邪气和浊气，就能激励与鼓舞人们的意志和信心，社会整体就能处于健康良好的状态。固然，在和平建设时期，不会涌现出以往革命时代那样的战斗英雄，但无人能够否认，在复杂多变的现代环境中，在经济建设和社会发展过程中，每当他人遭遇困境的时候，仍然需要挺身而出的英雄人物，需要利他主义的无私奉献精神。雷锋、焦裕禄、孔繁森等英模人物就是我国社会主义建设时期的卓越代表，也是历史上道德英雄主义精神的现代延伸。这些英模人物对个体道德活力的激发，对芸芸众生超越小我视野的提升，乃是通过其所代表的真、善、美的滋养以及健康的道德环境的熏陶来实现的。

复归道德英雄主义的新尝试

首先，道德英雄主义的历史传统，作为社会大众的文化镜像和集体记忆，存留在人们的内心深处并始终发挥着道德指南的功能。按照爱德华·希尔斯（E. Shils）的理解，传统就是“世代相传的东西（traditum），即任何从过去延传至今或相传至今的东西”①。从具体类型看，传统可以区分为物质实体、惯例制度和思想观念等。道德英雄主义作为一种优秀的历史传统，应当归属于思想观念的范畴。因为后人（也包括同时代的人）对它的传承和弘扬，不是简单模仿英雄人物的所作所为，而是继承其道德精神的巨大力量。在平凡的日常生活中，人们对道德英雄主义的传承和弘扬，往往始于崇敬英雄人物的伟大业绩，进而认同和钦佩英雄人物的人格力量尤其是道德魅力，在黑格尔看来，这无疑是“精神与精神的交契”，一种发自内心的积极向上的向往和追求。实际上，每个人在自己的幼年时期或多或少都会受到英雄人物的熏陶，暗中把英雄作为自己向往的对象，并希望自己有一天也能成为盖世英雄，做出惊天动地的伟大事业。这就是普通人内心深处的英雄情结，这种英雄情结的产生或者得益于自己读书的收获，或者得益于父母的谆谆教诲，或者得益于学校的教育，或者得益于

① 爱德华·希尔斯. 论传统［M］. 傅铿，吕乐，译. 上海：上海人民出版社，2009：12.

影视剧的传播。无论是自己读书还是接受父母或学校的教育，抑或观看相关影视剧，都是继承优秀的文化传统并逐步实现道德英雄主义精神内化的过程。人们崇敬乃至崇拜英雄人物，不仅是因为他们为人类做出了重要贡献，而且在于他们所代表的高尚的道德精神以及他们的价值追求与自己努力的方向相契合。“真正的崇拜，就是自己的精神与崇拜对象的精神相交契，因为这样，所以崇拜的对象，也就是自己精神上所寄托，为自己内心深处之所企望仰慕者，一旦得着崇拜的对象，就是意志的目标，也是追效的模范。”① 人们之所以追慕英雄，是因为自己愿意成为英雄那样的人，希望自己站在英雄那样的高度，去感受英雄精神所特有的优越性，借此提升自己的生命活力和道德品质。

在贺麟看来，英雄人物之所以对普通百姓有强烈的心理吸引力和精神感召力，那是“因为每一个人内心都有崇拜英雄的驱迫力，都有其英雄本性或价值意识，都多少具有认识英雄的能力”②。这种英雄情结其实是作为一种集体记忆而存在的，它是共同体得以维系和发展的共同生活经验，这些经验足以向世人证明，英雄人物及其所代表的优秀道德传统已经融入人们的血脉，并化作社会不断进步的内在驱动力。在这个意义上，我们完全可以说，历史上那些数不清的英雄人物，“他们的英名是生根在人们的心灵中，而不是雕刻在有形的墓碑上”③。由此我们认为，历史上的道德英雄主义传统实际上已经深入普通人的血脉，成为每个人生命深处的一个烙印、一种永不磨灭的符号。即使人们并非有意识地传承他们的精神，但他们的精神对人们的影响却是无所不在、潜移默化的。当然，人作为具有能动性的、自由的存在物，能够凭借自己的理性和智识能力，合理辨识并主动传承对自身的存在和发展来说有意义的东西，尤其是在精神文化的层面上，汲取历史和传统遗留下来的宝贵遗产。例如，“当说孔子是一个英雄时，我们便想到他一生发愤忘食，自强不息，战胜种种困难的经历”④。这些才是我们真正需要的永恒的财富。

---

① 贺麟．文化与人生［M］．北京：商务印书馆，1988：73.

② 同①72.

③ 周辅成．西方伦理学名著选辑：上册［M］．北京：商务印书馆，1964：44.

④ 同①72-73.

在当今时代，人们接受道德英雄主义传统教育，真切感受历史上英雄人物的无穷魅力，目的在于以英雄的人格和境界为人生指南，弥补自身日渐萎缩的道德勇气，提升自身道德情感的内在活力，即自我人格完善和品德提升的迫切需要，这无疑是现代人理性反思的产物和表现，也是当代道德建设实践的基本诉求。因为“进入一种实践，就是进入一种不仅与当代的实践者，而且进入与在我们之前进入这一实践的那些人的关系中，特别是进入与那些人——他们的成就使实践的范围扩大到现在程度——的关系中”①。这是实践者与实践者之间对话、沟通、交流的过程。通过类似的互动和交流——当然是精神层面的，现代人得以真正了解和把握道德英雄主义的真实内涵，切实懂得了无论在什么时代，道德英雄主义都是世俗生活不可或缺的基本元素。因为人活着需要一种努力向上、奋斗不息的拼搏精神，它构成个体生命的内在支柱和灵魂。然而，市场经济及其形成的对物欲的无限追逐，导致“物世界”与“心世界”之天平的严重失衡，遮蔽乃至压抑了人的本性，致使一些人成为物欲的奴隶而无法解脱。人们亟须借助英雄的力量来实现对物欲的超拔，摆脱各种消极庸俗因素的纠缠，扩充自身的道义和人格的力量，挖掘那些被遮蔽起来的内在潜能，实现自身固有的人生价值，因为我们生活中的每个人都有其内在的“英雄本性”（贺麟语），这是我们向往英雄、努力使自己向英雄看齐乃至崇拜英雄的内在基础，亦即个人与英雄的内在同一性。历史经验充分证明，个人无法脱离道德英雄主义的历史基因，它不仅是构成人的内在规定性，而且是人类走向未来的道德价值指南，而且，在勒维纳斯看来，如果“没有这些东西，未来的人类即使生生不已，也许仍然不会是一种真正的人类”②。

在这里，我们需要把对英雄主义的信仰和对英雄的崇拜区分开来。有人以为，这也许是一种历史的错位。人们对英雄主义的信仰，恰恰说明了英雄所从事之事业的辐射力和影响力。无论伟大的思想家、艺术家，还是

---

① 阿拉斯代尔·麦金太尔. 德性之后［M］. 龚群，等译. 北京：中国社会科学出版社，1995：245.

② 埃马纽埃尔·勒维纳斯. 塔木德四讲［M］. 关宝艳，译. 北京：商务印书馆，2002：43.

拯救民族和国家于危难中的革命家、伟大的无产阶级革命战士、卓越的领导人等，他们往往都是时代的先行者，都是时代的化身和危机的拯救者。在历史的关键时刻，他们往往能够率先做出正确的抉择，然后义无反顾地为全体民众做出表率，引领人民群众朝着正确的方向前进。他们是社会凝聚力的中心和前进的旗帜。正因如此，他们才能得到人们的崇敬和信仰，甚至发生某种意义上的“英雄崇拜”。其实，人们对英雄人物的某种形式的崇拜，主要是对英雄般的激情、勇气和力量的由衷钦佩，对英雄人物所具有的博大胸怀和远见卓识、挺身而出的大公无私精神的发自内心的赞赏。因此，从根本上说是对英雄所代表的那种先进文化、道德境界、人格力量的向往和追求，是对社会公平与正义的呼唤和向往。我们认为，这个意义上的英雄崇拜是积极的、合理的，也是有重要现实意义的。对于普通人而言，人们希望英雄能够弥补自己的某种缺陷——完成自己无法实现的某种理想和愿望，尤其是改造社会的积弊、创造公平合理的制度等理性诉求。正如贺麟所说：“真善美是人类文化最高的理想，所以英雄可以说是人类文化的创造者或贡献者，也可以说是使人类理想价值具体化的人。”①现代社会需要英雄主义的道德旗帜，去展示人类历史上美好的理想和信仰，净化被物欲所污染的人类心灵，凝聚社会的正能量和积极向上的精神，引领人们走向美好与崇高。

其次，在我国社会结构公共转型的特殊历史时期，由空前的物质压力所导致的精神世界的迷惘与困顿，迫切需要道德英雄主义来领航和疏导，以廓清心灵深处的重重迷雾，激发道德情感原本具有的生命活力，给予个人明确的道德价值定向。在发展社会主义市场经济的过程中，我们赶上了千载难逢的历史性机遇，也遭遇了诸多未曾预料的重大挑战。社会主义现代化的发展道路是由数不清的问题组成的。为了解决问题，我们想到了历史上的英雄，因为英雄人物的丰功伟业是在排除一切艰难险阻去分析和解决问题的过程中创造的。这些问题尤其是道德生活中的种种难题，需要我们像历史上的英雄那样，以坚忍不拔的毅力、勇气、担当去面对和解决。对于英雄来说，“历史上最沉痛的悲剧，莫过于人们喊叫‘不可能’喊得

---

① 贺麟．文化与人生［M］．北京：商务印书馆，1999：72.

太早，并且由于眼光短浅，没能及时充分发挥本身的潜力”①。必须对问题或困难进行科学的估计和论证，只要是存在可能性的事情，我们都必须付诸自己的努力，千方百计地去探索和实践。在和平建设和发展时期，我们依然不能忘记自己肩负的责任和使命。任何人都无法预料历史会出现何种偶然性。在当今世界，各民族之间的利益冲突和领土争端不断，局部乃至全球性的战争在某种条件下有可能爆发。此时，谁来保卫我们的国家、捍卫我们的民族尊严和公民权利？在民族和国家生死存亡的历史关头，谁能做到无私无畏、挺身而出？面对经济和社会发展的种种矛盾，谁能以高度的社会信念和百倍的勇气，以乐于吃苦、不畏艰难的奋斗精神，舍弃自己的利益而维护公共利益和社会秩序？这些都是和平时期英雄主义精神可以体现的地方。任何时候都需要有人做出或多或少的牺牲，否则就没有社会共同体的和谐与安宁。在复杂多变的现代社会，面对无穷无尽的组织和社会问题，依然需要道德英雄主义为脆弱的心灵增添力量和勇气。恰如邹韬奋所说，我们必须“以忠恳真挚之热情，百折不回之毅力，与己身之腐败恶习奋斗，与社会之腐败恶习奋斗，与家庭之腐败恶习奋斗，不受前人种种腐败陈言所羁縻，不受现在种种腐败环境所诱惑，卓然自立，奋往前迈”②。

目前我们面临的主要困惑是，由于制度理性、技术工具和消费文化的侵蚀，“英雄”纬度失落，不畏艰险、勇于向前、大公无私的精神渐趋丧失。在历史上英雄主义精神是我们克敌制胜的法宝。我们必须回归自己民族的历史传统，向道德英雄主义的优秀传统学习，汲取其中蕴含的丰富营养成分，结合当今时代的发展要求实现创造性的转化和创新性的发展。在这里，尤其应当继承和弘扬中国革命道德传统。“我们的国家是英雄的国家，我们的民族是具有英雄气概的民族。历史上的革命时代，都是需要英雄、呼唤英雄主义的时代，也确实是英雄辈出、英雄主义盛行的时代；中国共产党和无产阶级领导的中国革命，更是一个需要英雄、呼唤英雄主

---

① 悉尼·胡克. 历史中的英雄 [M]. 王清彬，等译. 上海：上海人民出版社，1964：106.

② 邹韬奋. 韬奋全集：第1卷 [M]. 上海：上海人民出版社，1995：171.

义，英雄辈出、英雄主义盛行的时代。”① 这是历史留给我们的一笔宝贵财富，面对当今时代的诸多困惑，我们必须从这些宝贵的精神财富中努力挖掘我们需要的珍贵资源；要像我们的祖辈和父辈那样，秉持英雄主义的优秀传统，获得正确道德价值观的支撑，树立崇高的社会理想和远大追求。在社会主义革命和建设时期，涌现出无数英雄和模范人物代表，他们是雷锋、邱少云、王杰、杨根思、王进喜等。运用这些英雄人物的模范事迹，去唤醒和激励人们内心深处蛰伏起来的道德情感，清除自私狭隘的个人偏见和行为陋习，把少数人从颓废的边缘拯救过来，摆脱平庸乏味对我们人格和生命活力的侵蚀，为社会整体确立明确的价值取向，鼓足我们奋斗不息的勇气。这既是道德英雄主义传统发挥作用的过程，也是在当代传承和弘扬道德英雄主义精神的过程。毕竟，当一些人“沉迷不醒”的时候，需要有人予以当头棒喝，让其能够及时清醒过来。把英雄主义道德传统有机地融入人们的日常生活，使其贯穿在人们的一言一行中，让英雄主义的价值观和普通人对英雄主义的渴望结合起来，实现有效对接和及时转换，使英雄主义成为每个人心中的一种仪式和道德理想的象征。由此，人们才能从道德英雄主义传统中获得信仰的无穷力量。

历史经验证明，突发性的社会事件乃至自然灾害，往往是考验人的道德意志和道德境界的试金石。例如，我国 2008 年发生的“5·12”汶川大地震、2014 年发生的马来西亚航空公司“MH370”客机事件以及 2015 年 6 月发生的重庆“东方之星”号客轮沉没事件等。这些事故或灾难的确令人痛心疾首，然而换个角度看，同样也是追忆和砥砺道德英雄主义品质的历史性机遇。因为这些事件曾经牵动着无数人的神经，也为人们提供了道德思考和道德提升的机会。这些事件需要每个人内心深处的同情和良知，更需要大公无私的忘我精神，更需要临危不惧、挺身而出、义无反顾的英雄主义气概。这些灾难性事件促使个人的道德觉醒，使个人不断拷问自己的道德灵魂，通过激活逐渐钝化的道德活力，让每个人都能鼓足勇气、信心百倍地向着未来前行。当然，道德英雄主义对现代道德大厦的支撑，绝

---

① 夏伟东. 中国共产党思想道德建设史略 [M]. 济南：山东人民出版社，2006：19.

不是外在的“花架子”或者“走过场”，而是必须真正成为我们道德灵魂的一部分，即必须通过强化我们自身的道德能量，支撑起日渐倾覆的道德大厦。所以，继承道德英雄主义传统的优秀基因，将其融入现代人的生活和生产实践中，有助于我们保持健康理性的道德状态，在实践中砥砺和完善自身的道德思维，坚持正确的道德价值导向，牢固确立崇高的理想和坚定的信仰，始终发扬艰苦奋斗、勇往直前的大无畏的革命精神，义无反顾地承担起历史赋予我们的神圣使命，努力为人类进步事业做出创造性的贡献。

最后，在各类道德教育和道德实践过程中，始终关注并努力强化道德英雄主义传统教育，积极主动地接续和延伸道德英雄主义的历史价值，实现优良道德传统在当代的与时俱进和发扬光大。在现代文明社会，既然各种“冷漠的旁观者”现象以及诸如此类的“平庸之恶”的发生，与道德生活中“英雄”纬度的失落密切相关，那么，治疗现代道德疾患和创伤的主要对策就是让道德英雄主义真正走入现代人的心中，恢复它在人们心中的主导地位，即让人们在内心深处向往英雄、接纳英雄、拥抱英雄，把历史中的“英雄”纬度作为人生的价值坐标，以自己的切身行为传承英雄主义文化，这样才能在整个社会形成明确的道德价值定向系统。对于我们这个社会来说，我们每个人都有传承优秀道德传统的义务和责任。尤其是在学校教育中，要把道德英雄主义传统作为品德教育的内容，使之逐渐向年轻稚嫩的心灵深处渗透，使青少年的道德“骨骼”和“血肉”发育得更加完美、更加坚实，使道德基因在他们身上牢牢地扎下根。当然传承者未必都是英雄，但是，他们必须热爱英雄的事业，从内心深处渴望成为英雄，憧憬英雄的伟大理想和道德追求，在自己的行为实践中具有果敢的毅力，使自己的行动具有坚定性。

道德理性主义告诉我们，英雄的豪迈和壮举是感性与理性的结合、个体与社会的结合。在不同的历史发展阶段，要接续和延伸道德英雄主义传统的价值，都必须结合时代特点和社会的发展要求，充分发挥人的自觉能动性和创造性，将传统文化有机嵌入自己的生活实践，尤其是要接受道德事件和社会危机的真实历练，以期在道德实践与道德认识的反复和不断提升过程中，获得真正的认同感和切身体验。就社会整体而言，在道德英雄主义传统与现代社会伦理的碰撞和对接过程中，应当探索和解决当代社会的各种道德难题，提高社会整体的道德认知水平，使人们努力向英雄人物看齐，强化人们的道德境界和道德情操。同时，应克服自以为是、拒斥他人的狭隘思维模式，抑制过度扩张的个性与自由，把接纳他人、感恩社会作为道德课堂的内容，在陌生的社会生活空间中，寻找自己与他人、与社会的最佳结合点。须知，唯有在超越自我、超越个人利益的空间中，才能发现并真实体验到人生的意义和价值。就“我”与“他”的辩证关系来看，每一个“我”都是为“他”而活着，“他”是“我”的目的本身。“我”是单一的存在者，而“他”却是无限者，这里的无限者同时又包含着“我”的一部分——“我”的目的或意义，因为作为“他”的无限者才是价值的真正源头。英雄人物的伟大之处就在于，真正理解并把握了这个人生的真谛。现代品德教育者的职责，就是把这个真谛传递给受教育者，教会受教育者接纳并内化，以养成勇敢和助人的道德德性。麦金太尔曾说：“我们把勇敢看作一种德性，因为对个人，社会共同体和事业的关心和爱护，在实践中是如此至关重要，因而必须有这样一个德性。如果某人说他关心某人，某种社会团体或某种事业，但不愿冒使他或她自己的利益遭到危害或损害的危险，他的关心和爱护的真诚性就是个问题。勇敢，即自我甘冒风险的能力，由于它与这类关心和爱护的这个联结，而在人类生活中发挥它的作用。”①

按照麦金太尔的看法，古希腊是一个“英雄社会”，而“英雄社会”传承英雄美德的主要方式就是“说故事”。有些故事是真实的，有些却是人为虚构的，然而它们都能传递真实有效的美德信息。“人在他的虚构中，也在他的行动和实践中，本质上都是一个说故事的动物。他不是必然的，但通过他的历史，成了一个渴望真实性的说故事者。”② 借助这个发现，麦金太尔深化了他对古希腊英雄社会的研究。每一个英雄的故事，都是一部生动形象的教科书。故事的讲述者与听众之间的互动，主要是依靠

① 阿拉斯代尔·麦金太尔．德性之后［M］．龚群，等译．北京：中国社会科学出版社，1995：243．

② 同①272．

有吸引力的故事内容和价值认同而实现的。以往抽象玄虚的美德，在讲述者的口中变成了真实的生活实践，它们或者是血雨腥风的战争，或者是生活中的口角琐事，或者是治理国家的大政方针，诸如此类。在讲述者的叙述过程中，英雄社会的美德注入了人们的心田，滋养着善的萌芽或播下了美好的种子，以期在未来成长为德性的花朵和果实。“说故事”不是某种生搬硬套的说教，而是完全遵循生活常理的所作所为，因此在古希腊的“英雄社会”里，这种教育方式受到城邦公民的热烈欢迎。“说故事”之所以有如此成效，是因为讲述者与听众之间的内在一致性，“一方面，我是在我从生到死的生活的故事过程中合理地被他人所接受的人；另一方面，我是一个历史的主体，这个历史是我自己的而不是任何别人的，这个历史有它自己的特殊意义”①。这是讲述者与听众共同提高的过程。如果说古希腊以“说故事”的形式向大众社会转述英雄德性的伟大，那么在当今时代，人们就必须在探索这种古老方法之可行性的基础上，决定是否继续使用或者创新道德英雄主义教育的路径。毕竟，“说故事”给了我们深刻的启迪，也让我们懂得如何巧妙地将道德英雄主义传统种入世人的心田沃土，让道德英雄主义的血液涌入世人的骨髓，使世人摆脱萎靡不振的痛苦状态，变得更勇敢、更有毅力、更坚不可摧。

在当下的学校教育中，恢复道德英雄主义的历史纬度，必须改变时下功利性的、职业化的、实用主义的教育模式，还英雄人物在学校德育中明确的历史地位。我们的教育所培养的是理智健全的、全面发展的人，而不是仅仅懂得挣钱的机器人。即使是专门的职业教育，也绝不能把人的教育和培养视为技能的传授，而需要把技能的传授和素质的提升结合起来，把职业取向和人生理想协调起来。技能传授的目的是解决人的生存（生活）问题，而素质提升则解决作为“社会人”合格与否的问题，二者相比较，后者不能不占据主导地位。人才的素质尤其是道德素质和人格修养，直接影响着个人对“为何挣钱?”“如何挣钱?”等问题的看法，也决定着他未来事业发展的高度和宽度。职业选择的根本目的，在于不断追寻生命的意

---

① 阿拉斯代尔·麦金太尔. 德性之后［M］. 龚群，等译. 北京：中国社会科学出版社，1995：274.

义。生命的意义往往与一个人的使命感相联，与自己的社会责任和奉献精神相关。一个人唯有站在社会需要乃至人类发展的高度去看待他自己的职业选择乃至人生理想，才能不把自己当作挣钱的机器，而把自己的生命乃至理想和追求奉献给为人类服务这项最崇高的事业。因此，一个优秀人才应当具有这样的道德素质：能够像历史上的英雄豪杰那样，胸怀宽广、视野开阔，拥有高尚的道德品质和人格力量。他们不仅对善有深刻的认知，而且能够在实践中义无反顾地选择善和践行善。这不仅是道德英雄主义给我们的最大启发，而且是传承和弘扬道德英雄主义的根本目的。

第六章　陌生人社会的道德风险问题

“道德风险”是近年来颇受学术界关注的词汇。细究国内外发表的相关文献资料可以发现，人们对道德风险问题的学术研究，主要专注于经济学和伦理学两个基本视角。此外，德国思想家乌尔里希·贝克（Ulrich Beck）在深入考察风险社会的基础上，把道德风险囊括在社会风险中并作为一种整体性的“现代性风险”来把握，无疑有其新颖而独到的学术价值。从根本上说，道德风险缘起于道德主体——个人或人类的社会组织，与“技术—经济”社会的发展模式有关，涉及人们对社会关系的伦理价值评判，并由此而与其他类型的社会风险区别开来。道德风险在当下之所以备受重视，除了它对个人和社会所造成的巨大（潜在的或现实的）危害之外，还与它频繁出现和集中爆发的特定环境——陌生人社会的来临有密切关联。人们对道德风险的担心和忧虑，其实是在自己内心深处对陌生人及其可能造成的风险的某种警醒。因为陌生人社会不仅提供了一种现实的可能性，一种道德风险和其他社会风险实现的客观条件，而且它所造成的实际危害（损害或伤害）的严重程度远远超出了人们当初的预期（或曾预料的结局）。因此，从道德社会学的视野去研究陌生人社会的道德风险问题，也许比将其作为单纯的经济或伦理道德问题讨论更有现实意义。

在由熟人社会向陌生人社会的转型过程中，社会整体的道德风险似乎在不断积累和集中，这是许多人都能切身感受到的经验事实。为了深入分析和精确把握这些道德经验的可靠性，经济领域中的数据分析模型和伦理学研究所使用的逻辑思辨方法都是我们在研究中必须借鉴与使用的可靠工具。为了从学理上论证问题的方便，我们不妨假设陌生人先天携带某种道德风险的基因，这个基因的外部呈现及风险性，可以从陌生人的心理和行为选择上得到证明。例如，经济学家在人们经济交往过程中发现，败德行为（道德风险）的机会主义心理和行为选择偏好多是出于自利的动机以及对侵害陌生人利益的不以为然、心安理得；或者基于信息不对称而欺骗蒙蔽陌生的对手，试图在“骗一把就走”的阴暗心理支配下，以不正当的手段获得非法（或合法）的利益，以满足自己无穷膨胀的私欲。那么，在诸多现实资料和理论素材的基础上推而广之，按照“从特殊到普遍、从个别到一般”的逻辑思路和论证方法，上升到更为一般意义上的社会道德风险的研究，切中问题的实质和发生的缘由，在直面人性之种种流弊和现实利益之纠葛冲突的基础上，实际地而不是说教式地提出解决问题的对策，以期对降低大众道德风险有所助益，就是研究者所担负的重要学术责任。

道德风险的内涵与类型

按照安东尼·吉登斯的分析，“风险”这个词是 17 世纪时才出现在英语词汇中的。它最初来自西班牙的航海术语，意思是“遇到危险或者是触礁”①。在《现代汉语词典》中，“风险”被解释为“可能发生的危险”。为清晰起见，这里把“可能发生的危险”拆开进行分析。一方面，是对“可能”的分析。“可能”是包含在事物中并预示其发展变化的某种趋势性，与之对应的是“不可能”。“可能”与“不可能”的区别主要是现实中有无存在的根据和条件。有根据和条件的存在是“可能”；没有根据和条件的存在则是“不可能”，“不可能”是永远不能实现的东西。另一方面，这里所说的“危险”主要有两类：一是遭受到的损失，二是失败的结局。对于行为主体而言，行为的过程和后果往往是不确定的、未知的或未曾预料的，因而必定存在着发生某种风险的可能性。因此，人们在行动之前必须对可能的风险有充分的估计和预见，“凡事预则立，不预则废”就是基于这样的认识。

---

① 安东尼·吉登斯. 现代性的后果［M］. 田禾，译. 南京：译林出版社，2000：27.

与客观事物的发展变化相比，人的行为带有明显的主观随意性，尤其受到私利、私心等因素的约束和引导。在人与人的社会交往中，由“对方”造成的潜在风险往往是不确定的，因此自己内心深处必须要有充足的风险意识，即所谓“防人之心不可无”。在现实生活中，对人造成伤害（损害、危害等）的不是“可能性”本身，而是实际出现的具有危害性的严重后果。一个有着丰富实践经验和社会阅历的成年人，往往有着较高的风险意识和理性思考，对于各种社会风险有充足的心理准备。这种风险意识主要来自社会经验的积累和历史的传承。因此，人们在生活中使用“风险”一词的时候，既包括对未知的不确定性的“认知”，也包括对危害或伤害“后果”的把握，且后者的意义显得更为突出。人们在意识到风险来临的时候，就开始为自己生存的确定性和安全性考虑，并努力创造条件“趋吉避凶”，以最大限度地规避风险或消除风险，保全个人利益和社会的整体利益。

与其他类型的社会风险相比，“道德风险”一词出现的时间较晚。它最初是作为经济学术语而被使用的。美国学者哈尔·R. 范里安（Hal R. Varian）认为，“道德风险指的是市场的一方不能察知另一方的行动这样一种情形”①。他认为道德风险是指在市场交易过程中，由于不了解对方的行为方式而面临的风险，即由于信息不对称而可能导致的经济损失风险。英国学者约翰·伊特韦尔（John Eatwell）认为，道德风险是指“从事经济活动的人在最大限度地增进自身效益时做出不利于他人的行动”②。这个定义的实质，就是谴责一些人经济行为中的损人利己行为——一种伦理意义上的不道德行为（或者叫恶行）。在经济学家看来，最大限度地增进自己的利益无可厚非，但不能以损害他人的利益为手段，尤其不能出于某种“人为故意”而做出不利于他人的行为。“人为故意”与个人的道德品质有关。经济行为由于背后受不道德的心理动机的支配，所以被冠以“道德风险”的符号。制度经济学考察道德风险的一个重要目的，就是希冀通过寻求制度建设的成功经验和有效途径，来规避陌生人交往中的道德风险，

---

① 哈尔·R. 范里安. 微观经济学：现代观点（第八版）[M]. 费方域，等译. 上海：格致出版社，上海三联书店，上海人民出版社，2011：591.

② 约翰·伊特韦尔，等. 新帕尔格雷夫经济学大辞典：第3卷 [M]. 北京：经济科学出版社，1996：588.

或者努力将风险的损害（损失）降到最低点。德国经济学家柯武刚（Wolfgang Kasper）、史漫飞（Manfred E. Streit）在分析道德风险发生的认知条件时指出，“当人们觉得，由于他们所欺骗的人不知情或难以察觉，他们能机会主义地行事而不受惩罚时，就会沦入‘败德行为’”①。在他们看来，经济学视域中的道德风险（moral hazard，或译为败德行为），即是各种经济交往中败德行为的总称。道德风险发生的重要条件或者主要依据，就是个人行为中的机会主义（投机心态和行为）。必须承认，经济领域对道德风险（败德行为）的研究，对于规范陌生人之间的经济交往行为、创建公平合理的经济秩序有重要意义。然而，经济领域的道德风险毕竟只是道德风险的表现类型之一，它不能囊括社会道德风险的全部内涵，也不能穷尽社会道德风险的实质和意义；况且，仅仅依靠经济学家的论证，也无法把道德风险的准确内涵说清楚，即使是道德风险与经济风险之间的关系，也无法借助纯粹的经济范畴阐释完备。在乌尔里希·贝克看来，在社会公共生活领域，道德风险的发生及其具体类型是多种多样的，而经济领域的道德风险不过是其典型表现之一，道德风险的严重危害也绝不限于经济损失，它还包括对人的身体健康乃至生命存在的威胁、对良好道德情感的欺骗、对自然生态和社会道德秩序的破坏等。因此，必须把关于道德风险的研究扩展到一般社会公共生活领域，结合对人性深层因素的分析和把握，把握道德风险的内涵、类型和表现，为寻求对策提供充足的理论依据和现实支撑。

从社会伦理视角看，“所谓道德风险（moral hazard），是指可能道德行为的不确定性，这种道德行为的不确定性既可以指作为行为主体本身的可能道德行为的不确定性，也可以指一种社会措施所可能引起的社会可能道德后果的不确定性，且这种不确定性主要又是立足于其可能的结果及其潜在的危险性质而言的”②。按照约翰·杜威（John Dewey）的说法，世界是变动的、不确定的，哲学研究的目的在于寻求确定性，从而引导人们按照某种固定的秩序生活，这是减少或者回避风险的基本策略③。在我们

---

① 柯武刚，史漫飞．制度经济学［M］．韩朝华，译．北京：商务印书馆，2000：78．

② 高兆明．应当重视“道德风险”研究［J］．浙江社会科学，2000（3）：108．

③ 约翰·杜威．确定性的寻求——关于知行关系的研究［M］．傅统先，译．上海：上海人民出版社，2004：56．

生活的世界，任何道德行为都是由人做出的、带有鲜明利益倾向性，由于内在和外在诸多因素的相互交织、相互影响，人的道德行为具有很大的不确定性。为此，人们发明了道德原则和道德规范，用以约束与规范人的观念和行为，以努力实现道德行为的确定性，减少行为风险的不良后果。严格地说，“道德风险”首先是一种价值判断，是未来的后果对人的可能性影响的估价。这种潜在的风险是否会真的转化为现实，成为具有严重伤害性的后果，还需要有实现的客观条件和具体过程。当具备“实现条件”的时候，道德风险就会由“可能”转化为“现实”，从而降临到人们身边，对人们的生活产生不同性质的危害；相反，当尚不具备“实现条件”的时候，道德风险就只是作为可能性而存在着，还没有发生实质性的影响。此时，给人们改变或者规避道德风险提供了机会。另外，道德风险也未必都是完全消极负面的存在。对于人这种能动的存在物来说，某种意义上的道德风险又孕育着新的变革可能和充满希望的前景。

有人说，如果把道德风险归因于各种各样的不确定性，包括自然和社会变化的不确定性以及人的思想行为变化的不确定性，那么，实际引发或导致道德风险的因素则未必都是人，或者说不仅仅限于人的行为。对于那些无法预测的自然灾难造成的财产损失和生命伤害，我们能够称之为道德风险的后果吗？或者说，包括动植物在内的自然界是否是道德风险的主体？它们是否应该为现实的道德风险承担责任？要准确回答这些问题，我们就必须对道德风险的本质规定性进行深入的分析。

道德风险具有如下本质规定性。(1) 人为性。道德观念和道德行为的主体是人，因此，道德风险的制造者或者主体也只能是人本身。在这个世界上，唯有人才有资格担当道德风险的主体。由于某种自然灾害的发生，人类的生命和财产遭受了巨大损失，然而，自然界是无意识的，是按照其内在规律发展变化的，无论这种变化给人类造成了怎样的影响，人们都不能按照人类特有的道德法则对其加以评判或裁决，即自然界不能为其后果承担任何道德责任。在安东尼·吉登斯看来，现代性风险都是“人造风险”①。任何道德风险都是人自己制造的，无论在这个过程中有无明确

① 安东尼·吉登斯. 现代性的后果［M］. 田禾，译. 南京：译林出版社，2000：97.

的意识（有意还是疏忽等），人类都必须为自己制造的道德风险承担责任。因此，道德风险具有明确的人为性特征。（2）私利性。归纳诸多道德风险案例发生的缘由不难发现，这些人为制造的道德风险始终牵涉某种个人利益，特别是不正当的个人利益，体现出鲜明的私利性特征。在经济交往过程中，这种私利性的特征尤为突出。例如，在一桩保险公司遭遇的恶意骗保事件中，投保人在为自己的百货店投了巨额保单后，偷偷地烧毁了自己的百货店，试图以此得到保险公司的巨额赔偿，牟取非法利益。其实，被保险人明知恶意骗保行为违法，但却经不住巨大利益（这里是私利）的诱惑，最后弄巧成拙、人财两空，使自己走上了违法犯罪的道路。又如，签订某种合同（契约、协议等）的主体双方，一方利用对方对信息掌握不全面、不完善的漏洞，故意欺骗对方而牟取巨大利益。再如，某种公共政策的制定和实施，仅仅考虑或照顾社会中少数人（富人、有权者等）的利益，导致更多的社会公众尤其是贫困者的利益蒙受损失。在当下“技术—经济”社会中，人们一味追求自己的利益，道德风险的发生均有着鲜明的私利性。无论个人还是集团都是出于牟取私利的企图，成为道德风险的制造者或主体。（3）主观任意性。在绝大多数情况下，道德风险的发生都不是人的某种失误造成的，而是与行为主体的主观任意（故意、疏忽或漠视等）直接相关。也就是说，道德风险的制造者是明知故犯，这是一种利己主义道德观的表现。“利己意味着激发行为的动机是对私利的关心。这要求人们考虑私利是什么、如何获得私利，即追求什么样的价值和目标，采取什么原则和策略。”①在某种意义上，利己有其合理合法的内涵，但是，利己主义是绝对化、极端化的利己，是完全以自我为中心和归宿的道德观，是以损害他人和社会利益作为手段来满足自我的倾向与行为方式。利己主义不是暂时的道德冲动，它具有鲜明的理性主义特征，理性权衡个人利益的得失是其主要思维特色。道德风险的制造者把人们之间的利益关系看成非此即彼的冲突性存在，在经济交易过程中，为了实现自己的利益需要，必须以牺牲对方的利益为手段，因此，道德风险制造者的思维方式是极端狭隘

---

① 安·兰德，等. 自私的德性［M］. 焦晓菊，译. 北京：华夏出版社，2007：55.

而片面的。

必须注意，道德风险不同于伦理风险。从道德风险的上述规定性我们得知，道德风险的发生和发展，与主体的道德动机和道德选择直接相关。在绝大多数情况下，道德风险都起因于一些人的利己观念，或者说是机会主义动机和行为方式。如果人们采取利他主义立场，或者说，至少在更多的意义上顾及或考虑到他人和社会的利益，尽量减少自己行为中的投机性——机会主义行事，道德风险的发生及其危害就会减少很多。因此，道德风险的人为性、主观任意性十分明显，与故意、动机和良心等概念相关，符合道德作为“主观意志的法”（黑格尔语）的论述。伦理风险主要是指那些无法避免的风险，如客观的、人力无法抗拒的技术灾难与自然灾害所导致的风险和伤害等。伦理作为“关系”“抽象的法”（黑格尔语），作为人际关系中的“理”，其主要特征在于客观性（客观法）。对于现实的人来说，道德是主观的，伦理是客观的；道德是可以改变的，伦理是无法改变的。因此，从词语的内涵看，道德风险与伦理风险无疑有着巨大的差别。在使用这两个词汇的时候，我们应当努力尊重“道德”和“伦理”的本义①，有区别地加以选择和使用，而不是不加区分地一概称为伦理风险或道德风险。

从不同的视角看，道德风险可以划分为不同类型。(1) 可避免的道德风险与不可避免的道德风险。无论个人还是组织，如果在行动之前对行为有深思熟虑的分析，对可能引发的道德风险后果有较为充分的认识，并采取了某些具体的应对措施，那么行为的道德风险系数就会大大降低，其中许多道德风险就可能被有效地避免。即使没有能够避免道德风险，其现实危害也会降到最低。由于客观条件的不可改变以及人的认识的局限，或者人的能力的有限，一些道德风险属于不可避免的道德风险。(2) 近期的道德风险与长久的道德风险。人们的实践后果必定有近期和长久之分。在做一件事情的时候，大多数人只顾眼前的、近期的利益，而忽视或无视长久的根本利益的获得。这样，道德风险也必定有近期和长久两种情况。例如，酒后驾车的司机，他的行为可能导致的道德风险显然属于近期的道德

① 万俊人. 现代性的伦理话语［M］. 哈尔滨：黑龙江人民出版社，2002：84.

风险；而某项科学技术发明的问世，在给人类带来巨大福利的同时，也可能伴随着对生态环境的潜在威胁性后果，经过若干年甚至更长的时间，其危害性的后果才能逐步显现出来，这属于长久的道德风险的范畴。(3) 可见的道德风险与不可见的道德风险。在市场经济社会里，参与市场交易的人是有道德风险的，表现为人们彼此间的诚信和责任对双方的影响。如果一方背信弃义、欠债不还，那么就会导致契约无法顺利履行，另一方的经济利益得不到有效保障，甚至走向企业破产，这属于可见的道德风险。所谓不可见的道德风险，是指人们在“看不见的手”等类似交易规则的支配下，自己的利益无端受损却找不到原因的风险。

在诸多社会风险中，道德风险与其他风险（如经济、技术、管理、创新等领域的风险）的关系是一个需要厘清的问题。没有脱离人类社会的孤立的道德，也没有脱离生活本身的道德风险。道德风险蕴含在人际交往和社会活动中，散布于经济、政治、文化、技术、管理等诸多具体的社会领域，并通过具体的人类活动表现出来。因此，我们可以说，无论金融风险、技术风险、政策风险，还是管理风险、健康风险等，都是道德风险的具体表现形式。离开这些具体的生活领域和活动过程，道德风险就无从谈起，也没有任何实际意义。只要有人和人的活动，就有孕育和生发道德风险的可能性。总体上看，道德风险蕴含于具体的生活之中，与人们的不同活动相互交织、相互渗透，对人类生活造成潜在的威胁。在日常生活中，道德风险就存在于每个人身边，也就是说，我们在衣、食、住、行等方面都有可能遭遇道德风险的考验。在当今社会，道德风险突出体现在“技术—经济”领域中，尤其是科学技术进步的成果对生态环境的危害，以及一些社会政策的短视、牟利动机，导致道德风险迅速集聚、集中爆发。乌尔里希·贝克曾说：“我说风险，首先是指完全逃脱人类感知能力的放射性、空气、水和食物中的毒素和污染物，以及相伴随的短期和长期的对植物、动物和人的影响。它们引致系统的、常常是不可逆的伤害，而且这些伤害一般是不可见的。”① 在它们里面蕴藏的道德风险都是人为制造的，尽管风险的制造者可能抱有各种不同的目的（善良的动机或者邪恶的意

① 乌尔里希·贝克. 风险社会 [M]. 何博闻，译. 南京：译林出版社，2004：20.

图），但是它们潜在地浸入了我们的生活，对我们的身体健康乃至生命产生了不可忽视的影响。然而，由于缺乏一种人道的评价标准和道德约束，"技术—经济"社会的发展过程在某种意义上成为道德风险逐渐积累的过程。不过，危险的并不是技术本身或经济本身，而是人们对其道德风险视而不见，一味沉浸在幸福生活或技术胜利后的喜悦之中。各种不明的和无法预测的后果在不知不觉地主宰着人们的行动，这些才是真正的道德风险——对道德风险一无所知或不以为然。

在现实生活中，人们大多重视经济风险或者健康风险等与自身实际直接相关的风险，而忽视或无视道德风险的危害性，以为道德总是看不见、摸不着的东西，因此道德风险也是可有可无的，不必给予太多的关注和重视。然而，道德风险的主体是社会人，如果一个人心存不善的动机，并在这种不善的动机的支配下去做事，那么道德风险就会不断集聚和逐步放大，将给他人和社会带来无法预料的灾难。在经济学看来，追求利润最大化对商人而言是天经地义的，但是，其利润最大化的前提是不能背离社会道德准则，不能危害他人对利益的追求，不能损害社会公共生活秩序。一个丧失良知的食品商人，把被污染了的食品卖给消费者，他可能因此而获得巨额利润，但消费者却不得不承受身体的痛苦，乃至生命安全的巨大威胁。在这个意义上我们说，道德风险比经济风险、技术风险更根本，更重要，它是所有风险中最大的、最严重的风险。也正是基于此，经济学家才提出道德风险问题，意识到经济行为中的道德风险实质不是利益本身，而是人的内在良知和道德品质问题。对于普通公众来说，经济风险通常表现为某种经济损失，而道德风险的发生则不仅伴随着经济损失或财产浪费，而且还触及人类生存的根本——身体健康和生命存在等。道德风险的发生加剧了人类行为的自我伤害性，所以，人们在行动过程中，在顾及各种技术的、健康的、秩序的风险的同时，必须将道德风险作为首要考虑的因素。道德风险是一切社会风险的"总开关"，对社会风险有着根本的影响。尽管一些道德风险对于人类来说是久远的和未知的，然而，通过对道德风险的前瞻性研究，提前预见风险的到来并采取规避对策，人们才能变被动为主动，更科学地规划"技术—经济"社会的发展模式，创造属于人类自己的幸福生活。

陌生人与道德风险的关联

现代社会是陌生人社会。陌生人社会的道德风险与陌生人的特质有密切的相关性。首先，陌生人都是匿名的。陌生人之匿名性，使得人们在遭遇陌生人的时候，始终感觉陌生人的思想和行为是不确定的、难以预料的，缺乏明确的未来预期，即陌生人的出现是有风险的，对自己的生活是一种潜在的威胁。因此，人们往往对陌生人抱有高度的戒备心。对于每个个人来说，戒备心都是防范道德风险和财物损失的有效手段。在社会公共生活领域，人们不能完全相信陌生人，也是因为陌生人是“某个来自外部世界并且潜在地让人感到疑虑的人”①。他们的思维和行为方式是陌生的，对于他们的人格和道德良知，我们知道得很少或者完全不知道，这与我们追求的安全预期相距甚远。何况在我们每天的日常生活中，电视屏幕上播放的形形色色的社会犯罪，几乎都是由陌生人一手制造的。少数陌生人利用了自身的匿名性，自以为在从事犯罪活动（作恶）之后，可以神不知鬼不觉地逃之夭夭。无数反面案例的道德叠加效应，造成了人们对陌生人的警惕心理和莫名恐惧。当匿名性成为某种被利用的邪恶工具的时候，它造成的后果就是整个社会对陌生人的冷漠与蔑视。这是与之前的熟人社会完全不同的社会类型。在熟人社会的环境下，由于稳定的社会结构和人际交往，人们彼此间的信任和责任意识较为成熟，尽管也会有陌生人的介入及其造成的少数犯罪，但人们的总体生活环境是安全稳定的。所以，在一个确定的熟人网络中，发生道德风险的概率是很低的。然而，当我们站在陌生人社会的门槛前，“突然间所有的东西都变得不确实了，这包括共同的生活方式，谁做什么、如何做、在哪里做……”② 我们陷入了六神无主的迷茫和无助状态，不知道该如何应对未来的问题、如何面对未知的社会风险的考验。

---

① 安东尼·吉登斯. 现代性的后果［M］. 田禾，译. 南京：译林出版社，2000：70.

② 乌尔里希·贝克. 风险社会［M］. 何博闻，译. 南京：译林出版社，2004：132.

其次，陌生人之间的义务关系是松散的、暂时的。无论在公共生活中还是在具体的经济交往中，人们与陌生的交易对象的关联都是暂时的、松散的，甚至是一次性的（线性的）。这致使人们的义务感和责任心趋于淡漠，行为的随意性大大增大，从而在无形中加剧了人们（包括陌生人在内的所有人）机会主义心理（俗称投机）的肆意膨胀，功利主义和短期行为占据上风。正如经济学家所做的精辟分析："机会主义描述人们追求最大化满足的短期行为。它不顾及人类行为对他人的影响，也不顾及一个共同体内公认的行为规范。这种行为具有离心性的、从而有害的长期后果，它使人们的行为在长期内变得难以预见。"① 实际上，机会主义的最大特征就是短期行为。人们在彼此互为陌生人的时候，在心理上就会有无法察觉的微妙变化，尤其对于那些缺乏道德操守或道德素质低下的人而言，"一次性交易"的心理就会充斥整个交往过程，所谓"骗一把就走""一锤子买卖"等非理性主义盛行，为此而贪图小便宜的人也不在少数。久而久之，人们之间相互信任、相互忠诚的道德义务便在这个过程中逐渐化为泡影。当然，把陌生人之间的信任和义务，与熟人之间的信任和义务相比并不现实。因为熟人社会的信任和义务有着特殊的道德意蕴，无法按照推己及人的法则，简单推广到陌生人社会的人际关系之中。为此，需要建立专门的陌生人心理学，去研究在一个充斥着陌生人的世界里，人们道德心理的种种微妙变化，尤其要揭露人性深处的"幽暗意识"（张灏语）以及在陌生人空间里这种"幽暗意识"的道德表现。在这里，我们无意对陌生人做深入的道德心理分析，然而不容否认的事实是，人们彼此间的信任危机和道德责任的衰落乃是陌生人社会的突出道德风险。

当然，这并不意味着熟人社会是没有风险的。不过，在一个由熟人编织起来的社会网络中，对于来自自然的威胁（自然风险）和社会生活中的不可预料的突发事件（社会风险），人们能够同心同德、万众一心，形成强大的社会凝聚力，依靠坚如磐石的团结一致，共同面对并战胜它们。这是因为在长期的生活实践的考验中，个人对共同体的依赖、忠诚乃至信

---

① 柯武刚，史漫飞．制度经济学［M］．韩朝华，译．北京：商务印书馆，2000：76-77.

仰，逐步强化了彼此间的了解和信任，“在那种社会中，对小群体（家庭、氏族、村子、秘密社团）的忠诚超过了在抽象和普遍原则基础上与陌生人合作的意愿”①。人们由此而凝聚成抵御道德风险的坚强共同体。也正是在这个意义上，“风险”获得了某种积极的道德意义。正如乌尔里希·贝克所看到的那样，“在较早的阶段，‘风险’这个词有勇敢和冒险的意思，而不是意味着地球上所有生命自我毁灭这样的威胁”②。在熟人社会里，人们没有谈风险而色变，而是把社会风险视为考验自己进而砥砺自己道德意志的历史机遇。人们想到同伴、邻居和许多陌生人跟自己一道承担风险的后果，就必定能从心理上获得巨大的安全感。共同体的所有成员责任明确、相互信任、共担风险，此时，风险便成为催人上进、使共同体团结一致的积极向上的动力。当然，前现代社会的风险与当下社会的风险有着完全不同的特点，“工业社会前的灾难，无论有多大多惨烈，也只是来自‘外部的’的对人类‘命运的打击’，可以归责于一种‘另外的’力量——上帝、恶魔或自然”③。人与人之间的相互算计、互不信任、推脱责任，说到底是现代化的后果（严格地说，是道德上的恶果之一），尤其是在“技术—经济”社会主导下，社会心理和道德面貌已经发生了根本性的转变。因此，在抗拒现代道德风险的舞台上，人们无法从传统得到有益的东西来借鉴。此外，在我们的生活中也出现了“杀熟”之类的道德风险，一些人利用熟人关系骗取信用贷款，出现了熟人道德“陌异化”的现象，值得人们给予高度关注。

最后，陌生人的行为是不确定的。我们在与陌生人交往时，最为担心的问题是，对方的行为是否具有某种连续性或同一性，这是一种先在的心理预期。然而，这种预期能否顺利实现，并不取决于我们的预期正确与否，而是取决于对方的所作所为，即对方道德品质的优劣。我们在获得关于对方道德同一性的正确认知之后，便能够根据自己的道德判断做出合理决策。在一般意义上，陌生人的行为往往是不确定的。这种不确定导致我

---

① 柯武刚，史漫飞．制度经济学［M］．韩朝华，译．北京：商务印书馆，2000：183.

② 乌尔里希·贝克．风险社会［M］．何博闻，译．南京：译林出版社，2004：18.

③ 乌尔里希·贝克．世界风险社会［M］．吴英姿，孙淑敏，译．南京：南京大学出版社，2004：68.

们心存焦虑，对未来的道德风险充满忧虑。按照齐格蒙特·鲍曼的分析，现代文明社会的突出特征是，社会的个体化进程不断加速，人的个性和自由获得空前的解放，这也许是“人”获得的又一次巨大进步，是值得骄傲和自豪的历史性事件。不过，个性化的极端必定是它的反面——道德风险的加剧，尤其是对整体社会秩序的破坏和损毁。“谁在晚上喧嚷着穿过大街，谁就会因为扰乱公安而受到惩罚，即使他只想表达他傲慢的性情，根本没有想到由此夺走了他人安静的夜晚。”① 在这里，个性的获得和自由空间的扩张，是以剥夺他人的安静乃至睡眠为代价的。一些人的自由空间的扩张，意味着更多人的自由阵地的丧失。不过，因为损害的多是陌生人的利益，而这些陌生人与自己无直接的利害关系，所以自己内心无法感受到道德谴责，相反，却是前所未有的心安理得。

人们愿意生活在熟人网络中，是因为熟人的行为往往是确定的、可以预期的；更主要的是，大家有着共同的文化背景、相似的生活经历以及共识性的价值认同，心理上的亲近感是自然而然的。然而，在陌生人社会，人们有着地域、文化背景、历史传统和生活方式的差异，人们行为的差异性、多样性和不确定性随之增大，从而加剧了道德生活中的风险。从当下社会突发性事件的日益增多，不难看出在陌生人社会降临后公共道德遭遇的尴尬处境和价值危机。社会学家在深入把握这种因果关联的基础上，分析社会风险和道德风险的成因，形成了许多有说服力的结论。安东尼·吉登斯认为：“大多数影响着人类活动的突发性事件都是由人为造成的，而不是由上帝或大自然所造成的。”② 各种突发性事件的频频发生，就是社会道德风险加剧的最好证据。每个人都不知道将来会发生什么事情，也不知道这些事情会给自己带来哪些灾难性的后果。因此，生活在陌生人社会，大多数人都有一种“存在性焦虑”（existential anxieties）。道德风险的积累则是内心焦虑的核心问题。人们对自我经济利益的不正当索取，私心或贪欲的无限膨胀，成为现代社会新的道德风险的根源。“人们在了解

---

① 西美尔. 金钱、性别、现代生活风格［M］. 顾仁明，译. 上海：学林出版社，2000：121.

② 安东尼·吉登斯. 现代性的后果［M］. 田禾，译. 南京：译林出版社，2000：28.

资源、潜在交易伙伴以及他们的精确特征上具有‘横向不确定性’（sideways uncertainty），特别是，当人们需要让别人为他们做事时，他们常常不清楚那些代理人究竟将忠诚、可靠、尽其所能，还是玩忽职守。”① 陌生人的可靠程度如何、能否被给予足够的信任、是否有道德资格作为“我”的“代理人”，已经成为经济链条能否正常运行的关键。因此，来自陌生人的风险是必然存在的。所以，关注这些道德风险及其引发的经济风险对自身的威胁，必定成为新制度经济学的基本方向。

除了人为制造的各种风险之外，还有许多与人性相关的客观因素导致的风险，这些因素来自人性的深处并具有某种普遍性。例如，“人们首先是健忘的，粗心大意的和懒散的，他们逃避义务，易于骗人和撒谎，在面对陌生人时尤其如此”②。在关注和深入研究人性问题的哲学家看来，人身上的这些缺点由来已久，它们驻扎在人性的最深处且短时间内难以完全克服，解决人性的缺憾是一种历史过程——文明逐渐熏陶和不断培育的过程。另外，人的理性的局限性是客观存在的，无论人的认识达到何种水准，都无法完全消除这种局限性。然而，人们不能等到人性的缺点（或局限）克服之日再去开展经济和社会交往，享受自己的幸福生活。另外，经济学家也不可能无视这些因素的存在，理想主义地认为仅凭脆弱的、不可靠的信任关系，就能顺利实现陌生人之间的经济交易活动。这样不仅会造成更大的经济风险，而且蕴含着更大的道德风险。这些因素既可能伤害到经济的正常运行秩序，威胁到经济交往规则的严肃性和权威性，也可能危害到和谐社会秩序的建立和完善，从而给人的生活带来痛苦而非幸福。

历史上，劳动曾是一种重要的传统美德，人们在实践中坚守“不劳动者不得食”的道德信条，崇尚“劳动光荣、不劳动可耻”的道德训诫。如今在现代化的迅猛冲击下，这些关于劳动的美德、对劳动的信仰已经被很多人遗忘了，取而代之的是“不劳而获”“投机成风”“见利忘义”等市侩哲学。说到底，这些都是机会主义心理和行为的产物。当经济行为中的机会主义蔓延到其他社会领域、为越来越多的人所接受和奉行的时候，投机

---

① 柯武刚，史漫飞．制度经济学［M］．韩朝华，译．北京：商务印书馆，2000：52．
② 同①242．

取巧、欺骗欺诈等道德风险便获得了一些人的积极认同，并被作为牟取私利的手段。当这些背离人伦道德的新市场经济时代的“经济道德”粉墨登场的时候，人们对待劳动的态度便会发生根本性的逆转：人们不再以劳动为光荣，也不以劳动为生命意义的价值源头和终生寄托；相反，人们鄙视劳动和劳动者，不喜欢通过合法经营和踏踏实实劳动的方式来获得自己应得的那部分收入。固然，人们之间的经济联系不是陌生人社会的全部，但在利益主导的整体社会氛围中，人们行为的泛利益化趋势尤为明显，动辄以利益标准、金钱尺度来衡量生活中的一切，由于人们的思维和行为方式不知不觉与经济利益挂上了钩，久而久之，就会形成难以消除的经济思维模式。在陌生人社会的环境里，经济思维成为陌生人交往的主导性思维模式。陌生人之间发生矛盾纠纷的时候，人们喜欢拿钱来摆平，而不是按照规矩（法律、制度等）办事，不是公平、公正、合理地解决问题，这就足以说明这种社会积弊之害。反过来，陌生人社会道德风险的存在，又加剧了陌生人之间的紧张关系，即人们无法完全信任陌生人，现实生活中的许多道德灾难都是陌生人造成的恶果。当陌生人面对陌生人的时候，上述情形进一步加剧了人们防范陌生人的心理和行为，导致人与人之间的疏离、不信任进一步强化。这正是陌生人社会的道德灾难制约陌生人社会和谐与个人幸福生活的瓶颈。道德理想主义显然不适用于经济领域，而完全意义上的利他主义伦理也无法落到实处。当然，这不应当成为歧视陌生人的正当理由。与其他领域触目惊心的社会风险相比，道德风险显得更加隐蔽和不可预见，因为它源自人内心深处的动机——一种幽暗心理的爆发。人们这种不可见的“超出了感官的认识与想象的能力”（乌尔里希·贝克语）正是造成道德风险的内在根源。

道德风险的种种危害

如同人们所看到和经历过的其他社会风险的严重后果一样，道德风险的潜在的和现实的、近期的和久远的危害性后果，必须受到社会成员的充分关注和高度重视。具体说来，道德风险的危害主要体现在如下几个方面。

首先，道德风险可能导致人们经济利益的损失和社会整体经济秩序的破坏。在“技术—经济”时代，人们的生存质量与生活的幸福指数，与个人拥有财富的多少密切相关，这已经成为人们的价值共识。以自己的诚实劳动与合法经营来获得财富，本来无可厚非。但总是有少数人抱着投机的心态，妄想不付出艰苦的劳动而获得意外之财，这种心理的滋长和蔓延，导致各种各样的经济类诈骗应运而生。一般说来，实施诈骗的行为主体大多是匿名的陌生人，他们欺骗的对象也是陌生人，这样就形成了一种陌生人对陌生人的经济战争。“在市场经济条件下，行为主体是否采用道德或合法的手段去获得经济利益，首先取决于这个行为主体是谁，取决于这个人的道德人格。生产、交换与消费的经济活动是经济生活中大量发生的活动，不同的利益诱惑总是存在，因而人们总是能够遇到那种想破坏市场经济正当游戏规则或钻制度空子而攫取不道德或不合法利益的人，所以道德风险总是存在。”①

那么，陌生人之间的经济交往中的道德风险，为何会转化为现实甚至变成某种道德灾难？乃是因为两个客观条件的存在：一是人们之间合作的必然性；二是“信息不对称”现象的存在，即双方对相关信息的把握不对等、不平衡。在陌生人社会里，人们要解决生存和生活中的问题，几乎都离不开陌生人之间的协助与合作。在现代社会里，人们之间的相互依赖性空前提升，一个人离开他人将寸步难行。正如柯武刚、史漫飞所说，“要获得绝大多数我们需用来满足自己欲望的事物，我们都必须依赖与他人的合作。他们往往是难以计数的陌生人。我们对他们所拥有的知识很可能穷不通并且可能永远也不会遭遇他们”②。人们与陌生人之间的合作有各种不同的形式，有的是“面对面”的直接接触，更多的则是通过“中介”形成的间接联系。在这种相互联系和交往实践中，人们实现了各自的利益诉求。“合作”所提供的契机正是导致道德风险的条件之一。另外，由于各种各样的原因，人们之间的合作总是存在着某些漏洞，这些漏洞或者源

① 龚群，钱姝璇. 人性的幽暗性与欺诈性道德风险［J］. 道德与文明，2014（4）：113.
② 柯武刚，史漫飞. 制度经济学［M］. 韩朝华，译. 北京：商务印书馆，2000：53.

自个人认识的误区，或者是某种制度设计方面的缺陷或不足。一些人透视到这些漏洞的存在，利用陌生人交往中的匿名性以及信息不对称等问题，采取各种欺瞒的方式诈骗他人的钱财，即以损人利己的不道德方式牟取不正当利益。在这里，所谓的信息不对称（asymmetrical information）是指行为参与者对特定信息的拥有是不相等的，有些参与者比另一些参与者拥有更多的信息，而且这种信息的分布是已知的①。这种信息分布的不均衡、不对等的特点，导致信息劣势者在凭借有限的信息进行分析时，极容易出现判断和决策的巨大失误，从而导致个人（或组织）经济利益的巨大损失。

在现代社会，各种新的技术发明和技术成果的问世，是人类文明和社会进步的巨大贡献。它们不仅极大地方便了人们的生活，提高了普通百姓的幸福指数，而且给各种类型的经济交易提供了快捷和便利的技术平台。例如，需要使用现金交易的过程，需要人们到银行排队取款，待拿到现金后才能进行。不仅费时费力，而且手里持有大量现金也不安全。如今在信息网络技术的支撑下，各种网络支付方式应运而生，人们可以使用这些新的支付方式，在自己的手机上瞬间将需要支付的金额转给对方，交易过程方便快捷，极大地方便了人们的生活。当然，随着网络的发展以及支付方式的多样化，新的技术交易平台也为少数犯罪分子实施违法活动提供了便利。近年来，各种网络诈骗、电信诈骗案例的数量在急剧攀升，且诈骗的数额越来越大，这已经成为现代社会新型经济犯罪的走向。同时，伴随网络技术风险而来的是不断加剧的道德风险。新技术及各种支撑平台的存在，在某种意义上助长了社会犯罪，提升了社会整体的道德风险系数。在网络世界里，陌生人犯罪成为备受关注的时代课题。在这里，我们不仅需要研究陌生人犯罪的性质、特点和类型，以探索克服和解决陌生人犯罪的途径，更为重要的是，要深刻反思我们自身存在的问题，比如自己心中的私欲、贪欲，面对利益诱惑时疏于防范等问题。实际上，陌生人社会道德风险的发生，恰恰是有人利用了人们的这种惯常心理——贪图小便宜的心

① 庞永红．道德风险及其防范与控制［J］．苏州科技学院学报（社会科学版），2004（1）：58-61.

理。例如，时下频繁发生的各类电信诈骗、网上投资公司诈骗、电子商务诈骗等，就是骗子利用人们无知或贪财的心理，设计掩人耳目的诱饵，诱使人们上当受骗。一些人贪欲在心，总是希望通过某种捷径攫取非法利益，满足自己不劳而获的贪欲。这即是骗子所依赖的"道德心理学"，也是受骗者承受道德风险和经济损失的主要原因。如果人们都能正确看待经济利益，在内心深处自觉抵制不良欲望的侵蚀，那么犯罪分子的欺骗手段就不会得逞。

乌尔里希·贝克把现代社会定位于"技术—经济"社会，在他看来，追逐财富已经成为当代人的核心使命，然而，人们"从技术—经济'进步'的力量中增加的财富，日益为风险生产的阴影所笼罩"①。也就是说，财富的积累同时伴随着风险的积累。这些风险主要表现为金融的、技术的、政策的风险等。如果说在传统农业社会，威胁人们健康和生命的风险主要来自无法预测的各种天灾人祸，那么在现代工业社会，人们在享受技术文明和社会进步的过程中就不得不面对"自身创造的道德风险"的威胁。在人类文化演进中，道德从来都不是单一的规范或理论，而是作为社会结构的基本要素，渗透于公共政策的制定和执行过程中，体现在人们的社会实践活动中。如果当今社会是风险社会，那么道德风险就是其重要的风险类型之一。由于道德风险的不断积累和释放，人们对交往中的信用关系产生怀疑，从而威胁到社会整体的经济运行秩序。当然，少数陌生人的经济犯罪行为并不能成为我们漠视陌生人的理由。一方面我们要善待陌生人，另一方面我们又要防范陌生人带来的道德风险和实际危害。社会始终是在这种类似二律背反的轨道中艰难前行的。

其次，道德风险可能导致个人交往受阻和社会整体信用关系崩溃。众所周知，在现实生活中，之所以没有人愿意与缺乏信用的人交往，是因为这种交往蕴含着巨大的经济风险和道德风险，不仅可能导致交往过程受阻，交往目标无法顺利实现，而且还容易发生各种意想不到的情况，甚至发展到对簿公堂。因此，在与陌生人交往时，人们对对方的人格和道德品质并无太多要求，只希望对方严格地信守承诺，并按照预定的规矩（契

---

① 乌尔里希·贝克．风险社会［M］．何博闻，译．南京：译林出版社，2004：序言 6-7．

约、合同、法律等）做事。在经济交易过程中，信用是维系经济正常运行的基石。没有信用关系的润滑和疏导，人们彼此就互不信任、相互猜疑，甚至出现诸如欠钱不还的赖账行为，最基本的人际关系就很难维系，更谈不上经济活动的健康发展。“在经济领域，一方面，任意拖欠贷款、恶意逃废债务，经济活动中企业和个人失信甚至不法行为与日俱增；另一方面，社会信用记录不健全，信用信息的不公开，致使大量有‘信用劣迹’的企业、个人屡次行骗得手而不能被及时察觉。”① 因此，由信用缺失引发的道德风险是巨大的。实际上，人们之间的信任或者信用关系，既适用于经济交往，也适用于一般意义上的公共交往，而且在后一种意义上更为重要。在伦理学家看来，信用（信任）是一切社会交往的道德基石。无论何种类型的交往过程的发生，本质上都是人际互动过程，都必须以人际间基本的信任关系为基础。若失去了信任关系的有效支撑，那么整个社会就会陷入相互敌视的“丛林状态”。

在与陌生人的交往过程中，人们心存诫惧（不安全感、恐惧感、焦虑等）是正常的，毕竟对于对方的一切，以及自己行为的目的能否顺利实现，自己心里缺乏足够的底气。“当社会处于流动的、陌生的、分工精细的、交易范围广泛的状态时，人与人之间相互监督就不太方便，道德约束就变得相对困难。……随着熟人之间交往社会向陌生人之间交往社会的变迁，道德对机会主义（的）约束力在下降。”② 对风险的担忧也使人们小心翼翼，甚至如临深渊、如履薄冰。以往遭受风险伤害的痛苦经历告诉人们，在一个充满风险的社会里，必须时时处处小心谨慎，“小心驶得万年船”的祖训在今天依然适用。在传统熟人社会中，人们彼此间的相互依存导致个体自由的有限性。限制了个人的行为自由，同时也就对道德行为和道德人格提出了要求。当我们周围都是陌生人时，熟人“面孔”的道德监督暂时被取消了，这就意味着个人行为的自由度提升了，可以为所欲为而不受道德约束。人们的为所欲为包含着风险的提升和扩展，因此，现代社

---

① 舒雨，等．道德盲点［M］．呼和浩特：内蒙古人民出版社，2004：88-89．

② 韦革．道德风险与经济发展［J］．华中科技大学学报（人文社会科学版），2002（3）：77．

会道德风险的凸显和扩散，显然与社会个体化的进程有着不可分割的关系。个体化为何能够提升道德风险指数？原因在于，“尽管人们在非理性主义的海洋中充满骄傲地充当着理性自身的代表，但他们还是陷入了难以控制的风险冲突的陷阱中”①。道德风险的人为性，被个人良心不安所淡化。对于眼前的经济风险和健康风险，人们绷紧了自己的神经，但对于道德风险则显得无能为力。因为道德风险的主体往往是未知的，其制造者无法受到强有力的监督和管理，例如我们吃的食物、饮用的纯净水等，虽然食品监管部门对其卫生标准有着严格的规定，也有明确的查处措施，但这并不意味着在道德上是零风险的。毕竟监管是有限的，还会有很多不到位的地方。真正的监管者在生产者的内心深处，在于他们的道德良知。纯净水不仅需要严格的提纯技术，而且需要一个“道德净化”的过程。生产者和经营者的诚信与责任，是遏制道德风险的最后一道关口。

人是社会交往的主体，任何意义上的交往体现的都是人与人之间的关系。因此，社会整体信用关系的建立和维护，依赖每个社会成员的道德经验和内在良知。反过来，社会整体信用关系的破坏和瓦解，必定始于个体间信用关系的崩溃。有学者认为，在我国目前的市场上，“各种故意性的失信欺诈行为已经严重地影响了社会稳定，各种证券与期货诈骗以及利用互联网和电子商务进行的非法集资行为或者经济诈骗，使大批中小投资者血本无归，而社会腐败大部分就是根源于官员对于社会与公众的失信”②。单纯从经济数据来看，信用缺失和“违反公平竞争的各种合法税收减免引起的海关税收和其他税收的流失损失每年有 5 700 亿元至 6 800 亿元”③。惊人的数字让我们看到了道德风险的残酷和自身的无奈。无论熟人之间的交往，还是陌生人之间的交往，以及整个社会的政策和制度设计，都必须牢牢把握信任（信用）这个道德标尺，把信用体系建设看作“生命力”的根本。这是人们从各种社会风险的考验中汲取的教训。人是道德行为的唯

---

① 乌尔里希·贝克. 世界风险社会［M］. 吴英姿，孙淑敏，译. 南京：南京大学出版社，2004：43.

② 舒雨，等. 道德盲点［M］. 呼和浩特：内蒙古人民出版社，2004：91.

③ 同②.

一主体，在社会公共生活领域，道德风险都是由人引发的，这是无法改变的、铁的事实。人的行为主要受制于内在人性和外部环境。从人性角度看，各种善恶矛盾的相互交织、相互影响，铸造了形形色色的人性基因。在现实生活中，对事物或问题的评判标准千差万别，落实到具体决策和行为过程中，就很难避免道德风险，也很难避免潜在的“副作用”——具有风险的或者危险的后果的出现。这种风险或者危险无论指向自己还是指向他人，从总体上看，都“作为灾难的潜在的可能性”，具有某种不可逆转的趋势性，可能导致社会整体信用关系的瓦解。唯有在经历无数次的教训之后，人们才会逐渐形成某种风险思维，在可能的灾难来临之前，有所警惕并采取相应的防范措施。

要充分驾驭陌生人社会的道德风险，把风险限制在特定的范围内，就必须建立和完善相应的规章制度，以严格的规章制度来约束人们的行为。陌生人交往中的制度或规则，是信用不完善（不履行）的某种补偿机制。也就是说，用制度强制性约束的方式，来支撑人们之间信用关系的建立和维系，当是今后避免道德风险的主要手段。如果说经济交易可以采取预付定金的方式，约束彼此之间不讲信用（背离规则甚至违法）的行为，从而降低彼此承担的道德风险和经济风险，那么在经济之外的其他社会交往中，除了制度和规则以外，人们之间则缺乏更为有效的“工具”来保证相互交往过程的顺利实现，即缺乏道德风险的有效防范机制。此时，对于交往者（双方）而言，唯一能够做到的现实举措，就是在行动之前要有明确的风险意识——对可能发生或出现的风险有充足的心理准备以及应对策略。这样，一旦发生了实际的道德风险，造成了不可挽回的后果，自己就能拿起制度（法律、信用体系等）武器，变被动为主动，给失信者有力的惩罚，以此挽回自己的损失并教育失信者，使之能够认识到失信的危害、承担失信的道德风险。

最后，道德风险会强化人们的投机心理和机会主义行为。在现代文明社会中，几乎所有的谋利行为都是围绕自我利益展开的，我们就以金融机构为例，来分析投机心理和机会主义行为存在的道德风险。有学者指出，“在银行管理者与存款者之间，由于银行是逐利的，用的钱又大多是别人的（自有资本占比例很小），它就有从事高风险业务的冲动，金融创新和放松管制更是加剧了银行的这种行为。网络银行的发展加剧了银行与客户之间的信息不对称，发生道德风险的可能性更大”①。实际上，几乎所有的金融机构都存在不同程度的道德风险。它们之间的区别不在于风险的有无，而在于风险的大小与高低，即有的风险在人力可控的范围之内，有的风险在人力可控的范围之外。它们有着无限的风险性，或者说投机心理和机会主义行为的存在，已经无法用现有的道德标准加以约束和调控。在这个意义上，必须强化对金融机构的监管，努力减少运行中的风险，最大限度地保证各方的利益不受损害，这是金融业道德风险评估的合理性尺度。

在一般意义上，人们的投机心理和机会主义行为倾向，既有人性深处的内在根据，也有对利益（个人利益或小集团利益）追逐的制度性诉求。从人性角度看，人们的投机心理根深蒂固且难以克服，并且随着社会的进步而不断花样翻新。当出现适宜的外在环境的时候，它就会以欺诈、违约、损人利己等行为方式表现出来，扭曲良好的人际关系，干扰幸福的生活环境，侵蚀正常的社会秩序。人作为具有能动性的社会主体，不能一味任凭投机心理阴暗丑陋的一面肆意泛滥，将自己拖入无尽的道德风险之中而不顾。因此，采取法律打击和制度规约是必要的措施。（在我国的社会转型期，各种来自陌生人的经济犯罪、欺诈骗财行为不断加剧，各种投机心理盛行、机会主义行为日益加剧。在社会道德风险指数不断攀升的情况下，投机心理必须受到法律和其他相关制度的遏制与调节，绝不能任其泛滥下去。）与经济学把机会主义定义为理性主义不同，人们的投机心理在本质上是非理性的、盲目的冲动，因为理性主义能够始终如一地长久存在，但是投机却只能是一次性的。任何“机会”的存在都是偶然的、不确定的，需要某种特殊的条件和环境。社会生活的千变万化，决定了相同或相似的环境只能出现几次甚至一次，因此，把投机作为长久的存在注定是不现实的。某种一次性的投机成功，如守株待兔，是根本不可能再复制的过程。但是，一些人偶然的投机成功却助长了更多人的投机心理，使他们以为每次投机都有可能成功，都会给自己带来丰厚的利益。机会主义行为

---

① 朱雁萍．金融监管中的道德风险［J］．北京市财贸管理干部学院学报，2002（1）：41．

的屡屡得手，会导致一些人投机心理的不断膨胀，滋生好逸恶劳的腐朽道德心理，久而久之，必定导致人性积弊难改，人性从此走向腐朽堕落。当然，任何投机都是出于个人（或小团体）的理性算计，即便它在事先做了缜密的安排，有着某种深思熟虑的特征，我们仍需明确，人永远都只是“有限理性的存在物”，对后果的顾及永远不会是完备的、毫无遗漏的。因此，投机或机会主义只能是打着理性旗号的非理性。它不仅是不能长久的存在物，而且从总体上或长远角度看，弊端永远大于益处。所以，这种算计的结果是得不偿失而不是互利共赢。

由于陌生人社会的来临，一些人的投机心理加重，机会主义行为盛行，导致信用缺失、责任感淡化等道德风险，这不仅是对原有公共道德和社会秩序的破坏，而且会造成社会整体道德环境的恶化。从实际后果来看，投机心理加剧了社会风险尤其是道德风险，而道德风险的存在又成为少数人借机牟利的工具，即一些人想方设法找漏洞、钻空子，以此满足自己无法遏制的贪欲，从而导致“风险与投机相互强化的趋势”。在经济学家看来，“如果一个社会中，人们已经内化了诚实品德，社会的成员就都能自发地保持诚实。如果一个社会中欺骗成风，各类主体就会终日揣摩在眼前的情况下自己是否欺骗人而不受惩罚，以及自己可能要面临什么样的不利风险”①。为此，必须强化社会制度建设。制度建设的重要目的之一，在于通过调节人的心理和行为方式，把社会倡导的良好道德内化为人们的品质，引导人们形成良好的道德心理和行为习惯。不过，这里需要注意的是，冒险与风险不同，我们并不一概反对人的冒险行为，因为冒险往往与进步有某种内在关联。但是，必须坚决遏制和反对无时不在的投机行为。不过，法律和制度限制的不是一般意义上的投机行为，而是超出特定范围（背离规则和法律要求）的投机行为。相对而言，投机心理比投机行为更有害，因为当个人心存投机心理的时候，它预示着某种道德价值观的畸变，而这种与公众社会所倡导的价值观不同的“畸形儿”，最终将导致个人心理和行为的偏执以及对社会整体的偏离，从而威胁到社会整体道德秩序的和谐发展。

---

① 柯武刚，史漫飞. 制度经济学［M]. 韩朝华，译. 北京：商务印书馆，2000：124.

道德风险的防范与治理

研究道德风险的主要目的，就是明确道德风险的主体和担当者，进而让他们为治理、规避和化解道德风险负起应有的责任。自然界不是道德风险的责任主体，动物也不是，唯有我们人类——道德风险的制造者，才是真正的道德风险的责任主体。道德风险的实现需要一定的条件，即“可能向现实的转化”是需要特定条件做基础的。如果能够终止或改变它实现的条件，那么就给我们终止或改变道德风险提供了机会，实际的道德风险就不会发生，或者说其危害性的后果就会大大降低。防范和治理道德风险的主要对策如下。

首先，建立完善而严格的制度，强化陌生人之间的义务感和责任意识，减少机会主义行为的发生。人们关于制度问题的研究，主要受到西方新制度经济学的启迪。在务实的制度经济学家看来，历史经验和现实教训都充分说明，制度是实现陌生人顺利交往的基本框架。陌生人社会不可缺少制度的规约和定向功能，无论何种活动领域或行动范围，都必须继承、建立或完善相应的制度框架。“在我们的日常生活中，我们要与许多陌生的人和组织打交道，但我们却对他们的可预见行为寄予了很大的信任。”①然而，不可否认的是，陌生人之间的信任是极度脆弱的，任何风吹草动都能把它击打得粉碎。“信任以一种秩序为基础。要维护这种秩序，就要依靠各种禁止不可预见行为和机会主义行为的规则。我们称这些规则为‘制度’。”② 制度存在的目的和基本功能，在于强化个人对相互约定的理性认知和严格遵守，减少或避免人们行为中的机会主义，实际上就是避免道德风险的发生，因为当一个人不守信用的时候，也就是道德风险来临之时。在服务行业中，对方给予我们的口头承诺是美好的，但如何保证承诺的履行，唯有严格遵守制度性规则。“随着时间的流逝，缔约当事人可能想要

---

① 柯武刚，史漫飞．制度经济学［M］．韩朝华，译．北京：商务印书馆，2000：3.
② 同①.

机会主义地行事，如逃避责任或干脆忘却义务。而增强契约的文化信号的目的就在于使双方的义务变得更加难忘。”① 面对素不相识的陌生人，彼此的德性（个人品德的好坏）显得无关紧要，或者说人们也无必要全面了解对方的德性，只要在社会交往过程中，彼此都能严格地遵守共同订立的契约，按照约定的内容认真地行动，就能较好地履行共同的义务。

在陌生人社会里，与不同的生活领域相对应，会有各种各样的规则和制度安排。要保证规则实施的有效性，除了规则本身的客观性和科学性之外，还必须保证不同规则之间的衔接和完整。经济学家认为，“只有当各种各样的规则形成一个恰当的和谐整体时，它们才能有效地造就秩序，并抑制侵蚀可预见性和信心的任意性机会主义行为”②。对于陌生人而言，影响其信心的因素主要是交往目的的可预见性，即行动的结果能够在自己的完全掌控之下，而不会因为人为因素的干扰而发生意外，尤其是防止对方出现某种机会主义行为，以主观性取代客观性，以任意性代替必然性。必须明确，在公共生活中信息不对称是现实的存在，它大多不是人的认知问题，而是客观的、无法避免的现实。有人希望在所有的社会行动过程中，做到相关信息完全公正公开，毫无遗漏地呈现在所有人眼前，这既是不现实的，也是不可能的。那么，如何在信息不对称的现状下，公平合理地保护每个参与者的利益，而不是有偏见地处理问题，就是制度制定者和信息披露者需要担负的重要责任。

在制度经济学家看来，利他主义无疑是治疗投机心理的一味药方。“利他主义是一种将他人利益置于自我利益之上的态度。它不仅与利己主义（无情地谋取私利）相对立，也与理性的、广义的自利行为相对立。后者意味着追求自身目标优先于满足他人的不大为人所知的欲望。”③ 道德上的利他主义，是指人们在思考和行动的时候，要时时想到他人的存在和利益的实现，努力把他人的利益放在首要考虑的位置，要先人后己。这是对人己关系的一种道德处理方式。作为一种社会伦理原则，利他主义道德

① 柯武刚，史漫飞．制度经济学［M］．韩朝华，译．北京：商务印书馆，2000：231.
② 同①164.
③ 同①77.

有着广泛的社会意义。它不仅是一种道德价值观、一种心理取向和行为方式，而且是做人的道德境界，具有某种道德理想主义的特色。它对于我们抑制本能中的自私利己倾向和道德上的利他主义无疑是一服良药，是有效抵御自我本位主义的道德利器。所以，把伦理上的利他主义纳入经济学的范畴，使之成为维系陌生人交往的道德润滑剂，有着重要的理论意义和现实意义。然而，在具体实践过程中，利他主义伦理不能取代制度的地位和功能。制度是现实的、具体的做法，利他主义是一种道德要求。我们无法强迫人们都成为利他主义者，但是，每个人都必须严格遵守制度的安排。触犯制度规定者，必须接受相应的处罚。但是，对于一个人的利他主义意识，却无法做出硬性的规定。毕竟“自利的个人经常会满口应承却在事后忘得一干二净或者自食其言。我们的本能在这类机会主义行为中起着很重要的作用，而制度则有助于为了长期的有效协作而抑制我们的固有本能”①。制度强化了自己对于他人的责任，尤其是对于陌生的他人的义务感和责任意识。因此，在与陌生人的交往中，制度约束和利他主义教育是并行不悖的。无论经济交往还是其他社会活动，人们都不能把自己的视野局限于狭隘的“自我”小圈子，而应该放大到人类的“大我”的视野下，把陌生的他人看作另一个“我”，把自己的利益与他人和社会的利益视为一体，以道德的方式认识和处理问题，这是现代文明社会的要求。

其次，加强陌生人社会的道德教育，学会以开放的心态与陌生人打交道。乌尔里希·贝克认为，现代社会的“风险可以被界定为系统地处理现代化自身引致的危险和不安全感的方式”②。也就是说，现代社会的大多数风险不是针对某独立个体的，而是面向人类整体的共同问题。人们无一例外地要受到它们的威胁。日趋集聚的社会风险和道德风险空前地凸显出人类命运的一体性，它促使我们每个人都必须转换自己的视角，站在全新的视点看待人与人之间的关系问题。在熟人社会向陌生人社会的转型过程中，遭遇陌生人已经成为我们生活的常态，认识并处理好与陌生

① 柯武刚，史漫飞．制度经济学［M］．韩朝华，译．北京：商务印书馆，2000：111．

② 乌尔里希·贝克．风险社会［M］．何博闻，译．南京：译林出版社，2004：19．

人之间的关系，与陌生人友善相处、共赴危机已经成为当代人的历史使命。

在一个全新的生活环境中，人们彼此间如何融洽相处，寻找并定位自己的幸福生活，我们不妨听听来自经济学的忠告，从经济活动中得到智慧和启迪。经济学家认为，“当经济演化并需要协调更复杂的多的动态环境时，人们就必须学会与陌生人交往，学会在开放社会中生活，并获得与开放社会相容的态度和品格”①。如果说以往的熟人网络是封闭的，那么在陌生人社会，人们就需要以开放的、包容的心态来审视一切。因为与以往的熟人社会相比，陌生人之间的交往反而更为简单质朴。既然陌生人之间不存在长久道德义务的拖累，相互之间的道德责任是明确的、单一的，那么在暂时性的社会交往中，只要彼此遵守确定的规则（制度或道德规范），严格按照特定的制度和规则行动，就能形成合理有序的交往秩序和公共生活环境。当然，在处于现代化进程中的社会，我们必须直面人的个性张扬和自由扩展的现实。其实，制度或规则不仅与人的自由、个性不矛盾，而且能够增进人们对自由和个性的追求，为之创造宽松而有益的外在环境。因为“规则限制着人们可能采取的机会主义行为（我们称这些规则为‘制度’）。制度保护个人的自由领域，帮助人们避免或缓和冲突，增进劳动和知识的分工，并因此而促进着繁荣”②。与熟人网络的有限自由相比，陌生人社会给人们提供了更为宽松而自由的环境，并且依靠有效的制度安排，最大限度地规避了可能发生的道德风险。只要人们遵守社会共同的价值观，按照相应的规章制度行事，陌生人之间的交往就必定是和谐有序的。

要学会以开放的心态对待陌生人，从心理上包容陌生人，尊重他们的人格和权利，而不是以陈旧的熟人思维看问题，怀疑或者歧视陌生人，因为他们也是文明的创造者，有资格与我们共享文明的成果。这就是陌生人社会的道德诉求。美国学者威尔·杜兰特（W. Durant）、阿里尔·杜兰特（A. Durant）曾说：“历史知识可使我们知道，文明是合作的产物，各民

---

① 柯武刚，史漫飞. 制度经济学［M］. 韩朝华，译. 北京：商务印书馆，2000：186.

② 同①74.

族对文明均有贡献。文明是我们的共同遗产，也是我们的共同负担，所以对任何人，不论其如何低下，均应一视同仁，因其同属创造文明的一员，这才是文明的精义。”① 无论自己的同胞还是远在天涯海角的异乡人，他们都是世界文明的创造者，因此也是文明的享有者和享用者。与陌生人共享人类文明的成果，不仅是陌生人的诉求，而且是我们自己的客观需要，是社会文明进步的诉求。从一般意义上说，人与人之间的交往需要相互尊重，需要有爱心和责任感。然而，在经济学家看来，这种普遍性的道德诉求却不能被简单地推广到陌生人身上，而应当做出具体的、有所针对的思考，即“在与陌生人交往时，人们通常需要有别于爱和团结的动力”②。按照道德理想主义的愿望“让世界充满爱”并不是现实的、可取的做法，因为很难要求人们去“爱”一个陌生人。另外，对于来自素不相识的人的“爱”，人们也会保持高度警觉。每个理性的行为者，在行动之前都会审慎地思考，然后再采取相应的行为方式与陌生人相处，同时，也必须防范可能的道德风险的考验。遵守共同的准则或者制度，是与陌生人交往的基本道德诉求。

与陌生人交往的道德规范，要内化为自己的行为准则，不仅需要完全领会和把握道德规范的内涵，而且必须经过反复不断的实践过程，使之成为自己自觉的道德行为习惯。锻炼自己的伦理技巧是实践的基本要求，“在相似的内化过程中，我们获得道德标准，它可以被称为‘伦理技能’。学习伦理技能的最有效途径是反复实践（例如，观察家中的成人）”③。与陌生人交往的伦理技巧，同样也来自反复不断的道德生活实践。我们虽然从未接受过类似的教育，然而在社会公共生活中，却能够凭借自己长期积累的道德经验，娴熟地与各种各样的陌生人打交道，实现各自不同的利益诉求。不过，柯武刚、史漫飞的谆谆告诫对我们富有启迪：利他主义道德是陌生人交往的基本准则。俗话说：人敬我一尺，我敬人一丈。古人道德经验的精华至今依然有效。我们只要能把这种道德经验有机地融入自己的

① 威尔·杜兰特，阿里尔·杜兰特. 历史的教训［M］. 郑纬民，译. 台北：大江出版社，1968：24.

② 柯武刚，史漫飞. 制度经济学［M］. 韩朝华，译. 北京：商务印书馆，2000：63.

③ 同②.

生活实践，就能很好地处理与陌生人之间的关系。即使发生意想不到的矛盾和纠纷，我们也能以良好的心态和道德原则顺利地解决矛盾纠纷，实现各自的交往目的。

再次，强化对道德风险的预见和评估，消除人们心理上的道德焦虑，增强人们行为的确定性。既然道德风险的潜在或现实危害是巨大的，那么就必须加强对道德风险问题的研究。“既然我们知道‘存在’可能的风险，那么‘我们’就面临一种责任。”[①] 这种责任就是去研究各种社会风险，包括人为制造的道德风险。如前所述，道德责任和道德风险的主体都是人，那么人就必须对自己制造的道德风险有充分的意识，并充分利用社会学和心理学等学科的相关法则，对可能的道德风险进行科学的预测和评估，探索道德风险发展变化的征兆、轨迹、特点、类型及危害等，进而创造性地提出降低或避免道德风险的对策。尽管道德风险的主体是人，而且人的心理和行为存在诸多不确定性、模糊性因素，然而，在充分认识道德风险历史材料的基础上，借助现代科学提供的新的技术手段，透过种种模糊的因素去把握内在的重复性、规律性，以客观真实地把握确定性，在目前看来依然有着充满希望的前景。乌尔里希·贝克曾提供了一个认识社会风险的公式：“风险＝意外事件×或然率”[②]。以此为理论指南，积极主动地对道德风险进行诊断，鉴别不同类型的道德风险的特质和危害，在科学分析的基础上，准确把握道德风险发生的概率，有针对性地提出解决对策，这完全是有可能的。

陌生人社会的诸多道德焦虑，与陌生人带来的道德风险有直接关系。因为在面对熟人的时候，人们心理上能够获得某种安全感，尽管这种安全感未必是真正意义上的安全。其实，有些道德风险恰恰是由熟人造成的，或者说人们之间的信任被熟人当作工具利用了，这是值得人们警惕的。生活经验告诉我们，所谓的熟人最初也是自己不认识的陌生人。熟人与陌生人的区别只是相对的，二者之间并无固定不变的界限。当然，我们不是要

---

① 乌尔里希·贝克. 世界风险社会［M］. 吴英姿，孙淑敏，译. 南京：南京大学出版社，2004：176.

② 同①177.

求人们为了消除道德焦虑而必须把陌生人转化为熟人，然后返回到熟人道德的轨道上来，按照熟人社会的道德准则处理彼此间的关系。毕竟，我们不能也不必认识所有的陌生人，这并不妨碍与其他人友善相处。经济学家的实证研究固然有其意义，然而，道德理想主义依然有其超越性的存在价值，对道德风险的治理潜藏着人的美好愿望和前景，这种理论愿景与经济学家的追求并不矛盾，无论他们研究的是现实的、具体的人，还是抽象的、超越的人，其关于道德生活的想象均可被用于处理陌生人之间的关系。没有对陌生人社会道德理想的追求，人们就无法解决现实的道德困境，无法走出道德风险的阴影，无法充满希望地眺望理想的社会形态。柯武刚、史漫飞认为，“每一种与他人的联系都给我们一种归属感，但同时也将一种制度约束加于我们。这样的联系使人们体验到一种深深的满足，并给人一种认同感和安全感”①。我们能够在制度安排的特定框架内，与陌生人进行和谐而友善的交往。

风险的本质是模糊性、不确定性。良好的制度约束，能够增强人们行为的可预见性，增进人们心理上的安全感，消除因为陌生而导致的焦虑，使彼此的心理得到安顿、行为更加有序。“制度使他人的行为变得更可预见。它们为社会交往提供一种确定的结构。”② 人们希望自己的社会交往在一个固定的框架或模式中进行，它是人们思考未来和行动目标的固定轨道，当这种“轨道”被确定下来之后，行为的方向和结果就会有明确的预期，而不确定性则会大大减少。制度的可预见性能够增强人们交往的信心，以此降低道德风险发生的概率。从经济学的成本计算来考量，严格遵循制度安排的框架或者轨道行事，人们之间的社会交往能够节省大量的交易成本，减少我们内心的诸多猜疑和不安全感，从而促使人们放心大胆地做事。毕竟，我们的主要经历不在于防范陌生人的算计，而在于问题的解决和事业的成功。“随着时间的推移，他们有可能相互学习甚至相互尊重并形成好感。”③

---

① 柯武刚，史漫飞．制度经济学［M］．韩朝华，译．北京：商务印书馆，2000：71.

② 同①112-113.

③ 同①99.

在公共生活中，“制度框架能增加逃避义务的风险，增强互利合作的习惯，达到抑制这种本能性机会主义的目的”①。制度不仅能减少与陌生人交往的道德风险，而且能增大风险制造者的成本，即使其行为的道德风险无限增大，从而有效抑制“对方的”不道德行为的发生。因此，制度的调节是一种双向调节的过程。以往学术界对风险制造者的讨论不多，也很少涉及对其制裁方式的研究，实际上，最大限度地惩罚风险制造者才是减少道德风险的最重要的手段。道德风险的制造者就是心理和行为上的机会主义者。他们在制造道德风险的过程中，获得了蝇头小利，暂时性地满足了自己的私欲，但却使其他人和社会整体遭受了巨大损失。同时，道德风险制造者也许不知道，他们也因此而背上了沉重的道德败坏的负担。与其所获得的经济利益相比，道德上的败坏乃是人格上的失败，是一种更大的损失而非收益。这种损失是用金钱无法衡量或弥补的。因此，如何把道德风险研究的目标指向风险制造者，努力遏制其制造风险的心理，增大其承担风险的成本，使其不敢或不再主动制造风险，也许就是限制或避免风险的最佳途径。

当然，借助制度调控陌生人之间的交往，有助于社会整体的和谐有序发展。但是，制度本身既不是万能的，也不能说没有任何的缺失和不足之处。任何制度都是由人制定和执行的，人的理性和认知的局限性，对客观环境和条件把握的不成熟、不完善，导致制度制定和应用过程的不完善。当然，也没有永恒有效的规章制度。同时，制度的内涵和功能也有着明显的时代局限。当制度无法与社会进步的趋势相符合时，人们就必须对制度做出相应的变革，甚至完全废除旧的制度，代之以新的、适应时代诉求的制度。因此，所有制度形式都必须与时俱进，不断更新和完善自身的内容，只有这样才能有效发挥自身的调控职能。

最后，增强信息的公开性和透明度，努力让更多的参与者了解信息的内容。有学者指出，“道德风险是由信息不对称引起的，它若在金融交易中大量存在，容易导致金融秩序的混乱，阻碍经济发展。金融监管可以通

① 柯武刚，史漫飞. 制度经济学［M］. 韩朝华，译. 北京：商务印书馆，2000：111.

过增加信息供给，保护信息劣势者利益的方式，有效减弱金融交易中的道德风险”[①]。既然信息不对称是造成投机心理和机会主义行为的主要原因，那么，在加强对不同交往对象的监管的同时，主管部门应当努力增加信息的供给，不断扩大信息的来源渠道，使信息劣势者能够获得更多的信息，在全面掌握准确信息的基础上，运用理性的思考做出正确的判断，这是实现信息均衡分布从而有效抵制和规避道德风险的重要方法。在一些学者看来，经济交易对信息的依赖程度随交换形式的变化而变化，“在简单的交换形式中，专业化和分工处于原始状态，交易是不断重复进行的，每项交易的参与者很少，对方拥有完全信息，此时没有什么‘道德风险’问题。然而在社会复杂交换形式中，交易范围大，交易的参与者增多，信息具有不完全和不对称的特征。人们可以利用这种机会，通过欺诈、违约、偷窃等行为获得利益”[②]。单纯的经济交往行为，可以借助监管和其他具体手段，来增强信息的公开性和透明度，使社会公众能够较为全面地了解信息，使交易双方的行为接受公众的监督。然而，在陌生人组成的庞大社会里，尤其是在现代都市空间里，都市成员大多来自不同的地区，其生活经历以及种族、宗教等社会文化背景差异巨大，因此，在公共生活中寻求共识和平衡点，在不同价值观的基础上相互尊重、和平共处，以及开展各种形式的社会交往，既需要制度的扶持和支撑，也需要相互的沟通和交流，以求得价值共识和价值共享。其中，信息的充分供给和足够的透明，是人们相互了解、获得认同的先决条件。我们生活在一个纷繁复杂的信息社会，信息是相互交流和相互沟通的桥梁。如何把经济学家所谓的信息概念扩展到复杂的社会生活中，传递给不同的行为主体，使其充分了解和使用这些信息，对自己的认识和决策发挥作用？网络无疑是一种方便快捷而有效的现代技术手段。

网民都是匿名的“隐身人”，因而网络世界是纯粹的陌生人世界，它是现实陌生人社会的另一种形态、一个缩影。在网络交往（交易）中发生道德风险的可能性，远远超过在现实生活中发生道德风险的可能性。网络

---

① 朱雁萍. 金融监管中的道德风险［J］. 北京市财贸管理干部学院学报，2002（1）：41.

② 韦革. 道德风险与经济发展［J］. 华中科技大学学报（人文社会科学版），2002（3）：75.

信息的严重不对称是道德风险高发的主因。“在网络参与过程中，少数网民在享受去身份化、匿名性带来的便利的同时，却丧失了自己应当承担的道德责任，有意或随波逐流地传播虚假信息，尤其是网民在网络参与过程中往往是通过从众行为构建群体认同，在群体心理作用下，集体无意识会逐渐滋生并不断蔓延，从而削弱个人理性。”① 少数人利用网络交易平台管理中的一些漏洞，以及人们对信息掌握的不全面、不完整等特点，实施网络欺骗或者电信欺诈，骗取网民的钱财和私人信息，并利用网络隐蔽的特殊性逃避自己的道德责任和法律责任。近年来，此类网络（电信）诈骗案呈现出高发的特点，使人们开始对网络陌生人保持高度警惕，在陌生人面前不轻易泄露自己的信息，努力保护自己的个人隐私，不给网络犯罪分子以可乘之机。网络是一把双刃剑，它在方便陌生人之间的各种交往（交易）的同时，也导致了陌生人之间道德风险的不断累积。如何充分发挥网络的积极功能，增进陌生人之间的信息交流和社会交往，构建和谐有序的网络交往空间，同时又要高度防范网络欺诈等道德风险，已经成为网络时代的崭新课题。

与陌生人合作的道德风险系数较高，这是每个有经验的社会人都熟知的。司法机关加大对不讲诚信、欺诈欺骗的查处力度，将那些有信用污点的人纳入黑名单，增强其失信行为的成本，甚至使其在社会公共生活中受到更多约束，这是社会征信系统建设的重要一环。必须建立和完善覆盖全社会的信用档案，随时将那些不守信用的个人和企业列入黑名单，让其处于全社会的监督之下，同时让其在社会公共生活中遭人唾弃、寸步难行，获得应有的惩罚（处罚），这是降低陌生人社会的信用风险与责任风险、增进社会和谐与幸福的必要步骤。人们在选择合伙人的过程中，也能够借助网络发布的相关信息，理性而清醒地做出决策，这是防范和规避陌生人道德风险的重要举措。同时，这种网络信息平台的无形监督，也给欺诈者（造假者）以巨大的精神压力和道德谴责，使其不仅承担道德风险的后果，而且能借此反思自己的过错并意识到自己的道德责任，这是一种网络世界道德教育的重要方式。

---

① 王彬彬．网络参与道德风险与治理策略［J］．四川行政学院学报，2014（3）：73.

第七章　责任缺失与责任伦理建设问题

责任缺失已经成为当代社会迫切需要解决的重大问题之一，它的存在及严重后果显然在吞噬现代化的诸多成就。然而，理论界对于责任缺失问题之症结的研究以及如何有效推进责任伦理建设众说纷纭，尚无法取得共识性的结论。实际上，责任缺失是伴随现代化而来的人性内部出现的问题，是一种典型的现代化弊端，它发生的原因不仅在于现代制度设计本身的缺陷和规范性力量的丧失，而且在于伴随陌生人社会的来临，个人自由的张扬和个人权利的无节制膨胀所导致的道德责任感的失落，在于个人对自我的过度关注和对陌生人的存在及利益的无视或漠视。由于个体道德责任感的失落而生发的责任伦理的形式化乃至虚无化趋势，直接导致社会公共生活领域伦理责任的“脱域”和社会整体伦理秩序的混乱。学术界对诸多领域如公司（企业）、公共行政、教师教育、大众传媒、网络空间、学术研究等的责任伦理做了较为全面和深入的探索①，因此，本章在兼顾这些理论成果的基础上，有意识地把重点放在社会公共生活领域的责任伦理，尤其是对待陌生人的责任伦理等较少为学界所关注然而却与大众日常生活息息相关的具体领域之中。那么，从人们内在道德责任感的回归入手，强化人们对责任伦理的理解、重视和积极认同，在合理辨识道德责任与伦理责任基础上，积极而富有成效地推进陌生人社会的责任伦理建设，就是本章的中心议题。

---

① 田秀云，白臣. 当代社会责任伦理［M］. 北京：人民出版社，2008：前言3-8.

伦理视域中的责任概念

西方文化中的“责任”概念，源于拉丁文“respondo”一词，其理论含义即“我作答”。这里的“我”泛指“人”自己。必须明确，在这个世界上，唯有“人”才有明确的责任意识，即唯有“人”才有明确的伦理（道德）反思能力，才能理性地认识自己肩负的责任和义务，成为伦理责任或社会责任的主体和担当者。除了“人”之外，世界上没有任何东西像“人”一样，能够反思自己言行中的是非曲直，按照明确的价值标准进行评判和裁决，在充分意识到自己与他人、自己与社会之关系的基础上，形成明确的担当意识乃至奉献精神，对“自己”和（熟悉的、匿名的）“他人”担负起相应的社会责任。也许有人说，一些比较高级的哺乳类动物如猴子、猩猩等，在哺乳期对自己的幼崽有着亲昵呵护的温馨动作，每当自己的幼崽遇到危险时，自己便会“挺身而出”，与“侵略者”进行殊死搏斗以保护幼崽不受伤害，这是一种呵护幼崽的母爱般的责任感的体现。固然，我们不能否认这种纯洁无私的母爱的意义，但是这种动物性本能的表露，无法与人类高尚神圣的责任感相媲美。当然，源自动物本能（自然本能）的某种互助精神，在人类的起源和演化的漫长过程中，经过大自然和社会历史的无情的选择与淘汰，淬砺出的精华元素和精神性特质，逐渐上升为人类责任感的价值源头。毕竟，人类最初的美德德目中并没有“责任”或“道德责任”之类的概念。从道德发生学或文化人类学的视角，审视道德责任的起源及现实意义，人们不难发现，无论“责任”还是“道德责任”，都是人类道德成熟期的历史产物。或者说，“道德责任”或“伦理责任”是人类道德走向成熟的重要表征。随着人类生活群体的不断扩大以及群体内外部矛盾纠葛的日益增多，个人与群体、个人与环境之间的关系变得越来越复杂，需要人们更多地反思自己的行为过程，正确认识彼此间的依赖关系并有效协调各种矛盾冲突，以维护共同体的和谐与稳定。此时，才开始形成比较清晰的责任意识和道德责任意识。人类学家研究发现，“对于一个社会来说，更重要的不是人们的动机如何，而是大家是否要彼此友好相待”①。也许正是在长久的社会实践和群体生活过程中，人们亲身体验并强烈感受到了互助精神的意义，因而才逐渐发展出对自己、他人和群体的某种责任意识。

在古代汉语中，“责”和“任”是独立使用的词汇。由“责”引申出来的词语主要有责任、责问、问责、责罚、债务等。“任”主要有三层含义：一是担负、负担，二是相信、依赖，三是职务、使命。后人之所以把“责”和“任”连用，称作“责任”，就是强调在具体活动中个人应当或必须担负的责任、义务或使命，即《辞海》所界定的含义——“分内应做的事”。不过，针对个人而言，“分内应做的事”的理论内涵是什么，迄今为止，学术界并没有给出明确的答案。就个人存在的关系来说，一是对“己”，二是对“人”。古人说“正人必先正己”，就是从“己”和“人”两重关系来把握个体责任之内涵的。个人对自己负有某种责任，同时也对“人”负有责任。不过，在现实生活中，这两重关系不是非此即彼、相互排斥的，而是相互依存、相辅相成的统一体。因为没有“己”的生命存在，对“人”的责任就是一句空话；反过来，没有“人”（例如自己的父母等）的存在，“己”就根本不可能来到这个世界，也不会认识到“人”和“己”之间的关系及其实际意义。所以，在实际生活中，应当在相辅相成的意义上把握“人”和“己”的关系，着力促成个人对他人和社会的责任感的建立。

在具体应用的时候，“责”往往包含责任和职责两层基本含义。如果说责任侧重个人的自我意识（对内的要求，如责任感），那么职责就侧重对他人的意识（对外的要求，责任指向的对象）。责任是对某个人的具体而明确的要求，职责则是针对某类人（一些人）的要求，是某种行业的参与者无一例外都必须遵守的规范。在此意义上，职责不是与某个人相关联，而是与某种角色或身份相对应。也就是说，所谓的职责，必须是某个角色（身份）的职责，它所涉及的是某种角色（身份）伦理的要求。一般说来，生活中的每个人都有自己的职业（角色、身份），相应地会形成自己特殊的职业责任，即职责，而职责常常被定义为“分内应做的事”，这

① 麦特·里德雷．美德的起源［M］．刘珩，译．北京：中央编译出版社，2004：14．

是合情合理的。如果这些“分内应做的事”没有做好或没有得到有效的履行，那么相关责任人就要接受相应的惩罚，这是职业规章或职业纪律的基本要求，它不是针对固定的个体成员的约束，而是面向所有从业者的普遍性的规约。一般说来，人们使用的关于责任的术语主要有因果责任、法律责任、伦理责任、政治责任、公共责任、共同责任、角色责任等。这些术语既有交叉关系，又有并列关系，这些术语大多是指职责，而不是责任。除了世俗生活中的责任或职责以外，在宗教伦理中，责任也被视为人与上帝关系中的一个方面，如卡尔·巴思（Karl Barth）所说：“人行善就是指他充当应上帝召唤而负责任的人……就我们回答上帝对我们的启示而言，我们的行为是自由的……因此人的善总是在于责任。”① 由此看来，如果责任（而非职责）包含某种个体与他者之间的对应关系，那么这里的他者就至少包含三个方面：一是自己内在的良知，二是他人（或者社会共同体），三是高高在上的神灵。人必须在这三重关系和不同境界中，去感悟并确证自己肩负的社会责任。不过，这里的确证不是外在的强制性要求，而是作为人的人性的内在要求，是人作为责任主体的意识和使命感，当然也是人要把自己与世界上万物区别开来的证据之一。“人与其他生物之间的一个重大区别在于，只有人才能对他们所做的事负起道德上的责任。”② 如果责任可以被区分为不同的层次，那么道德责任无疑是最高层次的责任，它是“责任中的责任”或“责任背后的责任”，历史上层出不穷的杰出人物的无私奉献，就是以此为驱动力而实现的价值实践。

伦理学视域中的责任主要区分为道德责任与伦理责任，这是学术界最常用的两个基础性概念。要明确二者之间的关系，首先需要把握道德与伦理的不同。在《伦理新视点——转型时期的社会伦理与道德》一书中，廖申白、孙春晨认为：伦理的核心是正当，道德的核心是善；伦理是手段性的，道德是目的性的；伦理中本质的东西是“共处”的公平与适度，道德中本质的东西是“完善”自身的自由；伦理是共同性价值，道德是个体性

---

① 卡尔·米切姆．技术哲学概论［M］．殷登祥，等译．天津：天津科学技术出版社，1999：93.

② 约翰·马丁·费舍，马克·拉维扎．责任与控制［M］．杨韶刚，译．北京：华夏出版社，2002：1.

价值；作为规范，伦理具有普遍性，道德具有独特性；伦理具有双向性，可以相互要求，道德只有单向性，只可以要求自己；伦理诉诸人们的共同意识，道德诉诸个体的体认和服膺；伦理约束具有强制性，道德约束无强制性；伦理约束依赖人们基于共识的公平与正义感，道德约束依赖个人心性；等等①。上述差异表明，在道德生活中，当“道德”和“伦理”分别与“责任”概念相连时，有着完全不同的具体内涵和指称范围，因此“道德责任”和“伦理责任”无法相互替代，不能不加区分地一概而论。实际上，道德责任是作为“人”的责任而存在的，它重视人对自身道德（观念、行为）的反思和提升；伦理责任侧重作为社会角色的人，重视人在自己承担的社会角色中所担负的责任和使命。当然，二者之间的密切关联也是毋庸置疑的。毕竟，道德责任对于伦理责任有先在性和本根性，任何伦理责任的形成和实现，都必须以个人对道德自我的反思为基础，要求对自身道德责任有明确认知和充分体验，即个人必须拥有较高的道德责任感。当充盈的道德责任感确立的时候，一个人才能有较高的道德觉悟，并且能够督促自己自觉自愿地履行对他人和社会的责任，而且在道德实践中毫无怨言、义无反顾地实现自己的社会价值。尽管伦理责任重视个人对职业章程和职业纪律的忠诚与遵守，但是，如果这种忠诚与遵守不是对道德规范的真诚服膺，不是出于道德自觉而形成的高度价值认同，没有内在道德责任感的有效支撑，那么伦理责任就只能是某种形式化的外在要求，是对伦理规范表面的适应和顺从，而不是真正的伦理责任主体的结构性要素。

基于对现代社会的道德责任缺失的深重忧虑，齐格蒙特·鲍曼严格区分了道德责任与伦理责任。在他看来，道德责任形成于个体对自我的关系，是一种个人对内在良知的反省和体悟；伦理责任是个人对他者的关系，对于分内的事情或者自己应担负的社会义务的关系。在古代社会，人们更倾向于使用道德责任概念，表达自己的道德自我以及道德上的独立自由精神。随着现代社会的来临，社会治理程序和治理过程的复杂化发展，导致道德责任逐渐被伦理责任所取代，伦理责任成为现代政府治理对策中的首要选择。当人的德性遭到有意或无意的忽视时，随之而来的必定是人

---

① 廖申白，孙春晨．伦理新视点［M］．北京：中国社会科学出版社，1997：11.

的内在德性弱化和虚无化的发展。这是一种突出的现代化隐忧。欲改变这种现状，我们必须努力寻回道德责任的本义，回溯道德责任感发生的历史境遇，确证道德责任感之于人性的本来意义。从儒家文化对道德和责任的理解，人们不难发现一个基本的事实，即“道德责任是一种对自己的道德要求、一种道德承担，根本不应考虑他人的反应、他是否会回报，以及他是否值得我如此看待，更不应对他人做出同样的道德要求，所以在道德关系中，我与他人之间，并不存在一种可易转的关系”①。因此，我们不能简单地用伦理责任来替换道德责任，以外在控制消融内在自觉。因为在康德看来，意志自律才是道德的本质。对于一个人来说，“他之所以崇高，并不由于他服从道德规律，而是由于他是这规律的立法者，并且正因为这样，他才服从这一规律”②。尽管从现代社会治理的角度看，诉诸伦理责任比诉诸道德责任对于管理者而言更容易操作，实现社会管理更方便和更富有效力。然而，它的致命弱点和弊病在于，它使人的存在角色化、道德生活伦理化，从而失掉了自己“立法者”的主体地位。它抽掉了伦理责任的内在道德根基，使人成为只懂得简单服从而缺乏独立思考的机器人，最终消解乃至扼杀了人的道德生命的内在活力。这种缺乏深厚根基的、外在强制式的伦理管理模式注定是无法长久的。

不难发现，齐格蒙特·鲍曼关于道德责任与伦理责任的区分，与传统儒家伦理所理解的道德责任是不谋而合的。尽管传统儒家并没有明确提出并使用“道德责任”和“伦理责任”的概念，但这并不妨碍它对个体之道德担当和道德责任有明确的体悟与阐发。在传统儒家伦理看来，道德责任的核心是道德自主性，即面对外部世界的诸多干扰，个人完全可以依靠自己的道德修养而实现道德自主。它所强调的不是外在强制力的压迫，不是社会的制度性安排，也不是某种自然而然的道德发展，而是个人内心的道德修养和境界升华的过程；也就是说，一个人的道德责任的强弱、高低，依赖个人自觉的道德修养。个人对内在道德的深刻体悟和践行，与外在的功利目的无关。但是，伦理责任作为外在的规范性要求，它不考虑（完全

---

① 黄慧英. 儒家伦理：体与用［M］. 上海：上海三联书店，2005：247.

② 康德. 道德形而上学原理［M］. 苗力田，译. 上海：上海人民出版社，1986：93.

不顾及）个人的意愿和认同，也不关注个性和欲求的差异，而是毫无例外地要求从业者必须付诸行动。它的目标指向外在的社会（共同体）利益，具有十分鲜明的功利性目的。当然，我们并不独断性地认为，个人的道德责任感越强，相应地就会对自己伦理责任的认知更明确，其伦理践行能力也就越强。不过，没有道德责任感的"内在"支持系统——道德认知和觉悟程度，那么个人对他人和社会的伦理责任必定是弱小的，当然也是无法持续的。在人类生活中，无论何种责任以何种形式出现，其主体都是大写的"人"。以"人"作为考察责任问题的轴心，我们就不难发现，个体道德责任感的强弱、高低和持续性，直接关系到（乃至决定）伦理责任的强弱、高低和持久性。社会整体伦理责任的发展和完善程度，虽然与外在制度性的强制措施分不开，但最根本的也是最重要的影响因素则是个体道德责任的发育和完善，即社会整体伦理责任依赖个人对自己道德责任的觉悟。所以，如果缺乏个体内在道德责任感的支撑，即使有强制性的伦理规范的制度化约束，伦理责任也是无法长久发挥作用的。从这个意义上讲，道德责任与伦理责任是互相补充的辩证关系。

由此看来，在社会生活中，"可以普遍化的不是道德责任，而是职责"①。在这里，我们需要严格界定"职责"概念，以便进一步深化对伦理责任的理解。作为伦理学中的基础概念，"职责"主要被用于具体的职业道德生活领域，描述人们的职业责任感和敬业精神等内涵。在德语语境下，职业是用"Beruf"一词来表示的。王容芬认为，在《新教伦理与资本主义精神》一书中，马克斯·韦伯对"职业"之"业"做了非常深刻的阐释。他说，"业"是一个来自宗教伦理的概念。"Beruf"在古德语中指信誉、声名，其动词则有感召的意思。马丁·路德在翻译《七十子圣经·西拉子智训》第12章时，使用了这个词的动名态Berufung，使希腊原文中的"职位"和"工作"有了奉神之召的含义。从此Beruf成了职位，授予官职叫Berufung，仍有奉召之含义。教授是教育界的官职，某人被任命为教授，叫作"奉召做教授"。在《以政治为业》的演讲中，韦伯使用的也是Beruf，这里的"业"就有了使命的含义，它不是养家糊口的饭碗，

① 黄慧英. 儒家伦理：体与用［M］. 上海：上海三联书店，2005：248.

而是作为使命的职业，或者叫“天职”①。把“职业”解释为“天职”，体现出人类职业所具有的超越性和神圣性，它能够使人们对自己所从事的职业不仅有强烈的认同感，而且有高度的自豪感和荣誉感——以把自己的全部心血乃至生命奉献给职业为荣。如果将其中的宗教背景转换为普通百姓的世俗生活，那么我们就不难发现其中蕴含的积极意义。任何从业者都必须忠实于自己的职业，对职业有较高的认同度和自豪感，经过长期职业实践的反复磨砺和持续陶冶，逐渐形成崇高的职业责任感和敬业精神，这不正是职业伦理孜孜以求的目标吗？只有在崇高的职业责任感的驱使下，从业者才能把职业当作自己的人生使命，当作服务他人和社会的崇高责任，从而抱有强烈的使命感去做好每一件“分内的事”，而不是仅仅把职业作为养家糊口的饭碗，更不是将其视为生命中的累赘或者负担。这样一来，人们就会全身心地投入自己的职业生涯，使之成为自己生命中不可分割的一部分，乐在其中并心甘情愿地履行自己的使命。

那么，为什么说道德责任不能普遍化？因为“每个道德主体都是独特的……没有规则可同时适用于我与他人，假使有的话，那只会牺牲了二者的独特性（个体性），结果使责任失去道德意义而沦为职责”②。其实，正是道德主体的独特性和不可替代性，决定了道德责任的唯一性。或者说，要保留个人的道德独特性，就只能使用道德责任而非职业责任的概念。“正是这种责任的唯一性（而不是普遍性）和非互换性把我置于道德关系之中。”③ 然而，职业责任显然是普遍性的，因为职业责任不是针对某个具体的人，而是面向同类从业者的角色诉求，它是一种角色伦理责任，是对特定角色的普遍性要求。职业身份不过是一种角色或面具，它与从业者的个性没有直接关系，不仅如此，职业身份往往还是排斥个性张扬的。在许多场合，人对个性和自由的追求很可能与职业纪律相冲突，而职业纪律

---

① 王容芬. 马克斯·韦伯的信念伦理与责任伦理［M］. http://www.sociologyol.org/yanjiubankuai/fenleisuoyin/shehuixuelilun/2010-03-07/9741.html.

② 黄慧英. 儒家伦理：体与用［M］. 上海：上海三联书店，2005：248.

③ 齐格蒙特·鲍曼. 后现代伦理学［M］. 张成岗，译. 南京：江苏人民出版社，2003：60.

是保护人身安全和生产流程的基本章程。因此，人们无论从事什么样的职业、以何种职业身份出现，都必须遵守职业本身的共同要求，严格遵守职业伦理的共同规范。在人们的职业生涯中，身份或角色是可以互换的，即在某个具体角色缺位的情况下，其他角色可以作为临时性的替补，而不至于影响职业活动的正常开展。

在这里，我们不妨以一艘远洋客轮上的船长（职业）为例，来进一步考察道德责任和伦理责任之间的深层关联。众所周知，在远洋客轮上，从某种意义上说，全体乘客的生命安全和财产保障，完全系于船长的英明决策和高超指挥。船长必须保证自己负责的客轮安全航行，保证全体乘客的生命和财产安全，并灵活应对和巧妙解决航行中遇到的各种问题，指挥自己的船只顺利抵达预定的目的地。这是他的职业（角色）责任或伦理责任的体现。要做到这一点，就要求他必须具有丰富的航海经验、坚强的意志和果断处置问题的临场决断能力，以及驾驭船只的娴熟而高超的技能。一个人对职责神圣性的感悟和践履，来自道德自我的丰富性的有力支撑。如果船长确实有着很高的道德修养，那么他就不会仅仅把船长视为一种职业、一种养身立命的饭碗，而会始终以严格的道德自律和高度的敬业精神，不断完善自身的德性和道德情操。在长久的行船生涯的磨炼过程中，他就把自己的全部爱心和希望，奉献给海上航行这伟大而不朽的事业，而轮船就会成为他生命中不可分割的一部分，与他紧密相连。唯有在如此这般道德责任感的驱使下，他才能把船长当作一种事业，当作为了他者或者上帝尽职尽责的事业，就像马克斯·韦伯所说的神圣的天职一样。对于轮船上的乘客而言，也只有乘坐这样的船只去航行，他们才能感到踏实稳固，才能欣赏到美不胜收的旅途景色。

不过，“伦理责任”不同于“责任伦理”。“责任伦理”是马克斯·韦伯首先提出并使用的概念。1919 年，马克斯·韦伯在慕尼黑做《以政治为业》的演讲，严格区分了“责任伦理”和“信念伦理”。在他看来，“责任伦理”是从政者必须具备的务实态度，任何从政者都必须为自己言论和行为的后果承担责任。他认为，“一切伦理性的行动都可以归于两种根本不同的、不可调和的对峙的原则：信念伦理和责任伦理。这不是说，信念伦理就是不负责任，责任伦理就是没有信念"①。不过，在实际行动中，责任伦理必定优先于信念伦理。因为对于政治家来说，热情、责任感和判断力是必须具备的基本素质。必须承认，"责任伦理"和"信念伦理"的区分是有现实意义的。然而，现代责任伦理的兴起，源于德国学者汉斯·约纳斯（Hans Jonas）于1979年出版的《责任原理：技术文明时代的伦理学探索》一书。他基于对传统伦理之弊的反思以及技术文明时代人类责任的拓展，尝试建立一种新的伦理学——责任伦理。在书中他不仅回答了责任伦理何以可能的问题，而且力图将责任伦理运用于技术、医学与伦理学等领域。在此基础上，他论证了责任伦理之于技术时代的重要性及其现实效应。在责任伦理的实现途径上，他既诉诸集体权力，又强调个体责任的意义②。其实，不仅政治家需要责任伦理，社会的其他各种行业也都有自己行业特有的责任伦理诉求。关于"伦理责任"和"责任伦理"之间的关系，有学者认为，"虽然在一定程度上责任伦理与伦理责任都强调责任，二者本义有诸多共同之处，但从科学的学理和语义分析上讲，责任伦理与伦理责任是既有联系又有区别的两个概念。总体上讲，责任伦理是基于现代科技时代的伦理反思，对现代责任进行理性的伦理追问，在整体的视域下来探索与当代现实社会责任相关的问题，强调的是一种责任理念和价值诉求，它既是一种责任模式，同时又体现一种伦理诉求；而伦理责任强调的则是责任类型的划分，一般情况下，它是与法律责任、职业责任、道德责任等既相联系又相区别的一种责任，它既是责任的一种类型，同时又是对责任性质的一种限定。伦理责任作为责任伦理的逻辑起点，始终贯穿于责任伦理之中，是责任伦理研究的重要内容"③。鉴于此，我们把重点放在责任伦理及其相关问题的研究上。

由此看来，伦理学视域中的责任不仅与人的行为有关，而且还关涉到人的道德态度和特殊信念，它是人类精神世界中的一个重大问题。同时，

---

① 马克斯·韦伯. 伦理之业：马克斯·韦伯的两篇哲学演讲［M］. 王容芬，译. 桂林：广西师范大学出版社，2008：87.

② 李喜英，张荣. 一种技术时代的责任伦理何以可能——试论汉斯·约纳斯的责任原理及其实践［J］. 科学·经济·社会，2008（1）：83-86.

③ 田秀云，白臣. 当代社会责任伦理［M］. 北京：人民出版社，2008：6-7.

伦理学视域中的责任与礼貌、忠诚、明智、勇气、正义等美德都有不同程度的关联。世界上并不存在脱离其他美德而独立存在的伦理责任，也不存在离开人类责任的忠诚和正义等伦理范畴。在伦理实践中，人的不同德性之间是相互支撑、相互作用的互动关系。因此，我们在研究伦理学视域中的责任问题时，就不能仅仅考虑道德责任或伦理责任本身，还必须深入把握人的道德心理的复杂变化、道德自我的同一性及其存在的证据，以及伦理责任与社会正义的关系、伦理责任与自我节制的关系等。在现代化进程中，当传统意义的道德责任转换为伦理责任的时候，个体的道德世界会发生哪些显著的变化？这些变化对人类诸德性会有什么样的深刻影响？这些变化对个体道德自主和道德自由会带来哪些根本性的影响？为了解决当今世界的责任缺失问题，汉斯·约纳斯和勒维纳斯深化了对责任伦理问题的研究，希望通过重建全社会的责任伦理，实现向人类道德责任的理性回归，以便拯救处于衰亡之中的人类道德。

责任缺失的缘由分析

毋庸置疑，“责任缺失”是一个典型的现代性命题，它是人们基于对当代社会整体伦理责任状况的理解和认知而做出的一种客观性评价。不论这种评价准确与否，它都阐释了一个现实而紧迫的问题，即人们对目前社会整体的道德责任或伦理责任的现状非常不满，以至于呼吁强化责任伦理建设的诉求十分迫切。

然而，到底什么是伦理学视域下的责任缺失，它有哪些具体的表现形式？我们在国内外学者的有关著作中无法查询到这些问题的答案。如果把责任定义为个人“分内应做的事”的话，那么责任缺失就显然是这些事没有做好或没有去做这些事。在现代伦理语境中，这些事本来应该做好或做得更好，无论出于个人内在良知还是出于外在纪律的评价，责任都是现代公共生活中的“缺席者”，或者叫作责任的“不在场”。作为一种实然性的结论，我们由此推导出的是“做事者”的道德动机和伦理态度，然后逐步追溯到一个人的道德责任感的大小或高低。因此，责任缺失的核心或实质是个人的责任感的缺失。那么，为什么现代人的责任感会缺失？责任感缺失究竟是一种主观的心理感觉，还是无可置疑的客观事实？这些需要我们在深入研究的基础上弄清楚，以便能够发现真相并寻求合理的解决路径。

在《全球化与道德重建》一书中，德国前总理赫尔穆特·施密特（Helmut Schmidt）对西方资本主义社会的责任缺失有过具体的描述，他说："我们从有些子孙和有些中、青年人那里听到，公共利益、博爱、团结、义务思想和责任意识都是过了时的理想，人人都应当以自我为中心，公共利益只是一种空话。"[①] 在施密特看来，在社会公共生活领域，责任缺失与现代青少年的价值观有着非常密切的关系，从他们的思想观念和具体行为中，人们能够透视到责任缺失的残酷事实及其导致的种种社会危害。尤其是在他们身上所体现出来的如把个人对社会的责任看作"过时的"理想等观念，意味着一种道德责任或社会责任的良好传统，一种以往被人们视若珍宝的个人的道德责任感，在现代商业经济的历史背景下，受到个人主义、自由主义、功利主义等所谓新价值观的冲击而呈现出某种渐趋陨落的状态，这是十分令人痛心的事情。施密特为此而忧心忡忡。从施密特的描述中我们不难发现，一个人的道德责任感的缺乏或社会责任感的衰落就是责任缺失。这种缺失不是因为行为者不理解责任的意义或相关责任教育的缺位，而是因为不良价值观的持续侵蚀而发生的价值转换，即以过时论为借口主动放弃美好的道德传统，转而将文化垃圾视为珍宝。此外，关于当代社会责任问题的评价，还有责任沉默、责任逃避、责任漂移、责任扩散、责任沦陷等说法。它们从不同的视角述说着现代社会人类责任存在的问题及其可能带来的种种危害。

既然把现代社会概括为责任缺失的时代，那么在此之前，必定有一个让人类感到骄傲和自豪的责任充盈的时代作为对照。人们比照这个标准而生发出现代社会责任缺失的感慨与呐喊。从理论上说，当一个时代责任充盈的时候，人们往往感到本该如此而对之漠然，唯有当责任感悄然从我们

---

① 赫尔穆特·施密特．全球化与道德重建［M］．柴方国，译．北京：社会科学文献出版社，2001：85.

身边溜走时，当生活的方方面面遭遇责任缺失的直接或间接侵害时，人们才能切身感受到责任的稀奇和珍贵。从历史上看，人们的道德责任感或者社会责任感的发展程度，往往与社会整体道德水准的高低息息相关。不过，道德责任由于在社会生活中的地位和作用而凸显出自身的特殊价值。在我国悠久的历史上，每个时代都有数不清的杰出人物，他们能够心系民族大义和国家利益，以高度的责任感和道义担当把社会历史的重任扛在自己的肩上。他们能够以“国而忘家，公而忘私”的理性精神，牢牢坚守着“天下兴亡，匹夫有责”的价值理念，奉行“先天下之忧而忧，后天下之乐而乐”的苦乐观，在面对个人利益与国家利益之间的冲突时，始终坚守“苟利国家生死以，岂因祸福避趋之”的理性抉择，这些都是其社会责任感（尤其是道德责任感）的高度体现。在强烈的社会责任感的驱使下，他们为了保全国家和社会的利益，义无反顾地牺牲了自己的利益乃至宝贵的生命。他们为了国家、民族和社会而无私奉献的崇高道德情怀，不仅传承和弘扬了中华民族的优秀道德传统，而且成为我们每个人事业进步和个人幸福的价值依托与精神源泉。正是在这种以强烈的社会责任感为主导的道德文化感召下，许许多多的普通人能够先人后己、助人为乐，心中想着他人利益和社会公共利益，努力为他人和社会尽责任、做贡献，从而形成了富有凝聚力的伟大民族精神，并使之绵延不断、生生不息。

与历史上充盈的责任感和道义担当精神相比，现代人的责任感无疑是有着严重缺失的，并且这种责任缺失具有某种普遍性特征。在现代化进程中，个人对自我利益的不适当（过度）关注，对他人利益和社会公共利益的无视或漠视，是导致道德责任感缺失的内在原因。在《现代性之隐忧》一书中，查尔斯·泰勒不无忧虑地指出，在现代社会里，“个人除了失去了其行为中的更大社会和宇宙视野外，还失去了某种重要的东西。有人把这表述为生命的英雄维度的失落。人们不再有更高的目标感，不再感觉到有某种值得以死相趋的东西”①。这是人们的思维视角狭隘化和平庸化所导致的后果。这种狭隘化和平庸化的发展极大地限制了人们观察与思考的空间，在他看来，“目标的丧失是与一种狭隘化相联系的。人们因为只顾

① 查尔斯·泰勒．现代性之隐忧［M］．程炼，译．北京：中央编译出版社，2001：4.

他们的个人生活而失去了更为宽阔的视野。……换句话讲，个人主义的黑暗面是以自我为中心，这使我们的生活既平庸又狭窄，使我们的生活更缺乏意义，更缺少对他人及社会的关心”①。在追求所谓自我（其实是自我的利益，而非真正的自我）的过程中，隐藏在内心的道德责任感逐渐弱化，以至于慢慢丧失其原有的生命活力。人类道德生命的活力，原本植根于社会实践和人际交往的过程中，并且不断汲取生活的营养而得以发展壮大。个人在一味蜷缩于自我的小圈子，成为孤零零的原子化式存在的时候，就会逐渐丧失与他人和社会有机互动的能力，甚至对人与人之间的互动感到某种厌倦。在这个过程中，个人道德生命的花朵就会随之逐渐枯萎乃至凋零，以至于最终失掉自己最宝贵的东西。

不可否认，工业文明的确是历史上崭新的文明形态，它带给人类的不仅是技术进步的重大成就，而且有社会生活方式的质的飞跃，这种历史性的文化跃迁和社会进步是前所未有的。普通百姓在感受到工业文明带来的舒适、便利和快捷的同时，也品尝了未曾有过的精神生活的空虚和无聊。“在机械化的世界观里，不仅人的精神活动和精神创造容易被忽视，就连原先‘文明’一词所包含的精神与道德品质结合的意义也渐次丧失。在16—17世纪科学革命的时代，人们全力以赴地在使整个人（the whole man）趋向完美，18世纪工业革命以后所创造的新文明，却是一个高度技术化、组织化且为人所难以控制的世界。究竟是技术、组织为人服务呢？还是人变成技术、组织的奴隶？这已是我们这个时代最大的困惑之一。”②为了适应结构高度复杂的现代社会的需要，在政府管理层面上，作为现代管理实践的一项突出成就，以“他治的伦理责任”来代替“自治的道德责任”③受到人们热烈的欢迎和衷心的拥抱，因为这能实现治理的便利与快捷。在齐格蒙特·鲍曼看来，在西方国家政府的社会治理过程中，为了实现自己的直接目的，“它们都努力用他治的伦理责任来代替自治的道德责

① 查尔斯·泰勒. 现代性之隐忧［M］. 程炼，译. 北京：中央编译出版社，2001：4-5.

② 韦政通. 伦理思想的突破［M］. 北京：中国人民大学出版社，2005：63.

③ 齐格蒙特·鲍曼. 后现代伦理学［M］. 张成岗，译. 南京：江苏人民出版社，2003：53.

任”①。不能否认的是，在社会现代化的进程中，个人越来越成为组织中的人，个人生活的意义乃至事业的长久发展，都与职业组织整体的存在和发展有着密不可分的联系。因此，政府和社会对人们的职业责任的要求日益强化，而对个体德性的要求则相对弱化，出现上述“用他治的伦理责任来代替自治的道德责任”之类的现象就不足为奇了。不过值得注意的是，当道德责任逐渐被伦理责任取代的时候，个人的道德责任感便成了可有可无的东西，人们在职业生活中只要遵守外在的伦理规范即可，守纪律、讲规矩成为第一选择。从此，个人的道德自主性和道德选择权被无形剥夺了。随着道德自我失去最终的发言权，道德主体的人格发生了某种分裂，个人的道德责任感也就消失殆尽了。因为没有道德上的自主性，所以人就无法做到道德自律。这是现代社会责任缺失的重要原因。不过，必须明确的是，责任缺失乃是现代社会进步中一种无法避免的必然性，因为它与现代性自身发展的某种缺陷有关。这种缺陷在某种意义上是无法克服的。

个人道德责任感的失落与现代性的结构缺陷有关，尤其是与当代城市化的迅猛发展息息相关。因为“现代社会的一系列发展，尤其是大都市的发展，摧毁了诸多对地方性事务的责任感，而正是这类责任感在过去曾催发了诸多极富助益的自生自发的共同行动”②。现代社会的职责性诉求和伦理责任建设的社会工程，均是通过外在的强制性手段强化人们的责任感来实现的，而不是通过基于人们对人性的道德反思和德性修养来实现的。这样，就无法从根本上提升个体的道德责任感。如果农业社会向工业社会过渡、农业文明被工业文明取代，是不以任何人的意志为转移的客观历史规律，那么与这种看似客观的历史规律相伴随的就必定是美德的尴尬和历史的失落吗？也许历史留给人们的是诸多的无奈。“在过去的情形中，责任的基本条件，乃是指个人能够自己判断情势，而且是指个人可以毋庸太多想象便可以提出自己的问题，甚至也完全有理由根据自己的情况而非

① 齐格蒙特·鲍曼．后现代伦理学［M］．张成岗，译．南京：江苏人民出版社，2003：53.

② 弗里德利希·冯·哈耶克．自由秩序原理：上［M］．邓正来，译．北京：生活·读书·新知三联书店，1997：100.

他人的情况来考虑解决这些问题的方案。然而，此一条件已无法适用于工业化大都市中的境况，因为在大都市中，人与人之间的关系已经变成了陌生人之间的关系；而且一般而言，个人已经不再是某个小社区的成员，然而在小社区中，个人往往会得到亲切的关照且与他人密切熟识。”① 在客观历史规律面前，直面人性和美德陨落的残酷现实，人的能动性和创造性又体现在哪里?

也有人认为，传统社会的责任主要是熟人之间的责任，而现代社会的责任则是陌生人之间的责任。从某种意义上看，这种说法是有一定道理的。如果确实存在所谓熟人之间的责任，那么这种责任的形成自有其特殊的历史背景和文化氛围，也必定有其特殊的功能和历史意义。与传统社会重视私德的传统相对应，可以说我国传统社会确实存在熟人间的道德责任之类的现象。毕竟在长久的熟人生活圈子中，人们在共同生活中相互交往、互通有无，由血缘和地缘因素所铸造的亲情或友情所导致的亲近性，使得陌生人无法获得亲人般的独特道德优势。因此，人们对待熟人的道德责任感自有其必然性与合理性。然而，需要面对的问题是，特定群体之间的道德责任，不只是存在于熟人之间，人们对于陌生的他人的责任和义务，在世界上的其他国家和民族也都是存在的。不过，无论在什么地方，无论在什么时候，人们都无法让一个人像对待自己的熟人那样对待一个素不相识的陌生人，对陌生人担负起与熟人相同的道德责任。况且，生活中陌生人的出现往往是不确定的。其实在传统社会里，陌生人也常常偶然地介入人们的生活圈子，但是他们的出现不是普遍的、必然的现象，因而也无法成为伦理道德关注和重视的对象。与陌生人社会的来临相关联，陌生人之间的责任是新近出现的学术问题。

在陌生人社会，责任伦理较之道德责任有着明显的优势。因为道德责任的个体性使其考虑个人的情感纽带，但责任伦理则是具有某种普遍意义的规范，它不顾及私人之间关系的密切程度，而是从社会公平和正义的宏观视角，将全体社会公众都视为平等的公民，伦理责任作为一种基本的公

① 弗里德利希·冯·哈耶克. 自由秩序原理：上［M］. 邓正来，译. 北京：生活·读书·新知三联书店，1997：100.

民责任而被提及和使用。如果说熟人之间的责任带有某种私我性或狭隘性，仅仅顾及私我的某种小圈子的利益或者情感需要，那么现代社会所倡导的责任伦理则是对这些弊端的有益弥补，或者说在某种意义上有效地解决了这个问题。齐格蒙特·鲍曼认为，道德责任的特点是自治，伦理责任的特点是他治，二者各有其优点和不足。如果在现代公共生活中能够实现道德责任和伦理责任的相互助益与互补，那么这就应当是一种最佳的路径选择。在我国当代社会中，需要解决的问题既有责任伦理的有效建设问题，也有个人道德责任的不断完善和提升的问题，因此，我们需要做的工作相比齐格蒙特·鲍曼的理想更为复杂和艰难。不过，责任伦理的核心和实质依然在于个体的道德自觉性，在于个体的道德责任感的提升。缺乏对这个问题的正确认识和有效把握，责任伦理和道德责任就都无法进步与提高。

责任缺失与责任担当

上述分析表明，个体道德责任感的失落无疑是责任缺失的根本原因。因为本真意义上的人类的责任感——道德责任感，必定是发自内心的价值认同、道德信仰以及与之相适应的实际行动，而不是仅仅依靠外在强制力而被迫发生的行为。我们不能排除在具体的场所或境遇下，某种外在强制力（外在监管、惩罚措施等）是提升个人道德责任感的主要手段，并且借助这样的手段甚至会产生立竿见影的效果，但是，它与个体道德责任感的自我培育和逐渐提升似乎并不矛盾。毕竟，道德责任感乃是人类责任感中的最高形式，它扎根于人类道德本性的最深层，作为道德本能影响着人类的道德进化。在当代社会，消解人的道德责任感的种种因素，主要有西方个人主义价值观的盛行、拜金主义思潮的泛滥以及各式各样为了自己利益而明哲保身的举动。如德国前总理赫尔穆特·施密特所说，许多人不去关心子女在学校的不良表现、路口摔伤的骑车人、消防池中的杂草、经济或政治问题等，觉得“这关我什么事，我已经有足够的收入了”。原因可能是怯于面对争论、风险、承担责任，因此宁愿“谨慎行事”而不愿“多管闲事”。如果每个人都这样想，每个人都不愿承担自己应当承担的社会责任，那么我们的环境就会陷于混乱状态，被破坏的也就无法得到根本修复①。说到底，这是一种为了个人利益而明哲保身的态度，人们并非不懂自己肩负的家庭责任或社会责任，而是寻找种种借口或托词逃避责任，或者把自己应担负的责任转嫁到他人身上。责任缺失必定呼吁责任担当意识。责任缺失的现状及危害，要求我们清醒地认识这个问题的存在，要求越来越多的人（包括那些匿名的、遥远的陌生人）担负起自己的社会责任或伦理责任。如今，全球化已经深入地球的每一个角落，它把整个世界联结成一个巨大的网络，人们生活在一个无法分割的“地球村”，不同的民族和国家相互之间在经济、政治、文化上的渗透不断加深。面对经济、政治、文化不断延伸拓展的事实，一些人的思想观念和思维方式尚无法适应这种要求，尤其是在关于个人的道德责任的认知和行动能力方面，依旧在原来的起点上踏步不前，没有与经济、政治、文化的巨大进步和迅速发展实现同步。

从责任担当的社会诉求来看，当代人应当承担的社会责任（伦理责任和其他社会公共责任），已经从最初的狭小范围（主要是地域性的责任）扩展到未知的远方（主要是对陌生人的责任），即社会责任表现出不断扩散的趋势，这意味着我们必须对越来越多的人和事负责。与这种责任无限扩展的趋势相比，人的责任感却呈现出弱化的趋向。这是因为，一方面，人们应当担负的责任在扩展，而人的内在责任感并没有得到同步提高；另一方面，与责任担当意识的强烈诉求相比，人的责任感却呈现出某种程度的弱化和萎缩。也就是说，二者在总体上呈现出相互背离的趋势。哈耶克认为：“在现代社会中，责任感之所以被削弱，一方面是因为个人责任的范围被过分扩大了，而另一方面则是因为个人对其行为的实际后果却不需负责。”② 他把这些称为现代社会的责任扩散现象。所谓责任扩散，就是指人们应当承担的责任，由原来的有限责任转向无限责任的发展趋势。它

---

① 赫尔穆特·施密特. 全球化与道德重建［M］. 柴方国，译. 北京：社会科学文献出版社，2001：214.

② 弗里德利希·冯·哈耶克. 自由秩序原理：上［M］. 邓正来，译. 北京：生活·读书·新知三联书店，1997：99.

是普遍交往不断加剧的后果之一。众所周知，在生产力相对落后的农耕时代，自给自足的经济条件和狭小的生存环境极大地限制了人们交往的对象与范围。随着大工业的发展和技术文明时代的来临，特别是经济、政治、文化全球化的发展，世界上的不同民族、国家之间的交流日益频繁，人际互动日趋加剧。作为责任主体的个人或组织，其责任范围的空间也在悄然拓展。例如，对于一个大型企业来说，如果自己生产的产品仅供本地（国内）消费，那么它所承担的社会责任就是较为有限的。因为它不必为那些不曾使用过它的产品的顾客担负任何责任。如今伴随着世界经济一体化进程的加快，它所生产的产品已经销往世界各地，那些遍布地球每个角落的消费者都可能是它的优良产品的受益者，同时也是其产品使用过程中的责任对象。对于任何由于产品质量问题而导致的人身伤害，生产厂家都可能负有不可推卸的责任（道德责任和法律责任）。在这个意义上说，企业的社会责任呈现出不断扩展的趋势。固然，商品之中间代理人的存在似乎在某种意义上免除了生产者对于产品质量的部分责任，不过，从事实来看，产品卖到哪里，生产厂家的社会责任就必须延伸到哪里，产品不仅意味着价值创造，而且意味着责任担当和道德良心。

在齐格蒙特·鲍曼看来，要解决“他治的伦理责任来代替自治的道德责任”带来的诸多弊端，就必须将责任（responsibility）与职责（duty）严格区分开来。无论从何种意义上说，责任都是人的责任。无论何时何地，人都必须为自己的所作所为承担责任，这是需要人们不断反思的事情。正如康德所说，道德责任是人类自身的绝对命令。“责任就是由于尊重（Achtung）规律而产生的行为必要性。”① 在这个世界上，人是唯一的责任主体。即使一些社会灾难的发生完全是由不可抗拒的自然力或者说动物造成的，但是能够对责任进行反思的只有人自己。人不能让其他自然物成为责任的代理人，也无法让它们为人类的事务负责任。尽管在一些经济或社会活动中，他人可以作为自己的代理人，甚至为自己的一些事情承担部分责任，但这归根到底是人的责任。即使个人或者群体所担负的责任，涉及他人乃至社会整体的利益，然而对这种责任的反思和认知却只有在个

① 康德．道德形而上学原理［M］．苗力田，译．上海：上海人民出版社，1986：26.

人或组织的范围内才能实现。因此，人应该以自己作为责任主体为荣，而不是设法逃避或者推脱责任。相对而言，职责是人们在具体的工作岗位上应当担负的责任，需要履行的特定义务或某种要求，它所涉及的领域具体而且明确。任何职责都是在人与人、人与物的关系中发生的，而不是出现严重问题时才应当去追究的对象。当然，个人若不能很好地履行自己的职责，给客户、组织或社会造成了某种不良后果，那么就必须按照相应的职业规定接受相应的处罚，情节严重的还必须承担相应的法律责任。不过，任何法律惩罚都是手段，其目的在于挽救和教育肇事者，督促其内心精神世界的觉悟和升华，即道德提升和人性完善才是根本目的。因此，唯有把道德责任感作为切入点，才能从根本上解决目前责任缺失的伦理道德困境。

在社会公共生活领域，熟人之间的责任感不同于陌生人之间的责任感固然有责任心理学的学理依据。不过，“我们却不可能期望那种熟人间的责任感，亦会被那种关系疏远且在理论上讲知道的人之间的责任感所替代”①。个人道德责任感的形成及特殊功能的发挥，始终带有历史文化的烙印和地域的局限性。尤其是在乡土中国这样的人文背景下，人们习惯了的传统型熟人之间的责任感，不能指望它能够无条件地扩展到陌生人世界，顺利转化为陌生人之间的责任感，在未知的陌生人那里有效地发挥作用。也就是说，我们不能无条件地要求熟人之间的道德责任能够顺利转化为陌生人之间的伦理责任。这不仅是生活习俗和生活方式的转换，而且是触及社会伦理道德的根本性变革。对于每个普通人而言，熟人社会和陌生人空间的差异是巨大的，这个差距可能既是心理的也是物理的。人们从心理上无法接纳陌生人，导致了“鸡犬之声相闻，老死不相往来”的巨大落差。在一些新兴的城市社区，邻里之间的互不相识使得守望相助的古老美德难以发挥作用，因此也谈不上相互之间的照应和责任担当。在陌生人之间，无论心理距离还是物理距离，仅仅依靠道德教育都是无法填充的。在古老的农业社会，“对于我们所熟识的邻人好友的命运，我们能够拥有真

---

① 弗里德利希·冯·哈耶克. 自由秩序原理：上［M］. 邓正来，译. 北京：生活·读书·新知三联书店，1997：100.

切的关怀，而且在他们需要帮助的时候，我们通常也知道如何给予他们以帮助；但是，对于那些我们只知道他们生存在这个世界上而其个别具体的状况我们却一无所知的千千万万的不幸的人来讲，我们显然不能以相同的方式对待”①。哈耶克所看到的不仅是人类认知能力的局限性，同时也是人类责任感本身的局限性。对于陌生人世界，我们不是“应当”负起某种责任，而是“必须”负起自己应当担负的社会责任。当然，这种责任应当从自己身边做起，从关心自己的邻居做起。很难想象，一个连自己邻居都不关心的人，能够关心遥远的陌生人。要走向陌生人世界，担负起我们作为“人”应当担负的责任和使命，就必须从我做起，从现在做起，从关心身边的每个人做起。就此而言，传统意义上的熟人之间的责任，也必须随着时代而发生变化——从真心接纳和包容他人、为他人担当责任，到不断扩展和完善自己的行动能力，实现向陌生人之间的责任的崭新飞跃。

从马克斯·韦伯提出“责任伦理”概念开始，到汉斯·约纳斯的《责任原理：技术文明时代的伦理学探索》和乔尔·范伯格（Joel Feinberg）的《责任理论》等书的出版；从唐纳德·肯尼迪（Donald Kennedy）的《学术责任》到埃马纽埃尔·勒维纳斯的《塔木德四讲》以及汉斯·昆（Hans Kun）的《全球责任》、约翰·马丁·费舍（John Martin Fischer）与马克·拉维扎（Mark Ravizza）合著的《责任与控制——一种道德责任理论》等著作的问世，关于责任伦理的这一系列著作的不断推出，充分说明了人们对责任伦理问题的关注和重视在不断加深，一个责任伦理的时代呼之欲出。此外，在有关社会公共生活的研究中，责任也已成为人道主义伦理学的基础性问题。在21世纪的人道主义者看来，“一个人不仅要承担起在人类的科学技术进步中的责任，同样应该承担起自己在人类的道德进步中的责任”②。问题不在于作为个体的我们是否愿意承担责任，而是地球上的每个普通人都必须为自己的思想和行为承担责任，即每个人都必须有明确的责任担当意识，这是现代社会道德智慧觉醒的标志，是一种道德

① 弗里德利希·冯·哈耶克．自由秩序原理：上［M］．邓正来，译．北京：生活·读书·新知三联书店，1997：100-101.

② 保罗·库尔兹．21世纪的人道主义［M］．肖峰，等译．北京：东方出版社，1998：243.

文明进化的历史性结论。我们不仅应把责任缺失和责任扩散视为对人类的挑战，更应把它们视为人类责任进步的历史契机。人类社会文明的进程，必须给责任进步保留足够的空间，允许它逐渐成长和理性进步。实际上，面对个人和社会责任担当提出的诸多要求，人们生活中的责任伦理热就是最好的回应。它表明越来越多的人开始关注责任、反思责任，进而关注自身的责任感和道德责任的现状，在不断反省自己某些价值取向失误的过程中，逐一检点自己行为中的问题。因为责任伦理建设唯有回归个体，使责任成为个人的责任，成为“我”的责任，做到“我”对责任的积极认同，才能真正落到实处，即“欲使责任有效，责任还必须是个人的责任（individual responsibility)”①。个人是社会的基本单元，也是责任伦理建设的基本单位。在步入陌生人社会的大背景下，欲走出道德滑坡、责任缺失的历史窘境，逐步消除它们给社会秩序和人类生活造成的诸多负面影响，固然可以有多种渠道和路径可以选择，但是责任伦理建设无疑是首要的选择。

责任担当的历史性诉求不仅是与道德滑坡的现实相适应的，而且是面对其挑战并力图超越这种挑战的主要途径。因为强化每个个体的道德责任感，目的是加深个人对道德之内涵的深层理解和价值认同。在爱弥尔·涂尔干看来，“道德的真正目的是让个体感到他不是一个整体，而是整体的一部分”②。把看似独立存在的个人置于整体之中，进而以整体的宏大视野审视个体的存在及意义，必定能够得出全新的意义和价值判断。个人对责任感的体验无疑升华了其生命的境界。康德认为：“责任的诫命越是严厉，内在尊严越是崇高，主观原则起的作用也就越少，尽管我们起劲地反对它，但责任诫命规律性的约束并不因之减弱，也毫不影响它的有效性。”③ 人类的尊严和价值的源泉，不在于拥有财富的多少，也不取决于社会地位的高低，而在于人所普遍具有的立法能力。回顾中国传统伦理文

① 弗里德利希·冯·哈耶克．自由秩序原理：上［M]．邓正来，译．北京：生活·读书·新知三联书店，1997：99.

② 爱弥尔·涂尔干．职业伦理与公民道德［M]．渠东，付德根，译．上海：上海人民出版社，2001：291.

③ 康德．道德形而上学原理［M]．苗力田，译．上海：上海人民出版社，1986：77.

化，人们不难发现，这种责任担当意识原本就是道德思维的精髓所在，可惜在社会主义现代化的道路上，尤其是在“他治的伦理责任来代替自治的道德责任”的过程中，以往良好的道德思维和道德智慧几近遗失了。当道德责任升华的智慧被遗失或淡忘的时候，人们就无法找到道德生活的真实根基和价值坐标，以至于迷失在现代社会的物质丛林中。如果责任扩散是我们这个时代无可逆转的潮流，那么在势不可挡的历史潮流面前，人类就不能放弃自己的责任，消极悲观地明哲保身，一味蜷缩在自我的小天地里自得其乐，而必须以崭新的面孔出现，乐观积极地面对崭新的时代，努力使自己成为新时代的道德责任和社会责任的主体。人们不仅需要关心自己身边的人，而且要有一种基于新时代水准的责任担当意识，即把我们的责任延伸至遥远的陌生人世界，不仅关心我们身边的一草一木，而且时刻注意和关心他者的不幸和苦难，践履世界人道主义的基本义务。对于每个人来说，“人道主义是灵感的源泉，它激励着这样一种自我意识：我们对改变自己的生活质量负有责任，我们也都对其他所有人发现生活的意义以及创造一个更加人道的世界负有责任”①。呼吁人们提高自己的社会责任意识，为未知的陌生人担负道德责任和社会责任，是当代人道主义者所践行的基本道德准则。

每个时代都有自身独特的“疑难问题”，这些问题因时代的不同而各不相同，但是，透过斑驳陆离的人类生活本身，我们能够看到和抓住那些根本性的东西——深藏于人性中的永恒的道德力量，那就是个人的道德责任感及其实现，这是一种蕴意极深且绵延至今的道德传统因子，继承并使之发扬光大是我们的责任和义务。因为“传统……不会抗拒变迁”（安东尼·吉登斯语），在与时俱进的变迁过程中，传统被赋予了一种富有现代意义的新的形式。无论作为职责的社会现代化的伦理诉求还是个人道德责任的现代形态，都被传统伦理文化的内在结构深刻地把握着。也正是在这种意义上，我们认为，在现代化发展过程中，寻回失落的人类的道德责任，把它作为责任伦理的人性支撑，不仅是有可能的，而且是具有现实性

① 保罗·库尔兹. 21世纪的人道主义［M］. 肖峰，等译. 北京：东方出版社，1998：379.

的。它使人们有足够的勇气和力量，在探索重建责任伦理的道路上迈出自己坚实有力的步伐。

重建责任伦理的现实路径

历史上，人们曾研究过责任、道德责任、伦理责任、社会责任以及相关的一系列概念和问题，但从未提出或使用过责任缺失、责任扩散之类的概念，所以希冀从传统社会学或伦理文化中找到解决责任缺失的良药是不现实的。历史能够提供有效的资源支撑，或对形成相应的解决方案产生启迪，但解决问题的最终方法无疑来自对现实的思考以及对当代思想资源的汲取。我们关于责任缺失问题的分析主要是在公共生活伦理视域中展开的，论证的主要是一种道德责任和责任伦理的缺失。要重建公共生活视域中的责任伦理，必须从公共生活的参与者做起，从个人道德同一性和完整性的重构、道德信仰的确立和完善、道德责任意识和责任践行能力的不断提升入手，探索性地提出一系列有针对性的解决方案。

首先，以理性约束自己的欲望，回归道德自我的同一性和完整性，重建道德主体的责任意识。现代商业社会是充满诱惑的，形形色色的诱惑不断撩拨人性深处那根敏感的神经，触发了人们欲望的膨胀以及为了实现这些欲望而采取的各种各样的行动。建设现代社会的责任伦理，必须直面欲望世界的严峻挑战，理顺理性和欲望之间的关系，用理性来调控和驾驭烈马般几近失控的欲望的勃发。道德心理学对人类欲望的深刻研究表明，与无法遏制的欲望相伴随的往往是道德上的“恶”的发生。它很容易使人冲破理性固有的道德防线，促使个人的道德责任感发生漂移，脱离道德主体的自我约束，致使自我同一性产生分裂，个体的道德自治能力趋于毁灭。也许有人以为，欲望发自个体内心的深处，是人性本身无法绕开的元素之一，所以必须为欲望的存在进行合理的辩护。事实上，任何欲望都是诸多外在因素（尤其是权力、利益等）的刺激或激发造成的，是外部世界的“镜像”在个体心灵世界留下的“影子”，而不是真实的存在。物质世界作为客观实在，本身并没有善与恶的属性，它之所以经常遭受人们的诟病，是因为外部世界的影响经过个体心灵的过滤后，保留下来的东西就具有了某种善恶的意义。这里的善恶乃是个人或社会的一种价值评价标准。当然，欲望本身并无善恶之分，称它为善或为恶，仅仅是作为动机来评价的。

理性是人的本质规定性，具有理性的人的使命之一就是明确自己的道德主体地位及其意义，理解维护自身道德的同一性和完整性的重要性。"道德就是一个有理性东西能够作为自在目的而存在的唯一条件，因为只有通过道德，他才能成为目的王国的一个立法成员。于是，只有道德以及与道德相适应的人性（Menschheit），才是具有尊严的东西。"① 当然，人的道德责任感也属于心理学的考察对象，但它与欲望却是截然不同的。道德责任感是构成个体存在的基本要素。人的理性必须裁决欲望和情感的关系，明确划定二者之间的界限，严格约束自身欲望的肆意膨胀，为"原生态"的道德生活保留足够的生存空间。齐格蒙特·鲍曼曾说："正是道德冲动、道德责任和道德隐私最初的、最重要的'兽行'（brute fact）提供了人类共同生活的道德赖以形成之材料。"② 从道德的源头看，人是带着责任和使命来到这个世界的，即在某种意义上，人的责任或道德责任是天赋的、无法改变的。理性有理由维护个人的道德责任，强化个人对自我和他人的责任意识，以便促进道德自我的实现，以及社会远大理想和信仰的实现。在最初的意义上说，人注定是群体性的动物。尽管受到理性发展水平的客观制约，这个"群体"对最初的人类来说并不十分清晰，无法形成后来鲍曼所说的"共同体"那样的抽象概念。然而，仅凭自己的道德感知能力，我们在日常生活中就能明确意识到自我与他人的关系，从而体验到自己肩负的特定道德责任。换言之，缺乏共同体责任或道德责任的群体，不仅内部混乱无序，而且有瓦解乃至分裂的危险。这种后果对于个人来说无疑是致命的。个人可以追求自己的快乐和幸福，但这种快乐和幸福不是建立在对"物"的占有之上的，尽管没有一定的物质条件做基础，人们所

---

① 康德. 道德形而上学原理［M］. 苗力田，译. 上海：上海人民出版社，1986：88.

② 齐格蒙特·鲍曼. 后现代伦理学［M］. 张成岗，译. 南京：江苏人民出版社，2003：41.

追求的快乐和幸福就无法保证，但快乐和幸福绝非目的本身。人的社会责任与历史使命决定了人还有比快乐和幸福更高层次的理想。这绝不是以感性物欲为基础的物质主义所能达到的视野和境界。康德曾说："人们是为了另外更高的理想而生存，理性所固有的使命就是实现这一理想，而不是幸福。这一理想作为最高条件，当然远在个人意图之上。"① 在康德看来，我们不能让人仅仅成为幸福的人，还要成为善良的人，不过二者绝非一回事。

与目前人们把道德责任视为认识论范畴不同，"责任"或"道德责任"其实属于本体论范畴。因为责任是自由的衍生物，是自由自在的人的一种自我限制。对于每个人来说，"不论我做什么，我都不能在哪怕是短暂的一刻脱离这种责任"②。在个人的自主选择空前自由的现代社会，个人的责任感（或道德责任感）不能弱化反而应当强化，这是人性内在完整性的诉求，也是道德自我不断发展的诉求。面对物质利益的诱惑和撕扯，唯有个人才能判断自己的道德状况，并根据自己做出的道德诊断的结论，采取合理的途径进行调整和改善。毕竟，维护自我道德存在及其完整性、纯洁性，与汲汲于物质利益的追求一样，是个人对自己不可推脱的道德责任，是对自己和社会的责任感的体现。回应"你要成为你自己"的理性呼吁，不仅在于个性的无限张扬和自由空间的扩展，还应包括内在道德品质的完善和道德素质的提升。如果个性张扬和自由扩展是合理的欲求，那么这仅仅是向外发展的欲求，与之相适应的还应当有（而且必须有）向内发展的欲求——一种道德人格和精神世界走向成熟的欲求。对于任何个体而言，唯有实现向外和向内双向发展的和谐与平衡，才是完整的道德人格的体现。梁漱溟把它称为"向外用力"和"向内用力"。在他看来，儒家文化的特质是"向内用力"，而西方文化的特质则是"向外用力"③。"向内用力"的目的是道德完善和人格提升，以培养谦谦君子。"向外用力"乃是

---

① 康德．道德形而上学原理［M］．苗力田，译．上海：上海人民出版社，1986：代序1.

② 萨特．存在与虚无［M］．陈宣良，译．北京：生活·读书·新知三联书店，1987：708.

③ 梁漱溟．东西文化及其哲学［M］．北京：商务印书馆，1999：65.

对自然宣战，去征服自然和改造自然。然而，目前存在的问题是，人们向外的欲求极度膨胀，而向内的欲求却严重不足乃至极度萎缩，人的道德自我的发展出现了严重失衡的局面。对此，理性必须有清醒的认识并采取相应的措施。

重温中华传统伦理文化的精华，有助于我们摒弃喧嚣的尘世的各种纠缠，理性而清醒地看待自己的生活，正确认识个人与他人、社会之间的关系。作为历史概念的道德责任，它是传统伦理文化中的精髓所在，它给我们的启迪主要来自两个方面：一是道德责任感的养成，二是责任伦理的自觉。之所以用道德责任的"养成"而不是"培育"，主要是因为"养成"侧重个人的道德自我修养，是一种自觉自愿的、积极主动的德性修养过程。或者叫作"慎独"，即在没有外在监督的情况下，能够依靠自觉性而约束和管理自己的言行。个人的道德责任感的修养，也是出于对自我道德责任的正确认识，从培养道德意图、升华道德动机和坚定道德信念做起，逐步提升自己的道德责任感的理性实践过程，最能体现对自己的责任（社会责任或道德责任）。一个人先要对自己负责，然后才对他人和社会负责。很难想象，一个对自己没有任何责任感的人，能够谈得上对他人和社会的责任感。有人说，那些杰出人物之所以能够做到"先天下之忧而忧，后天下之乐而乐"，"公而忘私，国而忘家"，不就是忘掉了对自己的责任吗？其实，这是一种误解。他们之所以能够在民族大义前面完全置个人利益于不顾，不是忘掉了对自己的责任，而恰恰是把对个人的责任与对民族、国家的责任高度统一起来，实现了二者的有机融合与升华。这正是其崇高道德责任感的表现。任何道德责任感的养成，都是个人在道德认知的基础上，在理性精神的指导下，自觉自愿地持续修养的结果。因此，人的理性能力的体现，不仅在于能够合理地辨识自我利益和他人利益的关系，而且在于能够担负其应当担负的责任和义务。

唯有在较高的道德责任感的基础上，个人才能有较高的责任伦理自觉性。人们的道德责任感是内在的、隐秘的，仅仅依靠它自己无法显示出来，也无法发挥其本身的功能。唯有在社会公共生活中，在个人与他人的社会交往过程中，在认真践行社会责任的过程中，即在道德责任感转换为责任伦理的实践中，道德责任感的价值才得以显现和实现。在这个意义上，责任伦理可以被视为行动中的道德，它重视和强调对他人、社会乃至自然物的某种道义担当，坚持一种后果论的评价准则。人的责任感属于情感的范畴，而人的情感具有较大的不确定性。因此，唯有将人的道德责任感升华为高度负责的理性精神，才能将道德责任感与公共交往相结合，逐步成为一种习惯化的倾向或行为习惯。在当今时代，责任伦理“是一种不断扩展着的、近乎无限的责任诉求。伴随科技进步和全球化的趋势，人的责任也由最初的邻里、朋友、本国公民等切近对象，扩展到遥远国度的未知的‘他者’，对人们责任意识和责任行为的要求随之提升。在相互依存日趋密切的当代世界，不管是谁，无论其种族、性别、年龄、身份有何差异，都应当怀有他人意识和全球意识，以对自然和社会高度负责的精神，合理选择自己的行为及其方式”①。

其次，重建个人的道德信仰，以信仰强化自己的责任感，实现对责任伦理的积极认同和自觉践行。为了使内心的责任感不再沉默，我们必须诉诸道德信仰的力量，以信仰引领道德责任。在人们的道德生活中，信仰是最为核心的因素，这已经成为某种共识性结论。既然道德乃人性的构成要素，那么道德信仰的主体就是生活中的每个人。但这只是一种可能性。因为很多人对此并没有真正的认识，即对于自己作为道德主体来说，其信仰的对象是道德本身缺乏明晰的认知。没有信仰或信仰模糊的道德主体，不是真正意义上的道德主体。在这个世界，唯有人才有道德，也唯有人才拥有道德反思能力，这种能力使人坚信道德之于“人”的意义，从而坚定不移地崇奉某种道德要求。这样，道德主体与信仰之间就建立了不可分割的联系。“信仰是道德的重要来源。纵观人类历史，许多道德信条都是直接来自一定的信仰体系，是作为信仰的要求提出来的。不论是基督教信仰还是佛教或伊斯兰教等信仰，内部都包含着相应的道德要求。这样的道德就是信仰道德或信仰伦理。人们对这些道德要求的遵循不是一般地出于道德动机，而是出于信仰的动机。他们在履行道德要求时，觉得是在尽信仰的义务。”② 也正是在这个意义上，信仰支撑并激励着人的道德自我的完善，

---

① 田秀云，白臣．当代社会责任伦理［M］．北京：人民出版社，2008：28.

② 刘建军．守望信仰［M］．北京：人民出版社，2013：51.

支撑着人们以积极阳光的健康心态，向他人和社会敞开自己的怀抱，自觉履行自己的社会义务和伦理责任，满怀热情地拥抱新世界的曙光。

道德信仰与道德责任的实际关联，不是外在的伦理规范强加的，也不是某个社会群体提出的要求，而是由道德主体的内在本质规定的。因为它们同属于道德同一性的内部要素，所不同的只是二者在道德结构中的地位不同、具体属性各异，因而在现实功能上表现出巨大的差异。相对于道德责任而言，道德信仰无疑是更为根本的力量。信仰不仅是道德世界的支柱，而且是人的整个精神世界的支柱，“信仰能够调动人的精神潜力和物质能量，从而形成强大的力量。这种巨大的力量会推动着人去做出平时根本不可能做成的事业，甚至出现似乎是超出人的肉体组织可能性的奇迹”①。有时候，我们以为一项杰出任务的完成，得益于个人高度的敬业精神和责任心，实际上，这也许是一种误解。它更有可能是出于个人坚定的信仰和无私的奉献精神。人们专注于一件商品的制作，如果仅仅把它作为商品来做，只要尽到自己的责任就行了；但是，如果把它视为尽某种“天职”的事业——以某种坚定的道德信仰为支柱，那么所形成的就绝不会是一件简单的商品，而是精美绝伦的“艺术品”，是制作者精雕细琢的结果，即制作者倾注了全部心血的结晶。仅仅依靠个人的责任心，哪怕是较高的道德责任感，是无法成就一件杰出的艺术品的。这是德性的力量——人类道德精神之杰作。它是人类善良的动机、纯洁的灵魂和高尚的道德目标的完美统一体。因此，道德责任无法取代道德信仰的地位，但道德信仰却可以囊括道德责任，发挥道德责任所不能发挥的巨大作用。

当然，这并不意味着道德责任和伦理责任没有意义。无论道德责任还是伦理责任，所指向的都是未知的“他者”，是对“他者”存在的认同以及“我”为此担负的绝对责任。在勒维纳斯看来，“我”为“他者”的责任是无条件的、绝对的、普遍的。“外在于我者，莫过于他人；内在于我本人者，莫过于我。……从我到我自己终极的内在，在于时时刻刻都为所有的他人负责，我是所有他人的人质。我能够为非我所犯的过错负责，也

① 刘建军. 守望信仰［M］. 北京：人民出版社，2013：28.

能够承受不是我的痛苦。”① 如果把对于“他者”的责任视为一种持久的、坚定不移的道德信仰来奉行，那么每个“他者”都会成为道德价值的源泉，而不必借助道德规范或宗教戒律去行动，这才是道德责任感的本质。个体的道德信仰和道德责任的融合与重叠，也正是在这个意义上加以使用的。也许，这种论证带有明显的道德理想主义的烙印，或者说是为道德理想主义做辩护，然而即使遵守道德规范甚至道德戒律，这不也是人类的道德责任或伦理责任吗？其实，社会公共生活领域充满了责任与责任担当的诉求，问题是人们对责任的体验和感受过于缺乏，以至于在责任面前茫然若失，不知道自己应该如何把握它的存在。按照勒维纳斯的理解，“在我们这个世界上，人们如果不是在寻求同伙人的承认，那又在寻求什么呢？同伙人也一样，在寻求着你们的承认”②。任何人的存在都是偶然的，相遇、相知与相互承认也必定是偶然的。唯有不可推卸的责任才是必然的，它的存在与这个世界一样古老。伙伴之间相互承认的诉求，就是对相互之间责任的诉求，正因如此，人类的道德责任或伦理责任不是可有可无的事情，不是可以推卸或逃避的东西，而是自然而然地与人类生命血脉融为一体的东西。

对于普通人而言，道德责任感的提升和责任伦理建设依然是首要的任务。因为坚定的道德信仰的确立，不仅需要经历时间和实践的考验，而且有赖于更多个体性的道德因素和人格因素的支撑，同时，与道德责任感相似，人们的道德信仰也是个体性要求，无法作为普遍性的社会规范起作用。公共生活的伦理，既需要关注普遍性的诉求，同时也必须兼顾多样性的欲求，将多样性的欲求与普遍性的诉求有机结合起来，这是社会共同体存在与发展的基本条件。在公共生活实践中，信仰之于共同体的意义在于，“在具有共同信仰的群体中，成员之间有共同或相近的思想感情、核心价值以及思想方法，可以进行深度的精神沟通，这就使他们有一种一体感。这些东西反映在成员之间的道德上，就会在相当大的程度上超越彼此

---

① 埃马纽埃尔·勒维纳斯. 塔木德四讲［M］. 关宝艳，译. 北京：商务印书馆，2002：121.

② 同①125.

之间的利益差异，特别是物质利益的差异，而形成良好的道德风尚，形成大家和谐相处的局面”①。所以，责任伦理建设的核心在于重建人们的道德信仰。道德信仰建设与伦理道德建设呈现为正相关的关系。社会的信仰（包括道德信仰）出了问题，必定会连累道德责任和伦理责任。“当信仰弱化和出现问题时，道德就会失去心灵支撑。因此，道德建设的一项基本工程，就是社会的信仰建设。”② 反过来，人们的道德责任感或责任伦理出现问题，也意味着道德信仰本身的弱化，所以可以把道德责任视为社会信仰变化的一种风向标。

在文化意义上，信仰是对自我的超越和提升，是在超越中转换观察对象的视野和价值坐标，从而获得新的认识和情感趋向的观念性建构。在公共生活的伦理中，人们对陌生的他人的道德责任感，不仅作为现实的人道主义义务而被认知，而且是一种人类大爱基础上的大德，是在对人类命运共同体深刻把握基础上的一种无私奉献精神。正是基于此种认识，齐格蒙特·鲍曼对后现代伦理做出一种新的解读，认为“后现代伦理学是一种爱的伦理学”③。按照鲍曼的理解，这是一种超越个人私利的、无疆域边界的大爱，是一种对陌生的他人的包容和真诚接纳。在这里，大爱可以被视为道德责任感的别名，这种道德责任感不是简单的对他人的负责，而是作为道德信仰的核心内涵被把握的。因为“人们之间相互的责任意识，对共同生存的体验，乃是获得生活意义的基本前提。对各种不幸者及时给予救助，帮助他们克服自卑和消极心理，摆脱暂时的窘迫和困境，鼓起追求幸福生活的勇气。通过理解和关爱他人，体验到自身的社会责任。经济上的救助，精神上的安慰，必要的呵护与关爱，实际上是以集体的力量与不幸相抗争，个人由此而感受到社会责任的存在，激发出生活的无穷力量。所以，责任伦理是为了人类尊严和完整的人性而进行的斗争”④。

最后，传承责任伦理的历史精髓，强化当代人的责任意识，提升社会

① 刘建军．守望信仰［M］．北京：人民出版社，2013：29.

② 同①52.

③ 齐格蒙特·鲍曼．后现代伦理学［M］．张成岗，译．南京：江苏人民出版社，2003：108.

④ 田秀云，白臣．当代社会责任伦理［M］．北京：人民出版社，2008：32.

成员的责任践行能力。如果我们把责任伦理视为现代化之产物，那么在前现代化的很长的历史时期内就并没有责任伦理之类的明确提法，但这并不意味着在人们的家庭和社会生活中没有责任以及类似责任伦理的东西发挥作用。以中国传统伦理文化为例，在先秦时代的文献如《尚书》中，就已经提出了“五教”的伦理框架，即“父义”“母慈”“兄友”“弟恭”“子孝”等。到孟子时期，人们已经明确地把这些归纳为“五伦”学说，作为指导人际关系的基本道德规范，即“父子有亲，君臣有义，夫妇有别，长幼有序，朋友有信”。在这里的诸种社会（伦理）关系中，无论父子还是君臣，无论夫妻还是朋友，彼此间都有着关联和责任担当，其中包含着彼此间的权利和义务关系。作为责任伦理的价值诉求，在社会漫长的演化过程中，逐渐成为道德实践理性中最高的东西，尽管当时人们对道德责任问题的认知尚未形成较高的理论，但在具体生活层面却有着明确的可操作性，不同个体之间的责任不仅明确具体，而且事无巨细、详尽完备。无论在家庭生活内部，还是在家庭之外的公共生活中，都有着较为明确的权利和义务的“责任”规定——“亲”“义”“别”“序”“信”等。对于传统社会而言，将个体规定为道德责任的主体，运用道德规范的约束作用来培养和提升人们的道德责任感，以内在责任感的提升来维系家庭和社会的稳定，乃是社会治理的基本原则和重要内容。

随着实践水平的提高和社会分工的不断完善，伦理道德出现了明显的分化，人们对责任伦理的认识在不断加深，其典型标志是职业责任、社会责任、家庭责任的各自独立与分门别类化趋势。如果把“父慈子孝、兄友弟恭”看作家庭责任伦理，那么“敬业乐群、重义济世”就是职业责任伦理的基本要求。顾炎武以“天下兴亡，匹夫有责”的道德呐喊而成为中华爱国志士社会责任担当的一面旗帜，激发出无数中华儿女的崇高社会责任感和历史使命感。中国传统伦理对责任认识的逐步细化和专业化，不仅意味着对伦理（道德）责任之功能认知的深化，而且代表了人的实践责任能力的不断强化。不难发现，这种强化是沿着两个不同方向发展的：一是内在道德责任感的自我培养，二是社会成员彼此间责任意识的逐渐提升。儒家文化中关于个人的道德修养实践，内在蕴含着对强化自我责任感的诉求。就后者而言，在社会公共生活中的责任意识，《礼记·礼运》中有明确的论述："大道之行也，天下为公。选贤与能，讲信修睦，故人不独亲其亲，不独子其子，使老有所终，壮有所用，幼有所长，矜寡孤独废疾者皆有所养。男有分，女有归。"这段文字所阐述的责任，不仅是对家庭伦理责任的超越，更是对社会伦理责任的积极认同和巨大弘扬。不过，它以家庭内部的人伦关系为价值评判标准，目的在于引发人们内在的道德情感，在此基础上按照推己及人原则，顺应情感的自然流露和道德反思过程，即"老吾老以及人之老，幼吾幼以及人之幼"的思维理路，很自然地实现从家庭伦理责任到社会伦理责任的升华。由此，我们不难发现中国传统道德教育的实践特色。

在西方伦理文化中，最先把"责任"概念引入人生哲学的是古希腊哲学家德谟克利特。他认为，对于一个人来说，"应该不是由于惧怕，而是由于义务，不做有罪的事"①。在论述有关行政责任时，他说："在现行的宪章制度中，没有任何方法能使官吏避免不公正，即使他们是完全廉直的人。因为要官吏对别人负责是不合自然的，他应该只对自己负责……不应该是从属于别人之下的。"② 到了古罗马时期，思想家西塞罗在《论责任》一书中区分了"普遍的责任"和"绝对的责任"，他认为前者是人们在生活中都能意识到的责任，后者是一种"完满的、绝对的"责任，履行这种绝对责任必须以个人高度的智慧为前提，是人们智慧完满后所达到的一种境界，即道德理想。从总体上看，西塞罗对责任的理解显然具有明确的实践理性特征。在此后的西方伦理史上，有许多哲学家依据自己深邃的认知和经验，提出了关于道德责任和社会责任的各种各样的学术观点。其中，以康德的责任观最具代表性。在《道德形而上学原理》一书中，康德以高度的哲学思辨形式专门论述了人的责任与道德责任问题。在康德看来，人作为有理性的存在者，责任是其存在的唯一条件和理由。道德的法则不是他律，而是自律，而责任是个体自律的核心体现。他认为，"道德的第一个命题是：只有出于责任的行为才具有道德价值。第二个命题是：一个出于责任的行为，其道德价值不取决于它所要实现的意图，而取决于它所被

---

① 周辅成．西方伦理学名著选辑：上册［M］．北京：商务印书馆，1964：74．

② 同①88．

规定的准则。从而，它不依赖于行为对象的实现，而依赖于行为所遵循的意愿原则，与任何欲望对象无关”①。康德对道德责任所做的伦理思辨，有益于人们加深对自己所担负的社会责任和道德责任的理解，但不能不注意的是，理论思辨可能会引导人们对责任的理解走进纯粹思辨王国的误区。

责任伦理要走出理论思辨的抽象王国，逐步融入人们的生活实践，对公共交往发挥引导和指南的功能，就必须把责任伦理作为“实践中的道德”来把握，把责任伦理的诉求转化为个体的践行能力。值得人们深刻反思的是，为什么传统社会里那些在特定的时空背景下形成的道德责任和社会责任，能够超越时空的历史局限，延续下来并持续性地发挥其行为定向功能？究其原因在于，道德责任不是某种缺乏内涵的空洞说教，而是与个人的品德修养紧密结合在一起的，是个人身体力行的道德实践过程，同时也是一种生活方式和具体发挥作用的文化机制。安东尼·吉登斯认为，“在传统文化中，过去受到特别尊重，符号极具价值，因为它们包含着世世代代的经验并使之永生不朽”②。责任伦理所传承的不仅是一种道德风俗，一种人们习惯已久的文化模式，还有内蕴于其中的伦理精神。在这里，主要是一种责任伦理精神因子。固然，文化模式受制于特定的时空氛围，人们的行为习惯也有很多粗陋乃至有害的东西，但是伦理精神却是超越时空局限的，它自身有着不断集聚的道德能量系统，以其不可遏制的辐射力和穿透力浸入后来的实践，成为新的社会实践的构成要素。正如安东尼·吉登斯所说，“传统是一种将对行动的反思监测与社区的时—空组织融为一体的模式，它是驾驭时间与空间的手段，它可以把任何一种特殊的行为和经验嵌入过去、现在和将来的延续之中，而过去、现在和将来本身，就是由反复进行的社会实践所建构起来的”③。

在当代，继承传统伦理思想（尤其是责任伦理）的精髓，绝非简单地照搬传统文化中的固有模式，而是结合现代条件实现有机转换和更新。在

① 康德．道德形而上学原理［M］．苗力田，译．上海：上海人民出版社，1986：49.
② 安东尼·吉登斯．现代性的后果［M］．田禾，译．南京：译林出版社，2000：32.
③ 同②32-33.

复杂多样的现代生活中，人们重视自己个性的张扬和自由的追求，认为这是个体生命活力和能动创造性的象征。社会整体的创造性和创造活力的显现，也得益于个人生命活力的迸发。那么，应当怎样使传统良好的责任伦理精神发扬光大？必须使之与个人的职责范围和行为诉求密切结合起来，如科学界定个人职责的范围、构建责任疏漏追究制度等，以此强化个人的职业责任和道德责任意识。它涉及社会整体的制度安排和制度创新问题。“欲使责任有效，责任就必须是明确且有限度的，而且无论从情感上讲还是从智识上讲，它也必须与人的能力所及者相适应。”① 毕竟作为个体而言，还要顾及其责任能力的大小和强弱，正如人们不能要求一个未成年的孩子对自己的行为负完全的道德责任和法律责任。对个人责任践行能力的正确衡量和准确评估，也是责任伦理建设的基本步骤之一。即使是道德理想主义者的主张，也必须与实际的生活和具体的个人相结合，而不能完全依靠道德理想来解决实际问题。如今，个人的自由和权利的不断扩张，被视为现代化发展的重大成就之一。在某种意义上说，每个人都可以按照自己对自由的理解，去追求自以为正确的所谓自由。况且，随着生活的巨大变迁，自由的实际边界是在不断移动的，也因此而导致他人利益和社会公共利益受到不同程度的侵犯。因此，我们必须对此有明确的要求，清楚地界定个人自由的适用范围，以便处理好个人自由与道德责任之间的关系。在这里，“自由提出的要求是：一，个人责任的范围只能以他被认为可以做出判断的情形为限；二，他在采取行动时必须考虑他的预见力所及的责任对他行动的影响；三，尤为重要的是，他应当只对他自己的行动负责（或对那些由他监管的人的行动负责）——而不应当对那些同样具有自由的其他人的行动承担责任”②。不可否认，这种现代性的责任观有合理的一面，但也有其不能回避的局限性。人们对陌生世界的他人的态度，从来都有积极和消极之分。我们理解的责任伦理体现的是面向他人的积极态度，而非简单地划定责任的界限从而不要越界的消极态度。毋庸置疑，当

---

① 弗里德利希·冯·哈耶克. 自由秩序原理：上［M］. 邓正来，译. 北京：生活·读书·新知三联书店，1997：99.

② 同①.

越来越多的陌生人介入我们的生活，成为我们生活中不可分割的部分乃至意义世界寄托的时候，在力所能及的范围内关照他们，为他们的存在承担道义责任或社会责任，就越来越成为现代生活的普遍性要求。尽管在传统乡土社会，人们并没有明确的责任伦理意识，然而这并不意味着陌生人在伦理价值序列中缺乏合法性的基础。只是与熟人相比，陌生人被有意无意地边缘化了，这不能不说是以熟人为主的社会结构的某种缺憾。与之相适应的文化也默许熟人之间的责任的优先权。如今，社会演进和整体结构的变迁导致陌生人社会的来临，我们必须以崭新的文化视角和价值标准，透视责任伦理的现代乃至未来意义，赋予陌生人之间的责任合理性和特定的权利。在这个过程中，陌生人成为责任伦理的主体和对象，也就自然成为新伦理建构的重要内涵。

第八章　诚信危机与陌生人之间的信任问题

诚信危机是国内学术界讨论了 20 多年的老问题。从最初学术界的呼吁及相关研究，到 2014 年国务院印发《社会信用体系建设规划纲要（2014—2020 年）》，标志着我国诚信建设逐步进入法治化轨道，依托法治渠道和制度建设的社会信用体系工程正有条不紊地推进。然而，这并不意味着社会诚信问题的实质性解决。必须明确的是，目前我国社会出现的诚信（信任、信用）危机，发生于从传统计划经济向市场经济的转换时期，从熟人社会向陌生人社会的过渡时期。作为诚信（信任、信用）研究的基础理论，学界对“诚信”“信任”“信用”这三个概念的界定不够清晰准确，三者间的细微差别及实际功能的体现尚有进一步拓展的空间。在陌生人社会背景下形成的陌生人信任，不仅与熟人信任有着完全不同的内涵和特质，而且受制于市场经济的逐利动机，陌生人信任的道德监督存在严重的真空化趋势，这是当下社会诚信（信任、信用）危机的要害所在。鉴于此种原因，本章把研究重点放在陌生人的信任（信用）问题上。聚焦于陌生人的信任（信用）问题的探求，从普遍意义上的个人的诚信品德教育和培养做起，不断提高公民对诚信品德的认识，使人们发自内心地认同诚信的价值；在社会公共交往中，以制度约束和强化个人对自我信用的重视，形成个人（陌生人）信誉如金的理念；加快推进社会信用体系建设的实践步伐，以惩治失信者为突破口，加快全社会的征信制度建设，推进诚信中国建设的进程，在此基础上，呼唤诚信社会的如期到来。

诚信、失信与诚信危机

在我们这个古老的国度，诚信（信任、信用）作为人际交往的基本道德规范，其历史积淀非常厚重。简言之，诚信就是诚实而有信用，或可被理解为忠诚信义的概括①。不过，在古人那里，“诚”和“信”原本是单独使用的概念，而且“诚信”“信任”“信用”之间也有着细微的差别。据有关学者考证，从这些概念出现的先后顺序看，“信”出现的时间最早。在商代初期就有“克宽克仁，彰信兆民”的论述，其意思是劝诫商汤要宽厚仁爱，以诚信善待自己的百姓②。西周时期也有“罔中于信，以覆诅盟”等记载，据说是批评当时的老百姓缺乏信义，背弃了彼此间最初订立的盟约。由此看来，至少在我国的西周时期，“信”已经被作为重要的道德规范了③。同时，从上述资料也能够发现，“信”本身既有对个人的人格品德的要求，也有对诸侯国之间经济和政治结盟的利益诉求。无论个人之间还是团体之间，这些复杂关系的确立和巩固都需要依靠“信”的规范来维系。正是因为认识到“信”的重要道德价值和现实意义，所以，到了春秋时期，关于“信”的论述越来越多，如“言之所以为言者，信也。言而不信，何以为言”，“君子之言，信而有征，故怨远于其身；小人之言，僭而无征，故怨咎及之”④等。到了儒家孔子的学说中，“信”已经被作为核心的道德规范而普遍使用了。在《论语·学而》中，孔子明确告诫弟子要做到“与朋友交，言而有信”。因为这是人际交往的最基本的规范，也是对个人品德的实际考验。他的弟子曾参努力践行老师的教诲，坚持以“信”的德性不断反思自己的言行，他说：“吾日三省吾身：为人谋而不忠乎？与朋友交而不信乎？传不习乎？”（《论语·学而》）在实际行为中严守“信”的承诺，乃是一个人

① 罗国杰. 中国传统道德［M］. 北京：中国人民大学出版社，1995：37.

② 陈瑛. 中国伦理思想史［M］. 长沙：湖南教育出版社，2004：136.

③ 同②.

④ 同②.

立人的美德。

中国古代社会“信”的道德规范，是人们的实践经验和道德智慧的结晶。作为对自身品德和交往实践的反映，它除了调节人们的日常生活交往，还肩负着重要的经济职能和政治职能，甚至还调节人与上帝鬼神的关系。这已经延伸到人们的信仰生活领域。因此，有学者认为，“信的基本含义是指人的言行一致，已诺必践。在古人看来，这是保持上帝鬼神对人的信任，维护人们正常关系的需要，尤其是作为统治者、政治家更是不可或缺的”①。唯有把这些“应当”处理的关系都理顺了，才是“真正”履行了“信”的道德规范的基本要求。人类道德发生学规律说明，普通百姓的日常生活需要，才是“信”这种道德规范最真实的价值源头和理论归宿。任何脱离生活实际的伦理道德，都有可能成为空洞无物的说教，而这些说教对于现实来说是毫无意义的，也无法获得百姓的理解和认同，更谈不上对它的真切理解和具体践行。

孟子把“信”与“诚”结合起来，用“诚”来深化对“信”的理解。在《孟子·离娄上》中，他说：“信于友有道，事亲弗悦，弗信于友矣。悦亲有道，反身不诚，不悦于亲矣。诚身有道，不明乎善，不诚其身矣。”这是对“信”和“诚”之关联的论证。必须指出，孟子对“信”与“诚”之关系的认识，带有鲜明的反思性和主体性。他要考虑的是“信”的价值源头何在，以及如何才能真正做到“信”等问题。东汉许慎《说文解字》一书解释“信”为“诚也”，明确指出了“信”和“诚”的内在一致性。至于“诚”的含义，在《广雅·释诂一》中也有清晰的解读，即“实，诚也”。有学者指出：“诚其实就是真心实意，这里有两方面的内容：第一，‘诚’意味着真，即无伪。……第二，‘诚’主要指动机。”② 我们通常把二者合起来用，叫作“诚实”。这样，“诚信”即被诠释为诚实守信。不过，在孟子看来，“诚者，天之道也”（《孟子·离娄上》），“天道”即自然规律、自然秩序，人们需要认识这种规律和秩序，然后自

---

① 陈瑛．中国伦理思想史［M］．长沙：湖南教育出版社，2004：136.

② 同①139-140.

觉顺应规律和秩序的要求而行动。人的认识过程就是“思诚”“诚之”的过程，即孟子所谓的“诚之者，人之道也”（《孟子·离娄上》）。在《庄子·渔父》篇中，“诚”被解释为真、真实，不掺杂任何杂质的真诚是精诚——纯粹的诚。庄子说：“真者，精诚之至也。”为人必须做到真诚无欺，唯有如此才能达到“精诚所至，金石为开”的目的。相反，“不精不诚，不能动人。故强哭者，虽悲不哀；强怒者，虽严不威；强亲者，虽笑不和”。个人无论有什么样的情感状态，都应当是发自内心的真实情感的流露，而不是做作或假装出来唬人的东西。不仅如此，“诚”还是世界万物的普遍本性，人类的道德和行为实践必须与这种本性相协调，符合客观事物的本性，从而做到成己、成人、成物。“诚者自成也，而道自道也。诚者物之终始，不诚无物。是故君子诚之为贵。诚者非自成己而已也，所以成物也。成己，仁也；成物，知也。性之德也，合外内之道也，故时措之宜也。”（《中庸》）因此，一个人坚守“诚”的动机和品德，乃是发自客观规律和秩序的要求，人们学会以此来约束和引导自己的言行，不断实现自我完善并且成就万物。如果自我完善是“仁”的表现，那么成就万物就是人类智慧的表现。人们生来就有的真诚无私的品德，乃是结合了天地内外的道理而形成的，因此才能做到随时运用而无不适宜。在这里，儒家文化把“天道”有机地转化为“人道”，使“诚”之品性具有了客观实在的理论依据和现实意义，也投射出儒家文化之“天人合一”思想的精髓。

根据《现代汉语词典》的解释，“信任”的意思是“相信而敢于托付”。这里的“信任”必定发生于双方（或多方）之间，是一种典型的关系性范畴。“信任”是在交往实践中一方对另一方（或多方）的诚信品质所做出的价值认定，是一种肯定性的评价倾向或态度。有学者认为，“信任有多层含义。从社会学上说，它是一种社会资本，构成了人际交往的前提和人员互动的润滑剂；从经济学上说，信任是一种风险机制，它用未来的可能性来约束人们当下的行为，现代经济体制发展出来的信用制度之所以能够顺利推行，取决于从事经济活动的主体对这种未来约束的重视以及约束力的有效程度；从伦理学上说，信任表现了一种稳定的品质，即善意待人和乐观处事”①。一般而言，信任是第一人称与第二人称之间或第一人称与第三人称之间的关系。它所托付的是具体的事情或任务，因此，与人的诚信品德相比，彼此间的信任更加具体明确，信任的对象可能是人的良好的道德品质，也可能是某个人的做事能力或决策水平等。一方面，自己对对方的这种品质或能力有充足的把握；另一方面，对于对方的未来发展（或事情完成的结果）有良好的预期。反过来，信任也可以指对方对我方的信任，包括道德品质和能力的相信。人们通常使用的“信用”概念，其含义主要有三：（1）能够履行跟人约定的事情而取得信任，即严格践行自己的诺言而获得对方的认可。（2）指银行借贷或商业上的赊销赊购；它是金融领域的一个专门术语，其应用范围较为狭窄。（3）不需要提供物质保证，可以按时偿付；在这层含义上，信用既可以用于日常交往实践，也可作为经济生活领域中的专业术语。在商品经济时代，信用是主体获得交往和活动资质的一种手段与凭证。在现代市场经济社会，信用是一种代替现金的消费凭证，它与某种经济活动中的风险机制相联系。在市场经济时代，“信用”越来越成为经济学领域中的专门概念，即人们常常使用的“经济信用”一词。“经济信用是人们在经济交往中的基本行为准则，也是任何社会中经济实体生存与发展不可少的一项道德资本。因而它的要求往往十分明确、具体、清楚，使从事交易者很容易识别、理解并遵循。如货到款讫、不销售伪劣制品等。”② 此外，与“信用”密切相关的“信誉”也是一个很常用的术语，它是由于讲信用而形成的名誉（或声誉）。在经济和社会交往中，某一方如果有着良好的信用度，那么久而久之，在交往对象乃至社会公众心目中就会形成良好的声誉，俗称“好口碑”；相反，一方的信用度若极低，那么就必定在公众中造成不良乃至很差的声誉。所以，信誉可以被视为信用的社会辐射力和影响力。二者之间是一种无形的因果关系。因为信用好，所以信誉高。甚至有时候信用和信誉是可以相互替代的。

由此看来，诚信、信任、信用、信誉的具体内涵有明确差异，人

① 李萍．中国道德调查［M］．北京：民主与建设出版社，2005：212.
② 刘智峰．道德中国［M］．北京：中国社会科学出版社，2001：45.

们应当根据不同的场合和境遇，选择和使用不同的词汇，以确切表达所要指涉的对象。一般地说，诚信更多表达个人的内在品德，或者言行一致、信守诺言的行为过程，即诚信是一种个体性美德。信任强调双方之间的利害关系，尤其在涉及托付给对方某种具体任务的时候，相互之间的信任受到格外强调。它可以被看作个体性美德——“诚信”的外显而获得的评价，因为它更多涉及对人格魅力的信任，所以可以把信任视为一种道德价值评价的准则。在社会公共交往中，陌生人之间的信任显得异常重要。在涉及经济生活领域中的问题时，人们喜欢使用“信用”概念，它的所指明确而且具体，是经济生活中的道德规范。例如信用卡，不仅是一个专门的经济学术语，而且局限于经济生活领域尤其是金融活动。对于经济生活中发生的各种失信行为，必须采取经济处罚和其他各种制度化的惩治措施。假如我们说某人拥有“诚信卡”，那么它指的就是此人是做人的道德表率，在所有领域中都可以作为人们学习的道德楷模。一般说来，在当代社会的公共生活领域，人们喜欢使用“诚信”一词，希望在交往中能够彼此真诚相待。尤其是在与陌生人打交道的时候，最好使用“诚信”之类的概念，表达双方的善意、温情和关切，以及自己对高尚人格和道义的坚守。当然，有时候可以不加区分地用诚信代替信任和信用。一般而言，如果一个人有着诚信的可贵品质，那么他就能得到他人的信任。毕竟人内在的诚信品德乃是做人和做事的根本。如果这个根本出现了问题，那么就无法获得他人的信任，其信用度就会大大降低。固然，我们不能仅凭对某个信用契约的背弃就断定某个人诚信品德出现了问题，因为爽约现象的发生可能有多种原因，以偏概全的做法并不足取。但诸如此类事件的发生至少说明，人们对自己的诚信品德已经不再看重，或者把利益（金钱）看得比诚信品德更重要，以至于在特定的场合为了利益而放弃了自己宝贵的诚信品德。“信誉”概念主要被用于经济生活，它与企业的社会信用相关，唯有那些有着良好的社会责任感和历史使命感的企业，才能抱着始终对用户负责、对社会负责的精神，在普通百姓中铸造较高的美誉度。

与“诚信”（信任、信用）相对立的范畴，就是“失信”。“失信”，即不讲信用或者违背承诺。人们生活环境和现实交往的复杂性，决定了失信的主体和表现往往有多种形式。失信的主体既可能是个人，也可能是特定的组织或政府。政府是作为公民的“代理人”出现的，是为公民执政的社会管理机构，因而在进行具体实践或履行政府职责的过程中，一旦发生失信于民的情况，政府在公民心目中的公信力就会大打折扣。在当代社会，失信的表现是复杂多样的，如个人或组织为了达到某种目的，有意背离了自己的诚信品德，或者放弃了最初的承诺或契约，做出了伤害他人或社会的事情。在现代商业社会，企业或不良商家的失信最为突出，主要表现为坑蒙拐骗、制假贩假、偷工减料、投机倒把、缺斤短两等。形形色色的失信现象，预示着一些人的诚信品德出现了较为严重的问题，在人际交往中正常的信任、信用关系遭到无情的破坏，各种言而无信、不守承诺、造假贩假现象日益突出。尽管诸多失信的案例只是个别的、偶发的，有其发生的特殊原因和具体场景，然而，了解到这些连续发生的诸多案例对人和社会秩序的伤害之后，人们就会在自己心中形成对社会整体的诚信状况的评价，进而形成带有某种普遍性的结论，在对社会整体失信的评价上达成某种共识，感觉到社会的失信现象不是个别的现象，而是社会普遍存在的问题。此时人们就会发出诚信危机的感慨和呐喊。时下一些人所感受到的对陌生人的恐惧，不过是陌生人社会信任缺失的另一种表达方式。因此，诚信危机是对特定时期社会整体诚信（信任、信用）状态的一种描述。

20 世纪 90 年代，我国经济和社会生活中出现了严重的诚信危机（主要是经济信用危机及其引发的社会信用危机）。有学者认为，当时出现的诚信危机涉及两种最具代表性的行为，“一是经济合同的失效，典型的表现是企业之间互相拖欠贷款或服务费（俗称‘三角债’）的现象越来越严重，已导致经济信用严重梗阻，社会经济无法正常运行。二是假冒伪劣商品越来越多，充斥全国各个市场，绝大多数消费者都受过假冒伪劣商品之害”①。各种各样的合同违约、商业欺诈和假冒伪劣商品现象的存在，不仅导致经济生活中的道德风险加剧，而且从根本上摧毁了长久以来形成的良好的商

① 刘智峰. 道德中国［M］. 北京：中国社会科学出版社，2001：45.

业信誉。进入21世纪后，在现代化发展的崭新背景下，伴随陌生人社会的来临，陌生人信用成为备受关注的新的课题。上市公司造假、欠债不还、黑心棉、毒大米、“梅花K”假药等失信和商业欺诈案例主要是在陌生人之间发生的，或者说是许多不讲诚信的人钻了陌生人互不相识、道德和法律监督缺位的空子。在由熟人社会向陌生人社会转型的背景下，进入人们生活中的陌生人越来越多，给普通人的心理造成了微妙的影响。在匿名交往中形成的人际关系往往是松散的、暂时的，这种关系的不确定性给一些投机分子（机会主义者）提供了可乘之机，他们以所谓的小聪明而钻制度的空子，利用社会变革过程中管理上的不完善和治理上的漏洞牟取私利。

在中央电视台每年的“3·15”晚会上，媒体曝光的大量不合格产品（如假冒伪劣、以次充好等）以及诸多欺骗消费者的不良商家和生产企业，可能只是冰山一角，但因其失信而导致的社会危害却是深远的，它所反映的问题乃是我国现阶段市场经济与信用道德的深层矛盾和背离。有学者指出：“在经济领域，一方面，任意拖欠贷款、恶意逃废债务，经济活动中企业和个人失信甚至不法行为与日俱增；另一方面，社会信用记录不健全，信用信息的不公开，致使大量有‘信用劣迹’的企业、个人屡次行骗得手而不能被及时察觉。”① 诚信是市场经济的命脉，严重的失信和欺诈行为的发生，从根本上侵蚀着市场正常运行的根基，对市场经济的健康发展造成巨大的负面影响。此外，以往熟人之间的信任关系也被扭曲了。比较突出的问题是，一些人由于受到个人私利的诱惑，利用熟人之间的信用关系，蒙骗或者欺诈熟人的钱财，导致熟人的利益受到不同程度的损害。其中，最为典型的案例就是时下屡打不绝、花样百出的非法传销活动。所谓传销，就是利用熟人之间的信任而实施的对熟人的欺骗。在目前的市场上，“各种故意性的失信欺诈行为已经严重地影响了社会稳定，各种证券与期货诈骗以及利用互联网和电子商务进行的非法集资行为或者经济诈骗，使大批中小投资者血本无归，而

① 舒雨，等. 道德盲点［M］. 呼和浩特：内蒙古人民出版社，2004：88-89.

社会腐败大部分就是根源于官员对于社会与公众的失信”①。社会整体的诚信遭遇前所未有的危机，拯救社会信用就是拯救整个社会，就是拯救道德和人心。实际上，诚信危机不是单纯的诚信问题，而是人们的道德生活出现了严重的问题，它与社会整体的道德滑坡有直接关系。

有学者在经过科学严谨的社会调查后，以大量的实证数据资料说明："时下人们常说'信用危机'、'中国人缺乏诚信'，'重建诚信'的呼声不绝于耳。人们的经验、感觉怎么会与人们的理性判断相矛盾和冲突呢？是人们的感觉出错了？还是理性判断出错了？或者不同的人群对'诚信'有着完全不同的理解？实际上，在我们的日常生活以及传统道德中，诚信并不缺乏，但这些主要是个体性美德，并且主要针对有特定关系的人。然而，今日市场经济和法治社会所要求的、作为社会性美德的诚信却明显不足。"② 人们所惊呼的诚信危机，主要是在这种意义上使用的。根据上述观点进行分析可知，当下的诚信危机主要发生在公共生活领域尤其是经济生活领域，而非发生在有特定关系的个人之间。一些人失信，主要是受到私人利益的诱惑，即暂时性地把私人利益看得高于美德、高于信誉。如前所述，我国历史上有着悠久的诚信美德传统，它在人们的日常生活和人际交往中发挥着不可替代的巨大作用。即使在当下的市场经济时代，蕴藏于个人内心深处的诚实守信的道德因子依然被人们珍视并发挥着道德自律的功能。因此，时下关于诚信危机的说法，既有它存在的某种合理性，也不乏以偏概全的片面性和极端化倾向。其实，"对许多国人来说，'诚信'并非普遍性要求，而只是因人而异的差别对待方式，结果'诚信'成了相对性的行为要求。换句话说，中国人并非从来不讲诚信，对熟识的人、身边的人还是很讲诚信的，而对陌生人、无关者，甚至扩大一些，职业生活中的生产者与消费者、供应商与订货商等都难以体现诚信。诚信与孝慈、勤俭一样，成了'私德'，而非公共生活中的通行准则，它的广泛性、普遍性被抽空了"③。中华古老的诚信美德传统，遭遇到崭新的社会公共问

① 舒雨，等. 道德盲点［M］. 呼和浩特：内蒙古人民出版社，2004：91.

② 李萍. 中国道德调查［M］. 北京：民主与建设出版社，2005：131.

③ 同②.

题（主要是陌生人问题）的挑战，或者说，正在接受私人利益诱惑的严峻考验。现实中诚信危机的呼声与呐喊，如同改革开放中的其他问题和困惑一样，不过是反映了这种发展中的必然性与解决问题的迫切性而已。在现代化发展的新时期，我们观察和思考诚信问题的视角应当实现必要的转换，即从社会结构公共转型的历史必然性来评判和认识诚信问题发生的缘由，也许这样能够更加准确地把握诚信危机的实质，以及以此为基础探索治理危机的基本方略。

熟人与陌生人：两种不同的信任模式

在熟人社会的语境中，生活经验和实践理性导致人们之间的信任具有鲜明的地域性文化特色——乡土社会的烙印异常浓重。正是这种地域性的特殊伦理文化，造就了熟人社会信任（诚信）所具有的特殊模式，即它始终关联着三个基本要素：血缘、亲情和人伦。在乡土社会里，血缘乃是人类由生育而自然形成的谱系，是人类生命不断延续的内在脉络。血缘是自然而自在的存在物，无论后天的社会生活如何流变，它都是无法改变的客观事实。家庭作为人类最古老的血缘共同体，唯有在保留并承认其原始的或天然的状态的前提下，才能探讨其后天形成的社会意义。因此，如果血缘兼有自然和社会的双重性，那么自然的本能无疑占据主导地位。这样一种不可改变的先天性或先在性，有助于人们更加深刻地理解家族共同体存在的意义。德国社会学家斐迪南·滕尼斯（Ferdinand Tonnies）对共同体和社会的区分无疑是富有见地的，他说："一切亲密的、秘密的、单纯的共同生活，（我们这样认为）被理解为是在共同体里的生活。社会是公众性的，是世界。人们在共同体里与同伴一起，从出生之时起，就休戚与共，同甘共苦。人们走进社会就如同走进他乡异国。"① 人们之所以有这样的感觉，是因为家庭或家族是一个熟人生活的空间，而社会则是陌生人

---

① 斐迪南·滕尼斯. 共同体与社会［M］. 林荣远，译. 北京：北京大学出版社，2010：43.

的空间。尽管在社会文明的熏陶下，由家庭或家族形成的文化尤其是其中被视为陈旧陋习的元素得到了巨大改变，然而作为遗传基因的血缘却是无法被完全突破的。

因此，我们可以说，家庭或家族就是一个血缘共同体。家族成员之间的血亲关系乃是作为家族文化的潜在脉络而不断延伸拓展的。血缘成为确定彼此关系远近的主要标志，也是乡土伦理文化的原始根基。为了维系家族的稳定和谐与繁荣生长，在家族漫长的演化史上逐步形成了具有家族特色的伦理文化，主要表现为家法、家规等约束性符号，以此调控家族成员的道德心理和行为方式。在某种意义上，家族成员的诚信品德，不仅关系到个人在家族中的地位，更关系到家族整体在社会上的声望和信誉，它是一种共同体的道德颜面，因而丝毫马虎不得。个体对家族的忠诚和信任，不能作为外在的约束力或要求而存在，它是共同体成员精神结合的主要方式。因此，个人必须担负起对他人诚信的职责，与其他成员共享家庭生活的温馨和乐趣。正如滕尼斯所说："亲属的意志和精神并不受房子的限制和空间上近距离的约束，而是凡在它很强烈和生机勃勃的地方，因此也包括在最亲近和最密切的关系上，它可以仅仅通过自身，纯粹依靠记忆来滋养自己，尽管遥隔天涯，相距万里，都能感到或臆想到近在咫尺，在一起活动。但是正因如此，它更加寻求这种血缘的亲近，难分难舍，因为只有每一种爱的要求能使它得到安宁和平衡。"① 无形的血缘纽带也在决定性的意义上，关乎个人的诚信品德的塑造和德性的完善，影响家族成员之间诚信纽带的稳固程度。反过来说，个人对诚信品德的重视和思考，绝不是仅仅出于对个人利益的考虑，还有对家族整体荣誉和利益的严格考量。对自己的亲戚不讲诚信，就是大逆不道的事情。在乡土社会，无论血缘因素还是地缘因素，它们所维系的都是共同体的稳固联系——一种稳定性的需要。"缘"意味着某种稳定性，作为生活中的潜在因素和客观纽带，它所维系的是共同体所具有的稳定特质。这种稳定性不仅对于个人而言是一种心理安慰，而且是人们相互信任的

---

① 斐迪南·滕尼斯．共同体与社会［M］．林荣远，译．北京：北京大学出版社，2010：54．

必要条件。唯有在长久不变的稳定环境中，人们才能彼此走进对方的内心世界，了解、把握乃至倾听对方灵魂深处的道德呼声，从而对其做出细致的判断和甄别。

“亲情”之“情”是最难说清楚的。这里的“情”，主要是基于先天的血缘因素而形成的亲密关系，如家族内部的长辈和晚辈之间、夫妻之间、兄弟姐妹之间等的关系。其特点是建立在“默认一致”（滕尼斯语）基础上的亲近性。它是家族成员之间相互支持、相互肯定的关系，家庭成员以此获得生活意义的来源和价值依托。“普通的人——长久地和在大多数情况下——如果处在家庭的氛围中，为家人所环绕，享受天伦之乐，他会感到最舒服和最快活。这时，他就悠然自得，得其所哉（chez soi）。”① 在家庭成员之间的诸多关系中，夫妻之情比较特殊，妻子通常被视为外姓人或外人，嫁入夫家而成为其中的一员，由此，夫家便有了与外家族之间的“情”的纽带。人们常说的人情与世故，就是把“情”摆在人伦关系中的优先位置。由于情的多样性和复杂性，人们在处理问题时常常陷入“剪不断，理还乱”的思维困境，其实这就是讲乡土社会中家族内部错综复杂的人伦和情感关系。必须承认，个人交往中的诚信与人情是相关联的。不讲诚信（失信）意味着没有人情味，而依照家族生活的标准，这简直就不是人（失掉了做人的资格）。不过，这种诚信是有条件的、有限的，因而属于特殊信任的范畴。杨国枢认为，“熟人关系中的两造如果互动良好，则会导致有条件的信任与喜好之情等正向情绪；如果互动不好，则会产生耻感（shame feeling）、其他焦虑及愤怒或敌意等负向情绪……”② 在家族社会诸多因素的牵制作用下，诚信逐步凝聚为个人的内在品德要素，一种习惯化的行为方式，即康德所说的“出于诚信的动机”，一种个人的自律性行为。在家族伦理中，尽管也有家法、族规等富有强制力的约束因素，但这些都是在自我约束失效后的补救措施。

---

① 斐迪南·滕尼斯. 共同体与社会［M］. 林荣远，译. 北京：北京大学出版社，2010：54.

② 杨国枢. 中国人的心理与行为：本土化研究［M］. 北京：中国人民大学出版社，2004：105.

人们除了日常性的交往之外，还会有更多的经济交往和交易活动，它们超越了血缘的狭隘性而走向更为宽泛的社会生活。“血缘共同体作为行为的统一体，发展为和分离为地缘共同体，地缘共同体直接表现为居住在一起，而地缘共同体又发展为精神共同体，作为在相同的方向上和意义上的纯粹的相互作用和支配。”① 乡土伦理就是在这个过程中形成的。不过，它脱胎于血缘的根基使其亲近、持久和封闭的特色表露无遗。在原始古朴的村落或公社中，人们遇到自己的邻居或熟人，或者知道对方是自己的乡亲，内在的道德亲近感便会油然而生，彼此间的相互信赖和信任也是无可置疑的。正如费孝通所说，“乡土社会里从熟悉得到信任。这信任并非没有根据的，其实最可靠也没有了，因为这是规矩”②。即使到了文明水准较高的工业社会，一些乡村依然保留着古朴的道德面貌，在人与人之间的诚信上也具有鲜明的地域性特色，淳朴而且真挚。这是因为“在习俗经济（customary economies）中，人们之间的交往和有限的经济交易主要落在家族、村落、公社等范围内部狭窄的亲友、熟人之间，因而人们主要进行的是当地（local）交往和交易”③。涉及经济的一些活动，往往是考验个人诚信品德的试金石。它不会导致失信行为的发生，相反会巩固人们对诚信品德的珍视和体验。

人伦的核心是伦常、辈分，在我国传统乡土社会里，人们之间总要分出辈分的高低、贵贱，以此确定各自不同的道德权利和义务要求，况且不同的辈分之间是不平等的，因此在相互的道德权利和道德义务问题上就必定是不平等（严格地说是不对等）的关系，或者说在现实生活中，人们安心于这种不平等的现实，对此不想做任何的改变。因为血缘是先天的、绝对不能改变的客观事实。在具体生活中，辈分意味着家族族长对于其成员的权威性。这就意味着人伦之间的诚信纽带是受制于辈分的。任何失信都可能是对权威尊严的无端冒犯，是对共同体道德传统的亵渎，而这在家族生活中是绝对不被允许的。人们对道德的要求是纯净而圣洁的。

---

① 斐迪南·滕尼斯. 共同体与社会［M］. 林荣远，译. 北京：北京大学出版社，2010：54.

② 费孝通. 乡土中国　生育制度［M］. 北京：北京大学出版社，1998：10.

③ 韦森. 经济学与伦理学［M］. 上海：上海人民出版社，2002：62.

在熟人之间的交往中，努力维护道德人格的高尚，实际上就是维护道德的纯洁和崇高。作为守望相助的生命共同体成员，人们有时必须限制私我的蔓延和泛滥，为的是创造一个和睦的大家庭。毕竟，“打断骨头连着筋”的血缘和情缘，不可改变的、先在的人伦秩序，乃是一种普遍的理性知识。

无论对于什么样的人，我们自己肯定都会有一种疑问：我凭什么相信他？如果大家彼此间是熟人关系，那么熟悉和稳定就是人们凭借的主要依据。“熟悉是从时间里、多方面、经常的接触中所发生的亲密的感觉。”① 因为熟悉意味着对于对方为人处世方式的熟知，对于对方人格品德的切实把握，对其诚实守信和认真负责之精神的认同，这些稳定持久的内在品德不会因为时空而变化。在个人能力所及的范围内，他不会做出背离诚信的事情，否则他在熟人圈子中的良好形象就会坍塌。“在一个熟悉的社会中，我们会得到从心所欲而不逾规矩的自由。这和法律所保障的自由不同。规矩不是法律，规矩是‘习’出来的礼俗。从俗即是从心。换一句话说，社会和个人在这里通了家。”② 对于熟人社会来说，人们的交往范围是非常有限的，且彼此间的利益关联也是十分明确的，它服务于人们对个体责任的某种认知。这种责任并不复杂难懂。“责任原则是在普通人理性的道德知识范围内就可找到的，人们很容易看出在这一领域里，一个普通人的理性是怎样善于区分善良和恶邪，区别什么东西是合乎责任、什么东西违反责任。”③ 因此，在熟人社会中，人们的诚信修养主要是内倾型的，即具有良好德性的君子在做事的时候必定是“出于”诚信的理念，而不是“符合”诚信的道德规范的要求。前者强调的是个人的行为动机，而后者只不过是过程（或后果）符合道德规范的要求。按照康德伦理学的说法，“要使一件事情成为善的，只是合乎道德规律还不够，而必须同时也是为了道德而做出的；若不然，那种相合就很偶然并且是靠不住

---

① 费孝通. 乡土中国　生育制度［M］. 北京：北京大学出版社，1998：10.

② 同①.

③ 苗力田. 德性就是力量［J］//康德. 道德形而上学原理［M］. 苗力田，译. 上海：上海人民出版社，1986：代序 6.

的”①。那么，在诚信问题上，我们认为，唯有出于诚信的内在道德自觉性的要求，即以诚信为动机的行为才有道德价值。要做到这一点，就必须不断加强自身的道德修养。因此，熟人社会的诚信具有鲜明的乡土品格，属于一种特殊类型的信任。这种信任是无法被推广或移植到陌生人世界的。当然，这里还与人们的生活水准有关，据说“生活水准越低，越容易对排斥外人（或比他们更不幸的家伙）的孤独主义政策随声附和。另一方面，当人们觉得自己被赋予更多的权力时，便开始对生活中的诸多事情越发满意，同时没有那么大的防御性和威胁性”②。这个结论有效地解释了为什么乡土社会里的人们会对陌生人高度怀疑和不信任。

此外，以往熟人社会的诚信模式的铸造，往往与外界威胁的存在成正比。抵御来自自然或社会的各种威胁，维护个人和家族的安危，始终是乡土伦理道德的重要功能。对于家族而言，无论家庭还是部落共同体，人们在道德上都需要彼此信任、相互忠诚、团结一致，铸造巨大的凝聚力。“越是受到外来的威胁，越是想起这个群体，结合就越明显、越强烈、越密切，因此，种种情况都会促使他们团结一致，同仇敌忾，共同发挥作用。”③ 诚信无疑服务于这种需要——提升团体凝聚力和战斗力的社会性需要。为此，个人必须不断修炼，努力消除对他人的偏见或成见，强化个体的德性和道德力量。这无疑成为一种充满理性思考的道德智慧。“我们可以根据个人的幸福感（正如我们见过的开阔型人群和狭隘型人群的对比）来收缩或伸展我们的‘关爱圈’。在扩展忠诚时，可以不用失去个人身份或我们极为珍视的传统、习俗和教义。群体的独特性不是问题所在，那种非此即彼的部分才让人头痛。当部族之爱取代物种之爱时，人类必定会聚群而居。”④ 正如人类爱的圈子会不断扩充一样，人们之间的诚信圈子会不断扩充，以适应生活进步和抵御灾难的要求。由此，陌生人之间的

---

① 康德．道德形而上学原理［M］．苗力田，译．上海：上海人民出版社，1986：38．

② 马克·马陶谢克．底线——道德智慧的觉醒［M］．高园园，译．重庆：重庆出版社，2013：108-109．

③ 斐迪南·滕尼斯．共同体与社会［M］．林荣远，译．北京：北京大学出版社，2010：50．

④ 同②109．

信任问题进入了人们的视野，受到越来越多的人的关注和重视，它对于个人和家族生活具有强化意义。其中，既有自然演进的规律发挥作用，也有后天社会选择的能动过程。

按照滕尼斯对共同体和社会的区分，熟人圈子只能被称作共同体，而不能被称作社会。因为人们在共同体里的生活是亲密的、长久的、同甘共苦的，具有鲜明的私密性；而“社会是公众性的，是世界。……人们走进社会就如同走进他乡异国”①。因此，陌生人是属于社会的，陌生人与社会具有直接同一性。随着熟人圈子向陌生人社会的转型，以往熟人之间的联结纽带——乡土性信任模式，呈现出巨大的现实困惑并表现出严重的不适应。国外经验证明：在陌生人社会，人们之间的信任表现出三个突出特征：人际、契约和法治。人伦到人际是有一个转换过程的。乡土社会的“人伦”之“伦”，强调的是区别和差等的次序。费孝通称之为“差序格局”②。然而，在现代社会，人们经常与匿名的陌生人交往，这就要求人们在交往中必须遵守相互尊重的基本原则，即形成以平等为基础的人际关系。相互尊重是交往的基本要求，尊重也是出于仪式或礼貌的需要，而不是发自内心的真正认同和完全接纳。人际关系是平等的交往双方之间的联系，它不考虑交往对象的国籍、性别、身份、信仰、地位等方面的差异，而是一律平等地要求对方或者接受对方的要求。陌生人之间的关系主要发生在社会公共生活领域，各自经济利益和交往目的不同，因此难以结成稳定持久的利益共同体。即使在某些问题上暂时达成了某种利益的一致，也无法保证其持久地存在并发挥作用。况且，从内心深处看，人们始终对陌生人存有疑虑，认为陌生人不是可以信赖的对象。因此，对于那些不知其底细的陌生人，任何人都不敢轻易相信、轻易许诺，或者说陌生人不是可以托付的对象，这从情理上说再正常不过了。一般地说，一个人要取得他人（对方）的信任——被认为是“信得过的人”，就必须拥有足够的毋庸置疑的证据做基础。显然，在陌生人社会，这种证据只能来自以法律为基

---

① 斐迪南·滕尼斯．共同体与社会［M］．林荣远，译．北京：北京大学出版社，2010：43.

② 费孝通．乡土中国　生育制度［M］．北京：北京大学出版社，1998：28.

础的契约规定，一旦对方失信，便诉诸法律等强制性措施来解决问题，而绝不是诉诸内心深处对某种人格力量的信仰和敬重。

现代契约是约束人们之间关系的基本手段。为了实现各自的利益诉求，防范失信可能给双方带来的损失或风险，在行为前双方必须共同签订某种契约，作为一种暂时性的“事后处置的”约束手段。“约定和契约是做出来的、形成决定的协调一致，是以语言为前提的交换承诺和相互理解和接受所表示的未来的行动，这种行动必须用明确的概念来表达。”① 毋庸置疑，契约实际上是不相信对方的诚信品德（或行为方式）的表现。陌生人之间的联系往往是偶然的、暂时的，无法形成稳定持久的利益共同体，这种转瞬即逝的交往形式，导致人们没有充足的理由相信陌生人。当然，人们对偶然出现的陌生人的不信任，不是中国社会特有的现象，而是世界各民族普遍存在的现象。稍有社会经验的人都知道，对待突然出现在自己身边的陌生人，心理上的警觉和防御是一种生理本能，也是自我抵御外来风险的必要举措。所以，在与陌生人交往的过程中，怀疑、猜疑乃至抵触等心理体验都会不同程度地存在着。或许是因为人们受到陌生人的伤害太多了，或许是以往积累了丰富的防范陌生人侵害的经验，以至于在当下遇到陌生人的时候，始终以高度的警觉来防范对方可能给自己带来的威胁。这种心理和行为方式就注定了陌生人之间的信任不同于熟人之间的信任。陌生人之间的交往有着自己特殊的信任模式——以契约和法律为约束力的表面的、肤浅的信任模式。评价陌生人诚信与否的社会标准，只能是后果论的功利性道德准则。毕竟在复杂多样的现代交往实践中，我们很难走进对方的内心世界，真正了解对方的心理和人格特质，了解对方是否具有诚信品德或者是否出于诚信的动机与我们打交道。

法治手段为现代人际交往保驾护航。它所关注的主要不是过程本身，而是结果的公正与合法性问题。西方法治理论的前提是“人性恶”的学说。从西方伦理思想史来看，“德”与“法”向来都是并行不悖的。在康

---

① 斐迪南·滕尼斯. 共同体与社会［M］. 林荣远，译. 北京：北京大学出版社，2010：60.

德和黑格尔等思想家看来，二者均归属于“法”的范畴。对于一个道德上的善人来说，有内心的美德和外在的道德规范就足够了；然而，对于一个不善的人甚至恶人来说，在涉及具体的物质利益关系时，内心的美德和外在的道德规范往往失效。此时，需要借助法治的力量，以扬善抑恶，维护正常交往秩序的存在。当然，讲法治不是否认道德的意义，而是以特殊的方式——惩治恶的方式——保障道德的实际效用。尤其在现代经济社会中，由于利益关系的复杂性和人性的不确定性，即使向来被视为好人的人，也可能由于一时利益的诱惑而背弃诚信和良知，走上败德的道路。因此，依法行事成为现代文明的主导性观念。正如韦森所说：“在制度化社会中，人们遵守习俗和惯例规则的道德自由和自主性就被按制约人们社会交往和经济交易的法律规则行事的事实所掩盖起来，从而人们合德循礼行事的实践也就变成了依法行事。”① 不过，约束和惩治恶的目的还在于扬善，以提升人的道德认知和美德品性。

中国人的信任往往“内外有别”，确实是真实的。它与长久的乡土伦理传统的熏陶有关，与熟人圈子诚信的特殊性有关。离开特定的历史环境和文化背景，我们是无法一概而论的。就目前来说，熟人之间的信任远高于陌生人之间的信任，这倒是社会信任模式的真实写照。据有关调查资料显示，在对于“你认为何者更有生命力”的问卷中，“农村户口者将‘诚信’列为第三选择（7.2%），城市户口者则将‘宽恕’列为第三选择（8.1%）。可见，农村仍然保留了‘人情社会’的关系，在熟识的人和乡里乡亲面前，失信的行为是要受到谴责、丢尽脸面的，所以多数人在日常生活中对熟人还是能够做到‘诚信’的”②。按照学者周兆呈的说法，在中国人自己的小圈子里，特殊信任一直存在，而且不谈条件，目前所缺失的是突破社会藩篱，对他人、对社会整体的普遍信任以及与之相关联的制度条件。或许是因为对外部环境的极度不信任，人们反而在小圈子中强化着彼此的信任。对制度运行的信任缺失，与社会生活中的点滴经验其实是

---

① 韦森. 经济学与伦理学［M］. 上海：上海人民出版社，2002：65.

② 李萍. 中国道德调查［M］. 北京：民主与建设出版社，2005：131-132.

密切相连的。但是，在家庭、亲友的有限圈子里，信任却普遍存在①。不过，熟人社会特殊的信任模式与其特殊义务相关联，因此，这种特殊的信任模式无法被转换为陌生人之间的信任模式，成为陌生人社会普遍适用的信任模式。因此，坚持“陌生人靠不住，唯有熟人才可靠”的观点的人依然不在少数。当然，熟人之间信任模式所特有的局限性，并不能说明熟人之间信任模式的优劣，因为我们不能以陌生人社会的道德准则来衡量或评判熟人社会的人伦关系；相反，也是如此。每一种伦理文化的形成及存在，都有自己的必然性和理由，同时也有自己的不足和缺憾。

对于陌生人社会的人际交往特质与陌生人之间的信任问题，安东尼·吉登斯在《现代性的后果》一书中说过，人们在与陌生人交往的过程中，心理上必定带有先天的隔阂与疏离，在与陌生人交往时往往表现出纯粹仪式性的客套与寒暄，表现出礼貌的疏远（polite estrangement）的刻意控制②。作为对陌生人交往经验的归纳提炼，霍夫曼提出了“世俗的不经意”（civil inattention）③ 的学术范式，以此概括陌生人交往的基本类型与理论特质，它排除了交往对象的情感与个性，仅仅从交往过程与交往结果的视角看问题，因而体现出鲜明的公共性。这种“转瞬即逝的交往形式”④ 表现出陌生人之间关系的暂时性、脆弱性和非私人性。在这个过程中，无论何种交往主体，都无法建立稳固而持久的信任关系，即无法形成真诚信赖的长久支持。借用康德的说法，就是无法形成“出于内心的诚信”。即使在这个过程中，确实有一方或者双方均是发自内心的诚信，外人也无从真正了解和把握。它造成个人对陌生人交往中诚信品德的漠视，既然可有可无，那么只要严格遵守相关的契约和制度即可，这就是完美的交往过程。正是在这个过程中，人们内在的诚信品德逐渐失落，久而久之，人类长久积累的诸多美德就会依次滑落，最终导致美德世界的瓦解和坍塌。

---

① 周兆呈．中国要从熟人社会变为信用社会［N］．联合早报，2009-06-28（08）．

② 安东尼·吉登斯．现代性的后果［M］．田禾，译．南京：译林出版社，2000：70．

③ 同②71．

④ 同②．

陌生人之间的信任的社会价值

首先，陌生人之间的信任是人际交往的润滑剂。与陌生人的交往已经构成现代生活的主要内容，处理好与陌生人之间的关系是每个现代公民都无法回避的现实问题。“陌生关系”可以涵盖多方面的内容，但最基本的是陌生人之间是否能够真诚相待。历史经验充分证明，诚信（信任、信用）是人际交往的润滑剂。作为一种个体性美德，诚信的核心在于对自我的道德约束力——个人的道德自觉和理性能力，具体表现就是既不欺骗他人，也不欺骗自己，保持一颗纯真无瑕的心灵。信任就是在面对陌生人的时候，能够待人以诚、将心比心，彼此间能够相互信任、相互理解，在此基础上才能实现各自的目的。“在人与人的交往中，多一份信任，自然就多一份回报。”① 这是众所周知的事实。作为人类的共同美德，诚信是一种道德基因。这种基因与其他美德是无法截然分开的。按照儒家的理解，对人讲诚信乃是仁爱的表现，同时也是道德智慧的象征。与熟人之间的诚信相比，对陌生人的诚信绝不意味着愚蠢，而是明智和理性的表现。当然，在与陌生人打交道时，即使暂时受到对方的欺骗或蒙蔽，或者自己的利益受到某种损失，然而从长远来看，最终的胜出者仍是视诚信如金的人。失去了诚信品德的人，就失掉了做人的起码资格。各种失信行为不啻是对人类美德的亵渎，对自身作为“理性者”的存在的反讽。失信者是这个社会中最愚蠢的失败者。因此，无论在自己的职业生涯中，还是在一般的社会公共生活中，诚信都是做人必须坚守的底线，是维护共同体的稳定与和谐的基础，也是增强共同体内部团结和凝聚力的重要保障。不同的社会成员之间应当本着诚信的诉求，和谐相处、合作共赢、共同发展。

待人以诚是陌生人之间相互沟通的桥梁。在社会公共生活中，人们

① 麦特·里德雷. 美德的起源［M］. 刘珩，译. 北京：中央编译出版社，2004：282-283.

在面对陌生人的时候喜欢划清界限，这无可厚非；但人类作为群居性的动物，不仅在集体中获得成长和繁荣的条件，而且集体也是个人归属感的重要来源。社会学家米尔顿·戈登（Milton M. Gordon）曾说："拼命守护自身荣誉和族群幸福的人也是在保护他自己。"① 社会是由数不清的陌生人构成的，在这个命运共同体中，个人对共同体的忠诚同时意味着对陌生人的忠诚。相反，失信于共同体就是某种反叛或叛逆，而叛逆者是无法获得共同体的信任和支持的，它意味着自己把自己孤立于全体之外，成为被社会彻底冷落的孤家寡人，而这种人就会失去生活的根本依托。所以，从共同体的角度人们更能看清诚信的价值。把诚信视为某种道德自觉也许比视为单纯的伦理规范更重要，真诚对待陌生人，实质是对陌生人存在和命运的高度自觉。现代伦理生活更需要这种道德自觉。因为"我们迫于天性的束缚，不得不与人们共处，而且会首先对最亲近的人施以援手，然后再将目光转向他人。但是这种天性并不会阻碍我们进一步扩大视野和胸怀"②。人们的诚信品德也必须随之而拓展自己的领地，由最初的"熟人诚信"推广到无所不在的"陌生人信任"，因为在"地球村"这个人们相互依存、日趋密切的世界中，任何人都无法孤立地存在于这个"团体"之外，而必须努力以各种方式维护它的和谐与繁荣。

面对身边偶然出现的众多陌生人，我们无法逐一苛求他们都具有诚信的德性，但是，我们完全能够以实际行动来表达自己深藏在内心的关爱之情。例如，我们走在都市的大街上，面对川流不息的陌生的人群，一旦发生财物被抢夺或其他危害公共安全的事件，我们应当毫不犹豫地出手相助。帮助陌生人其实就是帮助我们自己。因为我们都是大写的"人"，我们与陌生人拥有共同的人性和人类尊严，互助乃是实现"自我同一性"的方式。真诚地对待每一个他人，乃是真诚地对待自己内在的良知。在匿名性和流动性的人际交往中，由于无法保证对方也像自己一

---

① 马克·马陶谢克. 底线——道德智慧的觉醒［M］. 高园园，译. 重庆：重庆出版社，2013：108.

② 同①109.

样，能够真诚待人、诚信做事，所以必须辅之以法律的强制约束，以双方认同的契约来维护诚信的价值。当然，人们以往奉行的道德理想主义立场，与面临具体问题时的灵活决断并不矛盾。道德理想主义立足对未来的企盼，但它不能应对一切问题，尤其是那些背弃诚信要求的“小人行为”。为了把失信行为的危害降到最低，在与陌生人合作的过程中，“先小人而后君子”是理性智慧的必要选择。否则，人们之间良好的信用关系就有可能被人当作工具利用，而这是对诚信品德或信用关系的亵渎。从公共理性的视角看，如果所有陌生的交往者都能本着良好的品德，发自内心地以诚信为本，以诚待人、相互信赖，那么交易成本就必定会大大降低，不同交往者就都能在和谐有序的环境下完成交易，顺利地实现自己的交往目的。

必须注意，“与社会学和经济学的信任不同，伦理学的信任主要讲取信于人和施信于人两个方面，即强调行为者在先地、主动地付出诚实的言行，并优先地对他人的言行做出善意设定”①。这是达到和谐交往的最基本要求。在与陌生人的诚信（信任、信用）交往中，自己不是先对陌生人提出诚信的要求，而是先采取积极的行动，即个人的诚信在先、对陌生人的要求在后。本着“精诚所至，金石为开”的行为方式，按照推己及人原则，换取陌生人对自己的信任。中国人常说的“以心换心”“将心比心”，就是这种信任模式的典范。它所运用的就是人们心理上相互感通的道理。任何有理性的行为者，都能切实感受到这份信任带来的益处，从而把自己的诚信奉献出来，以换取陌生人对自己的信任。

其次，陌生人之间的信任是实现人际合作的基本前提。在现代社会，人们实现自己的利益，大多是以人际合作的方式进行的。合作共赢已经成为现代经济运行的基本法则。人们的合作伙伴可能是两个人，也可能由更多人组成。不同主体开展合作的基本前提是双方（或多方）都能做到真诚待人、诚实守信。尤其是在陌生人之间开展合作的时候，彼此能够敞开自己的心扉，相互信赖和真诚相待显得异常珍贵。一般说来，生意伙伴的合作关系往往是暂时的，即“利来而聚、利尽而散”。

① 李萍．中国道德调查［M］．北京：民主与建设出版社，2005：212.

有些合作关系则是长久而稳固的；有些是熟人之间的合作，有的则是陌生人之间的合作。不管合作主体的数量有多少、时间是长是短，不论人们为了什么目的而进行合作，合作者的信用度无疑是率先需要考虑的因素。如果没有诚信的品质做基础，或者出尔反尔、朝秦暮楚，那么不仅会失掉合作成功的最佳机会，而且会失掉来自他人的信任。因此，在人际合作问题上，“诚信是金”被奉为至理名言。因为凭经验人们知道，“只有以真实方式按其真实品格行事并展示其真实性格特征和感受的正直诚实人士，才能从他人的反应中受益”①。那些表面诚实的伪装者最终只能以失败的结局收场。

当然，我们并不是毫无原则地讲信任（诚信）。毕竟在现实生活中，人们相信谁、依靠谁和敌视谁，至少在内心深处有着明确的是非善恶的边界。世界上没有无缘无故的信任。从信任发生学的理论看，信任与个人和群体关系的进化趋势有关。“群体需要一个边界。边界帮助群体获得其有限性，使其成员在其中相互识别，频繁交往，进而获得信任，开始合作。边界还造就了‘敌友情节’，靠着外部的压力，造就内部的信任和团结。清晰的边界是信任、合作，乃至群体本身存在的前提。最初的边界必是天然的产物，或为血缘，或为地貌，或二者合一。战争与交换，使人类走出了封闭的血统，重组群体与领地，重铸和发展信任，并着手解决群体间的冲突。”② 信任在自身的发展过程中，被打上了鲜明的时代烙印。如果说农业时代的信任，与个人安全感的获得、群体凝聚力的期待有关，那么在步入工业社会之后，信任的内涵和模式都发生了相应的变化。有学者把农业时代的信任叫作“人格信任”③，那么“工业时代的都市化和陌生人世界创生出了新的信任机制。随着社会生活从熟悉走向陌生，人类逐渐建立起了专门的‘系统信任’——货币和专家系统，即主要相信那些被明码标价的商品和以广告、公司形象为依托的‘名牌’，另外，握有专门知识甚至排他性技能的人群也成为人们在社会生活中乃至个

① 米歇尔·鲍曼. 道德的市场［M］. 肖君，黄承业，译. 北京：中国社会科学出版社，2003：397.

② 郑也夫. 信任论［M］. 北京：中国广播电视出版社，2001：93.

③ 李萍. 中国道德调查［M］. 北京：民主与建设出版社，2005：212.

人生活中的信任对象，如医生、律师、高级行政官员等”①。把握社会信用关系的变迁，使得自己适应社会信任发展的要求，不断反思自己是获得信任的前提。

在康德看来，讲诚信是人们彼此间的一种责任，而这种责任是无条件的、绝对的，是一种道德上的绝对命令。任何有着丰富生活阅历和社会经验的人，都会对此有非常高的认同感。在人际互惠的市场机制作用下，“信誉效用”无疑是克敌制胜的重要法宝，也是实现有效合作的前提。因此，讲诚信不必考虑对方跟自己是否熟悉，即在信任问题上，对熟人和陌生人应当一视同仁。它不是为了外在的某种目的，而是完全发自个人的内心，是出于诚信动机的行为。然而，在现实生活中，尤其是在利己主义和拜金主义思潮盛行的商业社会，出于诚信动机的行为很少见。一次看似简单的买卖关系，其实就是陌生人之间合作的典范。康德对此做了分析，他认为，“在交易场上，明智的商人不索取过高的价钱，而是对每个人都保持价格的一致，所以一个小孩子也和别人一样，从他那里买得东西。买卖确乎是诚实的，这却远远不能使人相信，商人之所以这样做是出于责任和诚实原则。他之所以这样做，因为这有利于他。此外，人们也不会有一种直接爱好，对买主一视同仁，而不让任何人在价钱上占便宜。所以，这种行为既不是出于责任，也不是出于直接爱好，而单纯是自利的意图”②。应当说，这不是真正意义上的诚信，而不过是为了实现交往的顺利而做出的样子。因此，康德反对这样的“形式诚信”。但是，在商业社会，面对数量巨大的由陌生人构成的顾客群体，商人很容易把营利的目的摆在首位，诚信被当作个人谋利的工具，而非康德所说的“目的”本身。由此看来，在商业社会的氛围中，很难要求人们产生发自内心的诚信，况且也无法证实这种诚信的存在。

必须承认，康德的德性伦理有着浓厚的理想主义色彩。我们不能否认道德理想主义的价值，但是它却无助于解决陌生人社会诚信遭遇的现实困境。人类生活的所有领域都涉及诚信问题，即诚信品德是具有普遍性的道

---

① 李萍．中国道德调查［M］．北京：民主与建设出版社，2005：213.

② 康德．道德形而上学原理［M］．苗力田，译．上海：上海人民出版社，1986：47.

德律令。通常人们把诚信作为美德，而任何美德都是内在的、不可规范化的个体性要素。唯有信任和信用等关系性范畴，可以作为社会性的工具价值，诚信本身即是目的价值。在《道德形而上学原理》一书中，康德认为每个人都有践行诺言（严守信用）的道德责任，而这种责任是“立人”和“做事”的根本。既然人已经作为“人”而存在着，那么诚信便是其内在的道德构成性要素。无论在什么样的境遇下，人的诚信责任都不能被放弃。有人以为，由于环境的特殊性，陌生人之间可以不履行诚信（其实是“信用”）的诺言。在康德看来，这是绝对不允许的。他说：“如果一个人认为自己在困难的时候，可以把随便做不负责任的诺言变成一条普遍规律。那就会使人们所有的一切诺言和保证成为不可能，人们再也不会相信他所做的保证，而把所有这样的表白看成欺人之谈而作为笑柄。”① 一个人无论何时何地，无论与什么人合作，都不能也不应该放弃诚信的诺言。相反，如果人们都以自己所处的境遇为借口，放弃自己对他人的承诺，失信于人，那么社会生活就必定处于混乱无序之中。在康德所说的诚信与责任的关系上，并不存在熟人和陌生人的区别。不过，能够与陌生人建立信用关系，恰恰说明商人视信誉为生命的良好美德，唯有获得了众多陌生人的信任，才能真正把商业活动做得长久，毕竟良好的信誉才是商业价值的真正源泉。

再次，陌生人之间的信任是实现幸福生活的保证。在中国传统伦理文化中，记载着许许多多脍炙人口的诚实做人、诚信做事的故事，这些故事有的发生在熟人之间，更多的则发生在陌生人之间。它们以其动人心魄的无穷魅力，共同述说着诚信品德的历史价值和超越时空的生命活力，给后人以深刻的警醒和启迪意义。例如，宋代李元纲的《厚德录》中记载着“刘廷式不弃盲妻”的真实故事。据说“朝士刘廷式，本田家。邻舍公有一女，约与廷式为婚。后契阔数年，廷式读书登科，归乡间，访邻翁。邻翁已死，女因病双瞽，家极困饿。廷式使人申前好，而女子之家辞以疾，仍以佣耕不敢姻士大夫。廷式坚不可，与翁有约，岂可以翁死子疾而背之，卒与成婚。闺门极雍睦，其妻相携而后能行，凡生数子。廷式尝坐小

① 康德．道德形而上学原理［M］．苗力田，译．上海：上海人民出版社，1986：74.

遣，监司欲逐之，嘉其有美行，遂为之阔略。后廷式管勾江州太平宫而妻死，哭之极哀。苏子瞻爱其义，为文以美之”①。故事的大意是：出身农家的刘廷式高中皇榜，成为朝廷的一名重要官员，其社会地位、经济收入和权力名望发生了巨大变化。最初与刘廷式有婚约的邻家女孩因病双目失明，且其家翁已逝，家庭生活极度贫困。如此巨大的反差使得邻家女孩认为，自己与刘廷式已不般配，成婚的可能性业已不复存在。然而，刘廷式虽身居高位，但却始终不忘当初的婚约，不仅与目盲的邻家女孩成婚，而且夫妻相敬如宾、琴瑟和谐。刘廷式精心照料自己的妻子，给了她温暖幸福的家庭生活。这是古人坚守诚信、绝不爽约的传世佳话。无论生活发生了怎样的巨大变故，无论社会地位相差何等悬殊，严守当初的承诺、不离不弃始终是刘廷式为人处世的基本准则。由此可见，古人对诚信的坚守是始终不渝的，在他们内心深处践行承诺的美德高于一切，可见他们心中诚信的分量以及对诚信的高度道德自觉。后人当以此为道德楷模，激励自己坚守内心深处的诚信原则，切实把它当作为人处世之本，并把它世世代代传承和弘扬下去。

在凯斯·桑斯坦（Cass Sunstein）看来，诚信是一种宝贵的社会资本。通常，一个“运作完善的社会有赖于诚信、互惠的关系，在这样的社会中，人们知道同胞是他们的伙伴。当同胞需要帮助时，他们愿意帮助。这种关系的存在就是所谓的‘社会资本’。我们应该普及这种看法，借传播体系来分享经验，以促进公民甚至陌生人之间发生关联。一个缺乏这种经验的社会，无可避免将会因关系不和谐而受苦”②。即使是陌生人之间的诚信，无论对个人还是对社会整体，都是得到快乐与和谐生活的道德智慧。人们必须消除对陌生人的歧见，改变按照“熟悉”和“陌生”将人群进行归类的简单化做法。因为人们在现实中并没有绝对的“我”和“你”的利益、“我们”和“你们”的差异，而是作为“我们”存在的完整的统一体。尽管人们内部也不乏诸多的矛盾和冲突，但人们在根本利益上是一致的。所以，我们既不能无端贬损他人，也不应随意抬高自己，更不能把

---

① 罗国杰. 中国传统道德［M］. 北京：中国人民大学出版社，1995：192.

② 凯斯·桑斯坦. 网络共和国［M］. 黄维明，译. 上海：上海人民出版社，2003：69-70.

天性赋予我们的“敌意的想象”（马陶谢克语）无限地夸大。在此前提下，陌生人之间的互信是完全能够建立起来的。有了相互信赖的、融洽和睦的关系，大家的心情才能舒缓和放松，才能感受到生活的幸福。其实，个人对群体做出的任何牺牲，都必定是对陌生人之利益的某种捍卫，因为在他们的内心深处，陌生人已经成为事实上的朋友和知己，而不是敌视和排斥的、外在的异己力量。所以，“信任作为社会资本的一种形式，与作为实际资本的钱财同样重要”①。

尽管我们不是为陌生人而活着，陌生人也不是我们生活的全部；然而，在与陌生人共同生活和斗争的过程中，我们学会了互助协作，以此完善与提升了自己的社会本能和幸福指数，而“作为世间的物种之一，我们的成功就在于人类的社会本能”②。这种本能是人类普遍共有的特性，而非狭小的熟人社会所特有的属性。在长久的历史演进过程中，人们不仅要忍受各种各样的自然灾难的考验，而且要遭受战争、暴力、偷窃、瘟疫以及各种物质利益分配不公的严重困扰，人们需要消除各种歧视和偏见的纠缠，在艰难困苦中为了生存而挣扎。信任是在经受了痛苦磨砺之后的道德洞见，是人类自我反思和自我提升的产物。它帮助人们有效地应对并克服前进道路上的各种阻力，以得到自己追求的快乐和幸福的生活。在这个过程中，人们具备了建立相互信任的能力。诚如美国经济学家肯尼斯·阿罗（Kenneth Arrow）所说：“事实上，每一笔商业交易之中都包含着信任的因素。”③ 其实，何止是商业交易行为，人的任何行为都内在地包含着诚信因子的参与。人们在长期的社会实践中变得聪明而富有智慧，而个人对诚信品德的自我意识以及社会信用制度的建立，应当是这种智慧中不可分割的组成部分。也许，一些陌生人的失信行为伤害了人类脆弱的道德情感，然而这并不能成为我们对信用丧失信心的理由。这只是意味着我们建构的社会信用体系尚不够完善，或者我们对人性深处的弊端把握得不够深刻。“知道人类在漫长的演化过程中是如何具备建立起社会

① 麦特·里德雷. 美德的起源［M］. 刘珩，译. 北京：中央编译出版社，2004：282.

② 同①281.

③ 同①.

信任的能力，我们肯定就能发现这一能力中同时存在的缺陷，并找到治愈的良方。什么样的制度让人们彼此信任，又是什么样的制度消除了这种信任。”① 从个人之间的信任走向社会信用制度的建构，是人类道德向前迈出的一大步，后来者只能在这个基础上前行，而不是因为某些消极个案而否决这些成就的合理性。

最后，陌生人之间的信任是市场经济成熟的必要条件。亚当·斯密曾说，市场经济是信用经济，它的基础是道德。诚信（信用、信任）的经济价值，实际上就是道德的经济价值。固然，我们可以单纯分析诚信（信用、信任）的经济价值，把它作为孤立的社会变量来研究。然而，从具体效果来看，诚信是作为人的德性的结构性要素与其他德性一起发挥作用的。按照西方经济学的观点，市场经济社会的信任特质是契约信任。一个人对它的认识随着自己社会阅历的增长而加深，尤其是那些成功的企业家，对此有着深刻的个性体验和经验提炼。麦特·里德雷（Matt Ridley）曾说，文森（Vinson）勋爵是一位成功的企业家，他归纳了商业成功的十条戒律，其中有一条就是：“相信每一个人，除非你找到不再相信的理由为止。”② 无论什么样的人，在市场经济时代，市场都为他提供了平等参与的机会，他必须充分理解和运用自己的有限理性，在由众多陌生人参与的复杂的社会网络中，以诚实和信任赢得合作伙伴的尊重与认可，实现自己利益最大化的诉求。所以，成熟的市场经济主体的自我管理，必须实现由“效用主导”向“信任主导”的理性飞跃。“在从效用（利益、功利）向信任（信赖、声誉）的转换过程中，尊重规则、讲求信用的行为将获得回报，而急功近利的短期行为将受到唾弃。在充分竞争的机制下，一个人过去的守信行为可以成为人们对他的未来预期，守信就成为他的社会资本，他就能够获得优势。”③ 这就是说，在市场竞争中的那些胜出者，往往是珍惜自己的诚信品德并且拥有高度的道德自律的行为主体。缺乏道德（尤其是诚信、信用）支撑的谋利行为注定是不能长久的。成

① 麦特·里德雷．美德的起源［M］．刘珩，译．北京：中央编译出版社，2004：282.
② 同①.
③ 李萍．中国道德调查［M］．北京：民主与建设出版社，2005：213.

熟的市场经济所要求的是“义”与“利”的高度统一，或者说是以“德”驭“利”、以“信”赢“利”的行为。

在市场经济时代，“‘信用’可分为两个层次：一是为了生存需要，追求利益最大化，如某商品信誉好，购买这一商品的消费者就会增加，有利于生产该商品的厂家发展。但是，如果信誉仅仅停留在这一层次上，那么就容易导致人和人之间互相利用的短期化行为，所以信用还必须上到更高层次来认识，建立超越个人利益，体现信誉、正义的规则，即法治”①。机会主义策略是目前学术界争议颇多的问题，因为市场与投机是孪生兄弟，自从商品交易市场存在以来，人类的投机行为就没有中断过。“无可争议的是，以竞争、非人格化和以私人利润为目的的市场关系很多情况下促进了机会主义战略。尽管贸易和交换产生对诚信、诚实、可信赖等道德行为的要求，但市场上的交换关系和人际相互依赖的网络却不够紧密，无法使市场参与者的个人利益同相互间合作的行为相结合。”② 但是，人类也是善于归纳和运用道德智慧的动物。无论人类羞耻感的形成还是诚信品德的确立，都是这种道德智慧升华的产物。更重要的是，个人的理性是有局限性的，正如社会理性是有局限性的一样。正视这个问题的存在，然后找到弥补或解决它的有效对策，也是人类理性完善和自身发展的要求。随着市场经济的不断完善，人类已经成功（或部分成功地）地解决了这些问题。有学者曾说：“脸红是人类独一无二的能力，它意味着在某个时间点，我们的祖先开始在诚信中比（在）机会主义中获益更多。”③ 除了内疚和不安的情绪体验外，它还是人类能够主动站出来，为自己的失信行为负责任的开始。因此，可以把“脸红”视为个人诚信与否的某种自我预警机制。如果人们能够改过自新，那么我们就要允许在诚信问题上的失败以及为此不断地进行自我纠正、自我提高。

就我国社会的现实来说，在改革开放的几十年里，人们的独立意识

---

① 刘智峰. 道德中国［M］. 北京：中国社会科学出版社，2001：49.

② 米歇尔·鲍曼. 道德的市场［M］. 肖君，黄承业，译. 北京：中国社会科学出版社，2003：591.

③ 马克·马陶谢克. 底线——道德智慧的觉醒［M］. 高园园，译. 重庆：重庆出版社，2013：32-33.

和主体意识得到了明显的提升。那么，这种主体意识提升的标志是什么？应当是对自我存在的主体自觉，尤其是人们的道德自觉性的提升。道德自觉是形成道德自律的前提。唯有在道德自觉和道德自省的基础上，才能形成较高程度的道德自律。不过，人们对诚信的自觉尚未达到市场经济发展的要求，人们的诚信意识总体上依然偏低。有调查资料显示："多数国人的信任原点仍以自己的血缘关系为主，这与我们的文化传统、社会结构一脉相承，人们的信任半径仍然没有充分扩展到普通社会成员之中，'信任'仍然没有成为广泛的社会信任。"① 究其原因，人们的信任已长久停留在熟人圈子中，一直坚守熟人之间的信任模式，没有有效地延伸扩展到陌生人身上，即陌生人之间的信任模式尚未有效建立。"特别是在市场经济下，买者与卖者被多重中介、代理等环节所隔绝，人与人的关系被物与物的多重关系所遮蔽，人的匿名性程度大大增加，因此，熟人社会中的他人的监督、规劝就被削弱了，通过一个人表里如一的外在行为显示其内心的主体自觉就变得非常迫切。"② 因此，未来社会的信任模式的重点，将是陌生人之间的信任关系的建立和巩固，而这将是一个漫长艰难的历史过程，因为人们对陌生人的接纳和信任，即由原来的怀疑和极度的不信任逐渐发展为比较信任和完全信任，是需要过程的。当然，陌生人之间信任关系的建立也是有条件的，它需要对那些背信弃义者施以严格的惩罚措施，使其不敢失信、不想失信和不能失信。当一些人失信的代价远远高于其获得的收益时，他们的理性认识就会逐步成熟起来，最终会驱使他们自觉脱掉自己的伪装，把真实的内心世界展示在世人面前。毕竟，诚实才是最持久、最可靠的东西。成熟的市场经济既是法治经济，也是信用经济，二者是相互依存、不可分割的整体。"在实行了市场经济体制的发达国家里，经济信用从来就被放置在很高的位置。"③ 人们一旦做出承诺，就必须严格遵守并及时兑现。这是任何理性的行为者必须明晰的道理。

---

① 李萍．中国道德调查［M］．北京：民主与建设出版社，2005：215.

② 同①213.

③ 刘智峰．道德中国［M］．北京：中国社会科学出版社，2001：49.

构建陌生人之间的信任的路径分析

首先，加强传统美德教育，提升陌生人之间的诚信意识。诚信社会建设的原点是个人，而制约个人诚信行为的是意识，因此，建设诚信社会必须从公民的美德（诚信、信任或信用意识）教育做起。任何人与人之间的交往，都需要讲究诚信相待、相互信赖，所以可以把它看作人与人的结合点。在古老的伦理文化中，对诚信的重视和强调是空前的。如孔子曾告诫弟子："言必信，行必果"（《论语·子路》）。无论交往对象是谁，我们对于自己说过的话，都必须严守承诺，要始终如一地把它变成行动。在这里，孔子并没有区分熟人还是陌生人，而是要求对所有的交往者都一视同仁，这是无疑的、明确的。那么，作为为人之本、处世之道的诚信，具体落实到社会政治生活中，则需要具体问题具体对待，转化为不同的要求和原则，例如在政治生活中，孔子主张"民无信不立"的思想，他说如果政府不能取信于民，那么它就无法巩固自己在百姓中的地位，从而也就会失掉执政的基石。至于谈到诸美德之间的关联，人们必须认识到"诚在于仁，信近乎义。诚信离开仁义，就失去了价值"①。"仁"是诚信的基础，"义"是诚信的延伸。自古以来，人的美德均非孤立存在物，各种美德乃是相互支撑、相互渗透的关系。因此，诚实成为贯通诸道德规范的根本，也必定是做人的根本，即为人之本。然而，单有"诚"而缺乏"仁""信"，"诚"就失去了内在的支柱，故孟子把"诚"与"信"联系起来使用，认为"人道"与"天道"相应，从客观规律方面阐释了诚信的本体论根基。在现实的人际交往中，孟子完善并发挥了诚信的规范人际交往的意义，使诚信成为交往伦理的基本范畴。与"诚信"对立的范畴是"失信"，对于儒家伦理而言，诚信是"立人之道"、"立政之本"以及"进德修业之本"，一个人若处于"失信"状态，那么就部分地失掉了做人的某种资格。任何人要在这个社会上立足，无一例外都要拥有

---

① 罗国杰. 中国传统道德［M］. 北京：中国人民大学出版社，1995：37.

诚信的德性。因此，诚信首先是个体性美德的内涵之一，然后才作为交往伦理的基本规范而成为普适性的社会性美德。不过，儒家伦理并未区分诚信的具体约束范围，即未提出“熟人诚信”和“陌生人诚信”之类的概念。因为作为具有普遍意义的道德规范，它所规范的是绝大多数人，而不是具体的某一个（类）人，故而也就不可能为个体（类）建构独立的道德规范。

回顾传统美德文化，是为当代社会的诚信建设提供历史参照和资源支撑。传统诚信教育所指向的是人们的诚信意识，所谓诚信意识乃是大众对诚信意义或价值的理性认识和实践自觉。公众诚信意识的获得和提升，主要是通过教育的方式完成的。这里的教育包括两种：一种是学校教育，另一种则是自我教育。通过学校教育，公民获得关于诚信的基本理念，认识到诚信品德对于个人和社会的意义。公民从书本上学到的诚信知识，唯有在自己的生活实践中，切实感受到守信的益处或失信的危害后，才能真正内化，转化为今后行为的指南。一般说来，一个人若“真正懂得”诚信的价值，那么就会自觉地让它引导自己的行为，表现为自己的信用或信誉的建立。所以，诚信意识的教育和引导无疑是必要而迫切的。在陌生人之间的诚信建设中，必须加以必要的社会教育和引导，使普通人提升自己对陌生人的意识，解除内心存在的种种疑虑，走出怀疑和不信任陌生人的阴霾，然后逐渐趋向于不完全信任的阶段，以及发展到比较信任和完全信任的阶段。在经济学家看来，向陌生人敞开自己的心扉，示以真诚的美德和自己的真相，就是使自己处于“透明”或“半透明”状态，毕竟在相互之间的作用过程中，唯有真相才能得到与对方合作的条件。“只有当个体能够令人信服地向其伙伴显示自己拥有美德时，拥有美德才能对个体及其伙伴有益。”① 经济生活的实践表明，诚信品德教育不只是课堂上的语言，它更多体现在人们实际的行为过程中，表现在各种各样的人际互动中。所以，我们不能把诚信品德教育仅仅理解为课堂传授诚信知识。因为，课堂教学所面对的只是自己熟悉或不

① 米歇尔·鲍曼. 道德的市场［M］. 肖君，黄承业，译. 北京：中国社会科学出版社，2003：382.

熟悉的听众，而社会生活才是陌生人的世界，在社会的大课堂上，人们能够学到和体验到陌生人之间诚信的真正价值。

提升陌生人之间的诚信意识，需要解决的关键问题就是，如何缩小自己与陌生人之间的（物理的和心理的）距离。在齐格蒙特·鲍曼看来，人们之间的距离是道德和伦理的分野。在传统意义上的熟人社会，人们彼此间没有距离或者说距离很小；但在现代陌生人社会，陌生人之间的距离却是巨大的甚至可以说是无限的。这里的距离不只是物理距离，即身体相隔的远近，还指心理距离——热情地接纳还是冷漠地拒斥。“对鲍曼来说，道德只有在亲近（proximity）中，在可以看到对方面孔（face）的条件下才有生成的可能性，而在距离（distance）中，在个体相互依赖增长的链条中，它具有的是生成非道德的可能性。”① 这里的“非道德”不是“不道德”，而是指不同于道德的外在伦理规范。道德意味着某种心理上的亲近，伦理则是某种疏离和抵触的状态。在鲍曼看来，区分道德和伦理生成的不同条件，其中最主要的标志就是人与人之间的距离。“看到对方的面孔”是物理距离，而形成对对方的同情和关怀则是心理距离，它是道德情感发生和滋长的现实源头。“亲近”意味着敞开自己的怀抱，向对方透露真实的情感世界，从而引发对方的心理体验和情感共鸣，这是道德情感形成的基础。其前提条件是长久的共同生活、稳定的联系和频繁的交往，以及培养人们持久的道德能力，而这些条件在陌生人环境中是很难获得的。韦政通也说过，“当人和人的关系处于冷漠状态时，正是道德解体的征兆，只有当人和人处在比较亲和的关系中，才能生起关切与同情”②。与陌生人偶然性、短暂性的交往，大多流于形式而几近虚幻，为了各自不同的现实利益诉求，必须用契约、制度和法律来约束，所以道德无法实质性地介入陌生人的交往过程。那么，交往伦理的规范就是相互尊重、公平和正义。即使人们之间存在诚信或信用的基本要求，也只是作为外在的约束力或强制力而存在的，即是作为契约性的伦理规范存在的，也无法真正进入个人的内心

① 郑莉．理解鲍曼［M］．北京：中国人民大学出版社，2006：90.
② 韦政通．中国文化与现代生活［M］．北京：中国人民大学出版社，2005：144.

世界，对人的道德品质发挥作用。所以，有人认为，在陌生人社会，寄希望于康德所说的出于动机的诚信，既是不现实的渴求，也无存在的可能性。果真如此吗？经济学家通过对市场经济与诚信品德之间关系的研究，有力地驳斥了上述观点。他们认为，依靠市场规律和市场机制的作用力，不仅能够彻底撕下不诚信者的伪装，让其为不诚信行为付出高昂的代价，而且对伪装者和他人也是极好的诚信意识教育，从而提高市场参与者的诚信意识，强化人们彼此间的诚信纽带。

其次，发挥市场调控的基础性功能，强化陌生人之间的信用纽带。在现代社会，无处不在的市场把人们连接成一个庞大的"社会网络"，几乎每个人都是这个网络中的一个结，他们需要借助网络来实现自己的目的。这样，人与人之间的信用关系就显得异常重要。当然，一旦发生失信行为，其代价往往就是巨大的。需要指出的是，相对其他市场主体或参与者而言，每个人都是匿名的陌生人。众多不透明的、流动性的陌生人的存在，决定了市场本身的复杂性和多变性，因此，陌生人之间的信用关系状况就成为参与者首先考虑的因素。在这个市场上，既有诚实守信的商人和顾客群体，他们凭借自己的良知和诚信，与其他素不相识的陌生人打交道，同时也有大量的伪装者，他们为了牟取一己私利或达到非法目的，不惜牺牲或损害众多陌生人的利益，或者把他人的诚信作为达到自己目的的工具。如果任由失信现象在社会网络中泛滥，那么久而久之，就必定会导致陌生人之间严重的信任障碍。在经济学家看来，"人际间的'信任障碍'不只是源自信息基础可能过于狭窄，而更多也是源自对他人真实性进行审核的必要性。人们可能受到仅仅伪装出美德的诱惑的事实进一步增加了准确甄别行为倾向的难度"①。那些伪装者为了达到自己的目的而不择手段，但又无法被人及时发现并清除出市场网络，因此，这就必定会发生因为失信而导致的陌生人利益严重受损的事件。

从历史上看，经济行为中的机会主义者是屡见不鲜的。所不同的是，

① 米歇尔·鲍曼．道德的市场［M］．肖君，黄承业，译．北京：中国社会科学出版社，2003：385.

前市场经济社会中的人际关系是透明或半透明的，人们在交易中获得信息的渠道较少，况且交易的范围极为有限，因此机会主义者无法完全以“隐身”的方式存在。一旦他的伪装被识破，他就会名誉扫地而被驱逐出市场。但现代社会则不同，在巨大的由陌生人组成的社会网络中，可能潜藏着无数的机会主义者，尤其借助现代高科技手段或平台，他们可能在无限广阔的领域内施展自己的“本领”。这样，失信行为一旦出现，就可能引发灾难性的后果。“由于伪装和不信任的问题，有着行为倾向的效用最大化者面临灾难性的自我实现预言的问题，即对伪装的巨大诱惑的认识必然导致普遍的不信任，这使得令人信服地证明美德变得困难。克服现存的不信任的机会越来越少，表现真实美德的积极性就越小，这反过来又加剧了不信任感。”① 这是严重的恶性循环。必须充分估计到问题的严重性并采取有针对性的措施。对于那些执着于“看不见的手”的经济学家来说，这只“手”调控的重点不应是市场经济秩序本身，而应是市场主体或参与者的道德问题，即破坏市场秩序的不良因素（如信用缺失等）。必须把经济学和伦理学有机结合起来，作为一个整体来研究。在风险社会的背景下，消除市场运作中可能出现的风险，比单纯获得经济收益更重要。利益或利润只是暂时的，而市场的健康发展却是永恒的话题。

解决问题的机会依然要留给市场本身，留给市场经济的参与者和研究者。实际上每个研究者同时也是参与者，具有与众多陌生人一样的体验和经历，甚至是上当受骗的痛苦的购物（交易）经历。作为普通的消费者，人们在参与市场活动的时候会有自己的道德期待，期待陌生的交易对象能够拥有美德，能够在相互信任的基础上与自己开展合作，因为这样对双方都是有益而无害的。就以目前时髦的网络购物为例，消费者从网店购得了自己满意的质量上乘的商品，网店主人因此而赢得了自己满意的利润。这是一个双赢的结局。商家不仅赢得了利润，而且赢得了信誉。对于商家而言，信誉无疑是持久的利润。在这次愉快的购物旅途中，消费者与网店主人互不相识，彼此互为陌生人，但是，通过购物这次短暂的合作，实现了

---

① 米歇尔·鲍曼. 道德的市场［M］. 肖君，黄承业，译. 北京：中国社会科学出版社，2003：387.

彼此信用关系的真实价值。这个实例足以说明，在信任基础上开展合作是市场理性的基础性要求，也是商家与顾客的必然要求。毕竟，作为市场的主体或参与者，绝大多数人都能明白这个并不复杂的道理。即使有一些善于伪装的老手，在市场中趁机浑水摸鱼、屡屡得手，但是一旦被人识破，最终就将面临满盘皆输的悲剧。因此，市场是最好的教材和教师，它以自身的风险作用机制教育人们要诚实守信。反过来，它警告那些伪装者：伪装是有代价、有风险的。“即便是粗浅的观察也不难发现，对伪装者而言每一伪装都会产生个人成本并同巨大风险相连。不可否认的是，对个人品格的长期成功的伪装并不容易，而且‘对道德完美性的伪装处于随时被某人戳穿的巨大风险之中。’”① 有时候，反面教材对人的警醒作用远远超过正面教育的效果。

在经济学家看来，那些美德的伪装者就是市场的害群之马。然而，要彻底清除他们却不是容易的事。唯一有效的对策就是强化法律制度的约束，同时让市场成为他们最好的老师，促使他们自己进行深刻的反思和提高。不能否认，“由于交换关系的瞬间性和匿名性，市场参与者的流动性及伙伴的可替代性，总会出现牺牲他人而无风险地获取自身私利的‘黄金机遇’”②。也许在这些人看来，这些“黄金机遇”是以损害陌生人利益或市场秩序的方式而获得私利的最佳途径，但是，任何伪装都是有成本的。这种成本有客观和主观两个方面。在客观成本上，这是“在伪装上太过昂贵的投资”（米歇尔·鲍曼语），即他获得成功所付出的代价太高；伪装者必须善于抓住某种“难得的”机会，有时候抓住这样的机会是需要付出巨大精力和较多时间的。在主观成本上，伪装者会丧失自己的本真性的存在，必须时时刻刻小心谨慎，以防被人识破而露出马脚。同时，还会丧失自己“正直诚实的品格”（米歇尔·鲍曼语），而这种品格恰恰是人生最珍贵的财富。毕竟，一旦自己的伪装被人怀疑和识破，自己就会名誉扫地或者身败名裂，这种后果实在太可怕了。与那点暂时的蝇头小利相比，付出

---

① 米歇尔·鲍曼．道德的市场［M］．肖君，黄承业，译．北京：中国社会科学出版社，2003：388.

② 同①591.

名誉乃至人格的高昂代价，牺牲自己的本性去做背离良心的事情，其中的“得与失”在每个人看来都是再清楚不过的。

最后，依法惩治陌生人的失信行为，提升其对信用规范的践行能力。毫无疑问，对失信者的严厉惩治是维护市场正常秩序的基本要求，也是捍卫人类诚信品德的重要举措。经验证明，由数不清的陌生人构成的社会环境，极易造成外在监督力量的弱化，从而使那些失信的机会主义者钻空子。一般说来，“信任”概念是在两种意义上使用的，一是对个体内在美德的信任，二是对某种特定行为方式的信任①。如果说在熟人圈子中，信任主要体现为对个体美德之信任的话，那么当人们身处陌生人的空间时，信任则主要体现为后者——对特定行为方式的信任，即一种约定俗成的外在道德规范。那些失信的陌生人固然有着各种各样的理由为自己辩护，但是在社会公共的信任规范面前，他们无疑都是以破坏者的面目出现的。规范对人的约束和控制，实际上体现的是一种公共权威的力量。对这些违规者的惩处和制裁，就是恢复信任规范在他们心目中的权威性，巩固规范对于个体存在的意义。规范之于参与者的关系，就是权威之于个人的关系。恰如康德所言，规范作为人自己为自己订立的“规矩”，发挥着自我立法和自我执法的功能。

众所周知，对如何惩治失信者的理论研究和实践探索由来已久。在西方新经济学理论中，对失信者的惩处措施无疑是研究的重点。实际上，任何理论都来自现实的需要并服务于现实，各种实际举措的提出和应用也是逐步探索前进的过程。它们不仅有着市场经济的共通性和普遍性，而且体现出不同制度和体制的特殊要求与自身特色。在我国，随着社会主义市场经济的发展，特别是诚信危机和陌生人社会的来临，企业、政府乃至普通百姓对信用的认识越来越深刻，以“中国产品质量万里行”活动为契机，2001 年 9 月在北京举办的以“信用中国”为主题的活动，揭开了全面建设诚信社会的序幕。大家一致认为，“信用是国家的财富、企业的生命……打造‘信用中国’要在依法治国的基础上强化公民道德建设，逐步

---

① 米歇尔·鲍曼．道德的市场［M］．肖君，黄承业，译．北京：中国社会科学出版社，2003：383.

建立起社会信用体系，建立起社会信用信息网和社会信用数据库，建立起严肃、严格、全面的奖惩制度。让失信者受到惩处，让守信者得到好报，这将是市场经济条件下健全的信用体系发挥作用的必然结果”①。将它们落到实处，就需要各部门结合自己的实际，在积累经验的过程中逐步探索和完善。虽然我们有着诚信的优良传统，但是在市场经济条件下，我们还缺乏治理市场无序、诚信缺失的有益经验。实现传统诚信品德的现代性转换，也需要不断反复的实践和认识的提升。

人们对陌生人失信问题的研究，主要是从行为后果的层面进行考察的。根据失信情况的不同类型，对失信者的惩罚和制裁措施也不尽相同。具体而言，主要分两类：一类是背弃最初的约定，但没有造成重大利益损害或人身伤害，即没有触犯法律规定的行为；另一类是导致重大人身或利益损害，已经触犯法律规定或制度要求的行为。在第一类情况下，对失信者的惩罚主要是通过舆论监督和道德谴责的方法，在公共媒体中对此类人和事给予公开的谴责与批评，让其暴露在众目睽睽之下，接受社会公众的监督和批评。第二类情况则是将失信者移送司法机关立案侦查，在查清事实真相的基础上依法定罪，使其付出相应的代价。无论其中的哪一类情况，都说明失信于人的后果是严重的。这些措施除了给当事人以严厉的警醒之外，对其他有此类失信企图的人和组织来说，也是一种诚信教育和道德提醒。在前现代社会，由于失信者的精心策划和善于伪装，其失信行为对他人利益和社会公共利益造成损害后，很难找到确切的证据对其进行指证，因此，对失信者的惩处显得尤为乏力，在惩治方法上存在明显的不足。然而，在现代社会，借助新的科学技术手段，人们能够搜寻到更多的蛛丝马迹，掌握充足的材料来查找失信的证据，对当事人的惩处合规合法，因此可以说，现代社会失信的成本会越来越高。

如今，网络已经成为发现失信行为或指证失信者的便捷而有效的平台。自北京市率先启动互联网上公开的企业信用体系——“不良行为警示记录管理系统”以来，到目前为止覆盖全国各地区、各领域的完善的个人

① 舒雨，等. 道德盲点［M］. 呼和浩特：内蒙古人民出版社，2004：129.

和组织信用、征信与信用评价体系已趋于成熟。它是一项全面系统的社会信用体系建设工程，由此我们看到了陌生人社会信用建设的希望之光。2014 年，国务院颁发了《社会信用体系建设规划纲要（2014—2020 年）》，提出了详尽而完善的社会生活各领域的信用建设的要求和具体对策。其中，对失信者的惩治具体而详尽。按照《纲要》的具体要求，找对明确的切入点，对症下药，有针对性地解决不同领域内部的失信问题，就是我们未来要做的主要工作。例如，我国在治理城市公共交通中的问题时，就采纳了社会征信系统的资料。据 2015 年 9 月 1 日《新华每日电讯》的报道，我国深圳市交管部门为治理行人闯红灯问题，吸取了国外在这方面的先进经验，宣布从即日起将行人和非机动车的部分交通违法行为纳入征信系统，希望给这些陌生的违规者留下“信用污点”，以此教育并根治“闯红灯”等城市交通顽疾①。此举引发了舆论界的广泛讨论，绝大多数人持赞成的态度，认为必须通过严厉的处罚措施来治理交通违规者，让他们付出沉重的代价或高昂的违规成本。当然，也有少数人对此表示质疑，认为这是否会侵犯公民的合法权利。不过，值得注意的是，失信惩戒的方式也有自身的某种局限，众所周知，“人们多年来积攒的‘诚实正派的嫁妆’（休谟语）只需唯一的一次失误就会丧失殆尽。如此一来他的声誉大打折扣，他的外观受到玷污，不论此前他无数次诚实而正直地行事”②。为了不冤枉真正意义上的好人，在实施失信惩戒措施的过程中，必须广泛听取社会各方面的意见和建议，对失信者的情况尽可能有全面准确的把握，以便更有针对性地治理失信者，在切实维护公民合法权利和利益的同时，对失信者予以及时必要的社会制裁，这是做好社会管理工作和建设信用社会的基本步骤。

发现和制裁陌生的失信者，关键在于找准治理的“切入点”。不同领域中失信者的环境和目的不同，因此可能的治理“切入点”未必相同。例如，在治理目前城市交通秩序混乱的问题上，陌生人违规（尤其是非机动

---

① 冯璐，毛思倩，叶前. 留“信用污点”能否根治行人闯红灯顽疾？［J］. 新华每日电讯，2015-09-01（06）.

② 米歇尔·鲍曼. 道德的市场［M］. 肖君，黄承业，译. 北京：中国社会科学出版社，2003：407.

车和行人违规）现象是非常普遍的，交通部门的管理者提出并使用“交通失信”的概念，将个人的交通违法信息纳入征信系统，以便及时发现和锁定交通中的失信行为（随意穿越栏杆、不走斑马线、肆意闯红灯等），然后根据具体情况采取相应的对策，“增加交通违法者的失信成本，这是运用社会信用体系解决道路交通管理的问题，也是发达国家采用的一种综合的管理手段”①。在治理交通违法问题上采取这种措施，其实际上的影响还远不止这些，在大数据时代，陌生人在交通问题上的失信行为，会成为其他部门调用和查阅的数据，从而给一个人生活的方方面面都带来深远的影响。个人接受教育、银行贷款、保险缴纳等，都可能因为个人的不良信用记录或信用污点的存在而受到影响。因此，交通违规中的“不良信用记录”就是个人信用关系建设的切入点，即是社会信用体系中的一个具体环节或步骤。在复杂的现代社会，通过覆盖全社会的信用体系建立，为每个市场主体或公民个人建立诚信档案，以此惩治各种失信者，让他们的“信用污点”时时伴随着他们，让他们付出相应的代价、在社会中寸步难行，以此强化人们的信用意识，特别是提升失信者的道德自觉，引导失信者进行自我反思和提升失信者的道德水准。同时，在建立诚信档案的过程中，重视社会各部门各种监督机制的综合联动，进而加快社会整体信用体系建设的步伐。

① 冯璐，毛思倩，叶前．留“信用污点”能否根治行人闯红灯顽疾？[J]．新华每日电讯，2015-09-01 (06).

第九章　现代都市与对陌生人的道德关切问题

研究陌生人的相关伦理问题，不能回避的一个重要视角就是都市（中大型城市）。无论在东方还是在西方，都市往往是商业的聚集地和国家的政治、经济、文化中心。在现代人的生活中，不仅都市被看成社会繁荣和人民生活幸福的象征，而且都市化程度的高低是衡量现代化水准的一项重要指标。目前，都市化已经成为一种世界性的潮流。不能否认，与传统意义上的农村社区相比，都市是陌生人问题最突出、最集中的地方，发生在陌生人之间的各种摩擦、矛盾乃至冲突最为普遍，各种社会犯罪现象也主要发生在都市生活空间。在某种意义上我们可以说，目前绝大多数的文化研究都直接（或间接）以现代都市生活为背景，或者以都市为主题或参照坐标而展开。如果说现代文明是一个复杂多变的系统，那么其核心和灵魂无疑是都市文明，或者至少以都市文明为其潮流的引领者和风向标。学术界对都市文明问题的研究，必须聚焦于都市空间中的陌生人问题。都市文明（尤其是精神文明和伦理道德）的发育和发展程度与都市陌生人之间的关系是最密切的。自美国学者刘易斯·芒福德（Lewis Mumford）的《城市文化》一书出版以来，学术界对都市和都市文化的研究日趋成熟。应当说，都市文明中的陌生人伦理问题是都市文化研究的独特视角。在我国不断加快的城市化进程中，关注都市陌生人伦理道德建设，对于我国都市文化的发展、都市文明建设和市民生活的和谐幸福都有不可忽视的意义。

都市舞台上的陌生人

“都市（城市）”是与乡村相对应的概念，主要指那些规模较大的城市。在我国古代，“城”与“市”是两个不同的概念。《管子·权修》中便有“地之守在城”之类的论述。到了后来，《墨子·七患》中则明确地说：“城者，所以自守也。”古人所理解的“城”，主要是用于自我守卫以达到安全生活的墙垣。从这些文献资料所谈到的“城”的概念不难看出，它们主要是对“城”之内涵做出的某种功能性描述。关于“市”的议论，最早可见《周易》中的相关论述，如“日中为市，致天下之民，聚天下之货，交易而退，各得其所”。从这里我们知道，我国历史上最早的“市”就是货物交易的场所，它蕴含着我们今天所说的“市场”的雏形。在几千年的发展中，“市”的概念几经变化，但其基本内涵并无实质性的改变，直到今天，遍布我国广大城乡的集市之“市”，依然沿袭着货物交易的最原始含义。后来随着社会的进步，“城”与“市”结合为一个概念使用。据有关考古发现记载，我国最早的城市出现在仰韶文化时期，具体地点为内蒙古敖汉旗的兴隆洼聚落遗址。与我国的“城”和“市”不同，古希腊的城邦以及古罗马的城市被看作西方最早的城市形态，其社会功能和具体形态经历了不断演化的过程。不过，由于长期以来没有专门研究城市文化的著作，人们对城市之起源和发展的历史了解极少。其实，作为人们的聚集地（聚落体），早期的城市与农村并无明显的差别，毋宁说，城市是农村在某种意义上的延伸和扩充。芒福德在《城市文化》一书的“导言”中指出：“古往今来多少城市都是大地的产儿。它们都折射出农民征服大地时所表现的勤劳智慧。农民翻耕土地以求收获作物，农民把畜群赶进围栏以求安全，农民调来水源以求滋润禾苗，农民建造谷囤粮仓以求储存收获物……所以，从技术角度看，城市不过是把农民营造大地的这种种技能统统推向一个新的高度。”① 作为人类

① 刘易斯·芒福德. 城市文化［M］. 宋俊岭，等译. 北京：中国建筑工业出版社，2009：导言1.

聚集居住的具体形式来说，城市与农村本来并无多大差别。不过，在不同的观察者眼里，城市与农村有着完全不同的文化特质，二者之间存在的差异是与城乡长久的发展和分化分不开的。无论东方还是西方，每一个城市的起源和演化都经历了漫长的历史过程，正是在这个过程中，都市逐渐兴盛起来并具有了自己的文化特色。

从纯粹的学术视角看，我们可以从地理环境、人口密度、居住条件、交通运输、文化类型、人文素养等诸多方面，详细考察和深入研究乡村与都市之间的诸多差别。然而，在这诸多内容中，文化差异无疑是最基本、最重要的。因为在现代学者眼里，都市首先是一种符号、一种象征形式、一种复杂多样的文化聚合体。这个结论既适用于以往的城市，也适用于当下的现代化大都市。我们不能忘记，作为西方著名的城市文化学者，芒福德关于城市文化的研究，其思想背景正是工业文明和现代技术。所以，他对中世纪以来西方城市起源、发展和文化变迁的论述，必定被打上了鲜明的现代思维模式的烙印，受到了现代文化的浸润和滋养。他所看到的城市必定是“现代性的”城市，他对都市历史的描述也只能是一种“现代性的”描述。历史告诉我们，城市与乡村的差别随着社会进步而呈现出逐步扩大的趋势。迄今为止，城市与乡村已呈现出完全不同的自然和人文景观，尽管我们无法对二者的优劣做出简单的价值评判，但在普通人的感觉和体验中，这个结论无疑是具有震撼力的。现代人之所以向往城市（尤其是大城市），从内心深处憧憬都市生活的优雅和浪漫，乃是因为都市文明与农业文明相比所表现出的前所未有的先进性和多样性等特质。正如芒福德所说：“城市这个环境也会促使人类经验不断化育出有生命（viable）含义的符号和象征，化育出人类的各种行为模式，化育出有序的体制、制度。城市这个环境，也让各民族各时期的时令庆典和仪节活动，绽放成为一幕幕栩栩如生的历史事件和戏剧性场面，映现出一个全新的而又有自主意识的人类社会。”① 这也许就是都市文化与乡村文化的最大差别。

当然，无论乡村还是城市，人际交往都是个人生存的最基本条件。谁

① 刘易斯·芒福德．城市文化［M］．宋俊岭，等译．北京：中国建筑工业出版社，2009：导言1.

都知道，“没有人可以在一个与世隔绝的人为环境里度过一生，即使是孩子也不行”①。无论人们愿意还是不愿意，在公共生活空间里，遭遇陌生人都是一个不能回避的、自然而然的过程。如果血缘和地缘的相近导致传统乡村生活中人们彼此间的生活同质性很强，那么都市（城市）则是多样性文化和生活方式的聚集地，人们的思维模式、行为习惯和生活方式呈现出鲜明的异质性。在人们的想象中，大都市应当是美丽的大花园，温馨、和谐而又浪漫无比，是人间天堂。无疑，这种虚幻的想象是天真且极端幼稚的，用丰富的想象代替严酷的现实不过是人们的一种错觉。不可否认，都市有自身特殊的文化氛围和文明诉求，不仅其物质生活条件与农村有着巨大的不同，而且人们的精神面貌和道德文明水准也有明显的差异。实际上，“都市”先天与“文明”一词相关联。我们考察西方“文明”（civilization）一词不难发现，其内涵主要有两个方面：一是城邦、都市，二是高雅的生活方式。“文明”概念的内涵清晰地阐释了都市与文明之间的天然关联，即都市与文明是自然而然地联结在一起的，都市天生就具有某种较高的文明特质。事实上，具有较高文明水准的现代都市，也同样有自身复杂多样的问题甚至“病症”，甚至在一些人看来，有些问题是丑陋的乃至灾难性的“城市病”。芒福德就认为，大城市就是一个大杂烩，是暴力之城、丑陋之城，是一个恶魔和暴君，是一具行尸走肉等。归根结底，它是无序和混乱的代名词②。从某种意义上说，芒福德的分析是有道理的。大城市的乱象是朴实的乡村所没有的，而这个乱象与无数陌生人的存在有直接关联。我们知道，乡村的生活秩序大多是自然形成的，而大城市良好生活秩序的生成和巩固，则需要严格的制度规则的约束，唯有通过后天的、人为的城市管理，才有可能形成较好的都市生活秩序。因此，我们不能因为自己对都市有某种偏好，就极尽可能地美化都市生活，把一切都市都视为人类生活的天堂。毕竟，文明本身还包含着不文明乃至野蛮的因素。文明的反面是不文明，或者称为野蛮、暴力、丑陋等。中国古代的

---

① 简·雅各布斯．美国大城市的死与生［M］．金衡山，译．南京：译林出版社，2006：31.

② 同①导言 17.

《周易》中就提到文明的含义，其中《贲卦·彖传》云："柔来而文刚，故'亨'；分刚上而上柔，故'小利有攸往'，天文也；文明以止，人文也。观乎天文，以察时变；观乎人文，以化成天下。"这里的"化成天下"就是教化天下人的意思。文明蕴含着教化、教养的意蕴，文明的动态性内涵就是逐渐清除不文明的东西，逐步提升人的社会文明水准。所以，现代都市文明既可以指对市民道德素质和文化素质的要求，也可以指这种文明教化实践的结晶。即使是享誉当代的国际性大都市如巴黎、纽约、东京、伦敦、法兰克福等，也都存在这样那样的都市文明问题，甚至表现出严重的"城市病"等。

然而，作为西方著名的城市文化研究者，简·雅各布斯并不完全同意上面这种说法。在她看来，这些都只是都市生活中很小的方面，并且也是一种极不完善的或者带有极强主观性的评价。在人类历史上，都市文明作为一种崭新的文明类型，它有着自己独特的人文优势和地理环境特质。因为历来的都市都是国家的商业中心，也往往是政治和文化中心。大都市所特有的摩天大楼、政府机构、大学楼群、博物馆、商业中心、街心花园等，无可争议地都是现代文明的现实表征，因而也必定是人们理想中的"现实的天堂"。必须承认，现代都市有着自身强大的而且多样的功能，这些功能都是以往的农业文明所不具备的。"在城市这种地方，人类社会生活散射出来的一条条互不相同的光束，以及它所焕发出的光彩，都会在这里汇聚聚焦，最终凝聚成人类社会的效能和实际意义。"① 在现代化的进程中，越来越多的人涌向都市空间，去寻求自己的幸福生活，追逐自己的梦想。都市生活有着自身的优越性，都市是繁华的商业中心，都市商品种类齐全、花样繁多，任凭人们按照自己的意愿去选购；都市拥有四通八达、纵横交织的交通网，把人们引向不同的目的地；都市是时尚潮流的发源地和中心，都市人的生活有自己的特殊格调和品位，不同的文明类型汇聚在这里；都市人追求生活的精致和品位，那些有权有势的社会阶层、那些耀眼的明星、各种各样的富豪家庭首选的栖息之地，便是各种功能完备

---

① 刘易斯·芒福德. 城市文化［M］. 宋俊岭，等译. 北京：中国建筑工业出版社，2009：导言1.

的、宜居的现代化大都市。都市文化复杂多样，在你身边路过的每一个陌生人，可能都是你学习或者仿效的榜样。如果孔子“三人行，必有我师”的名言可以被用于现代都市的话，那么在瞬息万变的现代都市生活中，居住在都市里的人们则更容易接触到不同社会阶层的人士，通过彼此间的交往或交流，为自己的发展奠定广阔的人际关系基础。当然，都市的灵魂是都市文化和文明。都市文化的形式和内容是复杂多样的，没有文化的都市就会成为一片沙漠。

西美尔关于陌生人问题的研究，主要聚焦于大都市中陌生人的精神文明。在《大都会与精神生活》一文中，他分析了都市人精神冷漠的根源，指出都市犯罪率居高不下的主要原因在于都市所具有的匿名性和陌异性特质，在快节奏、高效率的都市生活中，人们相互之间只有肤浅的、表层的交往，很难真正进入对方的精神世界，这导致人们对陌生人的监督几近丧失，从而为陌生人犯罪提供了便利条件。米歇尔·鲍曼也认为，“‘冰冷’和非人性化的现代都市文化氛围，在这里连邻里都形同陌路，人们无休止地从一个地方迁徙到另一个地方，人际间亲近鲜有而危险，萦绕在都市丛林市民脑际中的只是自己的生存和自身的物质满足”①。从我们都市人的切身经验中可以感受到，西美尔和米歇尔·鲍曼的分析无疑是独到而精辟的。不过，这种分析的主要缺点是，过多关注陌生人交往的消极内涵以及都市犯罪高发的文化哲学原因，而缺乏对陌生人对于都市意义的全面而深入的研究。实际上，都市生活的核心问题是公共秩序和市民文明，为都市空间创造秩序的力量，既有外在的法律制度和各种复杂的规则，也有都市人内心深处的道德律令，不过，相比之下，后者对都市文明来说似乎更为重要，毕竟市民内在的文明素养才是最根本、最重要的调控力量。如果都市文明涵盖物质的、制度的和精神的元素，那么从根本上说，都市文明的主体是都市人，高楼林立、车水马龙仅仅是都市空间的外在景观，它们不能构成都市生活的实质和灵魂。

在这里，我们不由得想起了塞纳特（Richard Sennett）关于城市的经

---

① 米歇尔·鲍曼．道德的市场［M］．肖君，黄承业，译．北京：中国社会科学出版社，2003：599.

典定义，他说过这样的话，即“城市就是一个陌生人（stranger）可能在此相遇的居民聚集地”①。当我们提到陌生人问题的时候，绝大多数情况下指的是都市里的陌生人。据有关资料统计，当今世界上大约有一半的人生活在城市。不过，这显然是指现代发达国家的情况。对于大多数的中国人来说，都市生活是新鲜的、异样的。因为在改革开放之初，我国还是一个古老的农业社会，绝大多数人口居住在广阔的农村和偏远落后地区，城市化的程度（城市化率）是很低的。经过40年的改革发展，我们从一个古老的农业大国，经过急速的工业化发展过程，逐步转型为新型的工业化、现代化国家，越来越多的农村人口涌向城市，成为新兴的都市市民阶层。从“身份”角度看，这是一个历史性的巨变。新兴的市民无疑处于这种转变的过渡期，毕竟，一个人居住在城市并不等于自己就是合格的城市市民。毋宁说，他们都属于“过渡期的市民”。从人格结构看，他们兼有农民和市民的双重性。他们背负着传统的包袱走向了陌生的都市空间，其中夹杂着传统农业文明失落的某种痛楚，也萌生了对未来都市生活的热切期盼和希冀。都市是商业文明的中心，是当今社会中最具有活力的地方。对于新兴的都市居民来说，都市的生活环境和生活方式都是陌生而新鲜的。当然，在这些人的内心深处，各种复杂的矛盾和纠结也是从未有过的。那些因城市化而失去土地的农民，那些为了挣钱而暂时居住在城市的打工仔，他们用自己的青春甚至生命为城市化进程做出了自己的巨大贡献。在他们身边，原来自然而和谐的农村环境如今被嘈杂的、熙熙攘攘的人群所取代。在农业文明向工业文明的过渡中，一切都处于变革与发展的时间之流的无情扬弃之中。

分析世界各国的现代化模式不难发现，它们从总体上看都是大同小异的，即彼此间有着更多的共性因素的存在，尤其是面临着许多共同的问题或困惑。例如，随着城市化进程的不断加快，越来越多的农业人口涌向城市，在那里定居、求学、谋生，成为新兴的市民阶层，导致城市的交通、住房、教育、医疗、就业等压力剧增。与彼此熟识的农村社区不同，都市

---

① 齐格蒙特·鲍曼. 流动的现代性［M］. 欧阳景根，译. 上海：上海三联书店，2002：147.

完全是一个陌生人的世界。“对任何一个人而言，在大城市中碰到的陌生人比他认识的人要多得多，不仅在公共场所如此，更为常见的是在家门口。即使是相邻的居民，也会是陌生人，仅仅从一小块区域人口的数量来看，这种可能性也是肯定存在的。”① 在传统的农村社区，人们基于血缘或地缘而形成的熟识，使得他们有相互认同的价值基础，因而更容易沟通和交流，从而建立起熟人社会所特有的人伦秩序和道德规则。然而，在充满陌生人的都市生活空间，传统意义上的价值认同基础被瓦解。这些陌生人各自怀着不同的目的和愿望，甚至是不可告人的罪恶意图，从四面八方来到都市，这使得有限的城市资源变得十分紧张，陌生人之间的摩擦和冲突不断加剧，各种盗窃团伙也趁机行动，以至于各种都市暴力事件不断发生，文明与野蛮的较量非常常见。诸多都市乱象的频繁发生，对市民生活秩序和工作秩序造成严重威胁，城市秩序和城市文明遭遇到新的挑战。因此，如何构建合理的都市秩序和都市文明，越来越成为都市建设中的迫切问题。

从类型看，都市中的陌生人主要有两种。一是都市文明的建设者，他们以自己的辛勤劳作为都市创造物质财富，为都市精神文明做出贡献。二是都市文明的破坏者。这些人不过是都市中的少数人，他们采取各种各样非法的手段，偷盗市民的财产和都市公共财物，对都市和谐与市民的幸福造成严重威胁，对都市秩序造成巨大破坏。由于陌生人的特点是匿名性和流动性，人们对他们的底细不了解，也不知道他们行为的动机和目的，因此在与陌生人的交往中，多数人都存有高度的戒备心理，在内心深处始终有一道潜在的屏障——面对陌生人的防线，这道防线造成了人们与陌生人之间的隔膜和疏离，其主要目的是防范来自陌生人的伤害，而不只是对陌生人的某种歧视，因此，心存戒备自然就在情理之中。人们与陌生人之间的关系——陌生关系，就必定呈现出暂时的、脆弱的、稍纵即逝的特质。尤其是在现代大都市里，人口稠密、交通拥挤、人员流动性大、生活节奏快，人们彼此间的摩擦和冲突不可避免。固然，在拥挤而忙碌的都市生活

① 简·雅各布斯. 美国大城市的死与生［M］. 金衡山，译. 南京：译林出版社，2006：26.

中，与陌生人的“相遇”和“共在”是不以任何人的意志为转移的客观现象。这不仅是人们生活中不可或缺的组成部分，而且是都市生活向前延伸的基本条件。必须承认，陌生人既是都市生活的资源，也是都市生活中的活力因子，作为都市文明和文化的主体，人们必须正视陌生人的存在，在与陌生人“不期而遇”的过程中，努力寻求与陌生人“共存”和“共生”的基本策略。

在我国这样一个新兴的工业化国家，在急剧推进的城市化进程中，已有数以亿计的农村人口流入城市，去追寻自己美好的梦想。按照中国传统社会的习俗，“水往低处流，人往高处走”，都市文化与农业文化相比，无疑是更为高级、更加先进的文化样态，至少在许多人看来是这样。大量的农村人口流向都市，也是人们追求发展和上进的表现。他们或者来城市打工，再回馈给农村的老家；或者为了在城市定居，为自己拓展一片崭新的生活空间。无论逐渐融入城市的新市民还是具有中国特色的农民工，他们为都市建设做出的贡献都是举世瞩目的。随着长时间受城市生活的浸染，他们可能逐渐忘却了以往的生活习惯和生活方式，但新的都市需要的生活习惯和生活方式，对于他们来说却又是一种新的机遇和挑战。“农民工在频繁的社会流动中，亲身感受到了都市文明的巨大冲击，也在与城市居民的直接交往中目睹了令他们羡慕的生活方式。正因为这种相互比照，使他们在就业、工资、住房、医疗、教育等实实在在的生活待遇中，强化了相对剥夺感，从而使农民工在‘边缘化’的生活处境中难以对城市产生归属感，也在心理上与城市居民之间设置了一道屏障，甚至出现对立和冲突。”① 当然，在原住地的市民眼里，这些“外来人”（尤其是农民工）依然保留着许多陈规陋俗，这些粗俗的东西与现代都市文明是格格不入的，所以，他们最初还要忍受原住市民观念上的歧视和排斥，这种歧视和排斥来自传统欺生文化的“残余”，是一种积习已久的道德成见（偏见）。当然，这种成见也与农民工低下的社会地位有关。人们的潜意识里常常把人区分为若干不同的等级，农业向来被视为某种贫穷落后的象征，农民则是粗俗无知的代名词，是被现代社会边缘化了的群体。这种根深蒂固的观

① 沙莲香，等．中国社会心理分析［M］．沈阳：辽宁教育出版社，2004：222.

念，严重制约着人们对农民工和其他新市民的正确评价。即使他们失去了赖以谋生的宝贵土地，不得不进入陌生的都市空间，完全依靠自己的诚实劳动来谋生，但在所谓文明的都市人看来，依然是自己眼中的“另类”，在日常交往中，甚至像防贼一样防着他们，而不是投去同情和理解的目光。能否改变这种陈旧的观念，真正尊重身边的每一个陌生人，乃是都市文明建设中的崭新话题。

一般说来，都市陌生人之间的纠纷和冲突，主要归结为两种基本类型。一类是涉及根本利益上的冲突，即双方基于财富或物质利益方面的不可调和的矛盾，对此必须借助法律的途径去公平合理地加以解决。另一类是微小的摩擦或不经意间造成的伤害，它需要当事人本着和谐共处的原则，通过相互之间的谅解和宽容来解决，而不必大动干戈或者以诉诸“武力”的手段来解决。当然，无论上述哪种冲突的发生，当冲突不可避免地来临时，当事人都应当运用理性的力量，努力克制自己的不良情绪，本着合理合法的原则去寻求解决途径。相反，若某一方（或双方）的情绪失控，非理性的冲动就会完全控制一个人（某一方或双方），促使其情绪如火山般爆发出来。这必定会加剧摩擦和冲突的升级，甚至还会导致无法挽回的严重后果。因此，人们常说冲动是魔鬼。它既伤害了对方，也伤害了自己的身心。埃利亚斯说过，“感情越是容易冲动，情绪越是容易爆发之人，其社会存在就会越多地遭到威胁；越是能够抑制自己情绪之人，他在社会上越是处于有利的地位；每一个人就越是从小被催逼着通盘考量自己和他人行动的后果。抑制一时的冲动，克制情绪的爆发，超越眼前而扩展思考的空间，想到过去的原因和将来的后果，这是相同的行为变化的不同方面，也是那种随着体力暴力的独占化，随着在社会空间行动链条和相互依存的扩展而必然发生的行为变化的不同方面。这是在‘文明’意义上的行为变化”①。

事实上，任何人的行为的内在动机，都隐含着深厚的文化基因的潜在力量。在我国现阶段，都市陌生人之间发生的种种摩擦和冲突，主要是由

---

① 诺贝特·埃利亚斯. 文明的进程：第2卷［M］. 袁志英，译. 北京：生活·读书·新知三联书店，1999：258.

不同地域性文化之间的差异和对峙所导致的，尤其是城乡之间文化背景的差异。在我国目前的都市生活中，一个比较突出的问题是，大量的农村人口持续不断地涌入城市，成为新的城市居民。然而，他们携带的原有文化基因并没有随之得到改变。这种文化基因主要表现为一整套“程式化的”生活习惯和行为方式，特别是陈旧粗陋的、以自我为中心的生活方式，并体现在日常生活中的言谈举止的每一个细节之中。必须承认，这些来自农业社会的文化遗存（基因），有着浓厚的乡土气息和传统道德习俗，其中的“乡土性”特质与都市文明之间的不适应尤为明显，如大声喧哗、乱穿马路、随地吐痰、举止粗俗等陋习。如何在保留乡土文明中的有益元素的同时，剔除其不利于现代文明发展的某些文化因子，或者把它改造成为新文明的组成要素，是城市化进程中的崭新话题。

在我国现代化的进程中，尤其值得关注的是农民工群体。对于我们来说，“农民工”无疑是一个崭新的术语，他们（她们）告别自己的妻子（丈夫）和孩子，暂时把赡养老人的责任交给他人，来到陌生的都市打拼，寻求属于自己的幸福生活。不难发现，在我国目前这个阶段，建筑业是使用农民工最多的职业领域。在大城市随处可见的建筑工地上，都能发现农民工辛勤劳作的身影。他们用习惯了紧握锄头和犁耙的手，为都市人建造高楼大厦、修筑桥梁等，从事那些不需要复杂技能的、简单繁重的体力劳动，在这个过程中，时不时还要忍受都市人投来的异样眼光。都市人的眼光里，往往夹杂着一丝丝的不屑和轻蔑。因为这里不是“你”的“家”，而不过是“你”暂时的栖居之所，“你”的“家”既是流动性的，也是寒冷和无根的。这里的栖居之所可能是暂时租来的，也可能是临时性的建筑工棚，是不能长久居住的地方，它无法安顿一颗颗漂泊无助的心灵。所以，在农民工的内心深处，这里不可能是自己的归宿。对于他们来说，“家”不在繁华的都市，而是在遥远的梦一般的故乡，那里不仅有自己熟悉的一草一木，有自己久违的乡音和难以割舍的家，还有自己祖祖辈辈守护着的土地，一种幽远的精神依恋，一种撕扯不断的、永久的情感依托。在我国急剧的城市化进程中，农民工对城市建设和现代化的巨大贡献是无法抹杀的。即使着眼于世界现代化的宏大进程，“都市里的农民工”都将是一道最具中国特色的靓丽景观。

在当代都市的各类主体中，青年人无疑是一个特殊的群体。繁花似锦的都市生活，鳞次栉比的高楼大厦，川流不息的车辆和人群，仿佛就是他们梦想中的天堂。充满梦幻般希望的大都市，寄托着青年人奋斗的梦想。当然，都市充满了各种各样的机遇，为他们的奋斗提供了有利条件，但同时也往往竞争激烈甚至是残酷无情。从几年前热播的电视剧《蜗居》中，人们不难看到青年人的梦想及曲折的人生之路。尤其是一些农家子弟，大学毕业后不愿回到农村：一方面，青年人留恋都市生活的繁华，认为唯有都市才是自己施展远大理想和抱负的舞台；另一方面，也投射出城乡“二元结构”在人们心中造成的巨大落差，一道难以弥补的、巨大的现实和心理“鸿沟”。在改革开放新时期，尽管中央反复强调“三农”问题，并制定了促进“三农”发展的诸多优惠政策，为农村的发展和农村精神文明建设投入了大量的人力、物力、财力，但目前中国广大农村（尤其是落后地区的农村）的现状并不令人满意。在急速奔向现代化的过程中，我国广大的乡村地区已经被远远地甩到了时代潮流的后面。如果农村的许多问题不能得到切实解决，那么就很难出现人们希望看到的“逆向流动”——吸引大批优秀人才向农村流动。毕竟，我们农业现代化的发展需要大量懂技术、会管理的复合型人才，唯有他们到农村的广阔天地创业奋斗，社会主义新农村的经济建设、文化建设和社会建设才能取得切实的成效。没有农村的现代化和农业文明的进步，中国社会的现代化无疑是不完整的。

就都市文明建设而言，同样应当从物质文明和精神文明两方面入手。都市精神文明建设的重点，在于协调和解决陌生人之间的伦理文化冲突。目前，我国都市伦理文化冲突主要有两种表现。一种冲突是乡土伦理与都市（陌生人）伦理诉求之间的冲突。按照费孝通的分析，我国的乡土伦理主要缘于熟人圈子——熟人共同体，在这样的熟人共同体之中，人们彼此间的道德义务往往是非对称的，其各自的边界也是模糊不清的。熟人之间的相互信任主要建立在对人格的充分信任的基础上，缺乏明确的公共协议的约束或强制，由此埋下了爽约的道德隐患，因为熟人之间重视口头承诺的价值，然而在市场交易中口头承诺是不可靠的。即使是熟人，为了自己的一己私利也可能会背离当初的口头承诺，从而导致利益纠纷或冲突的发生。当利益纠纷发生时，若缺乏明确的证据，那么就必定会给解决纠纷造成困难。因此，在具有明确商业性目的的活动中，一纸文书比口头承诺更有价值。在熟人圈子，通常人们相互联结的纽带是心里的默契和不折不扣的信任。不可否认，这种仅仅适用于熟人之间的默契和信任蕴含着鲜明的道德排他主义特质，这里的“排他”就是针对陌生人的排斥——与圈子内的人交往，有一套固定的规则（甚至是无规则）；然而，与圈子外的人交往，则采纳另一套规则。这两套规则不存在交叉或重叠。对于陌生人而言，这无疑是不公平（甚至有违道德）的做法，即“道德中的不道德”。在这里，我们可以发现道德鲜明的地域性特征。然而，都市是由陌生人组成的复杂共同体，人们之间的交往多浮于表面，程式化的要求居多，并且彼此间的“偶遇”导致他们无长久义务的拖累。因此，都市的伦理诉求是简单明确的，即相互理解、尊重和包容。相比传统社会而言，都市伦理更为简单明了、方便实用。

另一种冲突是不同地域伦理之间的冲突。在具体的交往实践中，这种冲突主要表现为来自不同的地方（地区、国家）的都市参与者在语言、习俗、观念、生活方式、行为方式等方面的差异。任何地域性文化均有不同程度的排他倾向，因此，作为不同地域文化的“交汇带”的现代都市就存在着发生伦理道德碰撞的可能性与现实条件。人们对道德上正确与错误的理解，存在不同的乃至截然相反的看法，这导致一些人的思维方式和行为方式异常混乱。如何正确认识和处理这些问题，就成为伦理学家必须思考的难题。在这个问题上，都市人必须有足够的勇气去面对陌生的环境，在与不同的他者的交往实践中，去感受、归纳和提炼背后隐藏的共同道德准则。“从这个意义上说，正如美国著名的政治理论家迈克尔·沃尔则（Michael Walzer）所说，道德是在具体环境中生成的。比如，如果你希望找出别人的相同之处，你首先要做的，是提取隐藏在具体道德背后的宽泛的原则。”① 这里所谓的“宽泛的原则”，就是超越具体境遇的普遍性的道理，对于都市文明而言，就是都市伦理中的公共价值诉求。

---

① 奎迈·安东尼·阿皮亚. 世界主义［M］. 苗华健，译. 北京：中央编译出版社，2012：69.

道德底线：不伤害陌生人

实际上，与熟人之间复杂的交往相比，陌生人之间的交往相对简单。因为陌生人之间不存在长久的联系，彼此间的交集（交叉重叠的范围）相对较少，原先存在于熟人之间的道德压力，即出于道德人格的要求、“面子”问题和其他道德监督机制，在陌生人世界里统统化为乌有。因此，人们对待陌生人，就形成了许多不同于熟人圈子的特殊思维和行为方式，或者说完全放弃了对自我的道德自律。李国鼎以台湾社会为例，论述这一问题的存在、严重性及其导致的诸多不良后果。他说：“台湾经过三十年快速的经济增长和社会变迁，人际关系发生了剧烈变化，新的伦理准则尚有待建立，因此表现出经济进步、道德落伍的现象。最普遍和为人诟病的是交通秩序混乱，各种污染，包括工厂滥冒黑烟、滥排污水及乱倒垃圾。这种情形的形成，主要是因为低估了自己行为对社会产生的不利影响及对他人利益产生的损害，或者明知损及他人的利益，但是由于所侵犯的是陌生人，非确定的第三者，也就安然为之，不以为耻。”① 李国鼎对台湾社会道德现状的描述，都市人都能感同身受，因为这些现象在我们身边同样存在。李国鼎认为，问题的根本在于，人们的道德思维和道德推理机制并没有适应社会现代化的要求，所以才出现经济增长与道德滞后的巨大反差，人们对前后对比的道德感受也异常强烈。这也表明，面对崭新的陌生人社会的来临，大多数人表现出极大的不适应。

我们只要稍加注意就不难发现，在公共生活或公共交往中，各种损害陌生人利益的行为时有可见。例如，“在人口集居之处，鞭炮乱放，锣鼓喧天，都是因为不知道已经影响了社会秩序，破坏了社会安宁，也侵害了别人的权益，不仅自己不感到有什么不对，甚至被侵害者也觉得理当如此

---

① 韦政通. 伦理思想的突破［M］. 北京：中国人民大学出版社，2005：200.

而曲于容忍”，“因为被侵害的是陌生者就不感到道德上的压力”[①]。对损害陌生人利益的心安理得，是都市人道德缺失的突出表现。李国鼎在文章中所举的一个例子，很能代表人们道德思维的要害所在。他说，一个好奇的外国人，曾经质问出租车司机：你们中国是礼仪之邦，为何在开车的时候不知道礼让？司机回答：我又不认识他，为什么要礼让？[②] 仔细分析司机的话不难发现，在一些现代人的习惯思维中，礼让的传统美德规范只适用于自己认识的人——熟人圈子，这是顽固的旧式道德思维在发挥作用。其实，翻开儒家文化的古老经典，人们不难发现，仁、义、礼、智、信作为“五常”的基本内容，并没有明确的熟人和陌生人之分，即它不是针对熟人圈子特有的道德规范，而是泛指一般意义上的普通人之间的道德要求，对于所有的社会公民都有规范和引导意义。那么，为什么在实际生活中人们（包括上面那位司机）会对它产生如此特殊的理解？究其原因在于，许久以来人们就是这样理解的，已经形成一种特定的道德思维和道德推理机制，在这种道德思维和道德推理机制的主导下，便形成了在外国人看来特殊的道德实践。对于大多数社会公众而言，由于这种理解是司空见惯和心照不宣的，所以对它存在的危害竟毫无察觉，以往从来没有感到它存在什么问题。当这种道德思维遭受外国人的质疑后，我们才开始重视并反思问题的根源和危害。其实，问题的实质是人们对待陌生人缺乏正确的伦理态度。

现代都市的特点是人口密集、居住空间狭小、人员流动性极强，人们彼此之间的相互依赖性大，相互影响深刻。因此，都市生活对个人思维和行为方式的约束就显得十分具体而迫切。都市作为举世公认的现代文明的发祥地和聚集地，其文明的构成在于个体市民的一举一动和一言一行。即使是走路、驾车、排污、排队等这些看来再琐碎不过的生活小事，也必须遵守某种规矩和章程的要求。与传统意义上的农业社会相比，现代都市生活的“规矩”（道德、法律等）更全面、更细致，也更有针对性，故而对个人道德素质的要求就更高。人们在都市公共空间里漫步，绝不能像两三

---

① 韦政通．伦理思想的突破［M］．北京：中国人民大学出版社，2005：200.

② 同①.

岁的孩子一样，随意在青青的草坪上践踏穿越、恣意而为；无论行人穿越斑马线还是个人自驾车出行旅游，都必须严格遵守交通规则，或者服从交警的指挥，否则不仅会导致交通秩序的混乱，而且可能威胁到自己或他人的生命财产的安全。因此，在都市“走路”绝不是穿越农村乡间路的自然过程，而是一个不断再学习的城市化过程。都市的交通规则会依据道路的具体情况和周围环境的变化而不断做出调整。再比如城市里的污物处理问题。对于都市居民来说，各种各样的垃圾必须分类处理，然后放到指定的垃圾聚集地，这是都市公德的基本要求。切忌随手随地倾倒垃圾，否则会危害公共安全，影响公共生活环境。至于在银行、车站、商店等公共场所办事，就需要市民自觉依照先后顺序排队，按照大家默认的秩序进行，而不能故意加塞，以免影响公共秩序，或者耽搁他人的宝贵时间，甚至导致不满情绪乃至冲突的发生。总之，在面对陌生人的利益需要时，人们不能仅仅考虑自己，而要相互尊重、坚守双赢的道德原则，即坚持人己两利的价值原则。其实，这是公共生活中的公平或公正问题。诸如此类的都市文明问题，都是之前的农业文明时代不曾存在的。因此，都市文明中的许多内容都是需要个人不断学习、反复实践才能逐渐了解和内化的。

人们在穿梭于都市的楼群之间，行色匆匆地赶往自己的目的地的时候，必须时刻防范各种未知的风险或者可能的意外伤害。这些风险可能来自地面的车辆、行人，也极有可能来自高空抛物者的不道德举止。例如，近年来媒体频频曝光的高楼抛物伤人事件，就是都市陌生人伦理缺失的典型案例。据 2015 年 1 月 14 日《东莞日报》的报道：东莞市第二人民法院虎门法庭，公开审理了一起高楼抛物致人死亡的案件。案件的起因是这样的：2014 年 10 月，家住虎门镇海景花园的 10 岁小孩某某，因为贪玩，从 8 楼楼顶向下抛砖，恰好砸中正从 3 楼平台经过的贺女士的头部，贺女士当场昏迷，后经抢救无效死亡。贺女士离世后，留下了伤心欲绝的丈夫、年迈的父母和一对年幼的孩子。记者在报道的最后指出：“某些人以邻为壑、公德丧失的表现，是人们从一个低头不见抬头见的熟人社会转向陌生人社会时，责任伦理未能与时俱进完成同步更新的反映。"① 从全国各地的媒体报道我们可以发现，随着我国城市化进程的不断加快，一座座大楼拔地而起，人们住进了宽敞明亮的新楼房，心情愉悦和生活幸福自不待言。然而，市民的文明素养和道德观念还远远没有适应都市生活对市民的基本要求。如何处理与陌生邻居的关系、如何正确认识公共空间和私人空间的关系以及如何适应陌生的社区环境等，都需要从头学起，学习如何做一个文明的都市人。国内外高楼抛物伤人、致人死亡的恶性事件频频发生，说明了现代都市公德和都市陌生人伦理建设的紧迫性与重要性。

实际上，诸如此类的都市恶性事件，既涉及都市的社会公德问题，也是法律法规必须关注和规约的对象。要纠正这些恶劣的行为和现象，需要加强社会公德教育，引导人们开展自我反思，提高人们的陌生人意识和对公共道德的自觉；同时也必须诉诸法律法规的强制性措施，将那些威胁公共安全的行为者绳之以法，以外在惩戒的方式强化教育和管理。在城市高楼抛物的治理方面，新加坡的一些做法值得思考和借鉴。新加坡作为人口集中、居住空间狭小的城市国家，由于市民的素质参差不齐，高楼抛物伤人事件时有发生。为了杜绝此类恶性事件的发生，有关部门制定了严格的法律和规章制度，严惩此类事件的罪魁祸首，其处罚措施主要有罚款、坐牢、强行收购住宅等。据 2015 年 1 月 22 日《新华日报》的报道，一名男子曾因屡次从楼上抛掷物品，被罚款19 800 新元（约合 14 776 美元），创新加坡此类罚款的最高纪录。当时新加坡国家环境局接到相关举报，说有人从一栋住宅楼上多次向下抛物。在 2013 年 11 月和 2014 年 3 月，新加坡国家环境局分别使用摄像头取证，录到这名男子累计 34 次从楼上抛物的事实，并据此证据对男子实施了严厉的处罚②。应该说，世人对新加坡人的道德水准之高啧啧称奇，其实这不仅仅是新加坡公民道德教育的产物，同时也是与其法律法规完善、管理机制健全高效、实施处罚坚强有力分不开的。我们需要以严格的法律法规制裁措施，守护都市社会公德的底线，守护百姓平安幸福的生活环境。让一些人管住自己的手，进而管好自

---

① 唐彬. 高楼抛物的深层思考［N］. 东莞日报，2015-01-14（04）.

② 佚名. 新加坡男子被罚 14 776 美元［N］. 新华日报，2015-01-22（12）.

己的“心”——动机，把未知的陌生人的利益放在心上。“德法并举”是治理高楼抛物、促进都市文明的必要途径，值得那些正处于城市化进程中的国家借鉴和仿效。

在我国，法律也被作为处理高楼抛物伤人事件的主要手段。2009年12月26日，全国人大常委会通过的《侵权责任法》第八十七条明确规定：“从建筑物中抛掷物品或者从建筑物上坠落的物品造成他人损害，难以确定具体侵权人的，除能够证明自己不是侵权人的外，由可能加害的建筑物使用人给予补偿。”由于高空抛物已经造成了事实后果，所以在对事件的处理过程中，道德谴责已经不再是主要途径，诉诸法律来解决问题便成为主要手段。在现实生活中，尤其是在日益发展的城市化进程中，凡是涉及诸如此类的问题，都必须按照此项法律规定处理。此项法律规定明确了高楼抛物致人伤害的法律责任，因此，此项法律规定将成为今后处理高楼抛物纠纷的法律依据。此外，其他都市公共空间造成陌生人伤害甚至死亡的案例，均依照此项法律规定处理。虽然法律有着某种滞后性，但在纠纷和冲突发生后，人们必须寻求恰当解决纠纷的具体措施，此项法律规定为解决纠纷提供了裁决标准和有效工具。可以说，《侵权责任法》是人们捍卫自己权利的切实可用的重要工具，或者说是在都市生活中保护陌生人利益的法律法规。

无论道德手段还是法律手段，本身都是作为文化教化的工具来使用的。当然，不同的文化之间具有不同的标准，不过，这里无意于纠缠概念标准上的争议。因为文化本身无法提供优与劣的标准，也无法判定自身的优劣。这种优劣的评价标准，只能是与社会和时代发展趋势的适应性、契合度。道德文明乃是文化的构成元素，文化的比较当然包含不同道德因子的比较。一个人司空见惯的东西，从伦理道德上来看未必就是好东西，即未必具有善的价值。同样，在日常生活中，潜在地支配我们生活的习惯和思维方式，也未必都是毫无疑问的正确道理。在日益开放的国际化大背景下，以往许多地域性的道德风俗和习惯法已经无法适应当今复杂多变的社会生活，因此必须被取代或者更新，代之以崭新的都市生活所需要的现代文明和伦理诉求。在这个过程中，人们必定多少会有一些内心的纠结，有对旧传统观念的怀念和依恋。不过，即使是以往被视为善的道德情感，也不能否定现代理性的实际价值。众所周知，都市生活中的匿名性和流动性是人们面临的危险因素，而之前的社会则基本不受其干扰①，为此必须制定保护所有人的公共规则，这些规则包括社会的公共道德、法律和规章制度。大家只要严格遵守公共规则，就能顺利实现自己的交往目的，同时也不会损害陌生人的利益，从而实现都市公民之间的和谐相处。

一般说来，陌生人之间的冲突往往发生在公共场所，这些冲突发生的原因、过程及解决方式，不仅关乎当事者本人的利益，而且关乎其他人（陌生人）的利益乃至生命安危，关乎社会公共文明的成熟程度。据 2014 年 12 月 17 日《新京报》的报道，上午 9 时起，在由重庆飞往香港的国航 CA433 航班上，几名乘客因一些琐事而发生争执并大打出手。在飞机抵达香港后，香港警方立即介入事件，进行调查和处理。这是发生在公共交通工具上的一起典型事件，是互为陌生人的乘客之间的利益冲突。事件给人的启示是深刻的：在流动性的狭小公共空间里，当互不相识的陌生人发生纠纷时，个人应采取什么样的态度和行为。无疑，自我检讨和自我约束是必要的，也是理性行为者的必然选择。面对众多陌生的他人，出口伤人或肉体相搏等动粗的方式，不仅无助于问题的解决，反而会加剧冲突的程度，最终可能导致两败俱伤的结局。例如，当行驶中的私家车之间发生剐蹭，或者电动车与私家车碰撞在一起，此时就是考验市民文明素质的时刻。一般而言，理性的人都能平静心态，通过交警的责任勘验和认定，与保险公司共同商讨解决问题的最佳方案。文明的都市空间不在于没有矛盾，而在于矛盾发生后能心平气和地认识问题，然后合理合法地解决矛盾。当然，在这个过程中，也有口出不逊的骂人者。文学家鲁迅曾说，辱骂和恐吓绝不是战斗。也许有人以为，骂人只是小事，不足以与“文明”的标准挂钩。其实，语言并非小事，它是用声音来表达的行为和关系。埃利亚斯说：“语言不是别的，而是声音化了的人与人之间的关系本身；适用于艺术、科学、经济、政治以及其他按照一般的价值观在我们的生活和头脑中占有重要位置的种种现象；同样也适用于那些根据一般价值观显得

① 米歇尔·鲍曼. 道德的市场［M］. 肖君，黄承业，译. 北京：中国社会科学出版社，2003：466.

不重要和微不足道的现象。"① 懂得克制自己的言行、强调自律，是文明的表现，也是公民道德的基本要求。所以，就事论事、不将事态扩大，不再人为地制造"战场"，做到息事宁人，就是必需的，这实际上是"战场转移至人的内心"的过程。"个人与他人关系对自己所施加的强制，在自己身上逐渐变得较为平和了；在自己身上逐步定形（型）为一种独特的习惯机制，一种特殊的'自控'；这种机制和'自控'按照社会的建构来持续不断地调节、改造和压抑自己的情绪。"② 这就是个体道德文明素质的升华过程，它是在外力作用下的自我压抑、自我控制逐步成为行为习惯的过程。

当然，在万花筒一样复杂多变的都市生活中，仅仅依靠个体自律的内在道德机制是远远不够的。因为它预设了个体道德素质的某种高度，而这种预设在很多时候是无效的，毕竟都市陌生人的道德素质是参差不齐的。因此，外在的社会强制性规范无疑就成为调节都市陌生人之行为的主要手段。在一般意义上说，调节都市陌生人之行为的规范主要有两类：一类是都市生活伦理道德，另一类是法律规范和各种强制性的规章制度。国外都市发展的经验证明，依靠这两类规范就能满足维护都市生活秩序的基本需要。尘埃文字曾在《日本的"万引"》一文中说，当年他来到日本后，曾一度对日本超市或便利店的销售方式感到惊讶：一些用于促销的商品放在店铺门口或路边，无人看管。顾客依自己的需要选择商品，然后进屋付款。实践证明，这种销售方式并没有造成犯罪。当然，这并非说明日本人的道德水平高，而是因为日本有着严格的法律制裁措施。在日本，人们把从超市顺手牵羊的小偷小摸行为叫作"万引"，几乎每家超市都在醒目的位置贴着"万引是犯罪"的告示，警告那些小偷不要自以为是。按照日本法律的规定，小偷一旦被抓住，就会受到法律的制裁，与所偷东西的价值无关。对于耻感心强烈的日本人来说，不会因为一点微不足道的商品而失掉自己的人格。尘埃文字总结说，除了社会的普遍富裕之外，人们不会为

① 诺贝特·埃利亚斯．文明的进程：第1卷［M］．王佩莉，译．北京：生活·读书·新知三联书店，1999：202.

② 诺贝特·埃利亚斯．文明的进程：第2卷［M］．王佩莉，译．北京：生活·读书·新知三联书店，1999：264.

了小利而干不道德的事还有一个重要原因，就是严格的制度规范，因为人们干不道德的事的成本很大，所以就不会有人干“万引”之类的事了①。日本的这种社会管理方法对我们无疑有很大启发。在处处充斥着陌生人的繁华都市中，严格的制度措施是推进城市文明的必要条件。推进都市管理和都市文明建设，既要依靠我们自己的大胆探索，不断积累实践经验，又要学会借鉴国外都市管理的有益经验，把国外成熟的经验转化为我们自己的实践。只有这两方面相互结合，我们才能不断提高都市管理水平，才能在城市化的过程少走弯路，建设和谐有序的都市文明环境。

近年来，我国都市空间中的社会公德问题，成为各类媒体和社会大众关注的焦点。社会公德所维护的主要是陌生人的利益、公共设施和都市的公共环境的安全等。公共设施具有共有和共享的特点。对公共设施的爱惜和保护，实际上是对陌生人使用权（使用公共设施的权利）的爱护，而任何无故损坏公共设施的行为，不仅会妨碍（影响）他人的使用便利，而且有可能给他人的生命安全造成威胁。因此，在都市公共生活中，人与物的关系背后隐藏着人与人的关系。个人对待他人（他物）的态度和行为举止，构成都市陌生人伦理的重要内容。陌生人同样有着作为“人”的尊严、人格和需求，所以我们必须把陌生人作为“人”来尊重。况且，在公共生活中，我们彼此之间互为陌生人，拥有共同的伦理期待和道德关切，对于我们每个人来说，都希望对方尊重“我”自己。按照陌生人伦理的价值序列，首先是不歧视、不伤害陌生人，这是最基本、最重要的道德规范，是一种都市人际交往的底线伦理。其次才是尊重和重视的道德诉求。当然，没有对底线伦理的尊重和坚守，就很难谈得上更高的伦理期待和道德要求。实际上，人们对待陌生人，并不需要个人付出多少，哪怕只有一点细小的东西，如一个微笑、点头、举手示意等心理或行为默契，都有利于形成和谐融洽的交往氛围，未必非得施之以爱的浓厚情感。人们对那些素不相识的陌生人，很难谈得上友爱或博爱。爱的发生需要特殊场景的刺激和呼唤。基于这样的理解，陈弱水认为，在现代公民社会，爱的情感固然重要，但相互之间的尊重应当是陌生人社会的重要资源。因为“‘尊重’

---

① 尘埃文字. 日本的“万引”[N]. 南方周末，2011-12-08（E32）.

则比较容易发展成善待他人的习惯。在公共生活中，我们必须经常面对陌生人，在这种情况下，‘尊重’很能弥补‘爱’的盲点”①。这不是退而求其次的做法，而是实事求是观察和思考的结果。

因此，在面对陌生人的时候，一个人需要做的可能不是满腔热忱、爱心充盈在心头。因为在不了解的陌生人面前，心理距离是客观存在的事实，所以硬性地要求关爱对方并不现实。但是，在举手投足之间，在每一个不经意的动作发生的时候，都必须考虑和尊重对方的存在及人格，这是不需要很高的认知和行为能力的诉求，是每个成熟的社会人都能做到的事情。在现代社会，每个人都在追求自己合法的权利和正当的利益，这是不能被剥夺的个人的自由。“尊重他人的社会意涵，其实就是不侵犯他人之权益，如果这种态度普遍化，大多数人的权益就容易获得稳固的保障。简单地说，尊重他人的意态与现代社会中自由之维系是息息相关的。”② 由此看来，尊重不仅是陌生人相处的基本原则，而且是社会伦理的基本要求。在现代文明中，尊重已经成为公共文明的基本准则。

人们对陌生人的恐惧感和心理拒斥，更多地来自各类媒体关于陌生人犯罪的报道。例如，人们常常从电视中“目睹”犯罪者对女性的性侵害、拦路抢劫、拐卖儿童、吸毒贩毒、电信诈骗、砍杀无辜市民等，诸如此类的惊险画面和现场报道，给人们的心灵世界造成巨大冲击甚至负面影响，使人们有一种身临其境的感觉，似乎这些罪犯就隐藏在自己身边，随时都有可能侵害自己的物质利益和生命安全。现代媒体报道的夸张和逼真场景，加剧了人们对陌生人的道德恐慌情绪，造成了人们心理上的某种阴暗面，以至于形成不切实际的道德想象。媒体作为新闻宣传和舆论的工具，其报道的内容客观、真实、有效，即是对观众知情权的尊重和重视。但是，它在尊重客观事实的同时，也不适当地扭曲了陌生人在人们心中的正面形象，进而为人们与陌生人的正常交往设置了某种心理障碍。的确，给公共生活秩序和个人生活造成威胁的大多是陌生人。但这并不能证明，所有的陌生人都是需要加以防范的对象。因此，我们对媒体报道所造成的负

---

① 陈弱水．公共意识与中国文化［M］．北京：新星出版社，2006：44.

② 同①.

面影响绝不可忽视。无论不要同陌生人说话还是提防陌生人的伤害，都会影响到陌生人伦理的建设。对都市陌生人的道德关切，就是对我们每个人的道德关切。从我们每个人的道德需要出发，就能理解对陌生人的道德关切的益处。在这个过程中，人们需要跨越的只有心理的障碍，而不是现实的物质性壁垒。所以，诉诸个人心灵世界的变革，调节个人的道德心理机制，就成为陌生人伦理建设的枢纽。在都市公共空间，每个人都应当敞开心扉，重视陌生人的存在和权利，以积极健康的心态接纳陌生人，把他们视为同自己一样的生命存在，这是化解矛盾和纠葛的前提。在现实生活中，要尊重和善待陌生人，真诚地接纳陌生人的到来，要“反复不断地亲近他们，打动他们”①。退一步说，即使陌生人确实是“坏人”，也不妨碍我们用真诚的心灵打动他、改造他，对他施以爱的义务，尽我们人类互助友善的道德责任。其实，在马丁·布伯看来，生活中的“坏人”不是我们发誓要彻底根除和消灭的对象，而是“我们必须对其担当更多责任，施予更炽爱心的人”②。

对待素不相识的陌生人，我们能不能施以同情和爱的情感，这个问题在目前依然存在争议。不过，纵观世界各民族的伦理文化，人们不难发现，“爱”向来都是一个被推崇备至的概念。实际上，爱是人类最具有普遍意义的价值观。例如，儒家伦理所讲的仁爱原则就包含对陌生人的关爱和相助，因为仁爱并不是针对熟人圈子制定的规则，它的使用应当是无条件的、绝对的，应当延伸到每一个需要关爱的人。常言道，锦上添花不如雪中送炭。从爱的价值序列来看，把爱洒向那些迫切需要爱的人，才是最有价值的。在现实生活中，需要关爱的对象既可能是自己的亲人或朋友，也可能是素昧平生或素不相识的陌生人。不能否认，儒家伦理中有“亲亲相隐”的说法，它与现代公德和法律规定相抵触。然而，些微的瑕疵并不能遮蔽儒家仁爱伦理的光辉。仁爱超越了尊重和关切，依然是陌生人伦理中的最高价值。在古老的墨家文化中，墨子提倡博爱，即坚持爱一切人，

---

① 马丁·布伯．我与你［M］．陈维纲，译．北京：生活·读书·新知三联书店，2002：36.

② 同①95.

而不考虑人们之间的地域差别、性别差异、年龄大小等，构成某种意义上的普世情怀。在西方，基督教文化的核心元素是信、望、爱。其中，爱是核心和灵魂。撇开东西文化差异不谈，人们不难发现，这些看似软弱无力的爱的哲学，竟被不同文明（文化模式）公认为人类最基础的道德价值观。正所谓大爱无疆。实际上，将爱的阳光播撒到现实的土地上，乃是人心所存的最基本的善念，是简单质朴的人性和人道主义理念。千百年来的实践证明，这缕来自人性最深处的阳光，同时也是构成人际和谐关系的牢不可破的磐石。爱能抵御复仇的焰火、无端的杀戮，爱能解决种族之间因语言、风俗习惯、宗教等诸多因素造成的矛盾。如果世界充满爱，那么各种非理性的冲突、战争就会减少很多，人类就能真正生活在和平安宁之中。理性时代的人类文明所企及的高度，并非要体现在豪言壮举中，而是更多地表现在日常的琐碎生活中。在默默无闻的陌生人面前，展现出自己心灵中最美好的一面，通过相互之间的理解和尊重，达成观念和行为中的某种默契，这才是文化进化的至高境界。

按照人们对道德善的理解，有上善、中善和下善或者大善与小善之分，当然也有善与不善之分。在都市生活中，面对擦肩而过的陌生人，如果彼此无行为摩擦或利益冲突，也不需要体现自己的善的层次。在双方四目相对的刹那间，唯一需要的就是善意的微笑，向对方表示自己的友好。这仅仅是一种人人都能做到的小善。只有当双方发生肢体接触或者利害冲突时，才真正有大善的要求。道家始祖老子曾说："上善若水"。若把这种观念运用于陌生人之间的交往，那么就不难发现其中的深刻道德洞见。据说，当年孔子向老子问道，老子说："汝何不学水之大德欤?"孔子问："水有何德?"老子说："上善若水，水善利万物而不争，处众人之所恶，此乃谦下之德也；故江海所以能为百谷王者，以其善下之，则能为百谷王。天下莫柔弱于水，而攻坚强者莫之能胜，此乃柔德也；故柔之胜刚，弱之胜强坚。因其无有，故能入于无间，由此可知不言之教、无为之益也。"孔子听了，恍然大悟，感受到"道"之深刻与崇高。"不争"不是消极被动地逃避矛盾，而是息事宁人的高超艺术，是做事的准则、方法和策略。在处处都是陌生人的都市空间，要做到彼此之间和睦相处，有效协调和处理各种复杂的人际关系，就需要有驾驭人际关系的高超技巧。我们应当仿效“水”之流动变化之道，做到内方外圆、游刃有余。这是我们从古老的《道德经》中获得的启迪和智慧。

身份认同、伦理关怀与价值共识

都市不同伦理文化之间的内在冲突，具体表现为不同个体之间的地域性文化身份的差异和冲突。然而，在多种文化交织的都市生活圈，欲实现陌生人之间的身份认同（尤其是道德身份的认同），乃是一个十分复杂的问题。在以往的社会环境中，人们获得的大多是区域性的身份认同。例如，某些少数民族地区的道德习俗，尤其是形形色色的礼俗、婚俗，甚至包括一夫多妻、一妻多夫等习俗，在现代人看来，是极为反常规的（违法的）和不道德的。然而，这些习俗作为当地人的道德习俗的一部分，已经获得了某种地方性或区域性的认同，形成了某种“固化的生活方式”（阿皮亚语）。这种认同与个人身份的确立相关联。因为“与陌生人接触，永远是和具体的陌生人的接触，源于共同身份认同的温情也会体现在与陌生人的接触的过程里”①。我们不能因为都市文化的发展，就要求人们完全放弃原有的地域性道德知识，或者摆脱原有习俗性文化的影响。毕竟，作为人类文化多样性的形态之一，古老的地域性伦理传统依然有存在的合理性和必要性。实际上，都市文化传统的形成和发展，离不开不同地域性道德知识的支撑。任何都市文明和伦理道德都发源于原初的地域性道德知识，是在它们的基础上不断完善而形成的新的文明类型。从城市发展史中，我们不难发现地域性伦理文化的烙印。即使在繁华的都市生活圈，都市化了的异乡人也依旧保留着地域性伦理文化的因子，只不过并不十分明显罢了。

在热闹的都市生活中，作为不同地域性文化元素的携带者，这些异乡人走进了繁华的都市圈子，在这个过程中，他们要转换身份，使得自己不

① 奎迈·安东尼·阿皮亚. 世界主义［M］. 苗华健，译. 北京：中央编译出版社，2012：144.

再有异乡人的感觉，而成为名副其实的都市市民，就必须寻求新的价值共识基础。也就是说，陌生人在共同的都市生活中，必须从固化的生活方式中走出来，逐渐达成某种一致性的新的身份认同，创造一种公共语言体系作为交流的工具。“价值语言有助于形成共同的思想、行为与感受。”① 于是，个人就不再有异乡人的感觉，而从内心深处感觉自己是家里人——以城市为家。在逐渐城市化的过程中，市民对自己的新身份有一个逐渐认知和接纳的过程。唯有在充分认知的基础上，才有可能形成自觉的认同。都市文化需要市民的身份认同，即个人自觉地意识到作为都市居民的角色和义务，不是被动地而是自觉自愿地履行这种义务。“认同所提供的是另一种价值的源泉，它帮助我们在这些选项中进行选择。采取一种认同，让它成为我的，就是让认同去构造我的生活方式。”② 固然，市民的认同有着自己的方式，但是对于他们来说，最重要的是自己是一个都市市民，而市民必须要有明确的自我意识和道德自省，即对都市伦理的意识。因此，都市陌生人伦理是一种道德义务，作为道德义务，它是非强制性的存在，不要求每个人都履行或遵守，而是完全以个人的自觉自愿为前提。毫无疑问，市民的身份认同，是各国现代化历史上的一个具有某种普遍性的问题。按照多数学者的观点，都市人的心灵大多处于漂泊的、无家可归的状态，对自己生活于其中的都市缺乏归属感。这只能说明，他们对都市文化缺乏基本的认同。

对陌生人身份的认同，实质上是对都市文化的认同、对邻居的认同，是一种文化身份的认同。我们居住在大都市，与陌生人的遭遇是被动的、无法选择的，但我们可以选择对待陌生人的态度，而对待陌生人的态度其实就是对待任何一个他人的态度，“一个人如果有开放的思想，并具有弹性的心理结构，那么他就能就每一个陌生人本身所具有的特性去欣赏他，而不是根据自己主观的模式去估量对方”③。敞开心扉接纳和包容陌生人，

---

① 奎迈·安东尼·阿皮亚. 世界主义［M］. 苗华健，译. 北京：中央编译出版社，2012：103.

② 奎迈·安东尼·阿皮亚. 认同伦理学［M］. 张容南，译. 南京：译林出版社，2013：42.

③ 韦政通. 伦理思想的突破［M］. 北京：中国人民大学出版社，2005：80.

是都市人必须做出的伦理抉择，也是实现都市市民身份认同的基本形式。当然，即使这个陌生人可能是罪犯，对他人具有某种潜在的或现实的威胁，甚至人们对其感到不愉快，但他作为陌生人群体中的一员，也必须获得人格方面的尊重。毕竟，都市生活和谐的使命之一，就在于教育和改造陌生的犯罪者，对其晓之以理、动之以情，把其从犯罪的道路上拯救回来，使其成为守法有德的都市市民。人们与陌生人之间的冲突，实质上是不同价值观念之间的冲突。相比于陌生人之间的冲突而言，熟人之间的冲突反倒更为复杂，更难以解决。也就是说，与陌生人之间发生的冲突或纠纷，较为容易找到妥协或解决的办法。都市和谐的前提是彼此取得某种价值共识。唯有在价值共识的基础上，才有可能形成共存、共享、共赢的和谐局面。那么，如何与陌生人达成价值共识？一般说来，合理的途径就是相互对话、相互沟通。其实，人们固守的传统习俗和道德思维，对于个人来说并非人们主观想象的那样重要。重要的问题是，陌生人之间需要相互理解和相互对话，通过所谓“跨界对话”（阿皮亚语）的方式，消除原有的本能性心理排斥，从每个人自身做起，通过自身观念的改变和转换，逐渐理解性地接纳对方的观念和行为方式。对于这种转换的可行性问题，阿皮亚乐观地认为，“一个社会可以在一代人的时间跨度里，急剧地改变对上述问题的态度”①。

在陌生人伦理视域中，倡导对陌生人的关怀无疑是必要的。这种关怀伦理基于这样一种视野：陌生的他人是我们的同胞和伙伴。他们同样也有人的需要，尤其是当陌生人遇到困难、急需来自他人的救助的时候，旁人及时伸出援助之手，解危济困，乃是古老文化的道德经验，也是当代都市文明的道德诉求。众所周知，无论见义勇为还是扶危济困，都是人类沿袭已久的优良道德传统。其中投射出对陌生人的关爱精神。所谓对他人的道德关怀，不仅仅是单纯的心灵抚慰，还有行动上的救援。在当今社会，志愿者和慈善事业在世界各地蓬勃发展，人们救助的对象主要是素不相识的陌生人，特别是那些在经济上（生活上）遭遇困境、迫切需要救助的人，

① 奎迈·安东尼·阿皮亚．世界主义［M］．苗华健，译．北京：中央编译出版社，2012：122．

或者在精神上处于窘境的少数人（特别是青年人）。社会力量通过各种各样的救助措施，让他们摆脱暂时的生活困境，沐浴在人类大家庭的温暖阳光下，让他们感受到生活的希望和未来。所以，对于我们每个人来说，每一个素不相识的他人，无论存在任何经济上的困难，还是生活上有其他困顿、不如意，抑或有精神上的迷茫和痛苦，其实都是对我们的道德呼唤和伦理期盼。我们每个人都有帮助他们的责任，当这种来自他人的道德呼唤转化成伦理责任，并被我们充分意识到之后，我们就应当迅速付诸行动，尽最大能力帮助对方解脱困境。这就是陌生人之间的真挚的伦理关怀。

在当今时代，都市依然需要道德楷模的示范效应。市民文明素质的提升和完善，需要一双双善于发现的眼睛：在陌生的市民周围，有无数个默默为都市生活秩序和都市文明做贡献的道德楷模。据《光明日报》的报道，我国的草原钢城包头被称为“有德之城”，在都市文明建设方面取得了突出成就。例如，老党员魏加义带着自主设计的垃圾清洁拐杖，在锻炼身体和散步之余，自觉主动地清理和维护社区的环境卫生，他不仅感动了其他的社区居民，而且发挥出强烈的道德示范效应，许多居民从此改掉了随手扔垃圾的坏习惯，包括辖区居民在内的其他居民甚至小学生都加入了捡垃圾的队伍。由此不难发现，市民的道德自觉是逐渐养成的，这种养成的过程需要良好的示范效应，也依赖市民道德意识的深入人心。如今，在包头市的各类道德讲堂上，在普及公民道德知识、洗涤人的心灵、激发心灵感悟的过程中，道德楷模发挥着不可替代的引导和示范作用。目前，包头市有一支由工人、农民、教师、学生、出租车司机等组成的志愿者队伍，他们义务献血、为贫困家庭募捐、救助白血病患者等，为素昧平生的人奉献爱心，由此形成的“蝴蝶效应”带动了更多的爱心人士为陌生人献爱心，在包头市形成了一种“我参与、我奉献、我快乐”的良好道德氛围①。包头的经验不过是我国都市伦理建设的一个个案，在国内更多的大中型城市中，陌生人伦理建设正在逐渐步入正途，都市道德建设日益绽放出多姿多

① 薛冬，高平，王昊魁. 尚美德　做好人　行善事——“有德之城”的包头答卷［N]. 光明日报，2012-12-29.

彩的靓丽光辉。

陌生人网络的伦理功能

大力倡导和推广都市陌生人伦理，力所能及地关怀和帮助陌生人，为自己创造和谐幸福的都市生活环境，应当是每个都市人的向往和追求。然而，在人头攒动的都市生活中，在高楼林立和霓虹灯闪烁的背后，不和谐的音符始终存在，威胁着市民和谐幸福的都市犯罪随时随地都有可能发生。因此，倡导关爱陌生人的存在及意义，并非让市民对陌生人犯罪放松警惕，高枕无忧地生活。毕竟，无论在国内还是在国外，都市往往都是社会犯罪的高发区。居高不下的犯罪率也成为令都市治理者头疼的问题。如何利用各种简单有效的方式制止犯罪，减少都市犯罪现象的发生，还市民以安宁祥和的生活环境，是都市伦理建设不可缺少的重要环节。

对于市民来说，安全感无疑是最重要的。一个缺乏安全感的城市，市民不可能有愉悦感或幸福感，因为和犯罪相伴随而生的只有内心的恐惧感和危机感。事实上，在川流不息的大都市里，每天都会有各种各样的问题发生，如火灾、车祸、盗窃、杀害、抢劫、强奸等，并通过不断滚动播出的新闻媒体被都市人了解。这些问题的发生有着各种各样的原因，有些是因为人们暂时的疏忽，有些是都市犯罪者有预谋的、精心策划的行动。混迹于大都市的犯罪分子利用陌生人的匿名性和流动性做掩护，采取个人或团伙的形式作案，他们以盗窃或抢劫财物为主，得手后便逃之夭夭，试图利用自己所谓的小聪明逃避法律的制裁。都市靓丽和光鲜的外表掩盖着犯罪分子的丑陋与罪恶，这是都市生活中的顽症和毒瘤。按照西美尔在《大都会与精神生活》中提出的观点，都市人所特有的相互疏离和精神冷漠很容易被犯罪分子利用，因为大家互为陌生人，完全不了解对方的底细，不可能知道对方有哪些社会关系，在看到陌生人的利益受损时，常常采取审慎乃至旁观的态度。这些都在某种意义上纵容了都市犯罪的发生。“如果匿名性和流动性是现代社会面临的危险的话，则传统社会的成员不受这些危险的干扰。”① 目睹了或了解了各种都市犯罪事件是如何发生的，市民内心的忧虑感和恐怖感会随之上升。每一个都市人都会莫名感到实实在在的威胁，似乎无所不在的恐怖会随时袭来。因此，如何维系一个城市的安全与稳定，显然是所有都市人面临的共同难题。

在治理都市犯罪方面，国外有许多成功的经验可供借鉴。简·雅各布斯从城市整体规划的设计入手，考察了美国许多大都市的结构和功能，特别是重点研究了都市犯罪与城市结构设计的关系，对都市陌生人的理论特质、分布状况和具体功能做了详尽完备的研究。在她看来，陌生人既是都市的重要资源，也是需要警惕并加以防范的对象。那么，都市管理者如何扬长避短，在充分发挥陌生人资源价值的同时，有效地预防、减少乃至避免都市犯罪的发生，就成为她的都市研究的重点。对于简·雅各布斯来说，如果仅仅把陌生人视为需要防范的对象，那就大错特错了。在都市无数个陌生人之中，犯罪者毕竟只是极少数人。其实，来往于（或居住在）都市中的众多陌生人，同时也是维护都市安全的重要屏障，他们可以弥补都市安全保卫力量（如公安、武警等）之不足。毕竟在现代都市中，与市民整体的数量相比，警察和保安的数量是非常有限的，仅仅依靠他们来维系都市的安全是远远不够的。在都市的大街小巷，到处都是陌生人警惕的眼睛，这些陌生人完全可以相互监督、相互制衡，因为谁也不了解对方的底细，对陌生的对方都有某种防范心理。必须承认，都市陌生人中的绝大多数都是好人，他们对他人的监督是出于善意，只有极少数人才是图谋不轨的坏人。因此，都市陌生人是我们可以依赖的道德资源。通过陌生人之间的相互监督、相互牵制，构成都市陌生人网络，它在无形中维护着都市市民的安全，及时提醒并防范各种犯罪现象的发生。例如，美国的许多大都市都形成了有自身特色的陌生人网络，这对我们研究都市陌生人和都市安全很有启迪意义。

在陌生人充斥的都市空间里，孩子们（未成年人）的安全问题尤为重要，因为他们身心发育都未成熟，属于社会中的弱势群体，需要被给予格

---

① 米歇尔·鲍曼. 道德的市场［M］. 肖君，黄承业，译. 北京：中国社会科学出版社，2003：466.

外的呵护与关爱，他们自身所特有的脆弱性也使得他们最容易受到外力的伤害，所以在构建都市安全网络的过程中，特别需要考虑孩子们的安全问题。其实，“适用于成人的城市安全和城市公共生活的原则同样也适用于孩子们，不同的是在危险和野蛮行为面前，孩子们比成人更加脆弱，更加容易受到侵害”[①]。根据简·雅各布斯的分析，都市的犯罪率与新型小区的建立呈现正相关性，不过这里的犯罪不仅仅是陌生人犯罪，也包括未成年人（主要是小孩子）犯罪。在分析美国的一些大都市时，简·雅各布斯曾说：“很多孩子是肯定要在城市的街道上玩耍的。这些脸色苍白、走路跌跌撞撞的孩子处在道德恶劣的环境中，他们互相说着带性内容的脏话，开着肮脏的玩笑，并且很快学会许多新的做坏事的方式，就像他们在少年管教所里那样。”[②] 这无疑是都市生活的沉痛代价。因为过错多半不在孩子们身上，而在教导他们成长的社会，在于外部大环境的影响，在于他们的家长或监护人的失职。未成年人犯罪是社会之痛，也是现代都市之痛。我们必须在充分研究和把握都市生活特点的基础上，仔细寻找可能给孩子们造成身心伤害的因素，然后对症下药去解决问题。这些都必须被纳入都市陌生人伦理研究的范围。

从都市整体设计和结构布局入手，分析都市陌生人伦理特别是防范由陌生人所导致的暴力犯罪，警惕他们危害都市公共安全和生活秩序，是简·雅各布斯都市研究的重点。在她看来，“一个成功的城市地区的基本原则是，人们在街上身处陌生人之间时必须能感到人身安全，必须不会潜意识感觉受到陌生人的威胁”[③]。那么，这种安全感应当从何而来？或者说，市民安全感的外在依托究竟是什么？除了对公共安全机构之能力的足够信任之外，还有对自己居住地的熟悉感以及由此生发的稳定感，对自己周边陌生人的较高信任度。这里的主要问题是：如何减少街头暴力事件的发生，极大限度地减少野蛮行为的发生？因为对于普通市民来说，不用太多的犯罪事例，只要有一个典型暴力事件的发生，就足以打碎其脆弱的神

① 简·雅各布斯．美国大城市的死与生［M］．金衡山，译．南京：译林出版社，2006：68-69.

② 同①66.

③ 同①26.

经线，引发某种形式的道德恐慌。比如，那些上夜班的职工（尤其是女职工），能否在夜班时分安全到达自己的工作岗位，或者下班后能否安全返回自己的家中，这对于都市市民而言都是天大的事情。在一般人看来，维护都市生活的安全与和谐，主要是安全保卫部门（公安和警察等）负责的事情。然而事实上，随着现代化大都市的不断膨胀，仅有的警察和保安显然不能完全防范陌生人暴力犯罪事件的发生。或者说，他们的精力和能力是有限的，无法做到覆盖所有的区域。因此，必须充分依靠市民自己的力量，构成一种自觉自愿地维护都市安全的人际网络。因为每一个市民对自己生活于其中的都市的安全都负有不可推卸的责任。在这一点上，所有市民都应该达成基本的共识。因此，有学者指出，当代“都市人的困境在于：能否建立彼此认同的地缘象征，能否塑造出地方公共事务的共识，能否建立陌生人之间共同推行并讨论地方公共事务的习惯，能否将执行权托付给陌生但可信赖的‘公共人物’”①。这个观点无疑是有道理的。

简·雅各布斯认为，维护都市安全的陌生人网络属于非正式网络，在都市规划部门进行设计的时候，这一点应当被充分地体现出来。“城市公共区域的安宁——人行道和街道的安宁——不是主要由警察来维持的，尽管这是警察的责任。它主要是由一个互相关联的、非正式的网络来维持的，这是一个有着自觉的抑制手段和标准的网络，由人们自行产生，也由其强制执行。”② 不过，这种设想是有条件限制的。一方面是市民对都市安全的责任感的高低；另一方面是在必要的时候人们能不能挺身而出，主动站出来维护都市利益、捍卫都市正义。因此，陌生人网络能否形成、能否发挥它应有的安全保卫作用，说到底与都市市民的道德素质有关，或者说与都市市民文明水准的高低有关。因此，我们把陌生人网络看作伦理问题，考察其伦理功能而不是安全保卫功能，也是有着自身的特殊考虑的。对市民道德素质的认识和了解，多数人站在精神生活的层面，把它视为可有可无的、虚幻的事情，而没有从内心深处真正认同它的价值。当然，都

---

① 章英华. 中国人的城乡经验［J］//文崇一，萧新煌. 中国人：观念与行为［M］. 南京：江苏教育出版社，2006：125.

② 简·雅各布斯. 美国大城市的死与生［M］. 金衡山，译. 南京：译林出版社，2006：27.

市市民对自己生活于其中的都市环境的热爱，他们的道德责任感和内在的使命感，都直接决定着陌生人网络对于维护都市安全与和谐的重要意义。我们不能简单地肯定或者否定简·雅各布斯的设想，而应从都市公共生活的实际出发，认真思考这种设想的可行性。简·雅各布斯的设想是城市规划的安排和布局，但核心却是市民的道德素质和文明水准，因为陌生人网络赖此得以成立和维系，而实际功能发挥的程度与市民对它的认知和认同相关，因此，都市安全最终上升到科学规划和人文境界的视界融合，而这才是简·雅各布斯理论研究的真正归宿。简·雅各布斯认为：

> 一条城市街道要想应付陌生人，在陌生人多的时候就能确保安全，就像那些很成功的城市街区那样，必须要具备三个条件：
>
> 首先，在公共空间与私人空间之间必须要界限分明，不能像郊区的住宅区那样混合在一起。
>
> 第二，必须要有一些眼睛盯着街道，这些眼睛属于我们称为街道的天然居住者。街边的楼房具有应付陌生人、确保居民以及陌生人安全的任务，它们必须面向街面，不能背向街面，使街道失去保护的眼睛。
>
> 第三，人行道上必须总有行人，这样既可以增添看着街面的眼睛的数量，也可以吸引更多的人从楼里往街上看。没有人会喜欢坐在门廊里或从窗子里往外看空荡荡的大街。几乎没有人会这么做。相反，很多人常常会通过观看街上的活动自娱自乐。①

在简·雅各布斯看来，非正式的陌生人网络就是这样形成的，其中最重要的莫过于市民的某种道德上的默契。因为没有一种力量能够把人们全部调动起来，也无法判断谁在什么时候有时间做这些事情。城市的规划者在最初就应当考虑到这些问题，并且在规划城区设计的时候，不仅要考虑居住方面的舒适、便利的需要，更要考虑市民精神生活的需要——某种都市文化和道德文明发展的需要。如何充分调动市民相互照应的积极性，使

① 简·雅各布斯．美国大城市的死与生［M］．金衡山，译．南京：译林出版社，2006：30.

市民自发地监督身边出现的每个陌生人，既要尊重陌生人的存在和权利，同时又要防范他们可能造成的都市犯罪，这是成熟的都市文化必须思考的问题。当然，唯有在这个过程中，才能实现都市功能的现代延伸——从商业中心过渡到文明中心。这里的过渡不会是经济发展而自然形成的过程，而一定是都市设计者和全体市民共同努力的结果，是都市规划和精神文明融合的过程。

当然，城市的街区和规模与陌生人网络运行的方式直接相关。按照简·雅各布斯的分析，如果是较小的街区对陌生人实施监督，采取“声誉、街谈巷议、赞许、反对和制止等行为构成的网络来运转”① 就可以了，因为在这样的街区，大家相互熟识、相互信任，信息沟通的渠道畅通便利。但是，城市规模并不是决定性因素，因为大城市要接纳来自其他城市、郊区或者农村的陌生人，单纯依靠上述方式是无法发挥作用的。另外，都市陌生人并非都是应当防范的对象，坏人毕竟只是少数，更多的陌生人是需要保护的对象，对此我们必须做好“两手准备”。“城市的街道不仅要防备那些干坏事的陌生人，也必须保护众多不会惹是生非、心地善良的陌生人，他们是街道的使用者，他们往来于街道的同时也给它带来了安全的保证。”② 都市陌生人问题的复杂性，导致解决问题的难度不断增加。实际上，邻里互助是维护都市家庭安全最有效的途径之一。这在国内外已经有成熟的经验可供借鉴。千百次的实践证明：在普通百姓的生活中，邻里是相互依存的互助团体。所谓好邻居的标准，应当是守望相助、互通有无，这同时是邻里的最基本职能。我国唐代的律法甚至把邻里之间的互帮互助确立为法律要求。据《唐律疏议》中记载：“诸邻里被强盗及杀人，告而不救助者，杖一百；闻而不救助者，减一等治罪；力势不能赴救者，速告附近官司，若不告者，亦以不救助论。”当然，对于守望相助能否立法，或者是否属于立法的范畴，学术界争论不休，至今并未取得完全一致的意见。有人认为，以立法强制的方式规范道德问题，已经完全超出了道

---

① 简·雅各布斯．美国大城市的死与生［M］．金衡山，译．南京：译林出版社，2006：30.

② 同①31.

德的范畴。其实在西方文化中，伦理之“伦”本身既是道德范畴也是法律范畴，二者并不存在截然对立的内涵。因此，西方国家在立法中惩罚见死不救，支持见义勇为，早已成为某种社会惯例。不过，在中国的新型都市社区，能否完全仿效美国设区管理的做法，特别是借助陌生人网络来维护社区安全，不仅是形式正确与否的问题，而且是如何与社会习俗和文化积淀相结合的问题。按照章英华的理解，都市的邻里或社区仍然是陌生人构成的单位，所以“我们对热心公益，勇于任事，愿为大众争取福利者，每每存着相当微妙的情结。若对此类人有着深厚的了解，即能够肯定其贡献；若是缺乏交往的陌生人，纵然鞠躬尽瘁，人们也往往抱着猜疑的心情，产生许多邪恶的联想。有时这种联想确也合乎实情。于是在主观态度以及客观事实经年累月相互激荡之下，在各个小型地缘单位里，甚至整个社会里，都很难塑造出人们信赖的‘公共人物’”①。所以，在目前的都市文明建设中，单纯依靠传统意义上的邻里互助式情感，显然无法真正实现都市生活的和谐有序。因此，德法并举应当是必然而合理的选择。不过，无论采取道德监督的方式还是诉诸强制性的法律措施，都需要市民道德素质的提升和完善，遵纪守法意识的不断健全，否则任何制裁都不会有实质性的意义。

另外，都市安全与监督者和监督力度有关。监督必须有监督者，而监督者的出现必定是为了某种目的，或者是吃饭或者是聊天以及其他什么事情。总之，某种特殊的目的（爱好或者兴趣等）必须能够把监督者吸引到街道上来，使他们成为“临时的”监督者，发挥无形中的“眼睛”的监督职能。在简·雅各布斯看来，在城市设计上，“满足这种监视的条件是要在沿着人行道的边上三三两两地布置足够数量的商业点和其他公共场所，尤其是晚上或夜间开放的一些商店和公共场所。例如商店、酒吧和饭店能够以不同的、综合的方式维护人行道的安全”②。在现代都市生活中，陌生的监督者必须保持一定的数量，即在流动的过程中保持适当的“量”。

① 章英华．中国人的城乡经验［J］//文崇一，萧新煌．中国人：观念与行为［M］．南京：江苏教育出版社，2006：124.

② 简·雅各布斯．美国大城市的死与生［M］．金衡山，译．南京：译林出版社，2006：31.

虽然监督者是无意中出现的某些人，但对潜在的陌生人罪犯会从心理上造成某种巨大的震慑，抑制其犯罪动机或使其行为有所收敛。一旦出现陌生人犯罪，人们或者打 110 电话报警，或者根据实际情况自行采取行动，从而及时有效地制止犯罪的发生，努力将犯罪的社会危害降到最低。

除了陌生人构成的安全网络之外，先进的监控手段和设备在维护都市安全方面也十分重要，最为突出的就是遍布都市大小街道的“天网”系统——由成千上万的摄像头组成的都市监控系统。目前看来，它就是我们维护都市安全、监督公共场所的电子眼。许多社会犯罪在它面前暴露无遗，这给犯罪分子以巨大的心理震慑力，或者在犯罪事件发生后，公安部门可以利用它提供的有价值的线索，及时方便地侦破各种刑事案件，最大限度地减少人民群众的财产损失，保护人民群众的生命安全。因此，高科技的“天网”系统无疑是陌生人网络的有益补充。不过从根本上说，都市文明建设的核心问题，依然是市民的正确价值观建设。无论都市的陌生人网络还是先进的监控类技术设备，都需要通过高素质的人才能发挥作用，所以技术手段必须与人的素质相结合。近年来，我国杭州市以“我们的价值观”为主题，开展公民道德建设和核心价值观建设实践，取得了丰硕成果。杭州市民选出“最美妈妈”吴菊萍和“最美司机”吴斌，并引导市民开展广泛的大讨论，以此提升城市公民的道德水准。杭州经验强调传承中华美德，突出先进典型和先进事迹的宣传，发挥其外在的引领和导向功能。在此基础上，重视个人道德自律的意义，推进市民的法律纪律建设，以此使社会道德内化于心、外化于行。通过多元道德主体的对话，实现反复的教化和道德实践，使公民道德成为个人的价值认同并转化为行为习惯①。杭州的有益经验值得其他城市借鉴和仿效。

---

① 姜海波，万俊人．以“我们的价值观”塑造核心价值与公民道德——杭州的经验与启示［N］．光明日报，2012-12-29（03）．

参考文献

A 类

马克思恩格斯选集：第 1 卷 [M]. 北京：人民出版社，2012.

中共中央文献编辑委员会. 朱德选集 [M]. 北京：人民出版社，1983.

中共中央文献研究室. 建国以来重要文献选编：第 13 册 [M]. 北京：中央文献出版社，1996.

费孝通. 乡土中国　生育制度 [M]. 北京：北京大学出版社，1998.

韦政通. 中国文化与现代生活 [M]. 北京：中国人民大学出版社，2005.

韦政通. 伦理思想的突破 [M]. 北京：中国人民大学出版社，2005.

钱穆. 晚学盲言 [M]. 桂林：广西师范大学出版社，2004.

林毓生. 中国传统的创造性转化 [M]. 北京：生活·读书·新知三联书店，1988.

贺麟. 文化与人生 [M]. 北京：商务印书馆，1988.

杨国枢. 中国人的心理与行为：本土化研究 [M]. 北京：中国人民大学出版社，2004.

万俊人. 现代性的伦理话语 [M]. 哈尔滨：黑龙江人民出版社，2002.

陈弱水. 公共意识与中国文化［M］. 北京：新星出版社，2006.

余英时. 文史传统与文化重建［M］. 北京：生活·读书·新知三联书店，2004.

依然，晋才. 中国古代童蒙读物大全［M］. 北京：中国广播电视出版社，1990.

文崇一，萧新煌. 中国人：观念与行为［M］. 南京：江苏教育出版社，2006.

万俊人. 20世纪西方伦理学经典：Ⅰ［M］. 北京：中国人民大学出版社，2004.

林语堂. 吾国与吾民［M］. 黄嘉德，译. 西安：陕西师范大学出版社，2003.

黄建中. 比较伦理学［M］. 济南：山东人民出版社，1998.

梁漱溟. 人心与人生［M］. 上海：上海人民出版社，2005.

余英时. 中国思想传统的现代诠释［M］. 南京：江苏人民出版社，2004.

刘智峰. 道德中国［M］. 北京：中国社会科学出版社，2001.

沙莲香，等. 中国社会心理分析［M］. 沈阳：辽宁教育出版社，2004.

崔永东. 道德与中西法治［M］. 北京：人民出版社，2002.

曾钊新，李建华，等. 道德心理学［M］. 长沙：中南大学出版社，2002.

周辅成. 西方伦理学名著选辑：上册［M］. 北京：商务印书馆，1964.

李华兴，吴嘉勋. 梁启超选集［M］. 上海：上海人民出版社，1984.

杜维明，卢风. 现代性与物欲的释放［M］. 北京：中国人民大学出版社，2009.

邹韬奋. 韬奋全集：第1卷［M］. 上海：上海人民出版社，1995.

夏伟东. 中国共产党思想道德建设史略［M］. 济南：山东人民出版社，2006.

舒雨，等. 道德盲点［M］. 呼和浩特：内蒙古人民出版社，2004.

田秀云，白臣. 当代社会责任伦理［M］. 北京：人民出版社，2008.

刘建军. 守望信仰［M］. 北京：人民出版社，2013.

罗国杰. 中国传统道德［M］. 北京：中国人民大学出版社，1995.

陈瑛. 中国伦理思想史［M］. 长沙：湖南教育出版社，2004.

李萍. 中国道德调查［M］. 北京：民主与建设出版社，2005.

黄慧英. 儒家伦理：体与用［M］. 上海：上海三联书店，2005.

郑莉. 理解鲍曼［M］. 北京：中国人民大学出版社，2006.

刘建明. 社会舆论原理［M］. 北京：华夏出版社，2002.

B 类

［美］麦特·里德雷. 美德的起源［M］. 刘珩，译. 北京：中央编译出版社，2004.

［德］诺贝特·埃利亚斯. 文明的进程：第 2 卷［M］. 袁志英，译. 北京：生活·读书·新知三联书店，1999.

［美］诺兰，等. 伦理学与现实生活［M］. 姚新中，等译. 北京：华夏出版社，1988.

［美］奎迈·安东尼·阿皮亚. 世界主义［M］. 苗华健，译. 北京：中央编译出版社，2012.

［德］米歇尔·鲍曼. 道德的市场［M］. 肖君，黄承业，译. 北京：中国社会科学出版社，2003.

［英］齐格蒙特·鲍曼. 后现代伦理学［M］. 张成岗，译. 南京：江苏人民出版社，2003.

［德］西美尔. 金钱、性别、现代生活风格［M］. 顾仁明，译. 上海：学林出版社，2000.

［加］简·雅各布斯. 美国大城市的死与生［M］. 金衡山，译. 南京：译林出版社，2006.

［英］齐格蒙特·鲍曼. 共同体［M］. 欧阳景根，译. 南京：江苏人民出版社，2003.

［英］安东尼·吉登斯. 现代性的后果［M］. 田禾，译. 南京：译林出版社，2000.

［美］托马斯·雅诺斯基．公民与文明社会［M］．柯雄，译．沈阳：辽宁教育出版社，2000.

［德］马丁·布伯．我与你［M］．陈维纲，译．北京：生活·读书·新知三联书店，2002.

［美］安·兰德，等．自私的德性［M］．焦晓菊，译．北京：华夏出版社，2007.

［法］埃马纽埃尔·勒维纳斯．塔木德四讲［M］．关宝艳，译．北京：商务印书馆，2002.

［美］马克·马陶谢克．底线——道德智慧的觉醒［M］．高园园，译．重庆：重庆出版社，2013.

［美］詹姆斯·P．斯特巴．实践中的道德：第6版［M］．程炼，等译．北京：北京大学出版社，2006.

［英］德里克·帕菲特．理与人［M］．王新生，译．上海：上海译文出版社，2005.

［美］马歇尔·伯曼．一切坚固的东西都烟消云散了［M］．徐大建，张辑，译．北京：商务印书馆，2003.

［美］芭芭拉·赫尔曼．道德判断的实践［M］．陈虎平，译．北京：东方出版社，2006.

［德］康德．道德形而上学原理［M］．苗力田，译．上海：上海人民出版社，1986.

［美］大卫·洛耶．达尔文：爱的理论［M］．单继刚，译．北京：社会科学文献出版社，2004.

［英］米尔恩．人的权利与人的多样性［M］．夏勇，张志铭，译．北京：中国大百科全书出版社，1995.

［英］弗里德利希·冯·哈耶克．自由秩序原理：上［M］．邓正来，译．北京：生活·读书·新知三联书店，1997.

［德］哈贝马斯．在事实与规范之间［M］．童世骏，译．北京：生活·读书·新知三联书店，2003.

［美］R. A. 巴伦，D. 伯恩．社会心理学（第十版）：下册［M］．黄敏儿，王飞雪，等译．上海：华东师范大学出版社，2004.

［美］阿拉斯代尔·麦金太尔．伦理学简史［M］．龚群，译．北京：商务印书馆，2003.

［美］悉尼·胡克．历史中的英雄［M］．王清彬，等译．上海：上海人民出版社，1964.

［法］托克维尔．论美国的民主［M］．董果良，译．北京：商务印书馆，1988.

［英］齐格蒙特·鲍曼．被围困的社会［M］．郇建立，译．南京：江苏人民出版社，2005.

［英］鲍曼．现代性与大屠杀［M］．杨渝东，史建华，译．南京：译林出版社，2002.

［英］迈克·费瑟斯通．消费文化与后现代主义［M］．刘精明，译．南京：译林出版社，2000.

［美］阿尔弗莱德·怀特海．思想方式［M］．韩东晖，李红，译．北京：华夏出版社，1999.

［法］雅克·阿尔努，等．科学与哲学的对话：Ⅰ［M］．卞晓平，等译．北京：生活·读书·新知三联书店，2001.

［加］查尔斯·泰勒．现代性之隐忧［M］．程炼，译．北京：中央编译出版社，2001.

［美］爱德华·希尔斯．论传统［M］．傅铿，吕乐，译．上海：上海人民出版社，2009.

［美］阿拉斯代尔·麦金太尔．德性之后［M］．龚群，等译．北京：中国社会科学出版社，1995.

［美］哈尔·R. 范里安．微观经济学：现代观点（第八版）［M］．费方域，等译．上海：格致出版社，上海三联书店，上海人民出版社，2011.

［美］约翰·马丁·费舍，马克·拉维扎．责任与控制［M］．杨韶刚，译．北京：华夏出版社，2002.

［英］约翰·伊特韦尔，等．新帕尔格雷夫经济学大辞典：第3卷［M］．北京：经济科学出版社，1996.

［德］柯武刚，史漫飞．制度经济学［M］．韩朝华，译．北京：商务

印书馆，2000.

［德］乌尔里希·贝克．风险社会［M］．何博闻，译．南京：译林出版社，2004.

［德］乌尔里希·贝克．世界风险社会［M］．吴英姿，孙淑敏，译．南京：南京大学出版社，2004.

［美］威尔·杜兰特，阿里尔·杜兰特．历史的教训［M］．郑纬民，译．台北：大江出版社，1968.

［美］卡尔·米切姆．技术哲学概论［M］．殷登祥，等译．天津：天津科学技术出版社，1999.

［德］赫尔穆特·施密特．全球化与道德重建［M］．柴方国，译．北京：社会科学文献出版社，2001.

［法］爱弥尔·涂尔干．职业伦理与公民道德［M］．渠东，付德根，译．上海：上海人民出版社，2001.

［美］保罗·库尔兹．21世纪的人道主义［M］．肖峰，等译．北京：东方出版社，1998.

［法］萨特．存在与虚无［M］．陈宣良，译．北京：生活·读书·新知三联书店，1987.

［德］斐迪南·滕尼斯．共同体与社会［M］．林荣远，译．北京：北京大学出版社，2010.

［法］保罗·利科．作为一个他者的自身［M］．佘碧平，译．北京：商务印书馆，2013.

［加］查尔斯·泰勒．自我的根源［M］．韩震，等译．南京：译林出版社，2012.

［美］阿拉斯代尔·麦金太尔．依赖性的理性动物［M］．刘玮，译．南京：译林出版社，2013.

［德］阿诺德·盖伦．技术时代的人类心灵［M］．何兆武，何冰，译．上海：上海科技教育出版社，2003.

后　记

关于“陌生人”伦理问题的研究，源自若干年前的一个真实故事。记得那是1995年的夏天，我提着篮子去市场买菜，看到熟悉的面孔，菜农大叔热情地跟我打招呼，我在他那里买了1斤黄瓜、1斤豆角。黄瓜每斤1.5元，豆角每斤2元。正当我将菜装进篮子准备抽身离去的时候，来了3个年轻人，操着异地口音，说要买黄瓜和豆角。我听到老板回答：黄瓜5元1斤，豆角6元1斤。我顿时怔住了，刚才卖给我的不是这个价钱，难道老板给我优惠了？不可能啊。刹那间，我明白了。因为他们是外地人，还是年轻人（一般说来，年轻人买东西很少讨价还价），所以老板立马提高了蔬菜的价格。我心想，你这个老板，不能坑害外地人（陌生人）啊。大家都是顾客，应当一视同仁。卖菜要讲菜德。童叟无欺是最基本的商业道德。我看透了老板的心思，从此以后，再也没有光顾过他的菜摊。不过，这件事深深地触动了我，让我开始思索关于“陌生人”的伦理道德问题。

结合自己多年来关于陌生人伦理的思考和成果，2009年我申报了国家社科基金项目“现代性与陌生人伦理”，盲审阶段顺利通过了专家评议，但终审没有通过。河北省社科规划办直接把它列为省规划基金项目。此后我继续查阅资料，深入思考并发表了5篇相关论文，同时将原项目名称修改为“陌生人社会的伦理问题研究”，2010年、2011年连续申报国家社科基金，但均以失败告终。尽管如此，我还是坚持认为，这个问题具有某种前瞻性和重要的社会意义。在笔耕了4年之后，最终完成了这本30多万字的《陌生人社会伦理问题研究》。2016 年抱着试试看的态度，我申报了国家社科基金后期资助，没有成功。正当我犹豫徘徊之际，中国人民大学出版社的杨宗元女士给我发来信息，希望此书能够成为由她策划的“当代中国社会道德理论与实践研究丛书”中的一本，我欣然接受了邀请。

到 2017 年，我在大学教书整整 30 年了。其间，自己刻苦攻读，取得了硕士和博士学位，为学校培养了无数的本科生和硕士生，可谓桃李满天下。在国内学术期刊发表学术论文 60 余篇，出版专著、编著 15 本。这 30 年的人生经历告诉我，活着本来就不容易，做真学问更是难上加难。你自己认为有价值并独立思考的成果，未必能得到他人的认可；没有他人和社会的认可，你的研究成果的价值也许就值得怀疑。在目前的大学评价体系里，如果没有国家出版基金项目这个耀眼光环，那就意味着没有评聘博导的资格。从教 30 年，可谓酸、甜、苦、辣、咸五味俱全，如果要把这些经验简单地归纳为两句话，那就是：第一要对得起学生，第二要对得起自己的良心。作为一名老教师，思考“教书育人”这个词，更能切身感受到这份沉甸甸的责任和使命。我始终坚信，我的研究是面向未来的、有生命力的、有重要意义的，经得起历史的检验。

对于我个人来说，关于现代化与陌生人伦理问题的研究，目前尚处于艰难的起步阶段，概念的界定比较模糊，很多问题还未梳理清楚，逻辑思路也不够清晰，对许多命题的论证尚嫌粗糙，甚至有些观点非常浅薄。欢迎读者和相关专家对本书提出批评意见，以便我今后的研究能够更加深入彻底，得出具有更多真理性的结论，在推进当代中国伦理理论建设和实践方面有所助益。感谢河北师范大学重点基金、河北师范大学马克思主义学院学术基金对本书出版的倾力资助。谢谢关心和爱护我的每一位朋友！

程立涛

2018 年 5 月 20 日

图书在版编目（CIP）数据

陌生人社会伦理问题研究/程立涛著．—北京：中国人民大学出版社，2019.5
（当代中国社会道德理论与实践研究丛书）
ISBN 978-7-300-26398-4

Ⅰ．①陌… Ⅱ．①程… Ⅲ．①社会公德-研究-中国 Ⅳ．①D648.3

中国版本图书馆 CIP 数据核字（2018）第 248511 号

国家出版基金项目
当代中国社会道德理论与实践研究丛书
主编　吴付来
陌生人社会伦理问题研究
程立涛　著
Moshengren Shehui Lunli Wenti Yanjiu

出版发行	中国人民大学出版社		
社　　址	北京中关村大街 31 号	邮政编码	100080
电　　话	010－62511242（总编室）		010－62511770（质管部）
	010－82501766（邮购部）		010－62514148（门市部）
	010－62515195（发行公司）		010－62515275（盗版举报）
网　　址	http://www.crup.com.cn		
经　　销	新华书店		
印　　刷	涿州市星河印刷有限公司		
规　　格	160 mm×230 mm　16 开本	版　　次	2019 年 5 月第 1 版
印　　张	21.5 插页 3	印　　次	2019 年 5 月第 1 次印刷
字　　数	324 000	定　　价	68.00 元